PRÓLOGO A LA TERCERA EDICIÓN

En nuestra opinión, un libro de modismos no puede considerarse nunca como una obra completamente terminada. Y esto, no sólo porque siempre pueden añadirse aquellas expresiones más o menos importantes que hayan quedado atrás, sino porque, inevitablemente, con el paso del tiempo, algunos de los modismos incluidos irán cayendo en desuso y serán reemplazados por otros nuevos, imposibles de prever en estos momentos.

Nuestra selección es, como puede verse, de espectro bastante amplio. Sin embargo, no aspiramos ni mucho menos a complacer los gustos de todos. Recordamos que en una ocasión, recién aparecido el entonces Diccionario conciso de modismos, *fuimos testigos por casualidad en una librería de la decepción de un colega al comprobar que la expresión «muerto el burro cebada al rabo» no aparecía en el* Diccionario. *Incidentalmente, este curioso refrán queda recogido en esta edición, pero, qué duda cabe, debe de haber otros tan interesantes, o más, que sigan brillando por su ausencia. Nunca fue nuestra intención dar listas exhaustivas de modismos que el lector puede encontrar sin duda fácilmente en diccionarios ingleses especializados en la materia, a los que tanto debe este libro por otra parte.*

Nuestro objetivo, más modesto si se quiere, pero igualmente apasionante para nosotros, ha sido y es realizar un pequeño estudio contrastivo de los modismos ingleses y españoles, poniendo en relieve las curiosas diferencias entre las dos lenguas («a blue joke» —un chiste verde—; «green with envy» —amarillo de envidia—; «a cat has nine lives» —siete vidas tiene un gato—, etc.), pero también las coincidencias en ambas culturas en su modo de interpretar el mundo que las rodea («the black sheep» —la oveja negra—; «to dig one's own grave» —cavar su propia tumba—; «to take the bull by the horns» —coger al toro por los cuernos—, *etc.). Si en este terreno de acercamiento entre los dos pueblos a través de sus dichos y expresiones populares hemos conseguido avanzar algo, nos consideramos más que satisfechos.*

En cuanto a la frecuencia de uso de los modismos, debemos advertir que nuestro criterio, basado en nuestra experiencia y en la comprobación personal de uso en las fuentes manejadas, tanto orales (conversaciones directas, películas, grabaciones, etc.) como escritas (revistas, periódicos, novelas, etc.), está sujeto naturalmente a error. Por otra parte, hemos podido constatar que la frecuencia de empleo de un modismo por los propios nativos varía notablemente de una región a otra, de una familia a otra, e incluso entre los miembros de una misma familia: el padre o la madre, por ejemplo, pueden estar muy familiarizados con una determinada expresión que los hijos ni siquiera conocen, o viceversa. Por todo ello, nuestra clasificación tiene tan sólo valor orientativo y debe tomarse con todas las reservas que ello implica.

No debe olvidarse tampoco que los modismos tienen prácticamente todos una base metafórica, por lo que no es raro encontrarlos en forma ligeramente modificada a la dada en los diccionarios: «Mr. Firman must be taken with grains of salt»*, *o en forma de metáfora desarrollada, exponiendo una imagen que se retoma y se amplía a continuación:* «He was crying "sour grapes". And "these grapes" were totally and hopelessly out of reach...»** *Estas expresiones suelen presentar no pocos problemas de comprensión al lector no nativo, pero creemos que el conocimiento del modismo original es, en cualquier caso, requisito indispensable para entenderlo.*

Por todas estas razones, nuestra selección, hecha siguiendo el criterio de uso más extendido en el Reino Unido actualmente, aspira a ser el comienzo de una colección que cada cual podrá ir aumentando por su cuenta. En cualquier caso, es nuestro sincero deseo que este libro proporcione al que lo lea al menos el mismo placer que a nosotros nos produjo escribirlo.

EL AUTOR

---

* ERIC AMBLER: *Send No More Roses,* Fontana, 1977, pág. 245 (*to take with a grain of salt* —creer con reservas—, v. *take*-4).

** JOHN BRAINE: *The Vodi,* Magnum, 1979, pág. 28 (*sour grapes* —aparentar que no se quiere lo que en realidad no se puede conseguir—, v. *sour*).

Francisco Sánchez Benedito

Diccionario Bilingüe de Modismos

Inglés • Español
Español • Inglés

ALHAMBRA LONGMAN

Agradecemos a Anthony S. Dawson su
valiosísima colaboración en la revisión de
esta nueva edición.

Tercera edición revisada.

© ALHAMBRA LONGMAN, S. A., 1977, 1986, 1994.
Fernández de la Hoz, 9. 28010 Madrid.

© F. Sánchez Benedito, 1977, 1986, 1994.

ISBN 84-205-2452-2

Depósito legal: M. 21.316-1994

Impreso en España - Printed in Spain

Gráficas Rógar, S. A. León, 44. Pol. Cobo Calleja - Fuenlabrada (Madrid)

ÍNDICE GENERAL

CÓMO MANEJAR ESTE LIBRO

Cada artículo lleva, además del modismo correspondiente en español y en inglés, la indicación del carácter del modismo en inglés, cuando éste no es de tipo general *(arg.* = argot, *ref.* = refrán, etc.), la frecuencia de uso del mismo (tres asteriscos, dos o uno, según sea más o menos frecuente), la transcripción fonética del modismo inglés y un ejemplo en español y en inglés cuando el caso lo requiere.

Los artículos están clasificados por orden alfabético, según la palabra que se considera lleva el peso semántico de la frase: así, «Aquí hay gato encerrado» lo encontrará el lector bajo el epígrafe *gato.* Hemos preferido esta distribución, que permite al alumno encontrar bajo un solo epígrafe todos los modismos relacionados con una determinada palabra. Así, volviendo al ejemplo anterior, bajo el epígrafe *gato,* encontrará el lector todos los modismos con esta palabra: «Buscarle tres pies al gato», «Dar gato por liebre», «Llevar el gato al agua», etc. De cualquier manera, para facilitar aún más la búsqueda, se incluye al final un índice por riguroso orden alfabético (excepto artículos): «El perro del hortelano» se incluye en *perro,* etc. Así, aconsejamos buscar el modismo primero en el índice, donde se encontrará el epígrafe bajo el que está incluido: por ejemplo, «Sacar los pies del plato» = *pelo,* 5. («Soltarse el pelo».) Un amplio sistema de referencias permite al alumno encontrar rápidamente otras expresiones relacionadas. Por último, en algunos modismos más especializados, o de uso algo más restringido, se ofrecen alternativas más corrientes (aunque no sean modismos propiamente dichos) como sinónimos *(sin.)* o expresiones similares relacionadas *(rel.).*

INTRODUCCIÓN

1. ¿Qué es un modismo?

Entendemos por «modismo» toda expresión que significa algo distinto a lo que las palabras que la componen parecen indicar. Es un modismo español, por ejemplo, «Andarse por las ramas», ya que al oírlo nadie piensa en el significado literal de «andar» por las ramas de los árboles, sino en el figurado de «no ir directo a un asunto», «dar rodeos». Del mismo modo, un inglés, cuando oye el modismo *He's always blowing his own trumpet* («Siempre está tocando su propia trompeta»), no se le ocurre pensar en ninguna trompeta, sino en «una persona que alaba sus propias virtudes» o, como decimos en español, alguien que «no tiene abuela».

2. En pro y en contra del modismo

El tema de los modismos, debido sin duda a su propio interés, despierta una viva polémica entre eruditos y profesores dedicados a la enseñanza de los idiomas. Por los refractarios al modismo se aducen toda clase de razones en contra. Desde que su interés es puramente anecdótico y que, por tanto, no merece la pena dedicar mucho tiempo a su enseñanza, hasta que constituyen una muestra de vulgaridad, aparte de empobrecer el idioma, encasillándolo en unos moldes rígidos y perjudicando su evolución, hay opiniones para todos los gustos. Por otra parte, sus defensores a ultranza proclaman a los cuatro vientos que los modismos son la «salsa» del idioma, y que, lejos de empobrecerlo, lo enriquecen con su variada gama de ingeniosos dichos y expresiones, reflejo del alma popular que les da vida. En consecuencia, les dedican amplio tiempo y

1

lugar preferente en sus enseñanzas. En algunos, incluso, la cuestión llega a adquirir ribetes de auténtica obsesión. Recordamos a este respecto el caso de aquel profesor que llegó a ponerle a sus alumnos el siguiente ejercicio de traducción*:

«El español medio duerme como un lirón, come como una lima y tiene vista de lince, pero lleva una vida de perro. Para poder estar a las duras y a las maduras, tiene que ser astuto como el zorro. Aunque el amor, del que a menudo hace su caballo de batalla, le vuelve alegre como unas castañuelas y más contento que unas pascuas, no le gusta hacer el indio, ni que se la den con queso. Por tanto, si las mujeres le dan demasiados plantones, sobre todo cuando hace un frío que pela, se mosquea rápidamente y, lejos de andarse por las ramas, no duda en coger al toro por los cuernos, porque, aunque sabe hacerse el tonto para conseguir lo que quiere, no le hacen comulgar con ruedas de molino. Puede que caiga enfermo como un perro, con una fiebre de aúpa, pero sabrá soportarlo todo sin inmutarse lo más mínimo, porque, si bien a veces charla por los codos, también sabe ser, llegado el caso, callado como una tumba. Reconozcan que es un bicho raro.»

Nos imaginamos los sudores de los alumnos para completar este ejercicio (véase su traducción en el apéndice).

3. El modismo, en su justo término

Lejos, no obstante, de las exageraciones en uno u otro sentido, es evidente que, como tantas veces ocurre, la virtud está en el término medio. Sin llegar a los extremos peligrosos del abuso obsesivo, es indudable que el modismo tiene un lugar importante en la enseñanza de los idiomas modernos, y corresponde al profesor la labor de seleccionar aquellos que juzgue más interesantes y presentarlos a sus alumnos por etapas, graduados según su dificultad. Sin embargo, para que el modismo conserve todo su valor debe cumplir los siguientes requisitos:

a) Que sea de amplia difusión. En efecto, son los modismos que usamos todos los días los que verdaderamente interesa conocer. Hay algunos modismos usados en determinadas profesiones u oficios, o en algunas regiones, que tienen, sin duda, un sabor

---

* Versión española del retrato jocoso de un francés, de PIERRE DANINOS: *Le Jacassin*. Livre de Poche.

2

pintoresco o anecdótico, pero que, debido a su escasa difusión, constituyen más una carga innecesaria de memoria que auténticos conocimientos útiles.

b) Que su uso sea espontáneo, nunca forzado. Hay veces que, sin darnos cuenta, usamos varios modismos seguidos en una conversación. Pero encajan tan bien en el contexto, vienen tan a cuento, que su empleo resulta completamente natural. El peligro para el alumno es dejarse llevar por su entusiasmo y emplear en exceso y a destiempo los modismos que va aprendiendo, resultando a menudo frases tan rebuscadas como: *I put my foot down, because it was the last straw* («Dije que hasta aquí podíamos llegar, porque era la última gota»), o *I'm between the devil and the deep blue sea and I'll wait till the cows come home* («Estoy entre la espada y la pared, y esperaré hasta que las ranas críen pelo»). No lo olvidemos, el modismo tiene que surgir de manera espontánea, y es ahí donde radica su mayor encanto. Aunque el modismo se oye mucho más en conversaciones familiares o entre amigos, no hay absolutamente ningún círculo donde su uso esté excluido, y, a veces, con tal que el momento elegido sea oportuno, el modismo en un ambiente oficial o diplomático puede servir para aliviar tensiones e incluso para solucionar situaciones de verdadero callejón sin salida.

4. El modismo como reflejo de la idiosincrasia de un pueblo

El conjunto de modismos de una lengua constituye un valioso caudal atesorado por un pueblo a lo largo de muchos años de luchas y experiencias. El modismo surge casi siempre espontáneamente, hijo del ingenio popular; repetido luego de boca en boca y consagrado, por último, por la pluma de los grandes escritores, se convierte en moneda corriente, usada por todos sin preocuparse de su origen, que casi siempre se pierde en la niebla de los tiempos. (Véase *Origen de los modismos.*)

Siendo, pues, obra del pueblo, es lógico que reflejen su carácter y sus costumbres. Así, no es de extrañar que un pueblo como el español, amante de las corridas de toros, haga abundante uso de expresiones relacionadas de algún modo con la «fiesta». «Ver los toros desde la barrera», «Echar un capote», «Tirarse al ruedo», «Poner un par de banderillas», «Estar al quite»* o «Para el arrastre» y hasta «Poner los cuernos», todos tienen algo que ver

---

* *To (be ready, to) come to the rescue.*

con los toros, mientras que para el inglés, gran consumidor de té desde tiempos del Imperio, una persona que no le cae bien no es precisamente «su taza de té» *(He's not my cup of tea)*. Aquí el español, siempre a vueltas con la Iglesia, diría «No es santo de mi devoción».

Pero las costumbres cambian, y aunque el pueblo, siempre conservador en cuestiones de lenguaje, siga utilizando modismos que reflejan usos hace tiempo desaparecidos («Llevar el agua a su molino», «Mandar a la porra»), otros van quedando anticuados y van siendo remplazados por los de nueva creación. De esta forma, el repertorio está en constante renovación, y puede darse el caso que un modismo muy popular entre una determinada generación no sea ni siquiera entendido por otra. Para el que estudia un idioma extranjero, éste es ciertamente un problema con el que puede tropezarse. En cualquier caso, los profesores harán bien en cerciorarse de que el modismo que enseñan tiene una aceptación tan amplia como para justificar su aprendizaje.

5. Imposibilidad de la traducción literal

Otro problema con el que se enfrenta el profesor de idiomas en este terreno es el de la traducción de los modismos. Cuando un profesor de inglés tiene que dar a sus alumnos un modismo como *What's sauce for the goose is sauce for the gander*, puede preguntarse qué clase de traducción es la más conveniente. Si les da la literal, los alumnos aprenderán que «Lo que es salsa para la gansa es salsa para el ganso», y es posible que muchos se pregunten, con razón, qué diablos querrán decir los ingleses con eso. Si, en cambio, les da la traducción libre en correcto castellano: «O todos moros o todos cristianos», más de un alumno, al no ver por ninguna parte la palabra «moro» o la palabra «cristiano», empezará a pensar si a su profesor no le faltará algún tornillo, después de todo. Sin embargo, aunque la fachada sea tan diferente, la idea que se esconde tras esos dos modismos es exactamente la misma: igualdad de oportunidades, todos iguales. Es esta idea la que hay que descubrir y traducir en cada caso, simple y llanamente. Puede darse el caso —de hecho es más frecuente de lo que se cree—, como el antes reseñado, de que un modismo se pueda traducir por otro en el respectivo idioma, y también puede ocurrir que no tenga equivalente, pero aunque la traducción literal resulte imposible o absurda, siempre se podrá traducir la idea que se ha querido expresar.

Cualquier idioma tiene recursos de sobra para ello. Qué más da que un inglés esté «más loco que un sombrerero» *(Mad as a hatter)* y un español «como una cabra», si, en definitiva, los dos están locos, y qué importa si a un español le «dan plantón» y al inglés lo dejan que se le «enfríen los talones» *(To leave sb. to cool his heels)*, el resultado es que ambos se quedan esperando, o que, cuando llueve, para el español llueva «a cántaros», y para el inglés «gatos y perros» *(It's raining cats and dogs)*, el caso es que se moja todo el mundo. Y aunque nos encontremos con modismos tan españoles como «Echar un capote» o tan ingleses como ser un *dark horse* («caballo oscuro»), siempre se puede encontrar la traducción de la idea que se ha querido expresar: «ayudar a alguien», en el primer caso, y «prácticamente un desconocido», «alguien cuyas posibilidades se ignoran, pero que puede dar la sorpresa y resultar vencedor», en el segundo. En los modismos ingleses que ofrecemos a nuestros lectores hemos echado mano del modismo español equivalente, siempre que lo hemos podido encontrar; en caso contrario, hemos procurado dar una traducción clara y concisa de la idea encerrada en el mismo. Idéntico criterio se ha seguido para los modismos españoles, dejando fuera sólo unos cuantos que, por reflejar hechos exclusivamente españoles*, hubieran requerido una traducción explicativa demasiado larga, lo que queda fuera del alcance de este libro.

6. Origen de los modismos

Como ya hemos indicado, el modismo nace del ingenio del hombre, y es tan antiguo como el hombre mismo; así, excepto en casos aislados, es muy aventurado conjeturar sobre sus orígenes. Por otra parte, a efectos prácticos, poco importa cuál sea su origen, puesto que lo que cuenta es su significado actual. Podemos, eso sí, y sólo a título de curiosidad, pasar revista a las distintas fuentes en las que los hombres en general, y los ingleses en particular, se han basado para inventar sus giros y expresiones. Está, en primer lugar, la Naturaleza misma: el cielo, la tierra, el agua, han dado pie al hombre para infinidad de modismos: *Every cloud has a silver lining* («Siempre hay un rayo de esperanza»), *To*

---

* «Poner un par de banderillas», por ejemplo. Lo más parecido podría ser «a dig» «una pulla»: *That was a dig at me* («Eso ha sido una pulla; eso va por mí»).

shake like a leaf («Temblar como una hoja, como un azogado»), etcétera. Los animales, con sus costumbres, son también fuente inagotable de expresiones: *To chew over* («rumiar») y *To retreat into one's shell* («Meterse en su concha»), por ejemplo, han sido inspirados al hombre por sendas costumbres animales. A veces, guiado por su ignorancia, no ha dudado en asignar a los animales costumbres o cualidades no muy exactas que digamos, como la ceguera, atribuida en el modismo inglés al murciélago *(Blind as a bat)*, la cual investigaciones científicas posteriores han desmentido. Pero no importa, terco como una mula, el inglés seguirá diciendo «ciego como un murciélago» probablemente hasta el día del juicio*. Otras veces nos divertimos adjudicando a las pobres bestias costumbres o caracteres que consideramos poco airosas para los humanos, y así tenemos: *Mad as a March hare* («Más loco que una liebre en marzo») o *Like a cat on hot bricks* («Como un gato sobre ladrillos ardiendo»), nuestro «Más nervioso que el jopo de una chiva». Pero no sólo en los animales se fija el hombre para sus modismos, también su propio cuerpo, de la cabeza («Perder la cabeza» = *To lose one's head)* a los pies («Meter la pata» = *To put one's foot in it)*, pasando por el corazón («Ojos que no ven, corazón que no siente» = *What the eye doesn't see the heart doesn't grieve over)*, le ha servido de base para muchos.

Entre las costumbres y tradiciones hay de todo: costumbres curiosísimas, como la de los fugitivos, de arrastrar un arenque por el suelo para despistar a los perros que los perseguían *(To draw a red herring across the track* = «Dar una pista falsa»), modismos reminiscentes de tiempos medievales, algunos con su sabor amargo de privaciones o torturas crueles: damos dos ejemplos: *One might as well be hanged for a sheep as a lamb* («Lo mismo da que lo ahorquen a uno por una oveja que por un cordero», nuestro «De perdidos, al río») y *To haul somebody over the coals* («Tirar a uno sobre los carbones», nuestro «Dar un buen rapapolvos»). El primero nos lleva a los tiempos de Robin Hood, cuando era crimen castigado con la pena de muerte cazar en los bosques reales; el segundo nos recuerda las torturas a las que sometían los reyes normandos al pueblo sajón para sacarle el dinero. *A feather in one's cap* («Una pluma en el gorro», nuestro «Apuntarse un buen tanto») nos trae a tiempos un poco más próximos, y nos habla de las plumas que añadían los indios americanos a su cabellera por

---

* *Till Doomsday, To the last trump* (arg.).

6

cada blanco que mataban *, desde su punto de vista, «apuntarse un buen tanto», en efecto. Pasamos brevemente por el pintoresco *Hobson's choice* («La opción de Hobson» = no tener opción, en realidad), que debe su origen a la costumbre de un simple mozo de cuadra de Cambridge, que, por no molestarse, cuando le pedían un caballo, invariablemente ofrecía el más próximo a la puerta, y citamos, por último, en este apartado la curiosa manía de los pueblos de largar el mochuelo de sus defectos a sus vecinos: así, ausentarse sin pedir permiso es para los ingleses *To take French leave* (tomar licencia o «Despedirse a la francesa») y, para los franceses, irse sin decir adiós es *Filer à l'anglaise* («Largarse a la inglesa»).

Amantes siempre de la cacería, no puede extrañar que los ingleses hayan acuñado expresiones como *To beat about the bush* (golpear por la maleza), derivado de la costumbre de los cazadores de batir la maleza para hacer salir la pieza (nuestro «Andarse por las ramas») y *To run with the hare and hunt with the hounds* (correr con la liebre y cazar con los galgos) nuestro «Estar en misa y repicando», evocadores de tantas y tantas jornadas de caza con jauría en castillos y casas señoriales *(Manor Houses)*. Por otra parte, pueblo marinero por excelencia, los británicos han tomado del mar cientos de modismos, como *To take the wind out of sb's sails* (quitar el viento de las velas a alguien), nuestro «Dejar cortado» y *All hands to the pump (on deck)* (todas las manos —hombres, marineros— a cubierta), nuestro «Todos a arrimar el hombro», modismos que tantos viajes y aventuras a bordo de los navíos de su majestad deben sugerir a las mentes inglesas.

La literatura también, desde la Biblia, con su regusto puritano, hasta el universalmente admirado Shakespeare y otros insignes escritores posteriores, pasando por las fábulas y cuentos de sabor popular, han aportado su granito de arena a enriquecer la lengua inglesa con modismos deliciosos. De influencia bíblica citaremos *To kill the fatted ** calf* (matar el cordero cebado para celebrar la vuelta del hijo pródigo) o *To have forty winks* (dar cuarenta cabezadas, nuestro «Dar una cabezadita») en el que *forty* tiene un valor de número indefinido (compárese al respecto el dicho espa-

---

* Según versión del profesor W. Freeman, en su *A Concise Dictionary of English Idioms*, Universities of England Press. Según otras versiones, se trataría simplemente de las plumas añadidas por los cazadores (arqueros) a su gorro por cada pieza cobrada.
** Corrupción de *fattened*.

ñol: «Te lo he dicho cuarenta veces»). De Shakespeare proceden gran cantidad de modismos, como los curiosos *To out-Herod Herod** (superar en crueldad a Herodes, es decir, «Ser más papista que el papa») y *All Greek to me* (todo griego para mí, nuestro «No entiendo ni jota»). Para los modismos, como para todo, mostró Shakespeare una fecundidad y agudeza fuera de serie, aunque para algunos se basara el genial escritor en fuentes anteriores, y es que verdaderamente «no hay nada nuevo bajo el sol». De los modismos tomados de fábulas y cuentos, la lista es interminable: *A dog in the manger* («Ser como el perro del hortelano»), *To cry wolf* (gritar «Que viene el lobo», falsa alarma), *Sour grapes* («No están maduras», de la fábula de la zorra y las uvas), *To bell the cat* («Ponerle el cascabel al gato»), *To count one's chickens before they're hatched* («Contar los pollos antes de que salgan del cascarón», del cuento de la lechera) por no citar más que unos pocos, son otros tantos recuerdos imborrables de nuestra niñez.

Pero el pueblo, siempre ingenioso, no necesita haber leído nada para inventar modismos: los refranes nos hablan de la sabiduría popular, y así tenemos *A stitch in time saves nine* («Un remiendo a tiempo ahorra ciento», «El que arregla la gotera, arregla la casa entera»), *The early bird catches the worm* (el pájaro madrugador caza el gusano, nuestro «A quien madruga, Dios le ayuda»), etc. Tanto en inglés como en español es frecuente encontrar estos refranes, deformados por el uso, abreviados a su primera mitad: *The last straw (on the camel's back)*, «La última gota» (de agua, que hace rebosar el vaso), *There's many a slip ('twixt the cup and the lip)*, «Del dicho al hecho (hay gran trecho)», etc. De la vida de todos los días extrae también la gente expresiones llenas de colorido, algunas tan graciosas como *To catch sb. with his trousers down* («Coger a alguien con los pantalones bajados»), en español, o, al menos, en andaluz, de implicación algo más escatológica.

En su afán de novedad y concisión, poco le importa al pueblo saltarse a la torera** las reglas de sintaxis, y así nos ofrece en breves píldoras, llenas de ingenio, modelo de saber: *Easy come, easy go* («Como vino, se fue»), *Grasp all, lose all* («Quien mucho abarca, poco aprieta»), en las que lo que se pierde en ortodoxia gramatical (en este caso, en inglés), se gana, y de qué manera, en espontánea y

---

* Herodes era siempre representado, en los Milagros de la Edad Media *(Miracle Plays)*, como un personaje cruel, jactancioso y bravucón.
** Podría traducirse en inglés por *To pay no attention to.*

fácil agilidad. En resumen, aprender los modismos de una lengua es aprender la sabiduría misma, a través de miles de años de experiencia, de un pueblo.

7. Distintos tipos de modismos

Ya hemos dicho que entendemos por «modismo» toda expresión que significa algo más de lo que las palabras que la componen indican, pero no todos los modismos pertenecen a la misma clase, ni todos se pueden usar en cualquier ambiente o círculo social. Muchos de ellos, la mayoría quizá, tienen un carácter general, como «A toda costa», «Seguir la corriente», «Sin ton ni son», etc.; otros, sin embargo, como «Dar un jabón», tienen un sabor mucho más coloquial y pertenecen al mundo del argot; otros, como «Eramos pocos y parió la abuela», tienen un carácter estrictamente familiar y algunos, como «¡Chúpate esa!» o «Puedes metértelo en el...» son francamente groseros. Están también los refranes, que sin ser modismos propiamente dichos, son a veces tan conocidos y tienen un sabor tan popular («Dios los cría... y ellos se juntan», «Quien mucho abarca, poco aprieta», etc.), que merece la pena aprenderlos como si de modismos se tratara. Por último, muchos de los verbos compuestos con partícula constituyen auténticos modismos*. De todo encontrará el lector en nuestra selección, siempre con indicación del carácter del modismo, si éste no es de tipo general (argot, familiar, etc.), y la frecuencia de su uso. Esperamos que su lectura divierta a nuestros alumnos y los ayude a perfeccionar el idioma, lo que, en resumidas cuentas, debe ser el objetivo número uno.

8. Abreviaturas usadas en este libro

adj.	adjetivo	*est.*	estudiantil
ant.	anticuado	*euf.*	eufemístico
arc.	arcaico	*fam.*	familiar
arg.	argot	*fig.*	figurado
cf.	compárese con	*G.B.*	sólo en Gran Bretaña
econ.	economía	*gen.*	generalmente
esp.	especialmente y español(a)	*hum.*	humor o humorísticamente

---

* Para un estudio más completo de los verbos compuestos remitimos al lector a *Ponte al día en inglés: verbos frasales,* de A. MORENO, Alhambra Longman, 1994.

9

iron.	irónico		*sth.*	*something*
joc.	jocoso		*U.S.A.*	modismo norteamericano
lig.	ligeramente		*var.*	variante
lit.	literario o literal		*v.f.i.*	verbo frasal intransitivo
n.	nombre		*v.f.t.*	verbo frasal transitivo
pol.	política		*v.p.*	verbo preposicional
q.v.	*quod vide*		*vulg.*	vulgar
ref.	refrán		***	muy usado
rel.	expresión o palabra común de significado similar o relacionado con el modismo dado		**	bastante usado
			*	de uso algo más restringido
			~	no es modismo en inglés; expresión corriente equivalente a la idea española
sb.	*somebody*			
sin(s).	sinónimo(s) de uso más corriente			

9. Clave de signos fonéticos

VOCALES

			DIPTONGOS		
/i:/	como en	*cheese*	/ei/	como en	*late*
/i/		*ship*	/ou/		*boat*
/e/		*red*	/ai/		*like*
/æ/		*mad*	/au/		*mouse*
/ɑ:/		*car*	/ɔi/		*toy*
/ɔ/		*hot*	/iə/		*near*
/ɔ:/		*horse*	/ɛə/		*bear*
/u/		*good*	/uə/		*poor*
/u:/		*food*			
/ʌ/		*gloves*			
/ə:/		*bird*			
/ə/		*again*			

CONSONANTES

/p/	como en	*pipe*	/ʃ/	como en	*shell*
/b/		*bob*	/ʒ/		*pleasure*
/t/		*ten*	/r/		*rat*
/d/		*day*	/h/		*hand*
/k/		*take*	/tʃ/		*chin*
/g/		*gate*	/dʒ/		*jam*
/f/		*five*	/m/		*man*
/v/		*love*	/n/		*not*
/θ/		*thief*	/ŋ/		*thing*
/ð/		*this*	/l/		*bell*
/s/		*sun*	/j/		*yard*
/z/		*zoo*	/w/		*want*

INGLÉS-ESPAÑOL

A

aback

To be taken aback ***.
/tə biː ˈteikn ə ˈbæk/
Estar desconcertado; ser cogido por sorpresa; quedarse boquiabierto.
He was clearly taken aback - Se veía que estaba desconcertado.

about

1) *To be about to* ***.
/tə biː əˈbaut tə/
Estar a punto de.
They're about to come - Están a punto de venir.

2) *About time* (+pasado) ***.
/əˈbaut ˈtaim/
(It's) about time he came - Ya era hora de que viniera.

3) *About face* **.
/əˈbaut ˈfeis/
Cambio radical de actitud; media vuelta; viraje inesperado; un giro de 90°.
They were all surprised at the Government's about face concerning salaries - Se quedaron todos sorprendidos ante el viraje inesperado del Gobierno referente a salarios.

4) *What/how about?* (véase *what*, 1).

above

Aboveboard ***.
/əˌbʌvˈbɔːd/
a) Fuera de toda sospecha, honrado.
His conduct has always been honest and aboveboard - Su conducta ha sido siempre honrada y fuera de toda sospecha.

11

b) Abiertamente, sin tapujos, sin trampa ni cartón.

Don't worry: everything will be open and aboveboard - No te preocupes: todo será abierto y sin tapujos.

actions

Actions speak louder than words**.

/'ækʃnz 'spi:k 'laudə ðən' wə:dz/

Obras (hechos) son amores y (que) no buenas razones.

Adam

Not know sb. from Adam**.

/nɔt 'nou frəm 'ædəm/

No tener ni idea de quién pueda ser una persona.

I don't know him from Adam - No tengo ni idea de quién pueda ser.

add

1) *To add insult to injury***.

/tu 'æd 'insʌlt tu 'indʒəri/

Ponerlo peor que estaba; empeorar las cosas.

His remark only added insult to injury - Su observación no hizo sino empeorar las cosas.

2) *To add fuel to the fire***.

/tu 'æd 'fjuəl tə ðə 'faiə/

Echar leña al fuego.

That's only adding fuel to the fire - Eso es echar más leña al fuego (véase también *pour*).

afford

To afford (con *can*) ***.

/tu ə'fɔ:d/

Permitirse el lujo de...

We can't afford to go to Italy for our holiday this year - No podemos permitirnos el lujo de ir a Italia de vacaciones este año.

afraid

To be afraid to say «boo» to a goose*.

/tə bi: ə'freid tə 'sei 'bu: tu ə 'gu:s/

Ser excesivamente tímido; ser incapaz de matar una mosca.

The poor girl was afraid to say «boo» to a goose - La pobre niña era muy tímida.

Rel. = *To be (very) shy* = ser (muy) tímido; *He would not hurt a fly**** - Es incapaz de matar una mosca.

age

Be your age***.

/bi: jɔ:r 'eidʒ/

¡No seas niño chico!

ages

1) *To be ages****.

/tə bi: 'eidʒiz/

Tardar siglos.

You've been ages - Has tardado siglos.

2) *It's ages since I saw you****.
/its ˈeidʒiz sins ai ˈsɔ: ju:/
Hace siglos que no te veo.

agree   *Fish (etc.) doesn't agree with him* (véase «caer», 2).

air

1) *In the open air****.
/in ði ˈoupn ˈɛə/
Al aire libre.

2) *In the air****
/in ði ˈɛə/

a) En el aire, indeciso.
Their future is very much in the air - Su futuro está muy en el aire.
Rel. = La pelota está todavía en el tejado - *It's still in the air.*

b) En el aire (rumores, etc.); en el ambiente.
There were rumours of a coup in the air - Había rumores de un golpe militar en el aire.

3) *On the air****
/ɔn ði ˈɛə/
En antena (hablar por la radio, etc.).
The Prime Minister will be on the air at 10 p.m. - El Primer Ministro estará en antena a las 10 de la noche.

4) *To walk/tread on air***
/tə ˈwɔ:k/ˈtred ɔn ˈɛə/
No caber en sí de alegría.

5) *To vanish into thin air* (véase *vanish*).

6) *To build castles in the air* (véase *castles*).

7) *As light as air* (véase «pluma»).

airs   *To put on airs/ To give oneself airs****.
/tə ˈput ˈɔn ˈɛəz/tə ˈgiv wʌnself ˈɛəz/
Adoptar aires de superioridad. Darse mucho bombo. Darse aires.
She was accused of putting on airs. - La acusaron de adoptar aires de superioridad.

alive   *Alive and kicking***.
/əˈlaiv ən ˈkikiŋ/
Vivito y coleando.
«*Are they dead?*» - «*Not at all, they are alive and kicking*» - «¿Están muertos?» - «¡Qué va! Están vivitos y coleando.»

all

1) *All Greek to me* (véase *Greek*).

2) *(All) my eye.*
/'ɔ:l mai 'ai/
¡Tonterías!
Sin. = *Rubbish.*

3) *All the same****.
/'ɔ:l ðə 'seim/
A pesar de todo.
They found him all the same - Lo encontraron, a pesar de todo.

4) *All over the world****.
/'ɔ:l ouvə ðə 'wə:ld/
Por todo el mundo.
They're to be found all over the world - Se encuentran por todo el mundo.

5) *All in all****.
/'ɔ:l in 'ɔ:l/
En general; en resumidas cuentas; bien mirado.
All in all, I don't see why they shouldn't do it - Bien mirado, no veo por qué no lo iban a hacer.

6) *All alone****.
/'ɔ:l ə'loun/
Completamente solo; más solo que la una.
Rels. = *To be on one's own, To be by oneself* - Estar solo.

7) *All and sundry***.
/'ɔ:l ənd 'sʌndri/
Todos; todo el mundo; todos sin excepción; todo quisque; todos y cada uno.
He's told your little secret to all and sundry in the village - Le ha contado tu pequeño secreto a todos en el pueblo (véanse también *butcher* y *every*).

8 *All but...****.
/'ɔ:l bʌt/
Casi, por poco.
You all but spoilt everything with your lack of tact - Por poco no lo estropeas todo con tu falta de tacto.

9) *All my eye and Betty Martin.*
/'ɔ:l mai 'ai ənd 'beti 'mɑ:tin/
Tonterías y nada más que tonterías (véanse también *fiddlesticks* y *all,* 2).

10) *Not be all there* (véase «cabeza», 5-c).

14

11) *All told****.
/'ɔ:l 'tould/
En total, en conjunto.
There were only 50 people all told - En total sólo había 50 personas.

Para otras expresiones con *all*, véase índice.

ants   *To have ants in one's pants* (véase *pants*).

any   *Any minute/time now****.
/'eni 'minit 'nau/
De un momento a otro.
They will arrive any minute now - Llegarán de un momento a otro.

apple   1) *To be the apple of one's eye* (véase «ojo», 10).

2) *The apple of discord***.
/ði 'æpl əv dis'kɔ:d/
La manzana de la discordia (véase también «manzana», 1).

applecart   *To upset the applecart***.
/tu ʌp'set ði 'æplkɑ:t/
Echar todo a rodar; tirar por tierra; aguar la fiesta.
So he's come two days too soon, hasn't he? That upsets the applecart
De modo que ha venido dos días antes de la cuenta, ¿eh? Eso lo echa todo a rodar.

April   *April fool****.
/,eiprl 'fu:l/
Inocente (persona a la que se le ha gastado una broma el 1 de abril, como en España el 28 de diciembre).

apron   *To be tied to one's mother's apron strings* (veáse «falda»).

around   *Around/round the clock***.
/ə'raund ðə 'klɔk/
Día y noche; las 24 horas del día.
That shop is open round the clock - Esa tienda está abierta las 24 horas del día.

as   1) Comparaciones más frecuentes con *as*:
— *As black as coal/soot*** - Negro como el carbón (muy negro, sucio).
/əz 'blæk əz 'koul/'sut/
— *As black as pitch/ink*** - Negro, oscuro como la boca del lobo.
/ə 'blæk əz 'pitʃ/'iŋk/
— *As blind as a bat* - Que no ve tres en un burro (véase *blind*, 1).

15

— *As bold as brass*** - Muy osado, caradura, descarado.

/əz 'bould əz 'brɑ:s/

— *As bold/brave as a lion* - Valiente como un león (véase «león», 6).

— *As broad as it is long** (esp. Br. E.) - Lo mismo da, es igual, para el caso es lo mismo (véase también *six*).

/əz 'brɔ:d əz it iz 'lɔŋ/

— *As brown as a berry* - Muy moreno (véase «moreno»).

— *As busy as a bee* - Muy ocupado/atareado (véase *bee*, 3).

— *As calm as a millpond** - Como una balsa (dicho del agua del mar).

/əz 'kɑ:m əz ə 'milpɔnd/

— *As clean as a new pin* - Más limpio que una patena/que los chorros de oro (véase *clean*, 1).

— *As clean as a whistle* (arg. policial) - Limpio, inocente (véase *clean*, 2).

— *As close as an oyster* - Poco comunicativo, cerrado, hermético (véase *oyster*, 1).

— *As cool as a cucumber* - Más fresco que una lechuga (véase *cool*).

— *As cross as two sticks** - De un humor de perros.

/əz 'krɔs əz 'tu: 'stiks/

— *As cunning as a fox* - Astuto como un zorro (véase *fox*).

— *As dead as a dodo* - Completamente muerto (véase «muerto», 3-b).

— *As dead as a doornail* - Completamente muerto (véase «muerto», 3-c).

— *As dead as mutton* - Completamente muerto (véase «muerto», 3-a).

— *As deaf as a post* - Sordo como una tapia (véase «sordo», 1-a).

— *As different as chalk and cheese* - Diferente como de la noche al día (véase *different*).

— *As different as day and night**** - Completamente diferente; diferente como de la noche al día.

/əz 'difərənt əz 'dei ənd 'nait/

— *As drunk as a newt** - Borracho como una cuba (véase también «borracho»; «tajado»).

/əz 'drʌŋk əz ə 'nju:t/

— *As dry as a bone* - Muy seco, reseco, etc. (véase *bone*, 6).

— *As dry as dust*** - Muy aburrido.

/əz 'drai əz 'dʌst/

— *As easy as ABC* - Muy fácil (véase *easy*, 3).

— *As easy as falling off a log* - Muy fácil (véase *easy*, 3).

— *As easy as pie* - Muy fácil (véase *pan*, 3).

16

— *As easy as winking* - Muy fácil (véase *easy*, 3).

— *As fast as a deer/hare** - Muy rápido (véase también *quick*, 2).

/əz 'fɑ:st əz ə 'diə/'hɛə/

— *As fat as a pig* - Gordo como un cerdo (véase *pig*, 6).

— *As fit as a fiddle* - Como las propias rosas, de primera véase *fit*, 2).

— *As flat as a pancake* - Completamente liso, liso como una tabla (véase *flat*).

— *As free as a bird/the air*** - Libre como un pájaro/los pájaros/como el aire.

/əz 'fri: əz ə 'bə:d/ði 'ɛə/

— *As fresh as a daisy*** - Fresco como una rosa; como las propias rosas (sano, activo, etc.).

/əz 'freʃ əz ə 'deizi/

— *As good as gold*** - Más bueno que el pan.

/əz 'gud əz 'gould/

— *As happy as a lark* - Muy feliz (véase *happy*, 2).

— *As hard as nails* - Duro (como una piedra, etc.) (véase *nail*, 2).

— *As heavy as lead** - Más pesado que el plomo.

/əz 'hevi əz 'led/

— *As hungry as a hunter* - Muy hambriento (véase «hambre», 2-b).

— *As keen as mustard*** - Muy entusiasta por o interesado en algo.

/əz 'ki:n əz 'mʌstəd/

— *As large as life* - De tamaño natural; en persona (véase *life*, 1).

— *As light as a feather* - Ligero como una pluma (véase «pluma»).

— *As light as air* - Ligero como el aire (véase «pluma», sin.).

— *As like as two peas (in a pod)* - Iguales, como dos gotas de agua (véase «gota»).

— *As mad as a hatter/March hare* - Loco como una cabra (véase *mad*).

— *As mad as a wet hen* - Furioso/a (véase *hen*, 2).

— *As meek as a lamb* - Humilde/tímido/pacífico como un corderito (véase «lamb» 1).

— *As obstinate/stubborn as a mule* - Terco como una mula (véase «terco»).

— *As old as Methuselah* - Más viejo que Matusalén (véase *old*, 1, sin.).

— *As old as the hills* - Muy viejo (véase *old*, 1).

— *As patient as Job* - Más paciente que Job (véase «Job», 1).

— *As plain as a pikestaff* - Más claro que el agua (véase «agua», 3-b).

— *As plain as the nose on your face* - Más claro que el agua (véase «agua», 3-b).

— *As pleased as Punch*** - Contento como unas pascuas (véase también *happy*, 2).

/əz 'pli:zd əz 'pʌntʃ/

— *As poor as a church mouse* - Pobre como una rata (véase «pobre»).

— *As proud as a peacock* - Orgulloso como un pavo real (véase *peacock*).

— *As quick as lightning* - Rápido como una centella (véase *quick*, 2).

— *As quiet as a mouse* - Más callado que en misa (véase *mouse*, 2.

— *As right as rain* - Perfectamente bien (véase *right*, 3).

— *As safe as houses*** - Muy seguro, sin peligro, a salvo.

/əz 'seif əz 'hauziz/

— *As sharp as a needle*** - Muy agudo, ingenioso.

/əz 'ʃɑ:p əz ə 'ni:dl/

— *As sick as a cat/dog* - Con vómitos violentos (véase *cat*, 24.)

— *As silent as the grave/tomb/dead*** - Callado/silencioso como una tumba/los muertos.

/əz 'sailənt əz ðə 'greiv/'tu:m/'ded/

— *As silly as a sheep* - Tonto de capirote (véase *sheep*, 1).

— *As slippery as an eel* - Escurridizo como una anguila (véase *slippery*).

— *As slow as a tortoise* - Lento como una tortuga (véase *tortoise*).

— *As snug as a bug in a rug* - Muy a gusto, a sus anchas (véase «guarro»).

— *As sober as a judge*** - *a*) Sobrio, sereno. *b*) Serio, solemne.

/əz 'soubə əz ə 'dʒʌdʒ/

— *As sound as a bell* - Más sano que una pera (véase *sound*).

— *As steady as a rock*** - Firme como una roca.

/əz 'stedi əz ə 'rɔk/

— *As stiff as a poker* - Más tieso que un palo (véase *stiff*, 1).

— *As strong as a horse/an ox* - Fuerte como un roble (véase *horse*, 5).

— *As sure as eggs is eggs* - Tan seguro como que dos y dos son cuatro (véase *egg*, 1).

18

— *As sure as fate** - Cierto, seguro, sin la menor duda.

/əz ′ʃuə əz ′feit/

— *As sure as hell* - Cierto, seguro, sin la menor duda (véase *hell*, 5).

— *As sweet as honey** - Dulce como la miel.

/əz ′swi:t əz ′hʌni/

— *As thick as thieves* - Uña y carne (véase «uña», 1).

— *As thin as a rake* - Muy flaco (véase *thin*, 1).

— *As timid as a rabbit** - Muy tímido.

/əz ′timid əz ə ′ræbit/

— *As true as steel*** - *a*) Muy fiel, fiel hasta la muerte. *b*) Muy cierta (una afirmación)*.

/əz ′tru: əz ′sti:l/

— *As ugly as sin* - Más feo que Picio (véase «Picio»).

— *As wet as a drowned rat* - Empapado, hecho una sopa (véase *wet*, 1).

— *As white as a sheet* - Blanco como la pared/cera (véase «blanco»).

— *As wise as an owl* - Muy sabio (véase *owl*, 1).

2) *As good as done****.

/əz ′gud əz ′dʌn/

Dalo por hecho.

«*And the job?*» «*It's as good as done*» - «¿Y el trabajo?» - «Puedes darlo por hecho.»

3) *As it were****.

/əz it ′wə:/

Por decirlo así.

She is, as it were, the peak of perfection - Ella es, por decirlo así, un dechado de perfecciones.

Sin. = *So to speak.*

4) *As you make your bed, so you must lie on it** (ref.).

/əz ju ′meik juə ′bed ′sou ju mʌst ′lai ɔn it/

Tú te lo has buscado y debes cargar con las consecuencias.

5) *As brave, etc., as the next man****.

/əz ′breiv əz ðə ′nekst ′mæn/

Tan valiente, etc., como el primero; como el que más.

ask   1) *To ask for it****.

/tu ′ɑ:sk fərit/

Buscársela.

You asked for it - Tú te la has buscado.

2) *To ask for a light****.
/tu ˈɑ:sk fər ə ˈlait/
Pedir fuego; lumbre.
Give me a light, please - Déme fuego, por favor.

ass   1) *A silly ass****.
/ə ˈsili ˈɑ:s/
Un tonto; un imbécil.

2) *A pompous ass***.
/ə ˈpɔmpəs ˈɑ:s/
Un fatuo.

3) *A jackass**** (vulg.).
/ə ˈdʒækæs/
Gilipuertas.

4) *To make an ass of oneself****.
/tə ˈmeik ən ˈɑ:s əv wʌnˈself/
Ponerse en ridículo.
It was silly of me to ask her about her divorce - I'm afraid I made an ass of myself. - Fue estúpido por mi parte preguntarle sobre su divorcio - Me temo que me he puesto en ridículo.

at   1) *At any rate****.
/ət ˈeni ˈreit/
En cualquier caso; sea como sea.
At any rate, his mind is made up now - En cualquier caso, ya se ha decidido.

2) *At best****.
/ət ˈbest/
En el mejor de los casos; como mucho.
You'll get fifty pounds, at best - Te darán 50 libras, en el mejor de los casos.

3) *At length****.
/ət ˈleŋθ/
Con detenimiento.
Come to my office when you like and we'll discuss the matter at length - Ven a mi oficina cuando quieras, y discutiremos el asunto con detenimiento.

4) *At once* (veáse *once*, 6).

5) *At that****.
/ət ˈðæt/
Por cierto; además; si vamos al caso.
It's a very expensive hat and rather old fashioned at that - Es un sombrero muy caro y bastante anticuado, además.

20

6) *At hand* (véase *hand*, 39).

7) *At a snail's pace* (véase *snail*).

8) *At a pinch***.

/ət ə 'pintʃ/

En caso de apuro, si no hay otro remedio.

We can do it ourselves; we'll ask for help only at a pinch - Podemos hacerlo nosotros; sólo pediremos ayuda en caso de apuro.

9) *At sb's beck and call***.

/ət sʌmbɔdiz 'bek ənd 'kɔ:l/

Estar a disposición de, a las órdenes de, para lo que guste mandar.

If you think I'm going to be always at your beck and call, you're mistaken - Si crees que voy a estar siempre a tu disposición, te equivocas.

Para otras expresiones con *at*, véase índice.

avoid *To avoid like the plague***.

/tu ə'vɔid laik ðə 'pleig/

Evitar/huir como (a/de) la peste.

Now that I'm ruined all my old friends avoid me like the plague - Ahora que estoy arruinado, todos mis antiguos amigos me evitan como la peste.

axe 1) *To have an axe to grind***.

/tə hæv ən 'æks tə 'graind/

Tener algún interés personal; vérsele a uno el plumero.

He has an axe to grind in that matter - Se le ve el plumero en ese asunto.

2) *To get/give the axe****.

/tə 'get/'giv ði 'æks/

a) Ser despedido/despedir del trabajo; dar/pegar el corte.

If the crisis goes on, I'm afraid more workers will get the axe - Si la crisis sigue, me temo que más trabajadores serán despedidos (véase también *sack*).

b) Ser cancelado/cancelar (un proyecto, etc.), cortar, dar/pegar el corte.

There was a project to build 500 houses in this area, but they gave it the axe - Había un proyecto para edificar 500 casas en esta zona, pero lo cancelaron.

To be tied to one's mother's apron strings.

B

baby

That's not my/your/his, etc., baby** (arg.).

/ðæts nɔt mai ˈbeibi/

Eso no es responsabilidad mía/tuya/suya/etc. (véase también *pigeon*, 2).

back

1) *Back to square one**.*

/bæk tə ˈskwɛə ˈwʌn/

Vuelta a empezar; como al principio.

We're back to square one - Estamos como al principio.

2) *To be glad to see the back of sb.**.*

/tə bi: ˈglæd tə ˈsi: ðə ˈbæk əv/

Alegrarse de que alguien se haya marchado, dar un respiro de alivio, a enemigo que huye puente de plata (véase también «enemigo»).

He went away last week and I was glad to see the back of him - Se marchó la semana pasada y cómo me alegré/di un respiro de alivio al ver que se iba.

3) *Behind sb.'s/one's back***.*

/bihaind sʌmbədiz/wʌnz ˈbæk/

A espaldas de.

They meet every day behind my back - Se ven todos los días a mis espaldas.

4) *To break the back of**.*

/tə ˈbreik ðə ˈbæk əv/

Hacer/terminar la parte más difícil, lo más gordo de un trabajo.

There's still something to be done, but thank goodness we've broken the back of the main job - Todavía queda algo por hacer, pero gracias a Dios ya hemos hecho la parte más difícil.

5) *To break one's/sb.'s back***.*

/tə ˈbreik wʌnz/sʌmbədiz ˈbæk/

Deslomar(se), partirse la cara trabajando; (hacer) trabajar como un enano; matarse a trabajar.

If they think I'm going to break my back working there for that salary, they're badly mistaken - Si creen que voy a partirme la cara trabajando allí por ese salario, están muy equivocados (véase también *work*, 3).

6) *To have one's back to/against the wall***.*

/tə ˈhæv wʌnz ˈbæk tə/əˈgenst ðə ˈwɔ:l/

Estar entre la espada y la pared (véase también «espada»); estar en una situación muy comprometida.

With the collapse of his firm's share price, he had his back to the wall - Con la caída del precio de las acciones de su firma, se encontraba entre la espada y la pared.

7) *To pat sb./oneself on the back***.

/tə 'pæt ɔn ðə 'bæk/

Felicitar(se).

I think we can pat ourselves on the back for what we've achieved - Creo que podemos felicitarnos por lo que hemos logrado.

Var. = *(To get) a pat on the back* - (Recibir) un golpecito en la espalda de felicitación (usado a veces irónicamente).

After what I did for them, all I got was a pat on the back - Después de lo que hice por ellos, todo lo que recibí fue un golpecito de felicitación en la espalda.

8) *You scratch my back and I'll scratch yours* (véase *scratch*, 1).

9) *To turn one's back on sb.* (véase *turn*, 9).

10) *To back the wrong horse* (véase *horse*, 19).

11) *Fed up to the back teeth* (véase «coronilla»).

12) *To get one's own back* (q.v.).

13) *To know like the back of one's hand* (véase «mano», 2).

14) *Like water off a duck's back* (véase *duck*, 2).

15) *A stab in the back****.

/ə 'stæb in ðə 'bæk/

Una puñalada por la espalda.

They gave the job to sb. else: really a stab in the back - Le dieron el trabajo a otro: realmente una puñalada por la espalda.

16) *To put sb.'s/one's back up***.

/tə 'put sʌmbɔdiz/wʌnz 'bæk 'ʌp/

Poner(se) nervioso; crispar/atacar los nervios (de) (haciendo o diciendo algo); fastidiar; reventar.

He's always so sure of himself; frankly he puts my back up - Está siempre tan seguro de sí mismo; francamente me crispa los nervios (véanse también *hair*, 3, y *rub*, 3).

17) *At the back of beyond* (véase «pino», c).

18) *To get off sb.'s/one's back***.

/tə 'get ɔf sʌmbɔdiz/wʌnz 'bæk/

a) Quitarse de encima a.

He's always asking me silly questions, I don't know how to get him off my back - Siempre me está haciendo estúpidas preguntas, no sé cómo quitármelo de encima.

b) Dejar tranquilo en paz; dejar de molestar.

For goodness' sake, get off my back! - Por lo que más quieras, ¡déjame en paz!

backbone   *To the backbone****.

/tə ðə 'bækboun

Hasta la médula, por los cuatro costados.

Peter is an Englishman to the backbone - Peter es inglés hasta la médula (véase también «cabeza», 6).

backfire   *To backfire on one***.

/tə 'bækfaiə ɔn

Repercutir en uno mismo; volverse contra uno mismo; salir el tiro por la culata.

His evil intentions are now backfiring on him - Sus malas intenciones se están volviendo contra él mismo.

bad   1)   *A bad patch***.

ə 'bæd 'pætʃ

Una mala racha.

I admit I'm in a bad patch, but I'm sure my luck will change - Admito que estoy pasando una mala racha, pero estoy seguro que mi suerte va a cambiar (véase también *run*, 1).

2)   *A bad egg* (véase *egg*, 4).

3)   *To give up as a bad job****.

/tə 'giv 'ʌp əz ə 'bæd 'dʒɔb

Dejar por imposible.

I've been trying to repair my TV set for the last two hours, but I think I'm going to give it up as a bad job - Llevo reparando la televisión dos horas, pero creo que la voy a dejar por imposible.

4)   *The big bad wolf* (véase *wolf*, 9).

5)   *To do a bad turn* (véase *do*, 10).

6)   *Give a dog a bad name* (véase «fama»).

7)   *To be in sb.'s bad books* (véase *book*).

8)   *Too bad****.

/'tu: 'bæd

Una pena, qué le vamos a hacer, qué lástima.

«*I need some more money.*» «*Too bad.*» - «Necesito más dinero.» «Una pena».

baddies   *The baddies**** (hum.).

/ðə 'bædiz/

Los malos (en una película, novela, etc.) (véase también *goodies*).

25

bag

1) *A bag of nerves***.
/ə ˈbæg əv ˈnəːvz/
Un manojo de nervios.

2) *A bag of bones (véase bone, 7)*.

3) *In the bag***.
/in ðə ˈbæg/
En el bote, seguro.
The contract is in the bag - El contrato está en el bote.

4) *To let the cat out of the bag* (véase «lengua», 3).

5) *To be left holding the bag* (véase «muerto», 1-*b*).

ball

1) *The ball is in your court***.
/ðə ˈbɔːlz in juə ˈkɔːt/
Ahora te toca a ti, el próximo movimiento es tuyo, tú tienes la palabra.
I've already talked to him twice and he won't listen to me, now the ball's in your court - Yo ya he hablado con él dos veces y no quiere escucharme, ahora te toca a ti.

2) *To be on the ball**** (arg.).
/tə biː ɔn ðə ˈbɔːl/
Estar atento, alerta, ojo avizor, al loro, bien informado, etc.
To be a good politician you must be always on the ball - Para ser un buen político hay que estar siempre alerta.

3) *The ball and chain** (arg.).
/ðə ˈbɔːl ənd ˈtʃein/
La bola y la cadena, la mujer, la esposa.

4) *To start/keep. the ball rolling****.
/tə ˈstɑːt/ˈkiːp ðə ˈbɔːl ˈroulin/
Empezar/continuar una actividad/conversación, etc.; con *(keep)* hacer que no decaiga.
Try to keep the ball rolling until I arrive - Trata de mantener la conversación hasta que yo llegue.

bananas

To be/go bananas** (arg. U.S.A.).
/tə biː/gou bə ˈnɑːnəz/
Estar/volverse majareta.
The old man must have gone bananas - El viejo debe de haberse vuelto majareta.

bargain

1) *A bargain****.
/ə ˈbɑːgin/
Una ganga.

2) *Into the bargain***.

/intə ðə 'bɑːgin/

Además; encima (otro inconveniente más, como si lo demás no fuera suficiente); por si faltara poco.

I don't know what she sees in that man; he's a big fool and penniless into the bargain - No sé lo que le ve a ese hombre; es un grandísimo imbécil, y, por si faltara poco, sin un céntimo.

bark

1) *His bark is worse than his bite***.

/hiz 'bɑːks 'wəːs ðən hiz 'bait/

Perro que ladra no muerde; No es tan fiero el león como lo pintan.

2) *To bark up the wrong tree*.

/tə 'bɑːk ʌp ðə 'rɔŋ 'triː/

Equivocarse de medio a medio; andar descaminado.

If you think he's done it, you're barking up the wrong tree - Si crees que él lo ha hecho, te equivocas de medio a medio.

3) *Go bark up another tree* (arg.)*.

/'gou 'bɑːk ʌp ənʌðə 'triː/

Vete con la música a otra parte.

You won't get any more from me; go bark up another tree - No me vas a sacar ningún dinero más; vete con la música a otra parte.

bat

1) *To have bats in the belfry*.

/tə hæv 'bæts in ðə 'belfri/

Tener la cabeza (llena de) a pájaros; estar chiflado.

Everybody knows the old man had bats in the belfry - Todo el mundo sabe que el viejo estaba chiflado.

Sin. = *to be nuts; potty; batty; a fool;* etc.

2) *Not bat an eyelid***.

/nɔt 'bæt ən 'ailid/

No inmutarse; no pestañear.

He didn't bat an eyelid when the bomb exploded - No se inmutó cuando explotó la bomba.

3) *As blind as a bat* (véase *blind*, 1).

4) *To drive sb. bats* (arg.)**.

/tə 'draiv 'bæts/

Volver majareta a alguien (véase también *drive*, 1).

5) *A nod is as good as a wink to a blind bat* (véase *nod*).

be

1) *To be here to stay***.

/tə biː 'hiə tə 'stei/

Haber para rato; tener para rato.

The crisis is here to stay - Tenemos crisis para rato.

27

2) *To be in for* (v.p.)***.

/tə bi: ˈin fɔ:/

Aguardarle a uno algo; venírsele encima algo (desagradable, generalmente).

He doesn't know what he's in for, poor chap - El pobre no sabe lo que le espera.

3) *To be a far cry from****.

/tə bi: ə ˈfɑ: ˈkrai frəm/

Distar mucho de.

Her latest novel is a far cry from the previous ones - Su última novela dista mucho de las anteriores.

4) *To be in a tight corner* (véase *corner*, 2).

5) *To be with***.

/tə ˈbi: wið/

Comprender (esp. en la frase *Are you with me?* ¿Me comprendes?).

beak   *The beak* (arg.)**.

/ðə ˈbi:k/

La nariz (véase también *conk*).

bear   1) *To be like a bear with a sore head***.

/tə bi: laik ə ˈbɛə wið ə ˈsɔ: ˈhed/

Estar de un humor de perros.

The boss is like a bear with a sore head this morning - El jefe está de un humor de perros esta mañana.

2) *To be a bear***.

/tə bi: ə ˈbɛə/

Ser una persona muy malhumorada, estar siempre de mal humor, de un humor de perros.

beat   *What beats me...***.

/wɔt ˈbi:ts mi:/

Lo que no comprendo...

What beats me is their lack of enthusiasm - Lo que no comprendo es su falta de entusiasmo.

beaver   1) *To beaver away* (arg.) (esp. Br. E.)**.

/tə ˈbi:vər əˈwei/

Trabajar mucho, con afán (para subir de categoría, etc.) gen. de forma rutinaria y con poca imaginación o en trabajos de poca monta, a destajo.

My husband is beavering away somewhere in Wales - Mi marido anda por ahí trabajando en algún lugar de Gales.

28

2) *An eager beaver*****.
/ən ˈiːgə ˈbiːvə/
Muy entusiasta.

3) *To work like a beaver*****.
/tə ˈwəːk laik ə ˈbiːvə/
Trabajar como un enano, a destajo (véase también *work*, 3).

bed

1) *A bed of roses******.
/ə ˈbed əv ˈrouziz/
Una vida, etc., fácil, placentera, llena de lujos, etc., un jardín de rosas (gen. neg.).
I never promised you a bed of roses - Nunca te prometí un jardín de rosas (véase también *cake*, 3).
(Sin. = *It's not all beer and skittles** - No todo son días de vino y rosas.)

2) *Early to bed, early to rise* (véase *early*).

3) *As you make your bed...* (véase *as*, 4).

bee

1) *To have a bee in one's bonnet*****.
/tə hæʌ ə ˈbiː in wʌnz ˈbɔnit/.
Estar obsesionado con una idea. Tener una idea fija.

2) *To make a bee line for*****.
/tə ˈmeik ə ˈbiː lain fɔː/
Salir flechado (disparado) para (hacia)...
The children made a bee-line for the cake - Los niños salieron flechados hacia el pastel.

3) *As busy as a bee******.
/əz ˈbizi əz ə ˈbiː/
Ocupadísimo; atareadísimo.

4) *A busy bee*****.
/ə ˈbizi ˈbiː/
Persona muy ocupada/atareada *(to be as busy as a bee* - estar muy atareado).

5) *The birds and the bees* (véase *bird*, 6).

beef

To beef about (arg.)**.
/tə ˈbiːf əˈbaut/
Quejarse (de).
Stop beefing about the work you have to do and get on with it - Deja de quejarte del trabajo que tienes que hacer y hazlo de una vez.

29

beg	1) *To beg the question****.
	/tə ˈbeg ðə ˈkwestʃn/
	Salir(se) por la tangente/por peteneras/por los cerros de Ubeda (al responder a una pregunta).
	The politician has just begged the question as usual - El político se ha salido por la tangente como de costumbre.
	2) *Beg, borrow or steal***.
	/ˈbeg ˈbɔrou ɔ: ˈsti:l/
	Consíguelo a cualquier precio/como sea (pero sin pagar).
	Beg, borrow or steal, but I must have the diamonds by the end of the week - Consíguelo como sea, pero debo tener los diamantes para finales de semana.
	3) *To beg off****.
	/tə ˈbeg ˈɔf/
	Excusarse de hacer algo (con algún pretexto).
	I invited her to the cinema, but she begged off saying she had to write to her mother - La invité al cine, pero se excusó diciendo que tenía que escribir a su madre.
best	1) *The best/greatest idea since sliced bread* (hum.)**.
	/ðə ˈbest/ˈgreitist aiˈdiə sins ˈslaist ˈbred/
	Lo mejor que se ha inventado (en mucho tiempo).
	My children think that video is the best idea since sliced bread - Mis hijos creen que el vídeo es lo mejor que se ha inventado.
	2) *The best of British luck to you, him, etc.* (hum.)**.
	/ðə ˈbest əvˈbritiʃ ˈlʌk tə ju:/
	Te/le, etc., deseo la mejor de las suertes (gen. irónico, cuando no se cree mucho en las posibilidades de éxito del sujeto en cuestión, semejante en cierto modo al español «que Dios te/lo, etc., coja confesado»).
	«*I'll have a go at bullfighting*». «*The best of British luck to you*» - «Voy a intentar torear.» «Te deseo la mejor de las suertes.»
	3) *To make the best of a bad job* (véase *job*).
	4) *With the best of them* (véase *with*, 2).
between	1) *Between the devil and the deep blue sea* (véase «espada»).
	2) *Between you and me/ourselves****.
	/biˈtwi:n ˈju: ənd ˈmi:/auəˈselvz/
	Entre tú y yo/nosotros.
	Between you and me, I think she's in love with you - Entre tú y yo, creo que está enamorada de ti.

30

3) *Between you, me and the gatepost/bedpost/lamp-post* (hum.)*.
    /ðə ˈgeitpoust/ˈbedpoust/ˈlæmpoust/
    Entre tú y yo (véase 2).

bird   1) *Birds of a feather... (flock together)* (ref.)***.
    /ˈbəːdz əv ə ˈfeðə (ˈflɔk təˈgeðə/
    Dios los cría... (y ellos se juntan); Dime con quién andas... (y te diré quién eres).

2) *Birds of a feather****.
    /ˈbəːdz əv ə ˈfeðə/
    Personas del mismo carácter (usado generalmente en sentido peyorativo: de la misma ralea, calaña, etc.).
    They're birds of a feather - Son de la misma calaña.

3) *A bird in the hand* (véase «pájaro», 2).

4) *To kill two birds with one stone* (véase «matar», 1).

5) *The birds* (vulg.)***.
    /ðə ˈbəːdz/
    Las mujeres (usado generalmente en tono jocoso o despectivo en el habla machista).

6) *The birds and the bees***.
    /ðə ˈbəːdz ənd ðə ˈbiːz/
    Los pájaros y las abejas (explicación de la reproducción sexual humana, dada a veces a los niños en Inglaterra, comparándola con la de los animales. En España: las abejas y las flores, los animales y las plantas, etc.).

7) *The bird has flown****.
    /ðə ˈbəːdz ˈfloun/
    El pájaro ha volado (el sujeto se ha escapado).
    The police went to his house, but the bird had flown - La policía fue a su casa, pero el pájaro había volado.

8) *A bird of ill omen**.
    /ə ˈbəːd əvˈil ˈoumən/
    Un pájaro de mal agüero.

9) *A bird of passage****.
    /ə ˈbəːd əv ˈpæsidʒ/
    Un ave de paso.
    He won't be living here long, he's a bird of passage - No vivirá aquí mucho tiempo, es un ave de paso.

10) *To do bird/time* (arg. esp. Br. E.)**.
    /tə ˈduː ˈbəːd/ˈtaim/
    Cumplir condena (en la cárcel).
    His friend was doing bird in an English prison - Su amigo estaba cumpliendo condena en una prisión inglesa.

11) *An early bird******.

/ən ˈəːli ˈbəːd/

Madrugador.

She's already up; she's an early bird - Ya está levantada, es muy madrugadora.

12) *To give/get the bird*******.

/tə ˈgiv/ˈget ðə ˈbəːd/

Abuchear/ser abucheado.

He can't act, he's sure to get the bird again in New York - No sabe actuar, seguro que lo abuchean otra vez en Nueva York.

13) *A little bird told me* (fam. hum.)*****.

/ə ˈlitl ˈbəːd ˈtould miː/

Me lo dijo un pajarito.

14) *A rare bird******.

/ə ˈrɛə ˈbəːd/

Persona o cosa que se ve poco, difícil de encontrar, etc., «rara avis».

A good old breakfast is a rare bird these days - Un buen desayuno clásico es «rara avis» en estos tiempos.

15) *(strictly) for the birds* (U.S.A.)*****.

/ˈstriktli fə ðə ˈbəːdz/

Poco importante, insignificante, despreciable, inaceptable.

They gave me ten dollars for my work, that's strictly for the birds - Me dieron diez dólares por mi trabajo, casi nada.

Rel. = *shit for the birds* (tabú U.S.A.) - leche y habas.

16) *A bird******.

/ə ˈbəːd/

Un tipo, un individuo.

Sins. = *fellow; bloke; chap; guy* (U.S.A.); *blighter* (Br. E. arg.).

17) *A bird's-eye view******.

/ə ˈbəːdz͵ai ˈvjuː/

Una vista panorámica desde el aire; (fig.) una ojeada rápida y a veces precipitada de algo.

18) *Fine feathers make fine birds* (ant.)*****.

/ˈfain ˈfeðəz ˈmeik ˈfain ˈbəːdz/

El plumaje vistoso embellece, el traje lujoso, etc., hace mucho para realzar la importancia del hombre, usado a veces en forma negativa: *it's not only fine feathers...*, cuya traducción se asemeja a los refranes españoles: «El hábito no hace al monje» o «Aunque la mona se vista de seda, mona se queda».

19) *A bird in the bush* (véase «pájaro», 2).

20) *The early bird catches the worm* (véase «madrugar»).

birthday   *In one's birthday suit* (joc.)**.
/in wʌnz ˈbəːθdei ˈsjuːt/
Como vino al mundo; en pelota.
There he was in his birthday suit - Allí estaba, como vino al mundo.
Sin. = *Stark-naked; starkers* (Br. E. arg.).

bit   *A bit on the side***.
/ə ˈbit ɔn ðə ˈsaid/
Una relación extramarital, un asunto, un lío, algo aparte *(an affair)*.
He loves his wife, but he likes to have a bit on the side - Ama a su esposa, pero le gusta tener algo aparte.

bite   1)   *To bite off more than one can chew***.
/tə ˈbait ˈɔf ˈmɔː ˈðən wʌn kən ˈtʃuː/
Abarcar más de lo que se puede; meterse en camisa de once varas.

2)   *To bite the hand that feeds one* (véase «cuervo»).

3)   *A bite****.
/ə ˈbait/
Un bocado, algo de comer.
I'm hungry, let's have a bite - Estoy hambriento, vamos a tomar algo de comer.

biter   *The biter bit* (véase «lana»).

black   1)   *In black and white****.
/in ˈblæk ən ˈwait/
Por escrito.
I'd like to have it down in black and white - Me gustaría que me lo dieras por escrito.
Sin. = *In writing.*

2)   *To give a black eye/to black sb.'s eye* (véase *eye*, 5).

3)   *The black sheep* (véase «oveja», 1).

4)   *To be in sb.'s black books* (véase *book*).

5)   *As black as coal/soot* (véase *as*, 1).

6)   *As black as pitch/ink* (véase *as*, 1).

7)   *In the black* (véase *red*, 6).

8)   *Something looks black/not as black as it's painted****.
/it ˈluks ˈblæk/nɔt əz ˈblæk əz its ˈpeintid/
La cosa está negra/difícil/no tan negra como dicen/parece.
Algo o alguien no es tan malo como dicen.

33

9) *The pot calling the kettle black* (véase *pot*, 2).

10) *To work like a black* (véase *work*, 3).

blackball
*To blackball***.
/tə 'blækbɔ:l/
Vetar algo o a alguien.
He wanted to join the club, but he was blackballed - Quería entrar en el club, pero fue vetado.

blackleg
*A blackleg****.
/ə 'blækleg/
Un esquirol (obrero que rompe una huelga).

bleed
*To bleed sb. white***.
/tə 'bli:d sʌmbɔdi 'waitʃ/
Dejar tieso a alguien; sacarle bien los cuartos; sangrarle.
That girl is bleeding him white - Esa chica le está sacando bien los cuartos.

blimey
*Blimey!****.
/'blaimi/
¡Jolines! ¡Caray! ¡Leñe!, etc.

blind
1) *To be as blind as a bat****.
/tə bi: əz 'blaind əz ə 'bæt/
No ver ni tres en un burro; Ver menos que un topo/que Pepe Leches.

2) *A blind alley* (lit. y fig.)****.
/ə, blaind 'æli/
Un callejón sin salida.
Rel. = *deadlock* - punto muerto.

3) *To turn a blind eye* (véase «vista», 1).

4) *In the country of the blind the one-eyed man is king* (ref.)*.
/in ðə 'kʌntri əv ðə 'blaind ðə 'wʌn,aid 'mænz 'kiŋ/
En el país de los ciegos, el tuerto es rey.

5) *Love is blind****.
/'lʌvz 'blaind/
El amor es ciego.

6) *A nod is as good as a wink to a blind horse* (véase *nod*).

7) *A blind date****.
/ə ,blaind 'deit/
Una cita a ciegas, cita de dos personas (gen. de sexo opuesto) que no se conocen.

Blind dates can be thrilling, but they can be risky, too - Las citas a ciegas pueden ser apasionantes, pero también peligrosas.

blockhead   (Véase «cabeza», 10.)

blood

1) *Blood is thicker than water***.
   /'blʌdz 'θikə ðən 'wɔ:tə/
   La sangre tira mucho. Lo primero es la familia. La voz de la sangre.

2) *There's bad blood between them***.
   /ðəz 'bæd 'blʌd bi'twi:n ðəm/
   Son enemigos, se odian.

3) *To freeze/chill/curdle the/sb.'s/one's blood****.
   /tə 'fri:z/'tʃil/'kə:dl ðə 'blʌd/
   Helar la sangre en las venas.
   The news of his tragic death froze my blood - La noticia de su trágica muerte me heló la sangre.

4) *In cold blood****.
   /in 'kould 'blʌd/
   A sangre fría.
   They murdered him in cold blood - Lo asesinaron a sangre fría.

5) *One's own flesh and blood****.
   /wʌnz 'oun 'fleʃ ənd 'blʌd/
   Los de su propia sangre/familia.
   You must help your niece, after all she's your own flesh and blood - Debes ayudar a tu sobrina, después de todo es de tu propia sangre.

6) *You can't get blood out of a stone* (véase «pera», 2).

7) *To make sb.'s/one's blood boil* (veáse *boil*, 2).

8) *To sweat blood****.
   /tə 'swet 'blʌd/
   Sudar sangre (trabajar duro o pasar muchas penalidades para conseguir algo).

9) *To have blue blood in one's veins* (véase *blue*, 7).

10) *To be/run in sb.'s blood****.
    /tə bi:/'rʌn in sʌmbədiz 'blʌd/
    Llevarlo en la sangre.
    His love for the sea runs in his blood, his father was a sailor, too - Lleva en la sangre su amor por el mar, su padre también era marinero.

blow

1) *To blow the gaff* (arg.)*.

   /tə 'blou ðə 'gɑːf/

   Cantar de plano (los maleantes a la policía). Cantar la gallina (véase también *spill*).

   He's blown the gaff - Ha cantado de plano.

2) *To blow one's nose****.

   /tə 'blou wʌnz 'nouz/

   Sonarse la nariz.

   She's blowing her nose - Se está sonando la nariz.

3) *To blow one's top***.

   /tə 'blou wʌnz 'tɔp/

   Poner el grito en el cielo. Hinchársele a uno las narices.

   He blew his top when he heard the news - Puso el grito en el cielo cuando oyó la noticia (véase también *cut*, 3).

4) *To blow hot and cold***.

   /tə 'blou 'hɔt ən 'kould/

   Ser un veleta. Cambiar constantemente de opinión. Dar una de cal y otra de arena.

   You never know where you stand with him. He blows hot one day and cold the next - Nunca se sabe a qué atenerse con él. Es un veleta.

   Sin. = *fickle* - veleta, inconstante, voluble.

5) *to blow one's own trumpet* (véase «abuela»).

6) *To (threaten) to blow the whistle on/take the lid off**.

   /tə ('θretn) tə 'blou ðə 'wisl ɔn/'teik ðə 'lid 'ɔf/

   (Amenazar con) tirar de la manta (llamar la atención del público sobre un escándalo, sacar a relucir los trapos sucios, etcétera).

7) *To blow a fuse* (arg.)**.

   /tə 'blou ə 'fjuːs/

   Cruzársele a alguien los cables (ponerse furioso, histérico, etcétera, sin razón aparente).

blue

1) *Out of the blue****.

   /aut əv ðə 'bluː/

   Inesperadamente; como por ensalmo.

   He came out of the blue - Vino inesperadamente.

   Sins. = *quite unexpectedly; all of a sudden; out of a clear blue sky* (véase *sky*, 1).

2) *To feel blue***.

   /tə 'fiːl 'bluː/

   Estar triste; melancólico.

3) *A bolt from the blue* (véase *bolt*).

4) *A blue book/film*, etc. (véase «verde», 3).

5) *A blue-eyed boy* (arg.)***.
   /ə 'blu:ˌaid 'bɔi/
   Niño mimado, enchufado (usado gen. peyorativamente).
   He's the teacher's blue-eyed boy - Está enchufado con el profesor.

6) *A blue-stocking* (ant.)*.
   /ə 'blu:ˌstɔkiŋ/
   Mujer intelectual, usado gen. en sentido despectivo: «marisabidilla».

7) *To have blue blood in one's veins***.
   /tə 'hæv 'blu: 'blʌd in wʌnz 'veinz/
   Tener sangre azul/ser noble.

boat

1) *To burn one's boats* (véase «quemar»).

2) *We are all in the same boat***.
   /wiər'ɔ:l in ðə 'seim 'bout/
   Estamos todos en la misma situación.

boast

*To boast of/about***.
/tə 'boust əv (əbaut)/
Jactarse de; presumir de.
He's always boasting about his money - Siempre está presumiendo de dinero.
Sin. = *To show off* (véase *show*).

Bob

(And) Bob/s your uncle (fam. hum.)**.
/ənd 'bɔbz juər 'ʌŋkl/
(Y) todo perfecto, (y) todos contentos.
All you have to do is tell your girlfriend you have an important exam tomorrow, and Bob's your uncle! - Todo lo que tienes que hacer es decirle a tu novia que tienes un examen importante mañana, y todos contentos.

body

*To earn barely enough to keep body and soul together***.
/tu 'ɔ:n 'bɛəli i'nʌf tə 'ki:p 'bɔdi ən 'soul tə'geðə/
Ganar lo justo para no pasar hambre (véase también *make*, 2).

boil

1) *To boil with anger***.
   /tə 'bɔil wið 'æŋgə/
   Estar que se trina. Echar chispas.
   He's boiling with anger this morning - Está que trina esta mañana (véase también «chispas»; *blow*, 3).

2) *To make sb.'s/one's blood boil****.
/tə 'meik sʌmbədiz/wʌnz 'blʌd 'bɔil/
Quemar la sangre, poner negro, hervir la sangre.
It makes my blood boil when I see all that violence in football matches - Me hierve la sangre cuando veo toda esa violencia en los partidos de fútbol.

bolt   *A bolt from the blue***.
/ə 'boult frəm ðə 'blu:/
Inesperadamente. Sin previo aviso. De pronto.
The news came as a bolt from the blue - La noticia vino inesperadamente.

bone   1) *To have a bone to pick with* (véase «cuenta», 2).

2) *To make no bones about...****.
/tə 'meik 'nou 'bounz əbaut/
No andarse con rodeos (chiquitas). No tener pelos en la lengua. Hablar claro.
When it comes to telling the truth he makes no bones about it - Cuando llega la hora de decir la verdad, no tiene pelos en la lengua.
Sin. = *Not mince matters/one's words* (véase «chiquitas»).

3) *To make old bones***.
/tə 'meik 'ould 'bounz/
Llegar a (hacerse) viejo. Durar.
If you aren't more careful, you won't make old bones there - Si no tienes cuidado, no te harás viejo allí.

4) *What's bred in the bone will come out in the flesh* (véase «genio», b).

5) *To work one's fingers to the bone* (véase *work*, 1).

6) *As dry as a bone**.
/əz 'drai əz ə 'boun/
Muy seco, reseco, etc.

7) *A bag of bones***.
/ə 'bæg əv 'bounz/
En los huesos, esquelético, un saco/montón de huesos, puro hueso.
How can you like her? She's just a bag of bones - ¿Cómo puede gustarte? Es sólo un montón de huesos.

8) *To bone up on***.
/tə 'boun 'ʌp ɔn/
Repasar, empollarse, estudiar.

I have an exam tomorrow, I have to bone up on my Latin -
Tengo un examen mañana, tengo que «empollarme» el Latín.
(véase también *swot*, 2).

9) *To feel it in one's bones***.
/tə 'fi:l it in wʌnz 'bounz/
Tener el presentimiento de algo, estar seguro de.
She's the murderer, I feel it in my bones - Ella es la asesina,
estoy seguro/tengo ese presentimiento (véase también «nariz», 3).

10) *Chilled/frozen to the bone/marrow****.
/'tʃild/'frouzn tə ðə 'boun/'mærou/
Helado hasta los huesos/la médula.
Come inside, you're going to get chilled to the bone - Entra
dentro, te vas a helar hasta los huesos.

11) *The bone of contention* (véase «manzana»).

12) *Cut to the bone* (véase *quick*, 1).

13) *Sticks and stones will break my bones (but names will never
hurt me)***.
/'stiks ənd 'stounz wil 'breik mai 'bounz (bʌt 'neimz wil'nevə
'hə:t mi:/
Palos y piedras me romperán los huesos, pero las palabras
nunca me harán daño; mientras que mi enemigo se limite a
insultarme de palabra, no hay nada que temer, lo malo es que
pase a la acción.

14) *To be a lazybones***.
/tə bi: ə 'leizi, bounz/
Ser un vago de siete suelas.

book

To be in sb.'s good/bad/black books**.
/tə bi: in sʌmbɔdiz 'gud/'bæd/'blæk 'buks/
Estar bien/mal con uno; disfrutar (gozar) (o no) del favor (simpatía) de alguien.
You know very well I'm in my aunt Agatha's black books - Sabes
muy bien que no gozo de las simpatías de mi tía Agata.

boot

1) *Too big for one's boots* (arg.)**.
/'tu: 'big fər wʌnz 'bu:ts/
Creído. Pagado de sí mismo.
He's getting too big for his boots - Está empezando a creérselo
más de la cuenta (véase también «cabeza», 7; «abuela», y
full, 5).

2) *The boot is on the other foot* (véase «tornas»).

3) *To get/give the boot* (arg.)***.
/tə 'get/'giv ðə 'bu:t/

a) Echar/ser echado; dar/darle a uno la patada (lit. y fig.); echar/ser echado a patadas.

«*Did they go for their ball?*» «*Yes, but they got the boot*» - «¿Fueron por su pelota?» «Sí, pero los echaron a patadas.» Sin. = *To be thrown out.*

b) Echar/ser echado de un trabajo; despedir/ser despedido; dar la patada/poner de patitas en la calle.

He's not working there any longer: he got the boot - Ya no trabaja allí: lo pusieron de patitas en la calle (véase también *sack*, 1).

4) *To have one's heart in one's boots* (véase *heart*, 7).

5) *To die with one's boots on* (véase «botas», 1).

6) *To hang up one's boots**.*

/tə 'hæŋ 'ʌp wʌnz 'buːts/

Colgar las botas (hum.), dejar una determinada profesión.

Jones, the famous footballer, hung up his boots last year - Jones, el famoso futbolista, colgó las botas el año pasado.

7) *To lick sb.'s boots***.*

/tə 'lik sʌmbədiz 'buːts/

Lamer las botas, adular rastreramente.

Did you notice the way Smith licks the boss's boots? - ¿Te has dado cuenta cómo adula Smith al jefe?

Rel. = *To lick sb.'s arse/ass* (tabú) - Lamer el culo (tabú).

booze *The booze* (arg.)**.*

/ðə 'buːz/

El alcohol, la bebida.

born *I wasn't born yesterday**.*

/ai wɔzənt 'bɔːn 'jestədi/

Ya soy mayorcito. No nací ayer. No me chupo el dedo.

I understand it only too well; I wasn't born yesterday - Ya lo creo que lo entiendo; ya soy mayorcito.

boss *To boss sb. about* (v.f.t.)***.*

/tə 'bɔs ə'baut/

Dar órdenes. Mandonear.

Stop bossing me about - Deja ya de darme órdenes.

bottoms *Bottoms up!***.*

/'bɔtəmz 'ʌp/

¡Arriba los fondos de los vasos! ¡Salud! (brindis).

Sins. = *cheers!; chin-chin!,* etc.

brace

To brace oneself for**.
/tə 'breis wʌnself fɔ:/
Prepararse para (malas noticias, etc.).
Brace yourself for the worst - Prepárate para lo peor.

brain

1) Use your brains!***.
/'juːz juə 'breinz/
Usa la cabeza, el cerebro.
Sins. = Use your head!**/Use your loaf! (arg.)*.

2) To rack/cudgel one's brains (véase rack).

3) To beat sb.'s brains out***.
/tə 'biːt sʌmbɔdiz 'breinz 'aut/
Machacar los sesos a.
Don't walk alone at night in this city; they could beat your brains out - No pasee solo en esta ciudad de noche, le podrían machacar los sesos.

4) To beat one's brains out***.
/tə 'biːt wʌnz 'breinz 'aut/
Devanarse los sesos.
Scientists have been beating their brains out for years trying to find a cure for the common cold without success - Los científicos llevan devanándose los sesos durante años tratando de encontrar una cura para el resfriado común sin éxito.

5) To blow sb.'s/one's brains out***.
/tə 'blou sʌmbɔdiz/wʌnz 'breinz 'aut/
Volar(se)/levantar(se)/saltar(se) la tapa de los sesos.
He committed suicide: he blew his brains out - Se suicidó: se levantó la tapa de los sesos.

6) To pick sb.'s brains***.
/tə 'pik sʌmbɔdiz 'breinz/
Explotar/aprovecharse de los conocimientos de otro.
Of course, I don't mind my pupils picking my brains - Naturalmente no me importa que mis alumnos se aprovechen de mis conocimientos.

7) The brain(s)***.
/ðə 'brein(z)/
El cerebro (de una organización, banda, etc.).
He's the brains of the Great Train Robbery - Es el cerebro del famoso Robo del Tren.

8) A brainwave**.
/ə 'breinweiv/
Una idea brillante, una inspiración.

41

brand   *Brand new* ***.
/ˌbrænd ˈnjuː/
Nuevo, flamante.
Anybody can see it's brand new - Cualquiera puede ver que es nuevo, flamante.

bread   1)   *One's bread and butter* *.
/wnʌz ˈbred ən ˈbʌtə/
Las habichuelas de uno. El medio de ganarse la vida. El pan de cada día.
Rel. = *To earn one's living/make a living* - Ganarse la vida.

2)   *Half a loaf is better than no bread* (véase «pan», 1).

3)   *To know which side one's bread is buttered on* (véase «sol», 1).

break   *To break the (bad) news gently* ***.
/tə ˈbreik ðə (ˈbæd) ˈnjuːz dʒentli·/
Decir las (malas) noticias poco a poco.
Break the news gently to him - Dale la noticia poco a poco.

breast   *To make a clean breast of it* **.
/tə ˈmeik ə ˈkliːn ˈbrest əv it/
Descargar la conciencia. Decirlo todo.
You'd better make a clean breast of it - Mejor será que descargues la conciencia (me lo digas todo).
Sin. = *To get it off one's chest* (véase *get if off*).

breathing *A breathing space* **.
/ə ˈbriːðiŋ ˈspeis/
Un respiro.
Won't you give me a breathing space, please? - ¿No me das un respiro, por favor?

brevity   *Brevity is the soul of wit* (ref.) *.
/ˈbreviti iz ðə ˈsoul əv ˈwit/
Lo bueno, si breve, dos veces bueno (ref.).

bridge   *(Not) cross one's bridges before one comes to them* *.
/(nɔt) ˈkrɔs wʌnz ˈbridʒiz bifɔː wʌn ˈkʌmz tə ðəm/
(No) hacer algo antes de tiempo, hacerlo en su momento oportuno, no antes.
Var. = *We'll cross the bridge when we come to it, etc.*

bring   1)   *To bring sth. home to sb.* ***.
/tə ˈbriŋ ˈhoum tə/
Hacer comprender algo a alguien.
Try to bring home to him the danger involved - Trata de hacerle comprender el peligro que hay.

42

2) *(Not) bring oneself to do sth.***.*

/nɔt 'briŋ wʌnself tə 'du:/

(No) decidirse a hacer algo.

I can't bring myself to do it - No me decido a hacerlo.

3) *To bring home the bacon* (véase «gato», 4).

4) *Bring the house down/bring down the house**.*

/'briŋ ðə 'haus 'daun/

Hacer que el teatro se venga abajo por los aplausos, echar humo (los aplausos).

It was a wonderful performance: it brought the house down - Fue una actuación maravillosa: el teatro se venía abajo/los aplausos echaban humo.

broad

In broad daylight***.

/in 'brɔ:d 'deilait/

A plena luz del día.

I can't understand how they managed to rob the bank in broad daylight - No entiendo cómo lograron robar en el banco a plena luz del día.

broadly

Broadly speaking**.

/'brɔ:dli 'spi:kiŋ/

A grandes rasgos. Hablando en términos generales.

broke

Broke /brouk/***.

Penniless /'peniləs/***.

Tieso; sin un céntimo; sin una lata; a dos velas; sin blanca; a la cuarta pregunta, etc.

I can't lend you the fifty pence; I'm broke myself - No te puedo prestar los 50 peniques; yo también estoy tieso (véase también «tieso»).

brown

1) *To be done brown* (arg.) (lig. ant.)*.

/tə bi: 'dʌn' braun/

Ser timado (véase también «queso»).

2) *In a brown study*.*

/in ə ˌbraun 'stʌdi/

Ensimismado, pensativo.

brush

1) *To brush up***.*

/tə 'brʌʃ 'ʌp/

Repasar, refrescar, poner al día (conocimientos, idiomas, etcétera).

I have to go to Paris next summer, I must brush up my French - Tengo que ir a París el verano que viene, tengo que repasar mi francés.

2) *Tarred with the same brush* (véase *tarred*).

To bind sb. hand and foot.

bug

1) *Bitten by the bug* (arg.**.
   /'bitn bai ðə 'bʌg/
   Picado por el gusanillo. Haberle cogido gusto a algo.
   Now that his first book has been a success, he's been bitten by the bug and he's busy writing another one - Ahora que su primer libro ha sido un éxito, le ha cogido gusto, y está ya escribiendo otro.
   Var. = *To have (got) the ... bug***.
   He has the photography bug - Le encanta la fotografía/tiene el gusanillo de la fotografía.
   *To be a photography bug** - Ser un apasionado/amante de la fotografía.

2) *As snug as a bug in a rug* (véase «guarro»).

bull

1) *To take the bull by the horns****.
   /tə 'teik ðə 'bul bai ðə 'hɔːnz/
   Coger al toro por los cuernos. Arrostrar valientemente una situación difícil. Armarse de valor.
   We'll take the bull by the horns and throw them out - Nos armaremos de valor y los echaremos.

2) *To be like a bull in a china shop****.
   /tə bi: laik ə 'bul in ə 'tʃainə 'ʃɔp/
   Ser un desmañado.

3) *A cock and bull story* (véase *cock*, 3).

4) *To hit the bull's eye* (véase «blanco», 2).

5) *John Bull***.
   /'dʒɔn 'bul/

   a) Inglaterra.

   b) El típico inglés.

6) *The old bull* (arg.)**.
   /ði 'ould 'bul/
   El mismo rollo de siempre.
   He kept telling me to be a good boy and all that, the old bull - No hacía más que decirme que fuera un buen muchacho, etc., el mismo rollo de siempre.

7) *To shoot the bull* (arg.)**.
   /tə 'ʃuːt ðə 'bul/
   Hablar tonterías, enrollarse (véase 6).

8) *Bullshit* (tabú)***.
   /'bulʃit/
   Tonterías, rollo.

9) *Like a red rag to a bull***.

/laik ə ˈred ˈræg tu ə ˈbul/

Que causa el mismo efecto que un trapo rojo al toro (lo irrita, pone furioso, etc.).

I went into the boss's office and asked him for a rise; it was like a red rag to a bull... - Entré en el despacho del jefe y le pedí un aumento: fue como un trapo rojo a un toro...

bump *To bump sb. off* (v.f.t.)***.

/tə ˈbʌmp ˈɔf/

Liquidar (en lenguaje de gángsters).

They bumped him off - Lo liquidaron.

Sins. = *To do in. To knock off* (véase también «cargarse»).

burn 1) *To burn the candle at both ends**.

/tə ˈbə:n ðə ˈkændl ət ˈbouθ ˈendz/

Quemarse prematuramente.

You're working too much, be careful, don't burn the candle at both ends - Estás trabajando demasiado; ten cuidado, no te quemes prematuramente.

2) *To burn the midnight oil**.

/tə ˈbə:n ðə ˈmidnait ˈɔil/

Haberse quedado estudiando hasta la madrugada del día del examen.

You burnt the midnight oil, didn't you? - Te quedaste estudiando hasta altas horas de la madrugada, ¿verdad?

3) *A burnt child dreads the fire* (véase «gato», 5*b*).

4) *To burn one's boats* (véase «quemar»).

5) *To burn one's fingers* (véase «dedos»).

burst *To burst into tears****.

/tə ˈbə:st intə ˈtiəz/

Romper (echarse) a llorar. Prorrumpir en llanto.

She burst into tears when they took him away - Se echó a llorar cuando se lo llevaron.

bury 1) *To bury one's head in the sand* (véase «avestruz»).

2) *To bury the hatchet***.

/tə ˈberi ðə ˈhætʃit/

Enterrar el hacha de guerra, fumar la pipa de la paz, reconciliarse, hacer las paces, firmar la paz, etc. (véase también *smoke*, 1).

bush *To beat about the bush****.

/tə ˈbi:t əbaut ðə ˈbuʃ/

Andarse por las ramas. Andarse con (dar) rodeos.

46

Stop beating about the bush and tell us where it's hidden - Déjate de rodeos y dinos dónde está escondido.

business

1) *That's my business****.
/ ðæts mai 'biznis/
Eso es asunto mío.

2) *That's none of your business****.
/ðæts 'nʌn əv jɔ: 'biznis/
Eso no es asunto tuyo.

3) *Mind your own business* (véase *mind*, 1).

4) *Business is business****.
/'biznis iz 'biznis/
Los negocios son los negocios.

5) *To mean business* (véase *mean*, 1).

busman

A busman's holiday**.
/ə 'bʌsmənz 'hɔlidei/
Día de fiesta que se pasa trabajando en la obligación de todos los días, como si no fuera fiesta.

busybody

A busybody***.
/ə 'bizibɔdi/
Un entrometido, un metomentodo.
He's just a busybody - No es más que un entrometido (véase también *nosey*).

but

But for***.
/'bʌt fə/
A/de no ser por, si no es por.
But for your help, I would have never finished this book - A no ser por tu ayuda, no habría terminado nunca este libro.

butcher

The butcher, the baker and the candlestickmaker*.
/ðə 'butʃə ðə 'beikə ənd ðə 'kændlstik,meikə/
Todo el mundo (véase también *all* y *every*).

butter

1) *To look as if butter would not melt in one's mouth* (véase *look*).

2) *To know which side one's bread is buttered on* (véase «sol», 1).

3) *To butter sb. up****.
/tə 'bʌtər 'ʌp/
Hacer la pelotilla/rosca, etc.
I wish he'd stop buttering the boss up - Ojalá dejara de hacer la pelotilla al jefe (véase también *coba*).

4) *To be a butter-fingers****.

/tə bi: ə 'bʌtə ˌfɪŋgəz/

Tener las manos de trapo, caérsele a uno todo de las manos.

It's the third cup she's broken this month, she's a butter-fingers -
Es la tercera taza que rompe este mes, tiene las manos de
trapo.

butterfly   *To have butterflies in one's stomach/tummy**.

/tə 'hæv 'bʌtəflaiz in wʌnz 'stʌmək/'tʌmi/

Estar nervioso/inquieto (esp. cuando se espera algo o a alguien),
tener un cosquilleo en el estómago.

*Waiting to know the results of an exam, I always have butterflies in
my stomach* - Esperando conocer los resultados de un examen,
siempre tengo un cosquilleo en el estómago.

by   1) *By all means****.

/bai 'ɔ:l 'mi:nz/

Por supuesto. No faltaba más.

«*May I borrow your ladder?*» «*By all means*» - «¿Me prestas la
escalera?» «Por supuesto.»

2) *By fair means or foul***.

/bai 'fɛə 'mi:nz ɔ: 'faul/

Por las buenas o por las malas.

He's intent on getting his money back by fair means or foul -
Está decidido a recuperar su dinero por las buenas o por las
malas.

3) *By fits and starts***.

/bai 'fits ən 'stɑ:ts/

A trompicones; a tontas y a locas.

Must he always do everything by fits and starts? - ¿Siempre
tiene que hacerlo todo a trompicones?

4) *By hook or by crook***.

/bai 'huk ɔ: bai 'kruk/

Por las buenas o por las malas.

Get it from him by hook or by crook - Sácaselo por las buenas
o por las malas.

5) *By leaps and bounds***.

/bai 'li:ps ən 'baundz/

A pasos agigantados.

Prices are going up by leaps and bounds - Los precios están
subiendo a pasos agigantados.

6) *By no means****.

/bai 'nou 'mi:nz/

De ningún modo; en absoluto.

The will is by no means satisfactory for him - El testamento no es satisfactorio en absoluto para él.

7) *By oneself****.

/bai wʌn'self/

Solo, a.

She likes to be by herself - A ella le gusta estar sola.

Sins. = *Alone. On one's own.*

8) *By way of****.

/bai 'wei əv/

A modo de.

He said a few words by way of introduction - Dijo unas palabras a modo de presentación.

9) *By a long chalk****.

/bai ə 'lɔŋ 'tʃɔːk/

Con mucha diferencia, con mucho; (neg.) ni mucho menos, ni con mucho.

He's the best of my students by a long chalk - Es el mejor de mis alumnos con mucha diferencia.

10) *By and by****.

/'bai ənd 'bai/

Luego, más tarde *(later)*.

She says she will be here by and by - Dice que estará aquí (vendrá) luego.

11) *By and large***.

/'bai ənd 'lɑːdʒ/

En general.

·*The pub's sometimes crowded but by and large I quite enjoy it* - La taberna está a veces llena, pero en general me gusta bastante.

12) *By the way* (véase «propósito», 1).

bygones

Let bygones be bygones**.

/'let 'baigonz 'biː 'baigonz/

Pelillos a la mar. Lo pasado, pasado.

There, shake hands and let bygones be bygones - ¡Ea! Daos la mano y pelillos a la mar.

Sin. = *No hard feelings* (véase *hard*).

C

cake

1) *You can't have your cake and eat it****.

/ju kɑːnt 'hæv jɔː 'keik ən 'iːt it/

O una cosa u otra. Las dos cosas no pueden ser (véase también *way*, 10).

2) *To take the cake for**.
/tə 'teik ðə 'keik fɔ:/
Llevarse la palma, ser único para...
You really take the cake for making a fool of yourself with women - Realmente te llevas la palma en ponerte en ridículo con las mujeres.

3) *Cakes and ale* (lit.)*.
/'keiks ənd 'eil/
Actividad placentera, diversión (véase también *bed*, 1).

4) *To sell like hot cakes* (véase «vender»).

calf

1) *Calf love* (véase *love*, 1).

2) *To kill the fatted calf* (véase *kill*, 3).

call

1) *To call sb. names****.
/tə 'kɔ:l sʌmbədi 'neimz/
Poner verde a alguien.
Stop calling him names - Deja de ponerlo verde (véanse también «verde»; *run down*).

2) *To call the roll/register****.
/tə 'kɔ:l ðə 'roul ('redʒistə)/
Pasar lista (en las escuelas, etc., se suele emplear *register*).
First I'll call the register to see if anyone is missing - Primero voy a pasar lista a ver si falta alguien.

3) *To call the tune* (arg.)**.
/tə 'kɔ:l ðə 'tju:n/
Llevar la voz cantante. Llevar la batuta.
It's her who calls the tune all the time - Es ella quien lleva siempre la voz cantante.

4) *At sb.'s beck and call* (véase *at*, 9).

5) *To call a spade a spade* (véase «pan», 2).

6) *You can call it a day* (véase *day*, 1).

7) *To call sb.'s bluff***.
/tə 'kɔ:l sʌmbədiz 'blʌf/
Descubrir el juego a alguien; obligarle a poner las cartas bocarriba.
He kept saying that he could ride a horse but one day we called his bluff - No hacía más que decir que sabía montar a caballo hasta que un día le descubrimos el juego.

camel

It's the last straw (that breaks the camel's back) (véase *straw*, 1).

50

canary

To sing like a canary (arg.)**.
/tə 'siŋ laik ə kə'neəri/
Cantar como un canario (confesar; delatar) (v.t. *blow-*1 y *spill*-1).

candle

1) *To burn the candle at both ends* (véase *burn*, 1).

2) *Not be fit to/can't hold a candle to...***.
/nɔt bi: 'fit tə/kɑ:nt 'hould ə 'kændl tə/
No llegar a la altura del zapato de...
He isn't fit to/can't hold a candle to her in anything - No le llega a la altura del zapato en nada (véase también *patch*).

3) *The game is not worth the candle* (véase «viaje»).

cannon

Cannon fodder**.
/'kænən ˌfɔdə/
Carne de cañón.

cap

1) *If the cap fits (wear it)****.
/if ðə 'kæp 'fits 'weərit/
El que se pica, ajos come.
When I said somebody here is too cocky by half, I wasn't referring to you, but «if the cap fits...» - Cuando dije que hay aquí alguien que es demasiado enterado, no me estaba refiriendo a ti, pero «el que se pica, ajos come».

2) *To cap it all****.
/tə 'kæp it 'ɔ:l/
Para colmo de males. Para rematar las cosas. ¡Encima! ¡Por si faltara poco!
And to cap it all, I got a fine, too - Y para colmo de males, me multaron también.

3) *Cap/hat in hand****.
/'kæp/'hæt in 'hænd/
Humildemente, más suave que un guante.
When he needs money he doesn't mind coming to me cap in hand to borrow some - Cuando necesita dinero, no le importa venir a mí humildemente y pedírmelo prestado.

carpet

1) *To have sb. on the carpet****.
/tə 'hæv sʌmbədi ɔn ðə 'kɑ:pit/
Leerle a uno la cartilla. Echar un rapapolvos. Llamar a capítulo.
They had him on the carpet the other day for being late - Le leyeron la cartilla el otro día por llegar tarde (véase también «rapapolvos»).

2) *To roll out the red carpet for sb.***

/tə 'roul 'aut ðə 'red 'kɑ:pit fɔ:/

Recibir con todos los honores.

If you come to Oxford we'll roll out the red carpet for you - Si vienes a Oxford, te recibiremos con todos los honores.

carrot

*The carrot and the stick***.

/ðə 'kærət ən ðə 'stik/

La «zanahoria o el palo»: promesas y amenazas, una de cal y otra de arena.

To get the best out of your workforce it's probably better to use the carrot than the stick - Para conseguir el máximo rendimiento de tus operarios, quizá sea mejor «la zanahoria» que «el palo».

carry

1) *To carry coals to Newcastle***.

/tə 'kæri 'koulz tə 'nju:kɑ:sl/

Hacer algo completamente superfluo o innecesario. Ir a vendimiar y llevar uvas de postre. Llevar leña al monte.

How could you think of taking raisins to those friends in Malaga?; that's like carrying coals to Newcastle - ¿Cómo pudiste pensar en llevarle pasas a esos amigos de Málaga? Eso es como llevar carbón a Newcastle.

2) *To carry the can* (arg.) (fam.)**.

/tə 'kæri ðə 'kæn/

Pagar el pato.

I don't wish to carry the can for people like him - No quiero pagar el pato por gente como él.

Sin. = *To take the rap***.

/tə 'teik ðə 'ræp/

carry on

*To carry on with***.

/tə 'kæri 'ɔn wið/

Tener un lío con, entendérselas con.

Now she's carrying on with the butcher - Ahora tiene un lío con el carnicero.

Sin. = *To have an affair with***.

cart

*To put the cart before the horse***.

/tə 'put ðə 'kɑ:t bifɔ: ðə 'hɔ:s/

Empezar la casa por el tejado.

cash

1) *Cash on the nail* (arg.)**.

/'kæʃ ɔn ðə 'neil/

A tocateja. Al contado rabioso. Al pum pum (fam.).

Rel. = *Cash* - Al contado.

2) *To cash in on* (v.p.)***.

/tə ˈkæʃ ˈin ɔn/

Explotar. Aprovecharse de.

He's cashing in on his wife's charm - Está explotando el encanto de su esposa.

castles   *To build castles in Spain/in the air**.

/tə ˈbild ˈkɑːslz in ˈspein/

Hacer castillos en el aire.

Stop building castles in Spain; we must have our feet on the ground - Deja ya de hacer castillos en el aire; hay que tener los pies en el suelo.

cast   1) *There isn't room to swing a cat* (véase «alfiler»).

2) *To be like a cat on hot bricks***.

/tə biː laik ə ˈkæt ɔn ˈhɔt ˈbriks/

Estar más nervioso que el jopo de una chiva.

She was like a cat on hot bricks the whole evening - Ella estuvo más nerviosa que el jopo de una chiva toda la tarde.

Sin. = *To have the jitters* (arg.)***.

3) *To let the cat out of the bag* (véase «lengua», 3).

4) *(To wait) to see which way the cat jumps* (arg.)*.

/tə ˈweit tə ˈsiː ˈwitʃ ˈwei ðə ˈkæt ˈdʒʌmps/

Ver por dónde vienen los tiros.

«Have you made up your mind yet?» *«No, I'm waiting to see which way the cat jumps»* - «¿Te decidiste ya?» «No, estoy esperando a ver por dónde vienen los tiros.»

5) *When the cat's away... (the mice will play)***.

/wen ðə ˈkæts əˈwei ðə ˈmais wil ˈplei/

Cuando el profesor (jefe, amo, etc.) no está presente, los alumnos (etc.) se aprovechan. Cuando el gato no está, los ratones bailan.

6) *To rain cats and dogs* (véase «llover», 1a).

7) *All cats are (alike) grey in the dark/night* (ref.)*.

/ˈɔːl ˈkæts ər əˈlaik ˈgrei in ðə ˈdɑːk/ˈnait/

De noche todos los gatos son pardos.

8) *A cat may look at a king* (ref.)*.

/ə ˈkæt mei ˈluk ət ə ˈkiŋ/

Una persona de condición humilde/pobre, etc., puede mirar a otra de rango superior, todos estamos hechos dë lo mismo.

9) *To think that one's the cat's whiskers/pyjamas****.

/tə ˈθiŋk ðət wʌnz ðə ˈkæts ˈwiskəz/pəˈdʒæməz/

Creerse que se es el ombligo del mundo, lo mejor.

53

Perhaps he thinks he is the cat's whiskers, but in my opinion he doesn't know the first thing - Quizá se crea que es el ombligo del mundo, pero en mi opinión no sabe una palabra/dónde tiene la mano derecha.

10) *Not have/stand a cat in hell's chance* **.

/nɔt ˈhæv/ˈstænd ə ˈkæt in ˈhelz ˈtʃɑːns/

No tener ni la más remota posibilidad.

He wants to marry her, but he doesn't have a cat in hell's chance - Quiere casarse con ella, pero no tiene ni la más remota posibilidad.

Var. = *Not have a cat's/dog's chance in hell* (véase también *hell*, 2).

11) *The cat's paw* *.

/ðə ˈkæts ˈpɔː/

Persona utilizada por otra como instrumento para sacarle las castañas del fuego.

He wasn't the real murderer, he was only the cat's paw - No era el asesino verdadero, fue sólo un instrumento.

12) *A copycat* **.

/ə ˈkɔpikæt/

Copión, imitador, mono de «imitación».

William's a copycat, he just does what his elder brother does - William es un mono de imitación, sólo hace lo que el hermano mayor hace.

13) *Curiosity killed the cat* ref.) **.

/kjuəriˈɔsiti ˈkild ðə ˈkæt/

La curiosidad mata al hombre.

Don't ask too many questions: you know curiosity killed the cat - No hagas demasiadas preguntas; ya sabes que la curiosidad mata al hombre.

14) *To grin like a Cheshire cat* *.

/tə ˈgrin laik ə ˌtʃeʃə ˈkæt/

Sonreir ampliamente, enseñando todos los dientes (empleado frecuentemente en sentido peyorativo: sonreír sin venir a cuento, tontamente, de forma forzada, etc.)

15) *Look what the cat's brought/dragged in!* (hum.) *.

/ˈluk ˈwɔt ðə ˈkæts ˈbrɔːt/ˈdrægd ˈin/

Expresión usada para indicar sorpresa ante la aparición de alguien, sobre todo cuando su aspecto es desaliñado: ¡mira quién viene aquí!, etc.

16) *To put/set the cat among the pigeons* **.

/tə ˈput/ˈset ðə ˈkæt ə ˈmʌŋ ðə ˈpidʒənz/

Armar gran revuelo/confusión (haciendo o diciendo algo inesperado), meter al lobo en el redil.

He put the cat among the pigeons when he solemnly announced that he knew the murderer was one of the family - Armó un gran revuelo cuando solemnemente anunció que sabía que el asesino era uno de la familia.

17) *There's more ways than one to kill/skin a cat/dog* (fam.)*.

/ðəz 'mɔ: 'weiz ðən 'wʌn tə 'kil/'skin ə 'kæt/

Cada uno tiene su manera de hacer las cosas, cada maestrillo tiene su librillo.

Let me do it my own way, there's more ways than one... - Déjame hacerlo a mi manera, cada maestrillo...

18) *To have nine lives like a cat***.

/tə 'hæv 'nain 'laivz laik ə 'kæt/

Tener siete vidas como un gato.

There, he's escaped again, he has nine lives like a cat - Vaya, otra vez se ha escapado, tiene siete vidas como un gato.

19) *To bell the cat* (véase «cascabel»).

20) *To fight like cat and dog* (véase «perro», 2).

21) *Has the cat got your/his, etc., tongue?* (fam.)**.

/həz ðə 'kæt 'gɔt juə 'tʌŋ/

¿Te/le, etc., ha comido la lengua el gato?

Why don't you say anything? Has the cat got your tongue? - ¿Por qué no dices nada? ¿Te ha comido la lengua el gato? (véase también *tongue*, 1).

22) *To play cat and mouse with***.

/tə 'plei 'kæt ənd 'maus wið/

Jugar con alguien como el gato con el ratón, jugar al ratón y al gato.

Stop playing cat and mouse with me and tell me the truth - Deja ya de jugar al ratón y al gato conmigo y dime la verdad.

23) *To be like a cat on a hot tin roof* (U.S.A.)**.

/tə bi: laik ə'kæt ɔn ə 'hɔt 'tin 'ru:f/

Estar como un/a gato/a sobre un tejado de cinc, nervioso, inquieto, excitado, etc.

24) *As sick as a cat/dog*.

/əz 'sik əz ə 'kæt/

Tener vómitos violentos.

She's as sick as a cat this morning, poor girl - Tiene vómitos violentos esta mañana, pobre chica.

25) *Muffled cats catch no mice* (ref.) (arc.)*.

/'mʌfld 'kæts 'kætʃ 'nou 'mais/

Gato con guantes no caza ratones.

Var. = *A cat in gloves catches no mice*.

55

catch

1) *To catch sb. napping***.
/tə ˈkætʃ sʌmbədi ˈnæpiŋ/
Coger dormido a alguien.
We caught them napping - Los cogimos dormidos.

2) *To catch sb. with his trousers down* (arg.)**.
/tə ˈkætʃ sʌmbədi wið hiz ˈtrauzəz ˈdaun/
Pillar dormido. Coger desprevenido. Pillar en bragas/con los pantalones bajados.
They caught him with his trousers down - Lo cogieron desprevenido.

3) *To catch on* (v.f.i.)***.
/tə ˈkætʃ ˈɔn/
Cuajar. Tener éxito.
His idea didn't catch on - Su idea no cuajó.

4) *To catch off one's guard***.
/tə ˈkætʃ ɔf wʌnz ˈgɑːd/
Coger desprevenido.
Your attack took him off his guard - Tu ataque lo cogió desprevenido.

5) *To catch a tartar**.
/tə ˈkætʃ ə ˈtɑːtə/
Salir la criada respondona. No contar con la huéspeda.
You thought she'd do as you wanted, but you've caught a tartar there - Pensaste que ella haría lo que tú quisieras, pero te ha salido la criada respondona.

6) *A catch****.
/ə ˈkætʃ/
Una pega, un inconveniente.
He's selling his car very cheap: there must be a catch somewhere - Vende su coche muy barato: debe de haber alguna pega (véase también «pega»).

7) *Catch 22***.
/ˈkætʃ ˈtwentiˌtuː/
Dificultad/pega, esp. una norma/regla/ley, considerada injusta/poco razonable/caprichosa, o simplemente fastidiosa, que le impide a uno escapar de una situación desagradable o dejar de hacer lo que no se quiere hacer, parecida a la frase española, muy común en Andalucía: «Tires por donde tires, te encontrarás con Ramírez.» La frase *catch 22* tiene su origen en una novela de J. Heller, en la que a los pilotos que alegaban estar locos se les permitía no tener que volar y marcharse a su casa, pero cuando solicitaban el permiso correspondiente se demostraba que no estaban locos y tenían que seguir volando.

chance

1) *The chance of a lifetime***.*

/ðə ˈtʃæns əv ə ˈlaiftaim/

La oportunidad de su vida.

That journey to Africa is the chance of a lifetime for her - Ese viaje a Africa es la oportunidad de su vida.

2) *To leave nothing to chance**.*

/tə ˈliːv ˈnʌθiŋ tə ˈtʃæns/

No dejar ningún cabo suelto. No dejar nada al azar.

He's very thorough; he never leaves anything to chance - Es muy metódico; no deja nunca nada al azar.

3) *To have/stand no chances***.*

/tə ˈhæv (ˈstænd) ˈnou ˈtʃænsiz/

No tener ninguna posibilidad.

You haven't got a chance - No tienes ninguna posibilidad.

4) *To take a/no chance(s) ***.*

/tə ˈteik ˈnou ˈtʃænsiz/

(No) arriesgarse.

«A murderer has got to take a chance», said Poirot - «Un asesino tiene que arriesgarse», dijo Poirot.

5) *Not have a cat in hell's chance* (véase *cat*, 10).

6) *Not have a snowball's chance in hell* (véase *hell*, 2).

change

1) *To change one's mind***.*

/tə ˈtʃeindʒ wʌnz ˈmaind/

Cambiar de opinión.

I've changed my mind, I'll do it - He cambiado de opinión; lo haré.

2) *For a change***.*

/fər ə ˈtʃeindʒ/

Para variar.

I'll have smoked salmon today for a change - Tomaré salmón ahumado hoy, para variar.

3) *To change hands**.*

/tə ˈtʃeindʒ ˈhændz/

Cambiar de mano; de dueño.

That shop has changed hands three times this year - Esa tienda ha cambiado de mano tres veces este año.

4) *To change one's tune**.*

/tə ˈtʃeindʒ wʌnz ˈtjuːn/

Cambiar de actitud.

It's about time they changed their tune - Ya es hora de que cambien de actitud.

charity *Charity begins at home* (véase «caridad»).

cheek
1) *To have one's tongue in one's cheek* (véase *tongue*, 3).
2) *To have a cheek* (véase «cara», 1*a*).
3) *To turn the other cheek* **.
/tə 'tɜːn ði 'ʌðə 'tʃiːk/
Poner la otra mejilla.
I'm tired of turning the other cheek. Next time he attacks me, I'll respond to violence with violence - Estoy cansado de poner la otra mejilla. La próxima vez que me ataque responderé a la violencia con violencia.

cheek(y) (Véase «cara».)

cheer *To cheer up* (v.f.i.) ***.
/tə 'tʃiər 'ʌp/
Animarse; levantar el ánimo.
Cheer up, everything will be all right - Anímate, todo saldrá bien.

cheese
1) *As different as chalk and cheese* (véase *different*).
2) *Say cheese!* (fam.) (hum.) ***.
/'sei 'tʃiːz/
Sonría (al hacer una foto/que va a salir un pajarito).
3) *Hard cheese* (arg.)*.
/'hɑːd 'tʃiːz/
¡Mala suerte! (usado generalmente cuando a uno en realidad no le importa mucho la desgracia o el contratiempo del individuo en cuestión).

chew
1) *To chew over* (v.f.t.) ***.
/tə 'tʃuː 'ouvə/
Rumiar; meditar algo.
I have to chew it over (I have to think it over) - Tengo que rumiarlo (tengo que pensarlo).
2) *To chew the cud* *.
/tə 'tʃuː ðə 'kʌd/
Rumiar algo (pensarlo mucho antes de tomar una decisión) (véase también 1).
3) *To chew the fat* *.
/tə 'tʃuː ðə 'fæt/
Estar de palique o de cotilleo.
Sin. = *To gossip*.

chicken
1) *To be no chicken* (arg.) **.
/tə bi: 'nou 'tʃikn/
No ser ninguna jovencita.

She's no chicken; she's forty if she's a day - No es ninguna jovencita, lo menos tiene cuarenta años.

2) *Don't count your chickens before they're hatched* (ref.)*.

/dount ˈkaunt jɔː ˈtʃiknz bifɔː ðeə ˈhætʃt/

No hagas las cuentas de la lechera. No vendas la piel del oso antes de cazarlo.

3) *(It's no) chicken feed* (arg.)*.

/its ˈnou ˈtʃikn ˈfiːd/

(No es) grano de anís. (No es) moco de pavo. (No es) una cantidad despreciable.

4) *To be (a) chicken***.

/tə biː (ə) ˈtʃikn/

Ser un gallina, cobardica.

5) *Which came first the chicken or the egg?**.

/ˈwitʃ ˈkeim ˈfɔːst ðə ˈtʃikn ɔː ði ˈeg/

¿Qué es primero, la gallina o el huevo? (De dos cosas relacionadas, ¿cuál fue primero o causa de la otra?)

Abreviado a menudo: *It's a case of the chicken and/or the egg.*

child

Child's play***.

/ˈtʃaildz ˈplei/

Juego de niños/muy fácil.

«*Did you convince him?*» «*It was child's play*» - «¿Lo convenciste?» «Fue un juego de niños» (véase también *easy*, 3, y «pan», 3).

chin

Keep your chin up (véase, *keep*, 5).

chin-chin

Chin-chin!***.

/ˈtʃin ˈtʃin/

Salud, suerte (brindis).

Sin. = *Cheers!*

chip

1) *To have/carry a chip on one's shoulder***.

/tə ˈhæv/ˈkæri ə ˈtʃip ɔn wʌnz ˈʃouldə/

Estar siempre mosca. Ser muy peleón, un resentido, un amargado. Ser muy belicoso/pendenciero.

I don't know what the matter is with him, he seems to have a chip on his shoulder - No sé lo que le pasa; está siempre mosca (parece que está amargado).

2) *A chip off the old block* (véase «astilla»).

chow

The chow (arg.) (esp. U.S.A.)**.

/ðə ˈtʃou/

El rancho, la comida (véase también *grub*).

cinch   *It's a cinch* (U.S.A.)**.
/its ə 'sintʃ/
Está tirado. Es pan comido. Es muy fácil. No puede fallar (véase también *easy*, 3; «pan», 3; *child*, y *head*, 18).

clean   1)   *As clean as a new pin***.
/əz 'kli:n əz ə 'nju: 'pin/
Más limpio que una patena, limpio como los chorros de oro.

2)   *As clean as a whistle* (arg. polic.)**.
/əz 'kli:n əz ə 'wisl/
Limpio, inocente.
I think we made a mistake arresting this man: he's as clean as a whistle - Creo que cometimos un error arrestando a este hombre: es inocente.

3)   *To have clean hands* (véase *hand*, 25).

4)   *To come clean***.
/tə 'kʌm 'kli:n/
Confesar, admitir la verdad (véase también *spill*).
He's come clean at last: he's confessed that he stole the money- Ha confesado por fin que robó el dinero.

5)   *To make a clean breast of* (véase *breast*).

6)   *To show a clean pair of heels* (véase *heel*, 3).

7)   *To start with a clean slate* (véase «borrón», b).

clip   *To clip sb.'s wings***.
/tə 'klip sʌmbədiz 'wiŋz/
Cortar las alas.
He's making a mess of things in the firm, we'll have to clip his wings - Lo está liando todo en el negocio, vamos a tener que cortarle las alas.

close   *A close shave****.
/ə 'klous 'ʃeiv/
Faltar poco para. Por los pelos. Faltar el canto de un duro.
The bus missed him, but it was a close shave - El autobús no le cogió, pero, ¡qué poco ha faltado! (véase también «pelo», 1).

cloud   1)   *Every cloud has a silver lining***.
/'evri 'klaud hæz ə 'silvə 'lainiŋ/
La esperanza es lo último que se pierde. No hay mal que por bien no venga (véase también *wind*, 4).

2)   *To be on cloud nine***.
/tə bi: ɔn 'klaud 'nain/
Estar en el séptimo cielo (véase también *heaven*, 2).

clover	*To be/live (like pigs) in clover*.*
	/tə bi:/'liv laik 'pigz in 'klouvə/
	Vivir a cuerpo de rey.
	They're staying in that luxurious hotel living like pigs in clover and doing no work - Están parando en ese hotel de lujo viviendo a cuerpo de rey y sin trabajar nada.
clutch	*To clutch at a straw* (véase «clavo», 1).
coast	*The coast is clear***.*
	/ðə 'kousts 'kliə/
	No hay moros en la costa.
	You can come out, the coast is clear - Puedes salir, no hay moros en la costa.
	La frase negativa, *The coast is not clear*, puede traducir la frase esp.: «Hay ropa tendida/moros en la costa.»
cock	1) *To cock a snook at* (véase «burla»).
	2) *The cock of the walk* (véase «gallito»).
	3) *A cock and bull story**.*
	/ə 'kɔk ən 'bul 'stɔ:ri/
	Una historia increíble y absurda. Un cuento chino.
cold	1) *Cold comfort**.*
	/'kould 'kʌmfət/
	¡Vaya un/Menudo consuelo!
	2) *To blow hot and cold* (véase *blow*, 4).
	3) *Cold enough to freeze the balls off a brass monkey* (véase *monkey*, 7).
	4) *To get cold feet* (véase *feet*, 2).
	5) *To give the cold shoulder* (véase «lado»).
	6) *In cold blood* (véase *blood*, 4).
	7) *A cold fish* (véase *fish*, 4).
	8) *To leave cold***.*
	/tə 'li:v 'kould/
	Dejar frío/indiferente/no entusiasmar.
	Her painting leaves me cold - Su pintura me deja frío.
	9) *To leave out in the cold**.*
	/tə 'li:v 'aut in ðə 'kould/
	Dejar fuera, excluir (de un beneficio, una lista, etc.).
	I was surprised to see that the famous footballer had been left out in the cold - Me sorprendió ver que el famoso futbolista había sido excluido (del equipo).

comb

To go over/through with a fine tooth comb**.

/tə 'gou ouvə/θru: wið ə 'fain 'tu:θ ,koum/

Registrar minuciosamente (la policía, etc., una habitación, un lugar, una zona, etc.), peinar.

They've gone over the woods with a fine tooth comb, but haven't found anything -Han registrado minuciosamente los bosques, pero no han encontrado nada.

come

1) *We had it coming* (fam.)**.

   /wi: hæd it 'kʌmiŋ/

   Se veía venir

2) *To come true****.

   /tə 'kʌm 'tru:/

   Hacerse realidad.

   Her dreams have come true - Sus sueños se han hecho realidad.

3) *Come what may****.

   /'kʌm wɔt 'mei/

   Pase lo que pase.

4) *To come home to roost***.

   /'kʌm 'houm tə 'ru:st/

   Volverse contra uno mismo. Pasar factura.

   His lack of financial planning is coming home to roost - Su falta de planificación financiera está pasando factura.

5) *Come down to earth***.

   /'kʌm 'daun tu 'ə:θ/

   Bajar de las nubes.

   Come down to earth, Frank, it's too late for that now - Baja de las nubes, Frank, es demasiado tarde para eso ahora.

6) *To come to terms (with)****.

   /tə 'kʌm tə 'tə:mz wið/

   a) Llegar a un acuerdo con, pactar con.

   b) Aceptar (lo inevitable, etc.).

   I'll never come to terms with terrorists or terrorism - Nunca pactaré con los terroristas ni aceptaré el terrorismo.

7) *To come a cropper***.

   /tə 'kʌm ə 'krɔpə/

   Darse/pegarse un batacazo, (fig.) sufrir un revés.

   If you don't study harder, you'll come a cropper again - Si no estudias más, te vas a pegar otro batacazo.

8) *To come down on sb. (like a ton of bricks)* ***/**.

/tə ˈkʌm ˈdaun ɔn sʌmbɔdi (laik ə ˈtʌn əv ˈbriks)/

Echarse encima/atacar/criticar severamente/echar una bronca (de mil demonios), etc.

If you're late again he'll come down on you like a ton of bricks - Si llegas tarde otra vez, te echará una buena bronca.

9) *Easy come, easy go* (véase *easy*, 2).

10) *First come, first served* (véase *first*, 5).

11) *How come?****.

/ˈhau ˈkʌm/

¿Cómo es eso? ¿Cómo es que...?

How come you're not at school? - ¿Cómo es que no estás en la escuela?

12) *Come off it!****.

/ˈkʌm ɔf it!

¡Venga ya!, ¡déjate de tonterías!, ¡corta el rollo!

Come off it! I've heard that story many times before - ¡Venga ya!, he oído esa historia antes muchas veces.

13) *(Come through/off) with flying colours* **.

/(ˈkʌm ˈθruː/ˈɔf) wið ˈflaiiŋ ˈkʌləz/

(Salir) airoso de una prueba, con toda brillantez.

«*Did he pass the exam?*» «*Yes, he came through with flying colours* - ¿Aprobó su examen?» «Sí, con toda brillantez.»

Para otras expresiones con *come*, véase índice.

comparisons   *Comparisons are odious****.

/kəmˈpærisnz ər ˈoudiəs/

Las comparaciones son odiosas.

conk   *The conk* (arg.)**.

/ðə ˈkɔŋk/

La nariz (véase *beak*).

Sin. = *The hooter* (arg.)*.

cook   1) *Too many cooks spoil the broth* (ref.)**.

/ˈtuːˈmeni ˈkuks ˈspɔil ðə ˈbrɔθ/

Demasiados cocineros estropean el caldo.

2) *To cook sb.'s goose* (arg.)**.

/tə ˈkuk sʌmbɔdiz ˈguːs/

Hacer la pascua a alguien. Hacer un pie agua. Hacer polvo (y como resultado, estar acabado, no tener nada que hacer). Hacer la puñeta (vulg.). Caerse con todo el equipo. Dejar para el arrastre.

They've cooked his goose - Le han hecho bien la pascua.
He realized that his goose was cooked - Se dio cuenta de que no tenía nada que hacer.

cool *As cool as a cucumber****.
/əz ˈkuːl əz ə ˈkjuːkʌmbə/
Fresco como una lechuga. Tan campante.
The boy was as cool as a cucumber throughout the exam - El muchacho estuvo tan campante (sin perder la calma) a lo largo de todo el examen.

cope *To cope with****.
/tə ˈkoup wið/
Llevar adelante algo. Hacer frente a.
That's more than I can cope with - Eso es más de lo que puedo llevar adelante.

corner 1) *Just around the corner****.
/ˈdʒʌst əraund ðə ˈkɔːnə/
A la vuelta de la esquina.
There's a tobacconist's just around the corner - Hay un estanco a la vuelta de la esquina.

2) *To be in a tight corner***.
/tə biː in ə ˈtait ˈkɔːnə/
Estar en un apuro (véase también *hot*, 3).

cough *To cough up* (arg.)**.
/tə ˈkɔf ˈʌp/
Soltar la pasta (el dinero). Aflojar la mosca.
Cough up or I'll do you in - Suelta la pasta o te liquido.

cow 1) *To wait until the cows come home* (véase «esperar»).

2) *A sacred cow**.
/ə ˌseikrid ˈkau/
Vaca sagrada (algo o alguien venerado/reverenciado y contra lo que no se admiten críticas) (usado generalmente en tono humorístico o despectivo).

3) *A cow* (vulg.)***.
/ə ˈkau/
Una vaca/una mujer.

crack *To crack a joke****.
/tə ˈkræk ə ˈdʒouk/
Contar un chiste.
He likes to crack a joke from time to time - Le gusta contar chistes de vez en cuando.
Sin. = *To tell a joke.*

cracked   *Cracked* (arg.)***.
/'krækt/
Chiflado (véase también *crackers* y «chiflado»).

crackers   1) *To be crackers* (arg.)**.
/tə bi: 'krækəz/
Estar majareta.
That girl is crackers - Esa chica está majareta.
Sin. = *Nuts; batty; potty.*

2) *To have sb. crackers* (arg.)**.
/tə hæv sʌmbədi 'krækəz/
Tener tonto a uno. Volver majareta.
She had him crackers - Lo tenía tonto.

crib   *A crib* (arg. estudiantil)***.
/ə 'krib/
Chuleta (en un examen, etc.).

crocodile   1) *Crocodile tears* (véase «cocodrilo»).
2) *A crocodile***.
/ə 'krɔkədail/
Fila de personas, esp. colegiales, que van por la calle caminando de dos en dos.

Croesus   *As rich as Croesus*.
/əz 'ritʃ əz 'krisəs/
Muy rico/tan rico como Creso.

crow   *As the crow flies**.
/əz ðə 'krou 'flaiz/
En línea recta.
It's thirty miles to the castle as the crow flies - Hay 30 millas al castillo en línea recta.

cry   *To cry out* (v.f.i.)***.
/tə 'krai 'aut/
Pedir a gritos.
That floor is crying out to be scrubbed - Ese suelo está pidiendo a gritos ser fregado.

crying   *A crying shame***.
/ə 'kraiŋ 'ʃeim/
Una vergüenza. Algo que clama al cielo.
The roads in our country are a crying shame - Las carreteras de nuestro país son una vergüenza.

To make someone's hair stand on end.

cup

One's cup of tea***.

/wʌz ˈkʌp əv ˈtiː/

Algo agradable, preferido. Negativo: no ser santo de la devoción de uno.

He's not my cup of tea - No es santo de mi devoción.

cushy

Cushy (arg.)*.

/ˈkuʃi/

Cómodo; fácil.

A cushy job - Un trabajo cómodo.

cut

1) *A short cut* (véase «atajo»).

2) *To cut the ground from under sb.'s feet*.

/tə ˈkʌt ðə ˈgraund frəm ʌndə sʌmbɔdiz ˈfiːt/

Adelantarse a. Reventar (un chiste, etc.). Dejar cortado.

3) *To cut up rough***.

/tə ˈkʌt ˈʌp ˈrʌf/

Poner el grito en el cielo. Ponerse furioso.

She'll cut up rough if you don't give her what she's asked for - Se va a poner furiosa si no le das lo que ha pedido (véase también *blow*, 3).

4) *To cut no ice* (véase «pintar», *b*).

5) *To cut a good/poor figure****.

/tə ˈkʌt ə ˈgud/ˈpuə ˈfigə/

a) Tener buena/mala facha.

He cut a very good figure in his new suit - Tenía buena facha con su nuevo traje.

b) Causar buena/mala impresión. Hacer buen/mal papel.

I'm afraid he didn't cut a very good figure on television yesterday - Me temo que no hizo muy buen papel en la televisión ayer.

6) *To cut sb. dead***.

/tə ˈkʌt ˈded/

Negar el saludo (fingir no haber visto).

I greeted him but he cut me dead - Yo lo saludé, pero él me negó el saludo.

7) *To cut sb. off without a penny****.

/tə ˈkʌt ˈɔf wiðaut ə ˈpeni/

Desheredar a alguien.

His father cut him off without a penny, when he married that girl - Su padre lo desheredó cuando se casó con esa chica.

8) *To cut one's teeth on* (véase *tooth/teeth*, 2).

9) *Cut your coat according to your cloth* (ref.)*.
/'kʌt juə 'kout ə'kɔ:diŋ tə juə 'klɔθ/
Amóldate a lo que tienes/no gastes más de lo que puedes.

10) *Cut the crap* (tabú)***.
/'kʌt ðə 'kræp/
Corta el rollo (véase también «rollo», 2).

D

daggers
1) *To be at daggers drawn* (véase «matar, 2»).

2) *To look daggers at sb.***.
/tə 'luk 'dægəz at/
Mirar con odio a alguien. Poner cara de perro.

damn
1) *Damn****.
/dæm/
¡Maldita sea! ¡Puñeta! ¡Leche!
Sins. = *zounds; crumbs; balls* (tabú); *gosh; shit* (tabú) («mierda»).

2) *Damn it all****.
/'dæm it 'ɔ:l/
¡Al diablo con todo!

3) *I don't give a damn* (véase «pito», c).

Damocles
The sword of Damocles (lit.)*.
/ðə 'sɔ:d əv 'dæmə 'kli:z/
La espada de Damocles, peligro inminente que se cierne sobre...
Unemployment is a sword of Damocles hanging over the government - El desempleo es una espada de Damocles que se cierne sobre el gobierno.

Darby
Darby and Joan (gen. hum.)*.
/'dɑ:bi ənd 'dʒoun/
Un matrimonio de personas mayores, que lleva muchos años felizmente casados.
Darby-and-Joan club*.
Club para la tercera edad.

dark
A dark horse**.
/ə ˌdɑ:k 'hɔ:s/
Prácticamente un desconocido; alguien cuyas posibilidades se ignoran, pero que puede dar la sorpresa y resultar vencedor.

I know he's a dark horse, but I still think he's the man for the job -
Ya sé que es prácticamente un desconocido, pero sigo creyendo
que es el más indicado para ese trabajo.

day

1) *You can call it a day**.*
/ju kən ˈkɔːl it ə ˈdei/
Ya está bien de trabajo por hoy; mañana será otro día.

2) *To have an off day**.*
/tə hæv ən ˈɔf ˈdei/
Tener un mal día.
It was one of his off days - Era uno de sus días malos.

3) *A day off***.*
/ə ˈdei ˈɔf/
Un día libre.
Thursday is my day off - El jueves es mi día libre.

4) *A red-letter day**.*
/ə ˈred,letə ˈdei/
Un día señalado.
It was a red-letter day for me when I first met you - Fue un día
señalado para mí cuando te conocí.

5) *Every other/second day***.*
/ˈevri ˈʌðə/ˈseknd ˈdei/
Un día sí y otro no.
We had our riding lessons every other day - Teníamos la
lección de equitación un día sí y otro no.

6) *Day in, day out**.*
/ˈdei ˈin ˈdei ˈaut/
Todos los días. Día tras día.
He comes to see her day in day out - Viene a verla día tras
día.
Sins. = *Every day. Day after day.*

7) *One of these days***.*
/wʌn əv ði:z ˈdeiz/
Un día de éstos.
Come and see me one of these days - Venga a verme un día de
éstos.

8) *As different as day and night* (véase *different*) (sin.).

9) *The good old days***.*
/ðə ˈgud ˈould ˈdeiz/
Los buenos viejos tiempos.
«*How I miss the good old days when we were in the army*».

«*We were young then*» - «Cómo echo de menos los viejos tiempos, cuando estábamos en el ejército.» «Entonces éramos jóvenes.»

10) *To have known/seen better days****.
   /tə həv 'nəʊn/'si:n 'betə 'deiz/
   Haber conocido mejores tiempos.
   This theatre has known better days - Este teatro ha conocido mejores tiempos.

11) *Late in the day****.
   /'leit in ðə 'dei/
   Algo tarde (quizá demasiado; debía haberse hecho antes, etcétera).
   I congratulate you, a bit late in the day, for your latest book - Te felicito, un poco tarde tal vez, por tu último libro.

12) *To make sb.'s/one's day****.
   /tə 'meik sʌmbədiz/wʌnz 'dei/
   Hacer (a alguien) feliz diciendo o haciendo algo, ocurrir algo que lo hace a uno feliz, salvar el día.
   I met her at the shop and it made my day - La encontré en la tienda y me salvó el día.

13) *A nine days' wonder***.
   /ə 'nain 'deiz 'wʌndə/
   Algo que causa sensación durante poco tiempo/éxito efímero, de corta duración.
   His book was quite a success, but it proved a nine days' wonder - Su libro fue un éxito, pero resultó un éxito efímero (véase también *flash*).

14) *One day after the fair**.
   /'wʌn 'dei ɑ:ftə ðə 'fɛə/
   Demasiado tarde (véase también «hora», 2).

15) *To be the order of the day***.
   /tə bi: ði 'ɔ:dər əv ðə 'dei/
   Estar a/ser la orden del día; ocurrir a diario, etc.
   Unfortunately, violence is the order of the day now - Desgraciadamente, la violencia está a la orden del día.

16) *To save up for a rainy day* (véase *save*).

17) *To win the day* (véase *win*, 2).

18) *All in a day's work* (véase *work*, 2).

19) *Any day****.
   /'eni 'dei/
   En cualquier momento, con los ojos cerrados, sin dudar.

70

I can beat him at chess any day - Puedo ganarle al ajedrez en cualquier momento.

20) *Every dog has its day* (véase *dog*, 10).

21) *Rome was not built in a day* (véase «Zamora»).

22) *To live from day to day* **.
/tə 'liv frəm 'dei tə 'dei/
Vivir al día (véase también «vivir», 1).

23) *One of these days is none of these days* (hum.) *.
Un día de estos es nunca (hay que precisar más al hacer una cita).

deal

It's a deal ***.
/its ə 'di:l/
Trato hecho.

dear

Oh dear! ***.
/'ou 'diə/
¡Caramba! ¡Vaya por Dios!
Oh dear! There they are again - ¡Vaya por Dios! Ahí están otra vez.

depth

To be out of one's depth ***.
/tə bi: aut əv wʌnz 'depθ/

a) No hacer pie.
Children, don't go out of your depth - Niños, no os vayáis adonde no hacéis pie.

b) Estar perdido, no poder con.
He's out of his depth in that subject - Está perdido en ese tema.

devil

1) *Between the devil and the deep (blue) sea* (véase «espada»).

2) *Needs must when the devil drives* (ref.) *.
/'ni:dz 'mʌst wen ðə 'devəl 'draivz/
A la fuerza ahorcan.

3) *Talk of the devil* (véase «hablar», 5).

4) *Better the devil you know* (véase «malo»).

5) *The devil looks after his own* (véase «bicho», 3).

6) *A poor devil* ***.
/ə 'puə 'devəl/
Un pobre diablo; un don nadie.

7) *The devil's advocate* (lit.)*.

/ðə ˈdevəlz ˈædvəkeit/

El abogado del diablo (rebatir las ideas/opinión de otro, aunque se esté de acuerdo con ellas).

I played the devil's advocate to see how sure he was of his ideas - Hice de abogado del diablo para ver lo seguro que estaba de sus ideas.

die

The die is cast**.

/ðə ˈdaiz ˈkɑ:st/

La suerte está echada.

difference

1) *It doesn't make any difference****.

/it dʌzənt ˈmeik eni ˈdifrəns/

Es igual; da lo mismo.

2) *It makes all the difference.*

/it ˈmeiks ˈɔ:l ðə ˈdifrəns/

Es completamente diferente.

different

As different as chalk and/from cheese**.

/əz ˈdifrənt əz ˈtʃɔ:k ənd/frəm ˈtʃi:z/

Diferente como de la noche al día.

Sin. = *As different as day and night***.

dish(y)

A dish (arg.) (nombre)***.

/ə ˈdiʃ/

Dishy (arg.) (adj.)**.

/ˈdiʃi/

Una mujer (hombre) de bandera. Un bombón.

She's a dish - Es un bombón. Está como un camión.

Sin. = *a peach* / pi:tʃ/***.

do

1) *To do****.

/tə ˈdu:/

Ser suficiente; bastar; servir; ser apropiado.

That'll do, thanks - Es suficiente, gracias.

That/it won't do - No sirve; no puede ser.

2) *To do sb. in* (v.f.t.)**.

/tə ˈdu: ˈin/

Cargarse a alguien, liquidarlo, matarlo.

They've done him in - Se lo han cargado (véase también «cargarse»).

3) *To do with* (v.p.) (con *can/could*)***.

/tə ˈdu: wið/

Venir bien; venir de maravilla.

I could do with a cup of tea - Me iría muy bien una taza de té.

4) *To do without* (v.p.)***.

/tə 'du: wiðaut/

Pasarse sin.

I can't do without her - No puedo pasarme sin ella.

5) *To do one' best***.

/tə 'du: wʌnz 'best/

Hacer lo posible. Hacer todo lo que esté en las manos de uno.

I'll do my best - Haré lo posible (cuanto esté en mis manos).

6) *Do as you would be done by* (ref.)*.

/'du: əz jud bi: 'dʌn bai/

No hagas a los demás lo que no quieras que te hagan a ti.

7) *To do well***

/tə 'du: 'wel/

a) Tener éxito, triunfar, irle a uno bien.

He's doing quite well in his new job - Le va muy bien en su nuevo trabajo.

b) Ir mejor (de salud)/mejorando (gen. sólo en forma progresiva).

She's doing quite well of late - Está bastante mejor últimamente.

8) *To do one's (own) thing* (arg.)***.

/tə 'du: wʌnz 'oun 'θiŋ/

Ir al avío/hacer lo que a uno le gusta (aunque los demás no lo aprueben), ande yo caliente...

«*Please, excuse my old clothes.*» «*Do your thing, darling*» - «Por favor, disculpa mi ropa vieja.» «A tu avío, cariño.»

9) *To do a good turn***.

/tə 'du: ə 'gud 'tə:n/

Hacer un favor.

He did me a good turn once - Me hizo un favor una vez.

Sin. = *To do a favour.*

/tə 'du: ə 'feivə/.

10) *To do a bad turn***.

/tə 'du: ə 'bæd 'tə:n/

Hacer una mala jugada, faena, jugarreta.

You did him a bad turn when you introduced him to gambling - Le hiciste una mala faena cuando lo iniciaste en el juego.

11) *To be done for***.

/tə bi: 'dʌn 'fɔ:/

Estar acabado, rendido, agotado, etc.

What a tiring day, I'm done for - Qué día más agotador, estoy rendido.

12) *To do sb. out of***.

/tə 'du: aut əv/

Birlarle a uno algo.

They did him out of his money - Le birlaron el dinero.

13) *To do it***.

/tə 'du: it/

Lograr algo, triunfar.

We did it - Lo logramos.

14) *To do the trick***.

/tə 'du: ðə 'trik/

Servir (para el caso), resolver el problema, resultar - *It's old and worn, but it'll do the trick* - Es viejo y usado, pero servirá (véase también 1).

15) *Do's and don'ts***.

/'du:z ənd 'dounts/

Lista de cosas que se pueden hacer y de las que no, a hacer y a no hacer, permitidas y prohibidas, etc.

Here's a list of do's and don'ts while you are in hospital - He aquí una lista de lo que puedes y no puedes hacer mientras estés en el hospital.

16) *Ask no questions and you'll hear no lies**.

/'æsk nou 'kwestʃənz ən jul 'hiə nou 'laiz/

No hagas preguntas y no te contarán mentiras.

Para otras expresiones con *do* y *don't*, véase índice.

dog

1) *To help a lame dog over a stile**.

/tə 'help ə 'leim 'dog ouvə ə 'stail/

Ayudar a una persona necesitada. Echar un cable. Hacer un favor. Echar una mano a los demás.

You know I don't mind helping a lame dog over a stile, but it is the third time this month your brother has asked me for money - Sabes que no me importa echar una mano a los demás cuando puedo, pero es la tercera vez este mes que tu hermano me pide dinero.

Sins. = *To lend/give a hand.*

2) *To go to the dogs**.

/tə 'gou tə ðə 'dɔgz/

Empeorar, echarse a perder, irse a pique.

Another marriage gone to the dogs - Otro matrimonio que se va a pique.

3) *Give a dog a bad name* (véase «fama»).

4) *Let sleeping dogs lie* (véase «león»).

74

5) *A dog in the manger* (véase «hortelano»).

6) *To lead a dog's life* (véase «perro», 6).

7) *To fight like cat and dog* (véase «perro», 2).

8) *As sick as a dog* (véase *cat*, 24).

9) *Dog-eared****.
/'dɔg,iəd/
(De un libro) con las puntas de las hojas dobladas, sobado.

10) *Every dog has his/its day* *.
/'evəri 'dɔg 'hæz hiz/its 'dei/
Todo el mundo (hasta el más desgraciado/humilde, etc.) tiene su día grande. (En frases con connotación negativa la traducción es: A cada cerdo le llega su San Martín.)

11) *A hair of the dog (that bit you)**.
/ə 'hɛər əv ðə 'dɔg ðət 'bit ju/
Una copita por la mañana de lo mismo que se bebió la noche anterior ayuda a superar la resaca.

12) *Like a dog with two tails* *.
/laik ə 'dɔg wið 'tu: 'teilz/
Muy satisfecho/orgulloso de algo, más orgulloso que un pavo real.
Since he bought his Mercedes he's been like a dog with two tails - Desde que se compró el Mercedes está más orgulloso que un pavo real.

13) *Not have a dog's chance* (véase *cat*, 10).

14) *There's more ways than one to kill/skin a dog* (véase *cat*, 17).

15) *The underdog****.
/ði 'ʌndədɔg/
Los débiles, desvalidos, desamparados, perdedores, desheredados, pobres.
It was a festival for the underdogs of the world - Era un festival para los desheredados del mundo.

Cf. *The top dog* - El que manda, el jefe; el que parte el bacalao, etc.

16) *You can't teach an old dog new tricks* (ref.) *.
/ju 'kɑ:nt 'ti:tʃ ən 'ould 'dɔg 'nju: 'triks/
Llega un momento en que se es demasiado viejo para aprender.

17) *To rain cats and dogs* (véase «llover», 1a).

18) *Love me, love my dog* (véase *love*, 5).

19) *Barking dogs seldom bite* (ref.) (arc.)*.

/'bɑ:kiŋ 'dɔgz 'seldəm 'bait/

Perro que ladra no muerde (véase *bark*, 1).

20) *A dead dog cannot bite* (véase «perro», 7).

21) *To be dog-tired* (véase *tired*, 2).

22) *Dog eat dog**.

/'dɔg 'i:t 'dɔg/

La lucha/competencia feroz y despiadada por la vida/existencia, para triunfar a toda costa, etc.

He didn't hesitate to sacrifice his best friend to get to the top, it's a case of dog eat dog - No dudó en sacrificar a su mejor amigo para llegar a la cima, es un ejemplo más de la competencia feroz de la vida (véase también *rat*, 2).

23) *Dog doesn't eat dog**.

/'dəg 'dʌzənt 'i:t 'dɔg/

Un lobo a otro no se muerden; dos sinvergüenzas se temen-/respetan.

24) *To have to (go and) see sb. about a dog* (véase *horse*, 8).

25) *To die like a dog****.

/tə 'dai laik ə 'dɔg/

Morir como un perro (retorciéndose de dolor, abandonado, olvidado por todos, etc.).

26) *A shaggy dog story.*

Un chiste largo y malo.

27) *The tail wags/wagging the dog* (véase *tail*, 3).

28) *There's life in the old dog yet***.

/ðəz 'laif in ði 'ould 'dɔg 'jet/

Todavía no está acabado (ni mucho menos), todavía tiene que dar mucha guerra, tiene cuerda para rato.

He's brought out a new book, there's life in the old dog yet - Ha sacado un nuevo libro, todavía no está acabado (véase también *hill).*

29) *Top dog- (arg.)***.

/'tɔp 'dɔg/

La estrella, el más importante, el que parte el bacalao, etc.

He's top dog around here - Aquí es él el que parte el bacalao.

30) *The dogsbody - (Br. E.)**.

/'dɔgz,bɔdi/

El burro de carga, el que se ocupa de los trabajos inferiores.

donkey

1) *Donkey's years***.

/'dɒŋkiz 'jəz/

Muchos años, mucho tiempo, siglos.

I haven't seen old Charles for donkey's years - Hace siglos que no veo al viejo Carlos.

2) *The donkey work***.

/ðə 'dɒŋki 'wə:k/

La parte más dura, no especializada, pesada, rutinaria, etc., de un trabajo.

I'm tired of doing the donkey work and him taking all the credit - Estoy cansado de hacer el trabajo más pesado y de que él se atribuya todo el mérito.

dot

1) *To dot the i's and cross the t's (to dot one's i's)*.

/'tə 'dɒt ði 'aiz ən 'krɔs ðə 'ti:z/

Poner los puntos sobre las íes.

2) *On the dot***.

/ɔn ðə 'dɒt/

En punto; puntualmente.

Sins. = *Sharp; punctually; on the nose* (véase *nose*, 13).

down

1) *Down in the mouth**.

/'daun in ðə 'mauθ/

Deprimido.

Why do you look so down in the mouth today? - ¿Por qué pareces tan deprimido hoy?

2) *Down and out***.

/'daun ənd 'aut/

Arruinado, sin un céntimo, sin trabajo/hogar, etc. (véase también *broke*).

3) *Down on one's luck***.

/'daun ɔn wʌnz 'lʌk/

En racha de mala suerte.

He's down on his luck now, but I hope everything changes for the better soon - Está en racha de mala suerte, pero espero que todo cambie para mejor pronto.

4) *To be down at heel* (véase *heel*, 7).

5) *To kick/hit sb. when he's down* (véase «árbol», 2).

6) *To let sb. down* (véase *let*, 3).

7) *Hands down* (véase *win*, 1).

8) *To take it lying down* (véase *take*, 13).

9) *Upside down* (véase *upside*).

doubt

When in doubt, don't (ref.)**.
/wen in 'daut 'dount/
En la duda, abstente.

draw

1) *To draw a blank* ***.
/tə 'drɔ: ə 'blæŋk/
No sacar nada en limpio/claro.
We questioned him but drew a blank - Le interrogamos, pero no sacamos nada en limpio.

2) *To draw the line (at)* ***.
/tə 'drɔ: ðə 'lain (ət)/
Cortar, poner límite, trazar la línea, no llegar a, no pasar por (ser demasiado).
I don't mind him borrowing things from me, but I draw the line at his using my toothbrush - No me importa que tome prestadas mis cosas, pero por el cepillo de dientes no paso.

3) *To draw lots* **.
/tə 'drɔ: 'lɔts/
Echar a suerte.
They drew lots for it - Lo echaron a suertes (si es «cara o cruz», véase «cara»).

4) *To draw a red herring* (véase *red-herring*).

5) *To draw to a close* **.
/tə 'drɔ: tu ə 'klous/
Tocar a su fin.
The term is drawing to a close now - El trimestre está tocando a su fin ahora.
Sin. = *To come to an end.*

6) *To draw in one's horns* **.
/tə 'drɔ: 'in wʌnz 'hɔ:nz/
Restringir (gastos, actividades, etc.). Recoger velas.
You'll find he's drawn in his horns since the last time you met him - Comprobarás que ha recogido velas desde la última vez que lo viste.

7) *To draw sb. out* ***.
/tə 'drɔ: 'aut/
Hacer perder la timidez a alguien, sonsacar, hacer hablar, desatar la lengua.
He's got lots of interesting stories about his travels, if only you can draw him out - Tiene muchas historias interesantes sobre sus viajes, si eres capaz de hacerle hablar.

78

drive

1) *To drive sb. mad****.
   /tə ˈdraiv ˈmæd/
   Volver loco a alguien.
   You're driving me mad - Me estáis volviendo loco.

2) *What are you driving at?****.
   /ˈwɔt ə ju: ˈdraiviŋ æt/
   ¿Adónde quieres ir a parar?
   Rel. = *What do you mean?* - ¿Qué quieres decir?

drop

1) *A drop in the ocean****.
   /ə ˈdrɔp in ði ˈouʃn/
   Una raya en el agua.

2) *To drop a line****.
   /tə ˈdrɔp ə ˈlain/
   Escribir cuatro letras.
   I'll drop her a line to let her know of our arrival - Le pondré cuatro letras para comunicarle nuestra llegada.

3) *At the drop of a hat* (véase *hat*, 4).

4) *Drop dead!****.
   /ˈdrɔp ˈded/
   ¡Muérete! (exclamación de fastidio dicha a un pesado, etc.).

drown

To drown one's sorrow (in drink)**.
/tə ˈdraun wʌnz ˈsɔrou/
Ahogar las penas en vino.
He's trying to drown his sorrow (in drink) - Está tratando de ahogar sus penas en vino.

duck

1) *A lame duck***.
   /ə ˌleim ˈdʌk/
   Mutilado, impedido (se aplica generalmente a un político que ha salido malparado).
   Who's going to listen to our lame ducks now? - ¿Quién va a escuchar ahora a nuestros políticos (ministros, etc.) malparados?

2) *(Like) water off a duck's back***.
   /laik ˈwɔ:tə(r) ɔf ə ˈdʌks ˈbæk/
   Resbalar las críticas, etc., oírlas como quien oye llover.
   The boy was often scolded by his father, but it was like water off a duck's back for him - Al niño le regañaba a menudo el padre, pero él lo oía como quien oye llover.

3) *To play ducks and drakes with one's money**.
   /tə ˈplei ˈdʌks ən ˈdreiks wið wʌnz ˈmʌni/
   Tirar el dinero, derrochar.

4) *To take to sth. like a duck to water***.

/tə 'teik tə sʌmθiŋ laik ə 'dʌk tə 'wɔːtə/

Adaptarse con suma facilidad a algo, como si lo hubiera hecho toda la vida.

He took to his new way of life like a duck to water - Se adaptó a su nuevo modo de vida con suma facilidad.

5) *A sitting duck****.

/ə ,sitiŋ 'dʌk/

Un blanco fácil (lit. y fig.).

Here we are like sitting ducks to him with his telescopic sight rifle - Aquí somos un blanco fácil para él con su rifle provisto de punto de mira telescópica.

6) *A dead duck**.

/ə ,ded 'dʌk/

Tema/idea «muertos», carentes de interés, anticuados, pasados, etc., de moda, que han perdido actualidad, etc.

7) *A duck's egg* (véase *goose*, 6).

8) *Lovely weather for ducks****.

/'lʌvli 'weðə fə 'dʌks/

Tiempo muy lluvioso.

dumb

*To play dumb****.

/tə 'plei 'dʌm/

Hacerse el tonto/el sueco.

Don't play dumb with me - No te hagas el tonto conmigo.

dumb-founded

*To be dumb- founded***.

/tə biː 'dʌmfaundid/

Quedarse de una pieza.

I was dumb-founded when I heard the news - Me quedé de una pieza cuando oí la noticia (véase también *feather*).

dust

1) *To kick up a dust* (arg.)**.

/tə 'kikʌp ə 'dʌst/

Poner el grito en el cielo.

He kicked up a dust when he found out that his son had been smoking - Puso el grito en el cielo cuando se enteró de que su hijo había estado fumando.

2) *To bite the dust* (lit.)*.

/tə 'bait ðə 'dʌst/

Morder el polvo.

I'll make him bite the dust yet - Le haré morder el polvo aún.

80

3) *Not see sb. for dust* (arg.)**.

/ nɔt ˈsi: fə ˈdʌst/

¡Pies para qué os quiero! Poner pies en polvorosa. Perderse de vista (en una nube de polvo).

...and soon you couldn't see them for dust - ... y pronto se perdieron de vista (en una nube de polvo) (véanse también *heel*, 2 y 3).

Dutch

1) *Dutch courage**.

/ˌdʌtʃ ˈkʌridʒ/

Valor que da el vino.

2) *To go Dutch**.

/tə ˈgou ˈdʌtʃ/

Pagar cada uno lo suyo. Ir a escote.

3) *To talk double Dutch* (véase *Greek*, rel.).

4) *A Dutch treat***.

/ə ˌdʌtʃ ˈtri:t/

Algo que se paga a escote/a medias.

Want to come to the cinema with me? But it'll have to be a Dutch treat, I'm broke - ¿Quieres venir al cine conmigo? Pero tendremos que pagar cada uno lo suyo, estoy «tieso».

5) *A Dutch uncle***.

/ə ˌdʌtʃ ˈʌŋkl/

Persona que regaña a otra severamente, con frecuencia, etc.

Dutchman

I'm a Dutchman**.

/aim ə ˈdʌtʃman/

Expresión de incredulidad.

If she is married, I'm a Dutchman - Si está casada, yo soy ministro del Aire (etc.).

E

ear

1) *To be all ears* (véase «oído», 1).

2) *In one ear and out the other* (véase «oído», 2).

3) *Were your ears burning (last night,* etc.)? (fam.)**.

/wə jɔːr ˈiəz ˈbəːniŋ/

Pitar los oídos (cuando hablan de uno). ¿Te pitaban los oídos?

4) *To turn a deaf ear* (véase *turn*, 8).

5) *To be up to one's ears in work* (véase *eye*, 1).

6) *Sent off with a flea in one's ear* (véase *flea*).

7) *To prick up one's ears* (véase *prick*).

8) *Walls have ears* (véase «paredes»).

9) *To play by ear***.*
/tə ˈplei bai ˈiə/

a) Tocar música de oído.

b) Improvisar, hacer frente a las cosas/problemas, etc., como vienen, sin ningún plan premeditado, actuar como parezca más apropiado en ese momento.
He'd answered my first two questions correctly, but I could see that he was playing by ear - Había contestado a mis dos primeras preguntas correctamente, pero pude ver que estaba improvisando.

10) *Cannot believe one's ears/eyes***.*
/ˈkænɔt biˈliːv wʌnz ˈiəz/ˈaiz/
No dar crédito a los oídos/ojos.
I was very surprised when I learnt he'd joined the army, I couldn't believe my ears - Me sorprendí mucho cuando me enteré que había ingresado en el ejército, no podía dar crédito a mis oídos.

11) *To fall on deaf ears***.*
/tə ˈfɔːl ɔn ˈdef ˈiəz/
Caer en saco roto; hacer caso omiso (de peticiones, reclamaciones, etc.).
I'm afraid our request has fallen on deaf ears - Me temo que nuestra petición ha caído en saco roto.

12) *Head over ears* (véase *head*, 2) *(head over heels)*.

13) *To reach/come to sb.'s ears***.*
/tə ˈriːtʃ/ˈkʌm tə sʌmbɔdiz ˈiəz/
Llegar a los oídos de.
The news of your marriage has reached my ears - Ha llegado a mis oídos la noticia de tu boda.

14) *To stop one's ears***.*
/tə ˈstɔp wʌnz ˈiəz/
Taparse los oídos (lit. y fig.), no querer saber nada de.
When he doesn't like the news, he just stops his ears - Cuando no le gustan las noticias, se tapa los oídos.

15) *To be (still) wet behind the ears**.*
/tə biː ˈstil ˈwet bihaind ði ˈiəz/
Estar todavía verde (faltar experiencia, práctica, etc.).
I'm sure he'll be one of our best men, but he's still wet behind the ears - Estoy seguro que será uno de nuestros mejores hombres, pero todavía está un poco verde.

early

Early to bed, early to rise, makes a man healthy, wealthy and wise (ref.) **.

/'ə:li tə 'bed 'ə:li tə 'raiz 'meiks ə 'mæn 'helθi 'welθi ənd 'waiz/

El acostarse temprano y levantarse temprano hacen al hombre sano, rico y sabio.

earth

1) *How (who, why, what, where, etc.) on earth?* ***.

/'hau ('hu: 'wai 'wɔt) ɔn 'ə:θ/

¿Cómo (quién, por qué, qué, etc.) diablos?

What on earth are you talking about? - ¿De qué diablos estás hablando?

2) *To come down to earth* (véase *come*, 5).

3) *To move heaven and earth* **.

/tə 'mu:v 'hevn ən 'ə:θ/

Remover cielos y tierra.

We'll move heaven and earth to find her - Removeremos cielos y tierra hasta encontrarla (véase también *leave*, 1).

4) *To cost the earth* (véase «ojo», 9).

easy

1) *To take it easy* (véase *take*, 1).

2) *Easy come, easy go* **.

/'i:zi 'kʌm 'i:zi 'gou/

Como vino se fue. Igual de fácil que se consiguió, se perdió.

Rel. = Los dineros del sacristán cantando se vienen cantando se van (ref.).

3) *As easy as pie/winking/ABC/falling off a log* **.

/əz 'i:zi əz 'pai/'wiŋkiŋ/'ei 'bi:'si:/'fɔ:liŋ ɔf ə 'lɔg/

Fácil, tirado, pan comido, chupado, etc. (véanse también *child* y *cinch)*.

4) *Easy does it* ***.

/'i:zi dʌz it/

¡Tranquilo! ¡Despacio! ¡Con cuidado!

5) *It's easier said than done* **.

/its 'i:ziə 'sed ðən 'dʌn/

Es muy fácil de decir...

eat

1) *To eat out of sb.'s hand* ***.

/tu 'i:t aut əv sʌmbɔdiz 'hænd/

Estar embobado con alguien. Caérsele la baba. No ver más que por sus ojos. Estar dominado.

He eats out of her hand - No ve más que por sus ojos. Lo tiene dominado.

2) *To eat one's fill****.
/tu 'i:t wʌnz 'fil/
Comer hasta hartarse.

I'll take you to that restaurant and you'll eat your fill of prawns - Te llevaré a ese restaurante, y podrás comer gambas hasta hartarte.

3) *To eat like a horse* (véase «comer»).

4) *To eat one's words* (véase *word*, 5).

5) *To eat one's heart out* (véase *heart*, 11).

6) *To eat crow* (esp. U.S.A.)**.
/tu 'i:t 'krou/
Tragarse, retirar lo dicho.

As you can see it's all a lie, and now he'll have to eat crow - Como ves, es todo mentira y ahora tendrá que retirar lo dicho.

7) *To eat humble pie**.
/tu 'i:t 'hʌmbl 'pai/
Reconocer humildemente su error.

edge   *To be on edge****.
/tə bi: ɔn 'edʒ/
Tener los nervios de punta. Estar en ascuas.
She's on edge today - Tiene los nervios de punta hoy.

egg   1) *As sure as eggs is eggs***.
/əz 'ʃuə əz 'egz iz 'egz/
Tan seguro como que dos y dos son cuatro.

2) *To put all one's eggs in one basket**.
/tə 'put 'ɔ:l wʌnz 'egz in wʌn 'bɑ:skit/
Jugárselo todo a una carta.

3) *To be a tough egg* (arg.) (U.S.A.)**.
/tə bi: ə 'tʌf 'eg/
Ser un tipo duro. Un hueso duro de roer.

4) *A bad egg* (arg.)**.
/ə 'bæd 'eg/
Un pájaro de cuenta.

5) *To kill the goose that lays the golden eggs* (véase «gallina», 2).

6) *You can't make an omelette...* (véase *pains*, sin.).

7) *You can't teach your grandmother to suck eggs* (ref.)*.
/ju 'kɑ:nt 'ti:tʃ juə 'græn(d),mʌðə tə 'sʌk 'egz/
Más sabe el diablo por viejo que por diablo (ref.).

8) *Which came first the chicken or the egg?* (véase *chicken*, 5).

84

element

In one's element***.
/in wʌnz 'elimənt/
En su elemento, como pez en el agua.
It was a very good talk on Ancient Egypt, of course he was in his element there - Fue una charla muy buena sobre el antiguo Egipto, naturalmente estaba en su elemento.

elephant

1) *To have a memory like an elephant*.*
/tə 'hæv ə 'meməri laik ən 'elifənt/
Tener una memoria de elefante.
Var. = *To have the memory of an elephant.*

2) *A white elephant**.*
/ə ˌwait 'elifənt/
Un trasto inútil, inservible (gen. de gran tamaño, coste, etc.).
The Channel Tunnel has been described in the Press as a white elephant - El Túnel del Canal ha sido descrito en la prensa como algo muy costoso e inútil.

eleven

At the eleventh hour**.
/ət ði i'levnθ 'auə/
En el último minuto.
They arrived at the eleventh hour - Llegaron en el último minuto.
Sins. = *At the last moment. Just in time.*

end

1) *At the end of one's tether**.*
/ət ði 'end əv wʌnz 'teðə/
Al límite de la paciencia, de la resistencia. Que ya no se puede aguantar más.
He's at the end of his tether - Se le está agotando la paciencia.

2) *At a loose end**.*
/ət ə 'lu:s 'end/
Sin nada que hacer, desocupado.

enough

1) *Enough is enough* (véase «bueno»).

2) *Enough to make the angels weep*.*
/i'nʌf tə 'meik ði 'eindʒəlz 'wi:p/
(Como) para echarse a llorar.
Inflation and unemployment are up and exports and tourism down, enough to make the angels weep - La inflación y el paro han subido y las exportaciones y el turismo han bajado, como para echarse a llorar.

err

To err is human (to forgive divine) (ref.)*.
/tu 'ə: iz 'hju:mən (tə fə'giv di'vain/
Equivocarse es humano (perdonar, divino).

even

1) *To be even***.
/tə bi: 'i:vn/
Estar en paz, empatados.
Now we're even - Ahora estamos en paz.

2) *To break even****.
/tə 'breik 'i:vn/
Salir en paz (cubriendo gastos).
We broke even - Salimos en paz. Terminamos empatados.

every

Every Tom, Dick and Harry (arg.) (joc.)**.
/'evri 'tɔm 'dik ən 'hæri/
Todo quisque. Todo hijo de vecino. Todo el mundo.
They're not married, as every Tom, Dick and Harry knows - No están casados, como todo el mundo sabe.

eye

1) *To be up to one's eyes/ears (in work)****.
/tə bi: ʌp tə wʌnz 'aiz/'iəz (in 'wə:k/
Estar hasta los ojos; hasta aquí (de trabajo).
I'm up to my eyes in work at present - Estoy hasta los ojos de trabajo ahora.

2) *To cry one's eyes out* (véase *heart*, 10).

3) *To have an eye for****.
/tə hæv ən 'ai fɔ:/
Tener buen ojo para.
He has an eye for horses - Tiene buen ojo para los caballos.

4) *To keep an eye on* (véase *keep*, 2).

5) *To give sb. a black eye/to black sb.'s eye****.
/tə 'giv ə 'blæk 'ai/tə 'blæk sʌmbɔdiz 'ai/
Ponerle a alguien un ojo morado/a la funerala.
Who's given you that black eye? - ¿Quién te ha puesto ese ojo morado?

6) *All my eye and Betty Martin* (véase *all*, 9).

7) *Somebody's eyes are bigger than his belly* (fam.)**.
/sʌmbɔdiz 'aiz ə 'bigə ðən hiz 'beli/
Comer por los ojos, querer comérselo todo y hartarse luego muy pronto.

8) *To make eyes at****.
/tə 'meik 'aiz ət/
Echar miraditas a una persona del sexo opuesto.
The girl was obviously making eyes at him, and it was making him nervous - Estaba claro que la chica le estaba echando miraditas y lo estaba poniendo nervioso.

86

Var. = *To make/cast sheep's eyes at* (lig. ant.)* - Mirar como un cordero degollado, moribundo, etc.

9) *To see eye to eye (with)* ***.

/tə 'si: 'ai tu 'ai wið/

(Gen. neg.) (no) estar de acuerdo; (no) ser de la misma opinión; (no) ver las cosas de la misma manera.

I'm afraid we don't see eye to eye on the question of salaries - Me temo que no estamos de acuerdo en la cuestión de los salarios.

10) *A sight for sore eyes* ***.

/ə 'sait fə 'sɔ:(r) 'aiz/

Un regalo para la vista. Algo o alguien que nos causa mucha alegría/placer ver.

And there were the famous pearls —a sight for sore eyes - Y allí estaban las famosas perlas —un regalo para la vista.

11) *To catch sb.'s eye* ***.

/tə 'kætʃ sʌmbədiz 'ai/

Llamar/atraer la atención de.

He has been trying to catch the waiter's eye for more than 5 minutes now without success - Lleva más de 5 minutos tratando de atraer la atención del camarero, sin éxito.

12) *To open sb.'s eyes* ***.

/tu 'oupn sʌmbədiz 'aiz/

Abrir(le) los ojos a.

You won't deceive him easily: somebody has opened his eyes - No le engañarás fácilmente, alguien le ha abierto los ojos.

13) *To give the evil eye* ***.

/tə 'giv ði 'ivəl 'ai/

Echar el mal de ojo.

Everything is going wrong since I met him: he's given me the evil eye - Nada sale bien desde que lo conocí: me ha echado el mal de ojo.

14) *In the twinkling of an eye* (véase «ojo», 6).

15) *To pull the wool over sb.'s eyes* (véase *wool*).

16) *To hit the bull's eye* (véase «blanco», 2).

17) *There's more to this than meets the eye* (véase «gato», 1c).

18) *Keep your eyes skinned/open/peeled* (véase «ojo», 1).

19) *The scales have fallen from my eyes* (véase «ojo», 3).

20) *To roll one's eyes* (véase «ojo», 4).

21) *What the eye doesn't see...* (véase «ojo», 5a).

22) *To be the apple of one's eye* (véase «ojo», 10a).

23) *To be sb.'s blue-eyed boy* (véase «ojo», 10*b*).

24) *The master's eye makes the horse fat* (véase «ojo», 11).

25) *To look out of the corner of one's eye* (véase «rabillo»).

26) *To turn a blind eye to* (véase «vista», 1).

27) *Cannot believe one's eyes* (véase *ear*, 10).

28) *A bird's-eye view* (véase *bird*, 17).

29) *An eye for an eye* (véase «ojo», 8).

30) *With the naked eye***.*
/wiǒ ǒə ´neikid ´ai/
A simple vista; sin valerse de/sin ayuda de ningún instrumento.
No, you can't see them with your naked eye, you need a microscope - No, no se ven a simple vista, necesitas un microscopio.

F

face

1) *To make faces at**.*
/tə ´meik ´feisiz æt/
Hacer muecas.
The baby is making faces at you - El bebé te está haciendo muecas.

2) *To keep a straight face***.*
/tə ´ki:p ə ´streit ´feis/
Mantenerse serio. Contener la risa.
I could hardly keep a straight face at the wedding - Apenas si podía contener la risa en la boda.

3) *Let's face it***.*
/lets ´feis it/
Reconozcámoslo *(to face* = dar la cara, hacer frente).
Let's face it, we're ruined - Reconozcámoslo, estamos arruinados.

4) *To save face**.*
/tə ´seiv ´feis/
Salvar el prestigio personal; salvar el tipo.
He doesn't mind doing it provided he's allowed to save face - No le importa hacerlo con tal que se le permita salvar su prestigio personal.

To have one's head in the clouds.

5) *To face the music* (arg.)**.

/tə ˈfeis ðə ˈmjuːzik/

Arrostrar las dificultades o críticas valientemente.

I'm afraid we'll have to face the music - Me temo que tengamos que arrostrar las dificultades con valor.

6) *To sb.'s face****.

/tə sʌmbədiz ˈfeis/

En su cara.

They called him Dracula to his face - Lo llamaban Drácula en su cara.

7) *On the face of****.

/ɔn ðə ˈfeis əv/

Según parece, a juzgar por las apariencias, como puede verse.

On the face of it, they all have alibis - Según parece, todos tienen coartada.

8) *Face to face****.

/ˈfeis tə ˈfeis/

Cara a cara, frente a frente.

The enemies were face to face at last - Los enemigos estaban frente a frente por fin.

9) *A slap in the face****.

/ə ˈslæp in ðə ˈfeis/

Un bofetón en la cara (lit. y fig.).

Her not coming to his birthday's party was like a slap in the face to him - El no venir a su fiesta de cumpleaños fue como un bofetón en la cara para él.

10) *To fall flat (on its/one's face)* ***.

/tə ˈfɔːl ˈflæt ɔn its ˈfeis/

a) Caerse de bruces (cuan largo se es).

He stepped on the banana skin and fell flat on his face - Pisó la cáscara de plátano y se cayó de bruces.

b) No tener el menor éxito (esp. una historia, chiste, etc.).

His joke fell flat (on its face) - Su chiste no tuvo el menor éxito.

11) *To pull a long face/long faces****.

/tə ˈpul ə ˈlɔŋ ˈfeis/ˈlɔŋ ˈfeisiz/

Poner cara(s) larga(s).

The children pulled long faces when their father told them he was not taking them to the cinema - Los niños pusieron cara larga cuando su padre les dijo que no los llevaba al cine.

90

12) *To stare (sb.) in the face****.

/tə ˈstɛə in ðə ˈfeis/

Tener ante los ojos, saltar a la vista (una solución, etc.).

What a fool I've been! —the solution was there staring me in the face all the time and I didn't see it - ¡Qué tonto he sido! —la solución estaba ahí ante mis ojos - todo el tiempo y yo no la veía.

13) *To laugh on the other side of one's face* (véase *laugh*, 3).

14) *To smash sb.'s face in* (véase «cara», 4).

15) *To slam the door in sb.'s face* (véase «nariz», 1).

16) *As plain as the nose on your face* (véase «agua», 3*b*).

17) *Go fry your face* (véase «freír», 1*b*).

18) *To lose face****.

/tə ˈluːz ˈfeis/

Perder prestigio, quedar mal/en mal lugar, etc.

He accepted the fight —he didn't want to lose face in front of his pals - Aceptó la pelea —no quería quedar mal delante de sus amigos.

fair

1) *Fair and square***.

/ˈfɛər ənd ˈskwɛə/

a) Honradamente/con toda honradez. Limpiamente.

Don't complain. She beat you fair and square - No te quejes; te ganó limpiamente.

b) Con fuerza, en el sitio exacto, limpiamente.

He hit him fair and square on the jaw - Le golpeó limpiamente en la mandíbula.

2) *Fair game****.

/ˌfɛə ˈgeim/

Buena presa para, presa fácil.

His latest book will be fair game for his critics - Su último libro será buena presa para sus críticos.

fall

1) *To fall back on (v.p.)****.

/tə ˈfɔːl ˈbæk ɔn/

Recurrir a.

It's always comforting to have sb./sth. to fall back on when you are in need - Siempre es reconfortante tener alguien/algo a quien/que recurrir en caso de apuro.

2) *To fall for it (v.p.)****.

/tə ˈfɔːl· fərit/

Picar; caer en la trampa.

He fell for it - Picó (véase también «tragar»).

3) *To fall short of***.
/tə 'fɔ:l ʃɔ:t əv/
No llegar a. Faltar poco para.
Her latest novel just falls short of a masterpiece - Su última novela no llega a obra maestra.

4) *To fall to pieces***.
/tə 'fɔ:l tə 'pi:siz/
Venirse abajo; derrumbarse.
She then fell to pieces and told him everything - Entonces se vino abajo, y le dijo todo.
Sin. = *To break down****.

5) *To fall for sb. (like a ton of bricks)* (arg.)***.
/tə 'fɔ:l fə sʌmbɔdi (laik ə 'tʌn əv 'briks)/
Enamorarse de alguien (perdidamente).
He fell for her like a ton of bricks - Se enamoró perdidamente de ella.
Sin. = *To fall in love (with)*.

fancy
To take a fancy to***.
/tə 'teik ə 'fænsi tə/
Encapricharse con. Tomar cariño.
He's taken a fancy to you - Se ha encaprichado contigo.

fat
The fat is in the fire**.
/ðə 'fæts in ðə 'faiə/
Lo que sea ya no tiene arreglo (y se supone que va a haber problemas, van a poner el grito en el cielo, etc.).
The fat is in the fire now: Your mother knows all about it - La cosa ya no tiene arreglo (la que se va a armar); tu madre lo sabe todo.

fathead
(Véase «cabeza», 10.)

fault
It isn't my (your, etc.) fault***.
/it izənt mai 'fɔ:lt/
No es culpa mía (tuya, etc.).

feather
1) *They could have knocked me down with a feather* (ligeramente arc.)*.
/ðei kud həv 'nɔkt mi: 'daun wið ə 'feðə/
Me quedé de una pieza (véanse también *dumb-founded* y *thunderstruck*).

2) *A feather in one's cap* (véase «tanto»).

3) *To feather one's nest* (véase «botas», 2).

92

4) *To show a white feather*.*
    /tə ˈʃou ə ˌwait ˈfeðə/
    Huir cobardemente, poner pies en polvorosa, tomar las de Villadiego, etc. (véanse también *heel*, 2 y 3).

5) *As light as a feather* (véase «pluma»).

fed

1) *To be fed up with* (véase «coronilla»).

2) *To be fed up to the back teeth* (véase «coronilla»).

3) *To be fed up* (arg.)**.
    /tə biː ˈfed ˈʌp/
    Estar aburrido.

feel

1) *To feel like* (v.p.)***.
    /tə ˈfiːl laik/
    (Rige forma en *-ing* o nombre/pronombre.)
    Apetecer.
    I feel like swimming/a swim - Me apetece nadar.
    I don't feel like it - No me apetece.

2) *To feel blue**.*
    /tə ˈfiːl ˈbluː/
    Sentirse deprimido; melancólico.
    I'm feeling a little blue today - Hoy estoy un poco deprimido.

3) *To feel under the weather**.*
    /tə ˈfiːl ʌndə ðə ˈweðə/
    Sentirse deprimido. No estar en forma. Estar bajo de moral, etcétera.
    He was feeling a little under the weather - Estaba bajo de moral.

4) *To feel funny**.*
    /tə ˈfiːl ˈfʌni/
    Sentirse raro (indispuesto).
    He said he felt funny and five minutes later he was dead - Dijo que se sentía raro y cinco minutos después estaba muerto.

5) *To feel rotten**.*
    /tə ˈfiːl ˈrɔtn/
    Sentirse mal/fatal.

feeler

To put out feelers**.
/tə ˈput aut ˈfiːləz/
Tantear el terreno. Intentar sonsacar.
I've put out feelers and I don't think they'd mind selling - He tanteado el terreno, y creo que no les importaría vender (véase también «terreno»).

feet

1) *To fall on one's feet* (véase «caer», 4).

2) *To get/have cold feet**.*
/tə 'get/'hæv 'kould 'fi:t/
Enfriarse. Quitarse las ganas de hacer algo. Entrar miedo. Dar marcha atrás.
He was going to (he meant to) complain to the boss, but then he got cold feet and went home without seeing him - Iba a (quería) quejarse al jefe, pero luego le entró miedo y se fue a su casa sin verlo.
Rel. = *To lose heart**** (véase *heart*, 21).

3) *(To have) feet of clay*.*
/'fi:t əv 'klei/
(Tener) los pies de barro (debilidades, defectos, etc., ignorados, inesperados, etc.).
He discovered that his idol had feet of clay - Descubrió que su ídolo tenía los pies de barro.

4) *At sb.'s/one's feet***.*
/ət sʌmbədiz/wʌnz 'fi:t/
A los pies de, a sus pies.
She had all the men she wanted at her feet - Tenía todos los hombres que quería a sus pies.

5) *To have/keep one's feet on the ground***.*
/tə 'hæv/'ki:p wʌnz 'fi:t ɔn ðə 'graund/
Tener/conservar los pies en el suelo.
He knew he'd never be famous, he had his feet on the ground - Sabía que nunca sería famoso, tenía los pies en el suelo.

6) *(Not) let the grass grow under one's feet**.*
/(nɔt) 'let ðə 'grɑ:s 'grou ʌndə wʌnz 'fi:t/
(No) dejar pasar demasiado tiempo (sin emprender una acción).
I felt convinced that something ought to be done and that we should not let the grass grow under our feet - Estaba convencido de que debía hacerse algo y (de) que no debíamos dejar pasar demasiado tiempo.

7) *To cut the ground from under sb.'s feet* (véase *cut*, 2).

8) *To be swept off one's feet* (véase *swept*).

9) *To get on one's feet again* (véase «cabeza», 12).

Fell

We don't like you, Dr. Fell*.
/wi: 'dount 'laik ju: 'dɔktə 'fel/
No me gusta ni un pelo (dicho como comentario aparte a un tercero, de una persona cuyo aspecto, modales, etc., no nos agradan demasiado).

94

fence   *To sit on the fence* (véase «agua», 7).

few   *Few and far between***.
/'fju: ənd 'fɑ: bi 'twi:n/
Contados, raros, muy pocos, escasos, difíciles de encontrar.
Good pictures are few and far between these days - Los buenos cuadros son difíciles de encontrar en estos días.

fiddlesticks   *Fiddlesticks!* (arg.)**.
/'fidlstiks/
¡Tonterías!
Sin. = *Rubbish*.

fill
1) *To fill a gap***.
/tə 'fil ə 'gæp/
Llenar un hueco; un vacío.
«*What do you think about his new book?*» «*It fills a gap*» - «¿Qué opinas de su nuevo libro? «Viene a llenar un hueco.»

2) *Fill her up***.
/'fil hər 'ʌp/
Llénelo (el depósito de gasolina del coche).
Sin. = *Fill the tank*.

finders   *Finders keepers... (losers weepers)* (fam.)*.
/'faindəz 'ki:pəz ('lu:zəz 'wi:pəz)/
El que se lo encuentre se queda con él.

finger(s)
1) *To keep one's fingers crossed***.
/tə 'ki:p wʌnz 'fingəz 'krɔst/
Tocar madera. Rezar para que algo salga bien.
I hope our daughter passes her exam; keep your fingers crossed - Espero que nuestra hija apruebe; toca madera.
(En otro sentido, para evitar desgracias, los supersticiosos dicen: *Touch wood* /'tʌʃ 'wud/ - Toca madera.)

2) *Fingers were made before forks***.
/'fingəz wə 'meid bifɔ: 'fɔ:ks/
Los dedos fueron hechos antes que los tenedores (frase empleada para justificar tocar los alimentos con los dedos en la mesa).

3) *To have sth. at one's finger tips***.
/tə 'hæv ət wʌnz 'fingətips/
Saber al dedillo.
He has all the irregular verbs at his finger-tips - Se sabe los verbos irregulares al dedillo.

4) *To have green fingers/to have a green thumb***.

/tə 'hæv ˌgri:n 'fiŋgəz/ə ˌgri:n 'θʌm/

Ser un buen jardinero, dársele a uno bien la jardinería.

My new neighbour has green fingers - Mi nuevo vecino es un buen jardinero.

5) *Not lift a finger****.

/nɔt 'lift ə 'fiŋgə/

No mover un dedo (esp. para ayudar a alguien).

She could've saved him, but she didn't lift a finger to help him - Ella pudo haberlo salvado, pero no movió un dedo para ayudarle.

6) *To have light fingers**/to be light fingered***.

/tə 'hæv ˌlait 'fiŋgəz/tə bi: ˌlait 'fiŋgəd/

Tener las manos largas (para robar).

The trouble with him is that he's a bit light-fingered - Su problema es que tiene las manos largas.

7) *(To let/allow sb./sth.) (to) slip through sb.'s/one's fingers****.

/(tə 'let/ə'lau) (tə) 'slip θru: sʌmbədiz/wʌnz 'fiŋgəz/

Dejar que algo o alguien se escape de entre las manos/escaparse de entre las manos/los dedos.

I almost had him, but he slipped through my fingers - Casi lo tenía, pero se me escapó de entre los dedos.

8) *To give sb. the finger* (tabú)*.

/tə 'giv ðə 'fiŋgə/

Hacer la peseta.

9) *To tick sth. off on one's fingers* (véase *tick*, 1).

10) *To twist sb. round one's little finger* (véase *twist*).

11) *To work one's fingers to the bone* (véase *work*, 1).

12) *To burn one's fingers* (véase «dedos»).

13) *To put one's finger on the sore spot* (véase «llaga»).

14) *To have a finger in every pie* (véase «plato», 4).

15) *To be all fingers and thumbs* (véase *thumb*, 4).

first

1) *Not know the first thing***.

/nɔt 'nou ðə 'fə:st 'θiŋ/

No saber ni palabra. No tener ni idea. No saber de la misa la media/dónde se tiene la mano derecha.

Well, really, he doesn't know the first thing - Bueno; la verdad, es que no sabe ni palabra.

2) *First things first****.

/'fə:st 'θiŋz 'fə:st/

Lo primero es lo primero. Cada cosa a su tiempo.

3) *First thing one knows****.

/'fə:st 'θiŋ wʌn 'nouz/

Cuando se quiere acordar. De buenas a primeras. Sin comerlo ni beberlo.

First thing he knew he had lost all his money - Cuando quiso acordar, había perdido todo su dinero.

4) *First thing in the morning****.

/'fə:st 'θiŋ in ðə 'mɔ:niŋ/

A primera hora de la mañana. Lo primero que se hará a la mañana siguiente.

I'll do it first thing in the morning - Será lo primero que haré mañana por la mañana.

5) *First come, first served****.

/'fə:st 'kʌm 'fə:st 'sə:vd/

Se servirá (atenderá) por orden de llegada.

6) *First and foremost****.

/'fə:st ənd 'fɔ:moust/

Ante todo, antes que nada, principalmente, primero y principal.

First and foremost, he's a teacher - Ante todo, es un profesor.

fish

1) *To have other fish to fry* (arg.)*.

/tə hæv 'ʌðə 'fiʃ tə 'frai/

Tener cosas más importantes que hacer.

«*Are you going to the meeting tomorrow? «No, I have other fish to fry*» - «¿Vas a la reunión mañana?» «No, tengo cosas más importantes que hacer.»

2) *To fish for compliments***.

/tə 'fiʃ fɔ: 'kɔmplimənts/

Estar deseando que le regalen a uno los oídos.

He's always fishing for compliments - Está siempre deseando que le regalen los oídos.

3) *All is fish that comes to his net* (véase *grist*).

4) *A cold fish**.

/ə ˌkould 'fiʃ/

Que tiene sangre de horchata, que no se inmuta por nada.

5) *To cry stinking fish* (véase «piedra», 1).

6) *A different kettle of fish**.

/ə 'difərənt 'ketl əv 'fiʃ/

Algo completamente diferente (a lo que se esperaba, etc.).

97

7) *A fine kettle of fish* **.

/ə 'fain 'ketl əv 'fiʃ/

¡Bonito lío!

8) *Neither fish, flesh, fowl (nor good red herring)* *.

(Abrev. a menudo a: *neither fish nor fowl*).

/naiðə 'fiʃ 'fleʃ 'faul (nɔ: 'gud 'red 'heriŋ/

Ni chicha ni limoná, ni fu ni fa, vago, ambiguo, difícil de clasificar.

The trouble with the Labour Party nowadays is that it is neither fish nor fowl - Lo malo del partido laborista estos días es que no es ni chicha ni limoná.

9) *There's plenty more fish in the sea* (fam.)**.

/ðəz 'plenti 'mɔ: 'fiʃ in ðə 'si:/

Hay muchos más peces en el mar, hay muchas más mujeres u hombres en el mundo (dicho para consolar a alguien de un fracaso amoroso, etc.).

La frase completa original es: *There's as good fish in the sea as ever came out of it* *.

10) *A queer/an odd fish* (véase «bicho», 2).

11) *Like a fish out of water* (véase *water*, 4).

12) *To drink like a fish* **.

/tə 'driŋk laik ə 'fiʃ/

Beber como una cuba, como una esponja, beber mucho, como un cosaco, etc.

He drinks like a fish, he's always drunk - Bebe como una cuba, está siempre borracho.

13) *To fish in troubled/muddy waters* (véase «río», 2).

14) *A big fish in a little pond* *.

/ə 'big 'fiʃ in ə 'litl 'pɔnd/

Persona importante, inteligente, etc., que influye en o controla solamente una pequeña parcela (frase empleada a veces en el sentido de venirle a alguien pequeño el puesto que ocupa).

fit

1) *Not be fit to hold a candle to* (véase *candle*, 2).

2) *Fit as a fiddle* ***.

/'fit əz ə 'fidl/

Estar estupendamente, de primera. Como las propias rosas.

«*How are you today?*». «*Fit as a fiddle*» - «¿Cómo estás hoy?». «De primera.»

Sins. = *Fine; very well; top of the world; in the pink; the picture of health*, etc.

3) *To fit like a glove***.

/tə ˈfit laik ə ˈglʌv/

Sentar/quedar muy bien (ropa, etc.), de maravilla, de perlas, ir que ni pintado, etc.

Your new dress fits you like a glove - Tu vestido nuevo te queda de maravilla.

Var. U.S.A. = *To fit to a T/tee***.

4) *To see fit* - (véase *see*, 1.)

fix

1) *To be in a fix* (véase «apuros», 1*c*).

2) *To fix up* (v.f.t.)***.

/ˈtə ˈfiks ˈʌp/

Reparar; arreglar.

I'll fix it up in a minute - Lo arreglaré en un minuto.

flare

To flare up (v.f.i.)**.

/tə ˈflɛər ˈʌp/

Enfadarse; ponerse hecho una fiera.

Don't flare up so - No te enfades. No te pongas así (véanse también *cut*, 3; *blow*, 3).

Sin. = *To get angry*.

flash

A flash in the pan**.

/ə ˈflæʃ in ðə ˈpæn/

Un éxito momentáneo. Humo de pajas.

His success was only a flash in the pan - Su éxito fue sólo humo de pajas.

flat

As flat as a pancake**.

/əs ˈflæt əz ə ˈpænkeik/

Completamente liso, liso como una tabla (fig., carente de interés) (hum., lisa como una tabla) (escasa de pechos).

flea

Sent off with a flea in one's ear**.

/ˈsent ˈɔf wið ə ˈfli: in wʌnz ˈiə/

Irse con las orejas gachas.

I sent him off with a flea in his ear - (Lo despedí y) se fue con las orejas gachas (Lo eché con cajas destempladas).

flipped

Flipped out (arg. droga)***.

/ˈflipt ˈaut/

Drogado, «flipao».

flog

To flog a dead horse**.

/tə ˈflɔg ə ˈded ˈhɔːs/

Perder el tiempo o las energías inútilmente. Estar hablando con la pared. Arar en la mar.

It's useless; you're flogging a dead horse - Es inútil; es como estar hablando con la pared.

flunk *To flunk* (arg. estud.)***.

/tə ˈflʌŋk/

Suspender, catear.

I flunked maths - Cateé las matemáticas.
It's the third time he's flunked me - Es la tercera vez que me catea.

fly 1) *To fly off the handle* (arg.)**.

/tə ˈflai ɔf ðə ˈhændl/

Ponerse hecho una fiera. Perder los estribos.

He flew off the handle when he found out the truth - Se puso hecho una fiera cuando averiguó la verdad (véanse también *blow*, 3, y *cut*, 3).

2) *To fly off at a tangent* (véase «tangente», 1).

foggiest *I haven't the foggiest/faintest (idea)* ***.

/ai hævənt ðə ˈfɔgiist/ˈfeintist (aiˈdiə/

No tengo ni la más remota idea.

follow *To follow suit****.

/tə ˈfɔlou ˈsjuːt/

Seguir el ejemplo; hacer lo mismo.

He went into the cave and the others followed suit - Entró en la cueva y los demás siguieron su ejemplo.

fool 1) *A fool's errand***.

/ə ˌfuːlz ˈerənd/

Viaje, empresa, tarea, encargo, etc., descabellados; sin sentido, tontos, etc.

They're always sending me on fool's errands in my new office - Siempre me están mandando a cosas tontas en mi nueva oficina.

2) *Fools rush in where angels fear to tread (ref.)* **.

/ˈfuːlz ˈrʌʃ ˈin wɛə ˈeindʒəlz ˈfiə tə ˈtred/

No hay mayor atrevimiento que el del necio.

3) *To play the fool* (véase «indio»).

foot 1) *To put one's foot down***.

/tə ˈput wʌnz ˈfut ˈdaun/

Ponerse firme, plantarse. Decir «hasta aquí podíamos llegar». Cortar por lo sano.

Things were going too far, so I had to put my foot down - Las cosas estaban yendo demasiado lejos, de modo que tuve que ponerme firme (cortar por lo sano).

2) *To put one's foot in it* (véase «pata», 2).

3) *To start (off) on the right/wrong foot**.*

/tə ˈstɑːt ˈɔf ɔn ðə ˈrait/ˈrɔŋ ˈfut/

Empezar con buen/mal pie.

You shouldn't have insulted the boss —that's what I call starting off on the wrong foot - No debías haber insultado al jefe —a eso le llamo yo empezar con mal pie.

4) *To put one's best foot forward**.*

/tə ˈput wʌnz ˈbest ˈfut ˈfɔːwəd/

Esmerarse al máximo.

I know it isn't easy —you just put your best foot forward and we'll see - Sé que no es fácil —tú esmérate al máximo y ya veremos.

5) *To foot the bill***.*

/tə ˈfut ðə ˈbil/

Correr con los gastos, pagar la cuenta

Yes, he invited me, but I footed the bill, as usual - Sí, me invitó, pero yo pagué la cuenta, como de costumbre.

6) *To catch on the wrong foot***.*

/tə ˈkætʃ ɔn ðə ˈrɔŋ ˈfut/

Coger a contrapié (fig., en un mal momento, etc.).

Sorry, I can't lend you the money, you caught me on the wrong foot - Siento no poder prestarte el dinero, pero me has cogido en un mal momento.

7) *To set foot in* (véase *set*, 3).

8) *From head to foot* (véase «cabeza», 6a).

9) *The boot's on the other foot* (véase «tornas»).

10) *To bind hand and foot* (véase *hand*, 4).

11) *To have one foot in the grave* (véase «puertas», 1b).

12) *To wait on sb. hand and foot* (véase *hand*, 21.)

forewarned   *Forewarned is forearmed* (véase «hombre», 1).

forty   *To have forty winks***.*

/tə hæv ˈfɔːti ˈwiŋks/

Dar una cabezadita. Echar un sueñecito.

She's having forty winks in her armchair - Está dando una cabezadita en su sillón.

Sin. = *To doze (off).*

fox   *As cunning as a fox**.*

/əz ˈkʌniŋ əz ə ˈfɔks/

Astuto como un zorro.

He's as cunning as a fox, one of the finest politicians we've ever had.

Es astuto como un zorro, uno de los mejores políticos que hemos tenido.

freak
    To freak out (arg. droga)***.
    /tə 'fri:k 'aut/
    Drogarse, «hacer el viaje».

French
    1) *Excuse/pardon my French* (hum.)**.
       /ik'skju:z/'pɑ:dn mai 'frentʃ/
       Perdone/disculpe mi francés (frase dicha como disculpa después de soltar un taco).

    2) *To take French leave* (véase *leave*, 3).

    3) *A French letter* (tabú)***.
       /ə ˌfrentʃ 'letə/
       Un preservativo.

friend
    1) *To have a friend at court***.
       /tə hæv ə 'frend ət 'kɔ:t/
       Tener influencias.
       Trust him to get it; he has a friend at court - Ya verás cómo lo consigue; tiene influencias.

    2) *A friend in need is a friend indeed* ref.)**.
       /ə 'frend in 'ni:d iz ə 'frend in'di:d/
       En la necesidad es cuando se ven los verdaderos amigos, un amigo (que te ayuda) en la necesidad es un amigo de verdad.

frog
    1) *A frog in the throat* (arg.)**.
       /ə 'frɔg in ðə 'θrout/
       Carraspera.
       Sorry (clearing his throat), a frog in the throat - Disculpe (aclarándose la garganta); tengo un poco de carraspera.

    2) *The frogs* (arg.)*.
       /ðə 'frɔgz/
       Los franceses, los «franchutes».

full
    1) *Full-time****.
       /ˌful 'taim/
       Jornada completa, en exclusiva, etc. (trabajo, etc., todo el día, opuesto a *part-time* —media jornada).
       He works for them full-time now - Ahora trabaja para ellos en jornada completa.

    2) *A full house****.
       /ə ˌful 'haus/
       Un lleno/llenazo, en un teatro, cine, etc. De bote en bote.
       There's a full house tonight - Esta noche hay un lleno (véase también «llenazo»).

102

3) *Full marks***.

/'ful 'mɑ:ks/

Sobresaliente (fig.) - buena nota (por algo bien hecho).

«*Did I do well?*» «*You get full marks.*» - «¿Estuve bien?» «Sobresaliente.»

4) *Full of beans* (fam.)**.

/'ful əv 'bi:nz/

Sano, fuerte, lleno de vigor/de salud, etc. (véase también *fit*, 2).

5) *To be (too) full of oneself***.

/tə bi: 'tu: 'ful əv wʌn 'self/

Tenérselo creído, no pensar/hablar, etc., maś que en/de uno mismo.

He's clever and all that, but I think he's too full of himself - Es listo y todo eso, pero creo que se lo tiene demasiado creído (véanse también «abuela», y *boot*, 1).

6) *To have one's hands full* (véase *hand*, 1).

7) *In full swing* (véase «apogeo»).

funny   *The funny thing...***.

/ðə 'fʌni 'θiŋ/

Lo curioso del caso...

The funny thing is that I'd never seen her before - Lo curioso del caso es que no la había visto nunca antes (en mi vida).

G

gaga   *To go gaga***.

/tə 'gou 'gægə/

Estar chocheando.

The old boy is obviously going gaga - Está claro que el viejo está empezando a chochear.

gay   *Gay* (véase «marica»).

get away   1) *To get away with it***.

/tə 'get ə'wei wið it/

Salir impune. Salirse con la suya.

I know who the murderer is and he won't get away with it - Sé quién es el asesino, y no se saldrá con la suya.

2) *To get away from it all***.

/tə 'get ə'wei frəm it 'ɔ:l/

Quitarse de en medio y olvidarse de todos los problemas.

«*This week-end I'm going fishing and I'll forget all my pro-blems.*» «*I wish I could get away from it all, too*» - «Este fin de semana me voy de pesca, y me olvidaré de todos mis problemas.» «Ojalá pudiera yo quitarme de en medio tambien.»

3) *Get away with you***.
/ˈget əˈwei wið ju:/
¡Anda ya! ¡No te creo! (véase también *get on*, 3).

get carried away

To get carried away (véase «santo», 4*a*).

get down

To get down to brass tacks**.
/tə ˈget daun tə ˌbrɑ:s ˈtæks/
Poner manos a la obra. Ir a lo que importa, a lo fundamental.
Stop chatting away and let's get down to brass tacks - Dejad de charlar y vamos a lo que importa.

get even

To get even with***.
/tə ˈget ˈiːvn wið/
Vengarse de.
He got even with her - Se vengó de ella.
Sin. = *To get back at*.

get in touch

To get in touch with***.
/tə ˈget in ˈtʌtʃ wið/
Ponerse en contacto con.
Can you tell me how to get in touch with him? - ¿Puedes decirme cómo ponerme en contacto con él?

get into

To get into trouble***.
/tə ˈget intə ˈtrʌbl/
Meterse en líos.
Don't go to that place again or you'll get into trouble - No vayas a ese sitio más si no quieres meterte en líos.

get it off

To get it off one's chest**.
/tə ˈget it ɔf wʌnz ˈtʃest/
Desahogarse.
Get it off your chest, then you'll feel better - Desahógate, y te sentirás mejor.

get it straight

To get it straight***.
/tə ˈget it ˈstreit/
Dejar las cosas en claro.
Let's get it straight, I won't stand for that sort of thing in my house - Dejemos las cosas en claro, no toleraré ese tipo de cosas en mi casa.

get on

1) *To get on (well)* ***.
/tə 'get 'ɔn 'wel/
Llevarse bien; hacer buenas migas; hacer progresos.
They get on very well - Se llevan muy bien.

2) *To get on like a house on fire* **.
/tə 'get 'ɔn laik ə 'haus ɔn 'faiə/
Llevarse a las mil maravillas.
We got on like a house on fire - Nos llevábamos a las mil maravillas.

3) *Get on with you!* (fam.) ***.
/'get 'ɔn wið ju:/
¡Venga ya! (expresión de incredulidad).
«*Albert's got married.*» «*Get on with you!*» - «Alberto se ha casado.» «¡Venga ya!» (No lo creo.)

get out

To get out of bed on the wrong side **.
/tə 'get aut əv 'bed ɔn ðə 'rɔŋ 'said/
Levantarse por los pies de la cama.

get one's own

To get one's own back ***.
/tə 'get wʌnz 'oun 'bæk/
Vengarse.
He got his own back at last - Se vengó por fin.
Sins. = *To take revenge. To avenge oneself. To get even with. To get back at.*

get over

To get over (v.p.) ***.
/tə 'get ouvə/
Recuperarse (de una enfermedad/emoción, etc.).
Don't worry, he'll soon get over his illness - No te preocupes, pronto se recuperará de su enfermedad.

get rid

To get rid of ***.
/tə 'get 'rid əv/
Librarse de.
Get rid of the dog - Líbrate del perro.

get the wind

To get the wind up **.
/tə 'get ðə 'wind 'ʌp/
Asustarse. Entrarle a uno el pánico. Haberle metido a uno las cabras en el corral.
She got the wind up and left them - Le entró el pánico y los dejó.

get to grips

To get/come to grips with **.
/tə 'get/'kʌm tə 'grips wið/
Atacar (un problema, trabajo, etc.) ponerse a.

105

To smoke like a chimney.

The sooner we get to grips with our work, the better - Cuanto antes nos pongamos a trabajar, mejor.

get wind

To get wind of sth.***.

/tə 'get 'wind əv/

Enterarse de. Coger onda.

Well, he got wind of it somehow - Pues bien, de algún modo se enteró.

Para otras expresiones con *get*, véase índice.

ghost

1) *To give up the ghost* (véase «pata», 1*b*).

2) *A ghost writer***.

/ə 'goust ˌraitə/

«Negro» (persona que escribe para otro a sueldo).

He has a number of ghost writers who write his books for him - Tiene varios «negros» que le escriben los libros.

gift

The gift of the gab (véase «labia»).

give

1) *Give over** (usado principalmente en el norte de Inglaterra).

/'giv 'ouvə/

¡Anda ya! ¡Reconoce que...!

Give over! You've been seeing too many of those horror films lately - ¡Anda ya! Reconoce que has visto demasiadas películas de horror últimamente.

2) *To give up* (v.f.t.)***.

/tə 'giv 'ʌp/

Dejar; abandonar.

I'm going to give up smoking - Voy a dejar el tabaco/de fumar.

3) *Give him an inch and he will take a yard**.

/'giv him ən 'intʃ ən hi:l 'teik ə 'jɑ:d (ən 'el)/

Le das la mano y se toma el brazo.

4) *To give sb. a piece of one's mind***.

/tə 'giv sʌmbɔdi ə 'pi:s əv wʌnz 'maind/

Decirle (soltarle) a alguien cuatro frescas. Decirle cuatro verdades; las verdades del barquero. Cantarle las cuarenta.

As soon as he comes I'll give him a piece of my mind - En cuanto venga, le voy a decir cuatro verdades (véase también «cuarenta»).

5) *To give sb. the benefit of the doubt***.

/tə 'giv sʌmbɔdi ðə 'benəfit əv ðə 'daut/

Creer por una vez. Conceder un margen de confianza, el beneficio de la duda.

We'll give him the benefit of the doubt - Le concederemos un margen de confianza.

6) *To give in* (v.f.)***.

/tə 'giv 'in/

Ceder.

We shouldn't give in to their threats - No debíamos ceder ante sus amenazas.

7) *To give the game/show away****.

/tə 'giv ðə 'geim/'ʃou ə 'wei/

Revelar un secreto, descubrir las cartas.

She knows about her present —your brother gave the game away - Sabe lo de su regalo —tu hermano reveló el secreto.

8) *To give/blow (sb.) a raspberry (at)***.

/tə 'giv/'blou ə 'rɑ:zbəri/

Hacer a alguien un gesto grosero de burla o desprecio (emitiendo un sonido con la lengua entre los labios, hacer una cuchufleta).

He must be crazy, he's blown a raspberry at the bishop - Debe estar loco, le ha hecho una cuchufleta al obispo.

9) *To give sb. the bum's rush* (arg. U.S.A.)**.

/tə 'giv ðə 'bʌmz 'rʌʃ/

Despedir, poner de patitas en la calle (véase también *sack*, 2).

10) *To give sb. the gate* (arg. U.S.A.)**.

/tə 'giv ðə 'geit/

Largar, echar a alguien, dar puerta.

My girlfriend has given me the gate - Mi novia me ha dado puerta.

Para otras expresiones con *give*, véase índice.

glasshouses

People who live in glasshouses shouldn't throw stones (ref.)*.

/'pi:pl hu: 'liv in 'glɑ:shauziz ʃudənt 'θrou 'stounz/

El que más razones tiene para callar es el que siempre habla (véase también *pot*, 2).

glove

1) *To fit like a glove* (véase *fit*, 3).

2) *Hand in glove* (véase *hand*, 17).

3) *To handle with kid gloves* (véase *handle*).

go

1) *To go back on one's word***.

/tə 'gou 'bæk ɔn wʌnz 'wɔ:d/

Volverse atrás de la palabra dada.

He's gone back on his word - Se ha vuelto atrás de la palabra dada.

2) *To go a long way towards***.

/tə 'gou ə 'lɔŋ 'wei tə'wɔ:dz/

Contribuir en gran medida a.

His efforts went a long way towards maintaining the peace in the area - Sus esfuerzos contribuyeron en gran medida a mantener la paz en la zona.

3) *To go in for* (v.p.)***.

/tə 'gou 'in fɔ:/

Practicar; tener como «hobby».

He goes in for stamp-collecting - Tiene como «hobby» coleccionar sellos.

4) *To go out of one's way (to)* ***.

/tə 'gou aut əv wʌnz 'wei/

Desvivirse por.

He went out of his way to please us - Se desvivió por complacernos (véase también *put*, 4).

5) *To go out on a spree*** .

/tə 'gou aut ɔn ə 'spri:/

Irse de juerga.

We'll go out on a spree tonight - Nos iremos de juerga esta noche (véase también *town)*.

6) *To go overboard* (fig.)**.

/tə 'gou 'ouvə,bɔ:d/

Volverse loco de entusiasmo.

She went overboard on the idea of spending a year in Canada - Se volvió loca de entusiasmo ante la idea de pasar un año en Canadá.

7) *To go***.*

/tə 'gou/

a) Quedar tiempo (por transcurrir).

Five minutes to go - Quedan cinco minutos.

b) (Euf.) irse, morir.

I always told my wife I would be the first to go and now she's dead - Yo siempre le decía a mi esposa que yo sería el primero en irme y ahora ella está muerta.

8) *To go against the grain**.*

/tə 'gou ə 'genst ðə 'grein/

Hacerse cuesta arriba, costar trabajo hacer algo.

I know you're supposed to eat this fish with your fingers but it goes against the grain - Sé que se supone que este pescado se come con los dedos, pero se me hace cuesta arriba.

9) *Go along/go on with you!**/ go on***.*

/'gou ə'lɔn/'gou 'ɔn wið ju:/

Expresión de incredulidad, ¡anda ya!, ¡no te creo!, etc.

10) *To go ape* (arg. U.S.A.)*.

/tə 'gou 'eip/

Volverse majareta, portarse de forma irracional (véase también «*bananas*»).

11) *To go fifty-fifty***.

/tə 'gou 'fifti 'fifti/

Ir a medias (véase también *Dutch*, 2).

12) *To go on (about)***.

/tə 'gou 'ɔn (əbaut)/

Enrollarse, hablar sin parar sobre...

How he goes on about his safaris - Cómo se enrolla sobre sus safaris.

13) *To go (a)round****.

/tə 'gou ə 'raund/

Haber bastante/para todos.

There's enough wine to go around - Hay bastante vino para todos.

14) *No go****.

/'nou 'gou/

Imposible.

I tried to find a room in a hotel for you, but it's no go; they're all full - Intenté encontrar una habitación para ti en un hotel, pero es imposible; están todos llenos.

15) *To go straight****.

/tə 'gou 'streit/

Enmendarse, volver al buen camino.

We must help him to go straight - Debemos ayudarle a volver al buen camino.

16) *To go to any length(s) to****.

/tə 'gou tu 'eni 'leŋθs tə/

No detenerse ante ningún obstáculo, ser capaz de todo por conseguir algo, no pararse en barras.

He'll go to any lengths to get what he wants - Es capaz de todo por conseguir lo que quiere.

17) *To go off (at) the deep end***.

/tə 'gou 'ɔf (ət) ðə 'di:p 'end/

Enfadarse mucho, ponerse furioso, perder los estribos (véanse también *blow*, 3; *cut*, 3, y *fly*, 1).

18) *To go steady****.

/tə 'gou 'stedi/

Empezar a salir regularmente con un chico/a (como novios fijos); formalizar las relaciones.

James and I have been going steady for two years - James y yo llevamos saliendo como novios dos años.

19) *To go west**.

/tə ˈgou ˈwest/

a) Morir (véase también «pata», 1).
b) Perderse, destruirse.

20) *To go with a bang***.

/tə ˈgou wɪð ə ˈbæŋ/

Ser un gran éxito (una actuación, un espectáculo, una fiesta, etcétera); dar el golpe.

The charity festival went with a bang - El festival benéfico fue un gran éxito.

Para otras expresiones con go, véase índice.

goat   *To get one's goat* (arg.)**.

/tə ˈget wʌnz ˈgout/

Molestar; fastidiar; sacar de quicio; «cabrear» (vulg.).

What gets my goat is that he's always joking - Lo que me saca de quicio es que siempre está bromeando.

gold   *All that glitters is not gold* (ref.)*.

/ˈɔːl ðət ˈglitəz iz nɔt ˈgould/

No es oro todo lo que reluce.

golden   *The golden mean***.

/ðə ˈgouldən ˈmiːn/

El término medio (véase también «virtud»).

good   1) *To be as good as one's word* (véase word, 7).

/tə biː əz ˈgud əz wʌnz ˈwəːd/

Cumplir la palabra dada.

He was as good as his word - Cumplió su palabra.

2) *For good****.

/fə ˈgud/

Definitivamente; para siempre.

This time I'll stay for good - Esta vez me quedaré para siempre.

goodies   *The goodies****.

/ðə ˈgudiz/

Los buenos (en una película, novela, etc.) (véase también *baddies*).

goodness   1) *(My) goodness!****.

/mai ˈgudnis/

¡Caramba! ¡Cielos!

Goodness! They've gone! - ¡Cielos! ¡Se han ido!

2) *For goodness' sake****.
/fə 'gudnis 'seik/
¡Por lo que más quieras!
For goodness' sake, stop talking - ¡Por lo que más queráis, dejad de hablar!

goose/geese

1) *To cook sb.'s goose* (véase *cook*, 2).

2) *What's sauce for the goose...* (véase «moros»).

3) *To kill the goose that lays...* (véase «gallina», 2).

4) *All his geese are swans* (arg.)*.
/'ɔ:l hiz 'gi:s ə 'swɔnz/
Es muy exagerado; lo suyo es siempre lo mejor.
«Is his friend as super as all that?» «*Well, you know all his geese are swans*» - «¿Es su amigo tan fenomenal como dice?» «Bueno, ya sabes cómo lo exagera todo.»

5) *A wild-goose chase****.
/ə 'waild,gu:s 'tʃeis/
Una búsqueda inútil; una empresa descabellada.
Another wild-goose chase, like looking for the Loch Ness monster - Otra empresa descabellada, como buscar al monstruo del lago Ness.

6) *He/She wouldn't say «boo» to a goose**.
/hi/ʃi wudənt sei 'bu: tu ə 'gu:s/
Es excesivamente tímido/a.

gooseberry

To play gooseberry*.
/tə 'plei 'gu:sbəri/
Hacer de carabina (acompañar a dos enamorados). Llevar la cesta.
I don't like playing gooseberry - No me gusta hacer de carabina.

gooseflesh

1) *To go (get) gooseflesh****.
/tə 'gou ('get) 'gu:sfleʃ/
Ponerse la carne de gallina.
She's gone all gooseflesh - Se le ha puesto la carne de gallina.

2) *To give gooseflesh****.
/tə 'giv 'gu:sfleʃ/
Poner carne de gallina.
It gives me gooseflesh - Me pone la carne de gallina.

gosh

Gosh!***.
/gɔʃ/
¡Pardiez!

grasp

Grasp all, lose all (véase «abarcar»).

grass

1) *A grass widow**.*
   /ə ˌgrɑːs ˈwidou/
   Viuda temporal (mujer cuyo marido se ausenta temporalmente).
   My husband is in America, so I'll be a grass widow for a few weeks - Mi marido está en América, así que seré una viuda (temporal) por unas semanas.

2) *Grass* (arg. droga)***.
   /grɑːs/
   Yerba, marihuana.

3) *The grass is greener on the other side of the fence/hill*.*
   /ðə ˈgrɑːs iz ˈgriːnə ɔn ði ˈʌðə ˈsaɪd əv ðə ˈfens/ˈhil/
   En cualquier otro sitio de donde estamos ahora se vive/trabaja, etc., mejor; cualquier tiempo pasado fue mejor; etc.

4) *(Not) let the grass grow under one's feet* (véase *feet*, 6).

5) *A snake in the grass* (véase *snake*).

grasshopper

A grasshopper (arg. droga)***.
/ə ˈgrɑːʃɔpə/
Uno que fuma marihuana.

grave

1) *That would make him turn in his grave* (véase «cabeza», 8).

2) *To dig one's own grave***.*
   /tə ˈdig wʌnz ˈoun ˈgreiv/
   Cavarse su propia tumba.
   He should give up alcohol, he's digging his own grave - Debería dejar el alcohol, se está cavando su propia tumba.

grease

To grease sb.'s palm/hand (arg.)**.
/tə ˈgriːz sʌmbɔdiz ˈpɑːm/ˈhænd/
Sobornar; «untar pasta».
We'll have to grease his palm to keep him quiet - Tendremos que untarle pasta para que se quede callado.
Sin. = *To bribe sb.*

Greek

All Greek to me**.
/ˈɔːl ˈgriːk tə miː/
No entiendo ni jota. Como si me hablaras en chino.
That's all Greek to me - No entiendo ni jota de todo eso.
Rel. = *To talk double Dutch**.* - Hablar (en) chino.

green

1) *To be (still) green***.*
   /tə biː ˈstil ˈgriːn/
   Estar (todavía) verde.
   Var. = *To be as green as grass**.*

2) *Green with envy****.

/'gri:n wið 'envi/

Amarillo/pálido de envidia.

The neighbours were green with envy when they saw our new Mercedes - Los vecinos estaban pálidos de envidia cuando vieron nuestro nuevo Mercedes.

3) *To get/give the green light****.

/tə 'get/'giv ðə 'gri:n 'lait/

Obtener/dar luz verde (permiso para hacer algo, llevar a cabo un proyecto, etc.).

They've given the green light to the new bridge - Han dado luz verde al nuevo puente.

4) *To have green fingers* (véase *finger(s)*, 4).

greenhorn   *A greenhorn**.

/ə 'gri:nhɔ:n/

Un novato (véase también *tenderfoot)*.

grief   *Good grief!****.

/'gud 'gri:f/

Exclamación que expresa contrariedad: ¡Santo cielo! ¡Vaya, hombre! ¡Caramba!, etc.

Good grief! The horse is gone - ¡Santo cielo! El caballo ha desaparecido.

grin   *Grin and bear it* (véase «tiempo»).

grindstone   *To keep sb.'s nose to the grindstone***.

/tə 'ki:p sʌmbədiz 'nouz tə ðə 'graindstoun/

Hacer sudar tinta. Hacer trabajar de firme. No dejar ni respirar.

Our teacher keeps our noses to the grindstone - Nuestro profesor nos hace sudar tinta.

grist   *All is grist that comes to his mill**.

/'ɔ:lz 'grist ðət 'kʌmz tə hiz 'mil/

A todo le saca provecho.

Sins. = *He turns everything to his advantage.*
To take advantage of everything (that comes one's way).
All is fish that comes to his net*.

grub   *Grub* (arg.)**.

/'grʌb/

La comida (véase también *chow)*.

grudge   *To bear sb. a grudge****.

/tu 'beə sʌmbədi ə 'grʌdʒ/

Tenérsela guardada a alguien. Guardar rencor. Tener tirria.

He seems to bear me a grudge - Parece que me la tiene guardada.

Grundy   *A Mrs. Grundy* (hum.)*.

/ə 'misiz 'grʌndi/

Señora excesivamente puritana que se escandaliza de todo, esp. en lo tocante a sexo (modismo usado humorísticamente sobre todo en la frase: *What will Mrs. Grundy say?)*

guts   *To have the guts to***.*

/tə hæv ðə 'gʌts tə/

Tener agallas (valor) para...

He hasn't got the guts to do it - No tiene agallas para hacerlo.

gun   1) *A big gun* (véase «pez», 1).

      2) *To stick to one's guns**.*

        /tə 'stik tu wʌnz 'gʌnz/

        No dar el brazo a torcer. Mantenerse en sus trece.

        I've put the matter to him, but he's sticking to his guns - Le he expuesto el asunto, pero no da su brazo a torcer (véase también *tight*, 2).

H

habits   *Old habits die hard* (véase «genio», *a*).

had   *To be had**.*

/tə bi: 'hæd/

Ser engañado; quedarse con uno.

You've been had - Te han engañado; se han quedado contigo (véase también «queso»).

hair   1) *To let one's hair down* (véase «pelo», 5).

      2) *Keep your hair/shirt on* (arg.)***.

        /'ki:p jɔ: 'hɛə/'ʃə:t 'ɔn/

        No te sofoques. No te sulfures.

        Sins. = *Don't get angry. Don't lose your temper.*

      3) *To get in sb.'s hair**.*

        /tə 'get in sʌmbɔdiz 'hɛə/

        Poner nervioso, atacar/crispar los nervios (véanse también *back*, 16, y *rub*, 3).

      4) *(Not) harm a hair of/on sb.'s head***.*

        /nɔt 'hɑ:m ə 'hɛər əv/ɔn sʌmbɔdiz 'hed/

        No tocar ni un pelo de la cabeza/ropa, no hacer el más mínimo daño.

        If you harm a hair of her head, I swear I'll kill you - Si le tocas un pelo de la cabeza, te juro que te mato.

5) *To make sb.'s hair stand on end****.

/tə 'meik sʌmbɔdiz 'hɛə 'stænd ɔn 'end/

Poner los pelos de punta.

That horror film made my hair stand on end - Esa película de terror me puso los pelos de punta (véase también «pelo», 2a).

6) *To a hair***.

/tu ə 'hɛə/

Exactamente (de una descripción), hasta el más mínimo detalle, con todo lujo de detalles, con pelos y señales.

He described it to me to a hair - Me lo describió con todo lujo de detalles (véase también «pelo», 8).

7) *To split hairs* (véase «gato», 2).

8) *Not turn a hair* (véase *turn*, 4).

9) *Hanging by a hair* (véase «hilo»).

10) *A hair's-breadth escape* (véase «pelo», 1d).

11) *A hair of the dog (that bit you)* (véase *dog*, 11).

hale

Hale and hearty**.

/'heil ənd 'hɑ:ti/

Sano, con buena salud, perfectamente (dicho frecuentemente de personas de edad).

He's hale and hearty for his age - Está perfectamente para su edad.

hand

1) *To have one's hands full***.

/tə hæv wʌnz 'hændz 'ful/

Estar muy ocupado.

I'm sorry, I have my hands full at the moment - Lo siento, estoy muy ocupado en este momento.

Sin. = *To be very busy*.

2) *On the other hand****.

/ɔn ði 'ʌðə 'hænd/

Por otra parte.

Cf.: *on the one hand* - por una parte...

·3) *To try one's hand at****.

/tə 'trai wʌnz 'hænd æt/

Probar a ver cómo se da algo.

Why don't you try your hand at cooking? - ¿Por qué no pruebas a ver cómo se te da cocinar?

4) *To bind sb. hand and foot***.

/tə 'baind 'hænd ən 'fut/

Atar a alguien de pies y manos (lit. y fig.).

I can't do anything, I'm bound hand and foot - No puedo hacer nada; estoy atado de pies y manos.

116

5) *To lay hands on sb. or sth.****.

/tə 'lei 'hændz ɔn/

Coger o atrapar algo o a alguien. Ponerle la mano encima. Echarle el guante.

I wish we could lay hands on him - Ojalá pudiéramos echarle el guante.

6) *To shake hands with sb.****.

/tə 'ʃeik 'hændz wið/

Darle la mano a alguien.

There! Shake hands with him - ¡Ea!, dale la mano.

7 *Hands up!**** *Stick them up!* (arg.)***.

/'hændz 'ʌp/ /'stikəm 'ʌp/

¡Manos arriba!

8) *To lend sb. a hand* (véase *lend*).

9) *To live from hand to mouth* (véase «vivir», 1).

10) *To win hands down* (véase *win*, 1).

11) *Hand in hand****.

/'hænd in 'hænd/

Cogidos de la mano, unidos (lit. y fig.).

They were walking hand in hand - Caminaban cogidos de la mano.

A man's liberty and freedom of expression go hand in hand - La libertad del hombre y la libertad de expresión van unidas.

12) *(Well) in hand****.

/'wel in 'hænd/

Dominado, bajo control, (bien) controlado.

The situation is well in hand - La situación está bajo control.

13) *Out of hand****.

/aut əv 'hænd/

Fuera de control, sin control, incontrolable, incontrolado, etcétera (con *get* desmandarse, volverse incontrolable, salirse de madre, etc.).

What began as a joke has got out of hand - Lo que empezó como una broma, se ha desmandado.

The situation is out of hand - La situación está incontrolada.

14) *To fight hand to hand****.

/tə 'fait 'hænd tə 'hænd/

Luchar cuerpo a cuerpo.

15) *To take the law into one's own hands****.

/tə 'teik ðə 'lɔ: intə wʌnz 'oun 'hænz/

Tomarse la justicia por su mano.

117

He was determined to take the law into his own hands and kill his daughter's murderer - Estaba decidido a tomarse la justicia por su mano y matar al asesino de su hija.

16) *To wash one's hands of***.*

/tə 'wɔʃ wʌnz 'hændz əv/

Lavarse las manos, negarse a aceptar la responsabilidad de una decisión/acción, etc., con las que no se está de acuerdo.

17) *Hand in glove (with)**.*

/'hænd in 'glʌv wið/

En estrecha colaboración - *The police are acting hand in glove with the army trying to find the terrorists* - La policía está actuando en estrecha colaboración con el ejército tratando de encontrar a los terroristas.

18) *To make/earn money hand over fist**.*

/tə 'meik/'ə:n 'mʌni 'hænd ouvə 'fist/

Ganar dinero rápido y fácilmente, a espuertas, etc.

They're making money hand over fist with their new LP.

Están ganando dinero a espuertas con su nuevo LP.

19) *To have to hand it to sb.***.*

/tə 'hæv tə 'hænd it tə/

Tener que reconocer (un mérito, habilidad, etc.).

I have to hand it to him, he's the best lawyer in the country - Tengo que reconocerlo, es el mejor abogado del país.

20) *To play into sb.'s hands***.*

/tə 'plei intə sʌmbɔdiz 'hændz/

Hacer el juego, hacer el caldo gordo a, etc.

By   the election forward, he'll only play into the opposition's hands - Adelantando las elecciones, sólo conseguirá hacerle el juego a la oposición.

21) *To wait on sb. hand and foot**.*

/tə 'weit ɔn sʌmbɔdi 'hænd ənd 'fut/

Ser el fiel esclavo de, desvivirse por.

She's tired of waiting on him hand and foot - Está cansada de ser su fiel esclava.

22) *To vote by a show of hands***.*

/tə 'vout bai ə 'ʃou əv 'hændz/

Votar a mano alzada.

23) *To raise one's hand against sb.***.*

/tə 'reiz wʌnz 'hænd ə'genst/

Levantar la mano contra.

He dared raise his hand against his own father - Se atrevió a levantar la mano contra su propio padre.

24) *To get/give (a) free hand****.

/tə 'get/'giv ˌfri: 'hænd/

Dar/recibir mano libre/carta blanca.

I've given my son a free hand in the business - Le he dado a mi hijo carta blanca en el negocio.

Sin. = *To give carte blanche**.

25) *To have clean hands****.

/tə 'hæv 'kli:n 'hændz/

Tener las manos limpias, no ser responsable de (véase también *clean, 2*).

26) *Cap in hand* (véase *cap, 3*).

27) *A bird in the hand is worth two in the bush* (véase «pájaro», 2).

28) *To change hands* (véase *change, 3*).

29) *To eat out of sb.'s hand* (véase *eat, 1*).

30) *To set one's hand to the plough/task* (véase *set, 4*).

31) *To bite the hand that feeds you* (véase «cuervos»).

32) *All hands to the pump/on deck* (véase «hombro», 2b).

33) *Time hangs heavy on one's hands* (véase «mano», 1).

34) *To know like the back of one's hand* (véase «mano», 2).

35) *To take one's courage in both hands* (véase «tripas», b).

36) *Many hands make light work* (véase «unión», a).

37) *To have the upper hand* (véase «sartén»).

38) *To grease sb.'s hand* (véase *grease*).

39) *(Close/near) at hand****.

/('klous/'niə(r) ət 'hænd/

A mano, cerca (tiempo y espacio).

The shop is near at hand - La tienda está muy a mano.

Christmas is near at hand - La Navidad está cerca.

40) *An old hand****.

/ən ˌould 'hænd/

Veterano, perro viejo.

He was an old hand at that game - Era perro viejo en ese juego.

handle   *To handle/treat with kid gloves***.

/tə 'hændl/'tri:t wið ˌkid 'glʌvz/

Tratar con delicadeza, con guantes de seda - *She's very delicate —you must handle her with kid gloves* - Es muy delicada —debes tratarla con guantes de seda.

119

handsome   *Handsome is as handsome does* (ref.)*.

/'hænsəm iz əz 'hænsəm 'dʌz/

Una persona vale por lo que haga, no por su aspecto o por lo que diga (véase también *actions*).

handy   *To come in handy***.

/tə 'kʌm 'in 'hændi/

Ser de utilidad. Venir bien; de perillas; de perlas, etc.

That money will come in handy - Ese dinero vendrá de perlas.

Sin. = *To be useful.*

hang   *Hang it all***.

/'hæŋ it 'ɔ:l/

¡Al diablo con todo!

hanged   *I'll be hanged (if)***.

/ail bi: 'hæŋd if/

Que me ahorquen si...

I'll be hanged if I know - ¡Que me ahorquen si lo sé!

happy   *Many happy returns of the day***.

/'meni 'hæpi ri'tə:nz əv ðə 'dei/

¡Que cumplas muchos más! (Felicitación de cumpleaños: *Happy birthday* - Feliz cumpleaños.)

2)   *As happy as a lark***.

/əz 'hæpi əz ə 'lɑ:k/

Alegre como unas castañuelas. Muy feliz; más contento que unas pascuas.

Sin. = *As jolly as a sandboy.*

/əz 'dʒɔli əz ə 'sændbɔi/

As pleased as Punch (véase *as*, 1).

hard   1)   *No hard feelings.*

/'nou 'hɑ:d 'fi:liŋz/

No me guardes rencor.

«*No hard feelings?*» «*No hard feelings*» - «¿No me guardas rencor?» «No te guardo rencor.»

2)   *Hard on sb.'s heels***.

/'hɑ:d ɔn sʌmbədiz 'hi:lz/

Pisando los talones.

The thief ran off with the police hard on his heels - El ladrón salió corriendo, con la policía pisándole los talones.

3)   *Hard and fast***.

/'hɑ:d ənd 'fɑ:st/

(De una regla) inflexible, rigurosa, rígida, severa.

120

hare

1) *To run with the hare and hunt with the hounds***(*).

/tə 'rʌn wið ðə 'hɛə ən 'hʌnt wið ðə 'haundz/

Jugar con dos barajas. Poner una vela a Dios y otra al diablo. Estar en misa y repicando. Nadar entre dos aguas.

He tells me one thing and you another. I think he's running with the hare and... you know - A mí me dice una cosa, y a ti, otra. Creo que está jugando con dos barajas. ¿Comprendes?

2) *As mad as a March hare* (véase *mad*).

hare-brained

Hare-brained (adj.)**.

/'hɛəbreind/

De sesos de mosquito.

A more hare-brained person I've never met - Persona con menos seso no he conocido en mi vida.

Sins. = *A nitwit; half-witted; half-baked.*

harness

To die in harness (véase «botas»).

haste

1) *More haste, less speed* (véase «correr»).

2) *Haste makes waste* (ref.)**.

/'heist 'meiks 'weist/

No por mucho madrugar amanece más temprano. Quien mucho corre, atrás se halla.

hat

1) *To talk through one's hat* (véase *talk*, 2).

2) *To take off/raise one's hat to sb.* (fig. y fam.)**.

/tə 'teik 'ɔf ('reiz) wʌnz 'hæt tə/

Quitarse el sombrero (fig.). Descubrirse ante.

He did it very well; I take off my hat to him - Me descubro ante él; lo hizo muy bien.

3) *To pass the hat round****.

/tə 'pɑ:s ðə 'hæt raund/

Pasar el platillo, el sombrero (después de una actuación, etc.).

4) *At the drop of a hat***.

/ət ðə 'drɔp əv ə 'hæt/

(Acudir) inmediatamente (gen. de buen grado, sin hacerse rogar, de mil amores, etc.).

When she needed him, he came at the drop of a hat - Cuando ella lo necesitaba, él venía inmediatamente.

5) *To keep under one's hat***.

/tə 'ki:p ʌndə wʌnz 'hæt/

Mantener en secreto.

If he knows something, he's keeping it under his hat - Si sabe algo, lo mantiene en secreto.

121

6) *I'll eat my hat* (fam.)**.

/ail 'i:t mai 'hæt/

Que me ahorquen si (lo que yo digo no es así, etc.).

If he's not a spy, I'll eat my hat - Que me ahorquen si no es un espía (véase también *hanged*).

7) *Fried to the hat* (véase «tajado»).

hate

He sure does hate himself! (hum.)*.

/hi 'ʃuə 'dʌz 'heit him'self/

¡No tiene abuela! (véase también «abuela»).

hatter

As mad as a hatter (véase *mad*).

have

1) *To have a good time***.

/tə hæv ə 'gud 'taim/

Divertirse; pasarlo bien.

We had a very good time at the party - Lo pasamos muy bien en la fiesta.

2) *To have the time of one's life***.

/tə hæv ðə 'taim əv wʌnz 'laif/

Divertirse de lo lindo; pasarlo en grande.

We had the time of our lives yesterday - Lo pasamos en grande ayer.

3) *To have fun****.

/tə hæv 'fʌn/

Divertirse.

We can have fun at the circus - Podemos divertirnos en el circo.

4) *To have it out with****.

/tə hæv it 'aut wið/

Discutir un asunto con. Solventar un asunto.

I'll have it out with her - Discutiré el asunto con ella.

5) *To have to do with****.

/tə hæv tə 'du: wið/

Tener que ver con.

It has nothing to do with me - No tiene nada que ver conmigo.

6) *To have done****.

/tə hæv 'dʌn/

Haber acabado.

Have you done with the lawn-mower? - ¿Has acabado con la cortadora de césped?

7) *To have a crush on sb.* (arg.)**.
/tə hæv ə 'krʌʃ ɔn/
Estar chiflado por; enamorado de.
He has a crush on her - Está chiflado por ella.
Sin. = *To be in love with.*

8) *To have a go at* (arg.)***.
/tə hæv ə 'gou ət/
Intentar; probar.
Have a go at it yourself - Inténtalo tú mismo.
Sin. = *To try.*
      To have a try at.

9) *To have a soft spot for sb.* (véase *spot*, 3).

10) *To have a sweet tooth***.
/tə hæv ə 'swi:t 'tu:θ/

a) Ser goloso. Gustarle a uno mucho las cosas dulces.
He has a sweet tooth - Es muy goloso.

b) (Arg. droga) Ser adicto a la droga.

11) *To have a lot/enough on one's plate**.*
/tə 'hæv ə 'lɔt/i'nʌf ɔn wʌnz 'pleit/
Estar muy ocupado, tener ya bastantes preocupaciones, etc.
*Don't tell me about your problems, I have enough on my plate
as it is* - No me cuentes más problemas, ya de por sí tengo
bastantes preocupaciones.

12) *To have it in for sb.***.
/tə 'hæv it 'in fə/
Tenerle ganas/manía a, tenérsela jurada.
The boss had it in for me from the first day - El jefe me tuvo
manía desde el primer día.

13) *To have the jitters/willies/heebie-jeebies* (arg.)**/*/*.
/tə 'hæv ðə 'dʒitəz/'wiliz/'hi:bi,dʒi:biz/
Estar muy nervioso (por miedo, etc.).

14) *The haves and the have-nots**.*
/ðə 'hævz ənd ðə 'hævnɔts/
Los ricos y los pobres.

Para otras expresiones con *have*, véase índice.

head

1) *To keep one's head***.
/tə 'ki:p wʌnz 'hed/
Mantener la serenidad, la calma. No perder la cabeza.
Keep your head, whatever happens - No pierdas la cabeza,
pase lo que pase.

2) *To be head over heels in love with**** - Estar perdidamente enamorado de.

/tə bi: ′hed ouvə ′hi:lz in ′lʌv wið/

3) *To turn one's head* (véase «cabeza», 2).

4) *To lose one's head* (véase «cabeza», 3).

5) *To have one's head screwed on the right way* (véase «cabeza», 4).

6) *To go to one's head* (véase «cabeza», 7).

7) *To get a swelled/swollen head* (véase «cabeza», 7).

8) *To be unable to make head or tail of sth.* (véase «cabeza», 9).

9) *Heads or tails* (véase «cara», 2).

10) *To be off one's head***.

/tə bi: ′ɔf wʌnz ′hed/

No estar bien de la cabeza.

The blighter must be off his head - Ese tipo debe de estar mal de la cabeza.

11) *To bury one's head in the sand*** (véase «avestruz»).

12) *To put sth. into a person's head****.

/tə ′put sʌmθiŋ intu ə ′pə:snz ′hed/

Meter algo en la cabeza a alguien.

Whoever put that idea into your head? - ¿Quién te metió esa idea en la cabeza?

Cf.: *To put out of sb.'s/one's head**** - Quitar de la cabeza.

13) *To snap/bite sb.'s head off****.

/tə ′snæp/′bait sʌmbɔdiz ′hed ′ɔf/

Contestar mal (ásperamente). Soltar una fresca.

Don't ask her again; you'll only get your head snapped off - No le preguntes otra vez; sólo conseguirás que te suelte una fresca.

14) *To talk a person's head off***.

/tə ′tɔ:k ə ′pə:snz ′hed ′ɔf/

Poner la cabeza como un bombo a alguien.

When we're alone he talks my head off - Cuando estamos solos habla, habla y me pone la cabeza como un bombo.

15) *To talk one's head off* (véase «hablar», 6c).

16) *Two heads are better than one****.

/′tu: ′hedz ə ′betə ðən ′wʌn/

Cuatro ojos ven más que dos.

17) *To bang/beat/knock one's head against a brick wall****.
/tə 'bæŋ/'bit/'nɔk wʌnz 'hed əgenst ə 'brick 'wɔ:l/
Darse con la cabeza contra la pared/un muro; intentar algo imposible.

18) *To do sth. standing on one's head***.
/tə 'du: 'stændiŋ ɔn wʌnz 'hed/
Hacer algo con suma facilidad.
(Gen. con *can/could*): *I could do that standing on my head* - Podría hacerlo con suma facilidad (véase también *easy*, 3).

19) *To have one's head in the clouds****.
/tə hæv wʌnz 'hed in ðə 'klaudz/
Tener la cabeza en las nubes, estar pensando en otra cosa, etcétera.
He never listens to you —he has his head in the clouds - Nunca te escucha —tiene la cabeza en las nubes.

20) *To hold a pistol/gun to sb.'s head***.
/tə 'hould ə 'pistl/'gʌn tə sʌmbɔdiz 'hed/
Poner una pistola en el pecho a alguien, obligarlo a hacer algo contra su voluntad.
I'd never marry her, even if they held a pistol to my head - Nunca me casaría con ella, aunque me pusieran una pistola en el pecho.

21) *To keep one's head above water****.
/tə 'ki:p wʌnz 'hed əbʌv 'wɔ:tə/
Mantenerse a flote (no endeudarse en exceso, etc.).
He spends a lot, but he manages to keep his head above water - Gasta mucho, pero se las arregla para mantenerse a flote.

22) *To eat/laugh/cry/shout, etc., one's head off****.
/tu 'i:t/'lɑ:f/'krai/'ʃaut wʌnz 'hed 'ɔf/
Hartarse de comer/reír/llorar/gritar, etc., reír/gritar, etc., como un loco.
Don't tell him about your misfortunes, he'll only laugh his head off - No le hables de tu mala suerte, se partirá de risa (véase también «hablar», 6c).

23) *To be/stand head and shoulders above sb.***.
/tə bi:/'stænd 'hed ənd 'ʃouldəz əbʌv/
Estar muy por encima de, ser muy superior a, aventajar en mucho.
He stands head and shoulders above his brothers - Está muy por encima de sus hermanos.

125

24) *To hang one's head (in guilt, shame, etc.)* ***.

/tə ˈhæŋ wʌnz ˈhed (in ˈgilt/ˈʃeim/

Bajar/agachar la cabeza (de vergüenza, etc.), estar avergonzado. Sentimiento de culpabilidad.

When they accused him of stealing the money, he just hung his head and said nothing - Cuando le acusaron de robar el dinero, bajó la cabeza y no dijo nada.

25) *To make head (U.S.A.)* **.

/tə ˈmeik ˈhed/

Avanzar, hacer progresos.

We're making head in spite of the difficulties - Estamos haciendo progresos a pesar de las dificultades.

26) *To knock sb.'s head off* (véase *knock*, 1).

27) *To take into one's head* (véase «cabeza», 1).

28) *From head to foot* (véase «cabeza», 6*a*).

29) *To hit the nail on the head* (véase «clavo», 2).

30) *Like a bear with a sore head* (véase *bear*, 1).

31) *To place/put one's head in the lion's mouth* (véase «boca», 5).

32) *Use one's head* (véase *brain*, 1).

heart

1) *My heart sank...* (véase «alma», 1).

2) *To one's heart's content* (véase «boca», 2).

3) *To break one's/sb.'s heart* ***.

/tə ˈbreik wʌnz (sʌmbɔdiz) ˈhɑ:t/

Matar a uno a disgustos. Partir el corazón.

She'll break her father's heart - Va a matar a su padre a disgustos.

4) *To have one's heart in one's mouth* (véase «alma», 2).

5) *To wear one's heart on one's sleeve* ***.

/tə ˈwɛə wʌnz ˈhɑ:t ɔn wʌnz ˈsli:v/

Ser transparente. Llevar las emociones escritas en la cara.

He usually wears his heart on his sleeve - Suele llevar escritas las emociones en la cara.

6) *By heart* ***.

/bai ˈhɑ:t/

De memoria.

He learnt his lesson by heart - Se aprendió la lección de memoria.

7) *To have one's heart in one's boots* *.

/tə hæv wʌnz ˈhɑ:t in wʌnz ˈbu:ts/

Estar con el ánimo por los suelos.

8) *To set one's heart on sth.***.*

/tə ˈset wʌnz ˈhɑːt ɔn/

Tener puesta toda la ilusión en...

The boy has set his heart on becoming a doctor - El muchacho tiene puesta toda su ilusión en llegar a ser médico.

9) *After one's own heart***.*

/ɑːftə wʌnz ˈoun ˈhɑːt/

Enteramente a gusto de uno.

She's a girl after my own heart - Es una chica enteramente a mi gusto.

10) *To cry one's heart/eyes out***.*

/tə ˈkrai wʌnz ˈhɑːt (ˈaiz) aut/

Llorar a lágrima viva, llorar a raudales.

She cried her heart out when her father died - Lloró a lágrima viva cuando murió su padre.

11) *To eat one's heart out**.*

/tu ˈiːt wʌnz ˈhɑːt ˈaut/

Consumirse de pena. Sufrir en silencio.

She's been eating her heart out ever since her husband left her - Lleva consumiéndose en silencio desde que su marido la dejó.

12) *To take to heart***.*

/tə ˈteik tə ˈhɑːt/

Tomarse a pecho (críticas, consejos, etc.).

I can see you've taken her criticism to heart - Veo que te has tomado su crítica a pecho.

13) *To have a heart of gold***.*

/tə ˈhæv ə ˈhɑːt əv ˈgould/

Tener un corazón de oro.

14) *At heart***.*

/ət ˈhɑːt/

En el fondo.

He will lose his temper at times, but he's very kind at heart - A veces pierde los estribos, pero es muy amable en el fondo.

15) *From the bottom of one's heart***.*

/frəm ðə ˈbɔtəm əv wʌnz ˈhɑːt/

Desde el fondo del corazón, de todo corazón.

I thank you from the bottom of my heart - Te doy las gracias de todo corazón.

16) *Have a heart!***.*

/ˈhæv ə ˈhɑːt/

¡Ten compasión!

Don't punish him too severely, have a heart! - No lo castigues demasiado severamente, ten compasión.

17) *To have the heart to****.

/tə ˈhæv ðə ˈhɑːt tə/

Tener estómago o valor para hacer algo (gen. desagradable o perverso).

I haven't the heart to tell him the bad news - No tengo estómago para decirle las malas noticias.

18) *Cross one's heart and hope to die* (fam. hum.)***.

/ˈkrɔs wʌnz ˈhɑːt ənd ˈhoup tə ˈdai/

Palabrita (del Niño Jesús, etc.).

«*Promise me you've been faithful.*» «*Cross my heart and hope to die*» - «Prométeme que me has sido fiel.» «Palabrita.»

19) *My heart bleeds for you!* (hum.)**.

/mai ˈhɑːt ˈbliːdz fə juː/

Se me parte el corazón (dicho de broma cuando un amigo, familia, etc., nos habla de un pequeño contratiempo, etc.).

«*My sweetheart has jilted me.*» «*My heart bleeds for you*» - «Mi novia me ha dejado.» «¡Se me parte el corazón!»

20) *My heart goes out to him/her, etc.****.

/mai ˈhɑːt ˈgouz ˈaut tə/

Tiene toda mi simpatía, comprensión, amor, etc.

My heart goes out to the children of Ethiopia - Los niños de Etiopía tienen toda mi simpatía.

21) *To lose heart****.

/tə ˈluːz ˈhɑːt/

Desanimarse, perder el valor, la esperanza, etc.

Don't lose heart, it's only a match we've lost, not the league - No te desanimes, sólo hemos perdido un partido, no la liga.

Cf.: *To take heart**** - Animarse, no desanimarse, etc.

22) *The way to a man's heart is through his stomach* (ref.)**.

/ðə ˈwei tu ə ˈmænz ˈhɑːt iz θruː hiz ˈstʌmək/

El amor de un hombre pasa por su estómago (es fácil conquistar a un hombre cocinándole los platos que le gustan).

heaven

1) *(Good) heavens!****.

/ˈgud ˈhevnz/

¡Santo cielo! ¡Cielos!

2) *To be in seventh heaven**.

/tə biː in ˈsevnθ ˈhevn/

Estar en el séptimo cielo (véase también *cloud,* 3).

128

3) *Heaven forbid!****.
/'hevn fə'bid/
¡Dios no lo quiera! ¡Dios me/nos, etc., libre!
«*I think the car has broken down.*» «*Heaven forbid!*» - «Creo que el coche se ha averiado.» «¡Dios no lo quiera!»

heel
1) *To come to heel***.
/tə 'kʌm tə 'hiːl/
Obedecer. Entrar por el aro.
He's come to heel at last - Por fin, ha entrado por el aro.

2) *To take to one's heels****.
/tə 'teik tu wʌnz 'hiːlz/
Largarse. Tomar las de Villadiego. Pirárselas. Poner pies en polvorosa. Darse el bote (vulg.).
When he saw them coming, he took to his heels - Cuando los vio venir, se las piró.
Sin. = *To run away.*

3) *To show a clean pair of heels***.
/tə 'ʃou ə 'kliːn 'pɛər əv 'hiːlz/
Poner pies en polvorosa (véanse también *dust*, 3 y *feather*, 4).

4) *At/on sb.'s heels* (véase *hard*, 2).

5) *To bring to heel* (véase «meter», 2).

6) *To dig one's heels in***.
/tə 'dig wʌnz 'hiːlz 'in/
No ceder, mantenerse firme, en sus trece, etc.
He dug his heels in and refused to tell them where the keys were - Se mantuvo firme y se negó a decirles dónde estaban las llaves.

7) *Down-at-heel***.
/ˌdaun ət 'hiːl/
De aspecto desordenado, pobre, desaliñado, desharrapado, desamparado, etc.
I don't like him, he looks down-at-heel to me - No me gusta, me parece un desharrapado.

8) *To kick/cool one's heels***.
/tə 'kik/'kuːl wʌnz 'hiːlz/
Estar de plantón.
She kept me cooling my heels for two hours - Me tuvo dos horas de plantón.

9) *To kick up one's heels****.

/tə ˈkik ˈʌp wʌnz ˈhiːlz/

Echar las piernas por alto, pasarlo en grande/por todo lo alto.

They're on holidays, kicking up their heels in Marbella - Están de vacaciones, pasándolo en grande en Marbella.

10) *To turn on one's heels****.

/tə ˈtəːn ɔn wʌnz ˈhiːlz/

Dar media vuelta e irse (gen. enfadado, ofendido, etc.).

11) *Achilles' heel* (véase *spot*, 4).

12) *Head over heels* (véase *head*, 2).

hell

1) *Go to hell****.

/ˈgou tə ˈhel/

¡Vete al cuerno! ¡Vete a la porra!

2) *Not have a snowball's chance in hell****.

/nɔt ˈhæv ə ˈsnoubɔːlz ˈtʃɑːns in ˈhel/

No tener ni la más remota posibilidad (véase también *cat*, 10).

3) *The road to hell is paved with good intentions* (ref.)*.

/ðə ˈroud tə ˈhel iz ˈpeivd wið ˈgud inˈtenʃnz/

De buenas intenciones está empedrado el infierno (la buena intención puede no ser suficiente).

4) *There will be hell to pay****.

/ðə wil biː ˈhel tə ˈpei/

Se va a armar una buena/la marimorena/la de Dios es Cristo/un buen cirio, etc.

When she learns that her husband has run away with his secretary there will be hell to pay - Cuando se entere que su marido se ha ido con su secretaria, se va a armar una buena (véase también «marimorena»).

5) *As sure as hell***.

/ əz ˈ ʃuə əz ˈhel/

Cierto, seguro, sin la menor duda.

It's going to snow, as sure as hell - Va a nevar, seguro.

6) *Come hell or high water* (véase «viento», 2*b*).

7) *To raise hell* (véase «marimorena», *b*).

8) *Until/till hell freezes over* (véase «esperar», *b*).

help

To help sb. out v.f.t.) ***.

/tə ˈhelp ˈaut/

Sacar de apuros. Sacar las castañas del fuego.

Mutton dressed as lamb.

I can't always be there to help you out - No puedo estar siempre sacándote las castañas del fuego (véase también «apuros», 3).

hen

1) *A hen-party**.
/ə 'hen,pɑːti/
Una reunión de mujeres solas.

2) *As mad as a wet hen**.
/əz 'mæd əz ə 'wet 'hen/
Furioso/a, hecho una furia.

3) *To look like a lost hen* (véase «pulpo»).

hen-pecked

Hen-pecked**.
/'hempekt/
Dominado por la mujer, «calzonazos».
He was completely hen-pecked - Estaba completamente dominado por la mujer.

here

Here and now***.
/'hiər ən 'nau/
Ahora mismo, aquí y ahora.
Sin. = *Right away*.

high

1) *To be high* (arg. droga)***.
/tə biː 'hai/
Estar drogado, «colocao», etc. (véase también *flipped*).

2) *High and dry****.
/'hai ən 'drai/
Desamparado, abandonado (gen. con *to leave*); en apuros/tirado (en la calle), etc.
His partner took all the money and left him high and dry - Su socio cogió todo el dinero y lo dejó abandonado.

3) *High and low****.
/'hai ənd 'lou/
Por todas partes (gen. precedido de *to look for*).
I looked for it high and low, but I can't find it - Lo he buscado por todas partes, mas no lo encuentro.

hill

He's not over the hill yet* (véase también *dog*, 28).
/hiːz 'nɔt ouvə ðə 'hil 'jet/
Todavía no está acabado.
Sin. = *He's not finished yet*.

hit

1) *To hit it off well****.
/tə 'hit it 'ɔf 'wel/
Llevarse bien.
They don't hit it off very well - No se llevan muy bien que digamos (véase también *get on*).

2) *To hit the bottle* (arg.)**.

/tə 'hit ðə 'bɔtl/

Empinar el codo. Beber más de la cuenta.

I think he hits the bottle - Creo que bebe (véase también «codo»).

3) *To hit the road***.

/tə 'hit ðə 'roud/

Empezar un viaje, ponerse en camino.

They hit the road at dawn - Se pusieron en camino al amanecer.

4) *To hit the jackpot* (véase *jackpot*).

5) *To hit the nail on the head* (véase «clavo», 2).

6) *To hit the roof/ceiling***.

Perder los estribos, ponerse furioso.

hitched

To get hitched (arg.)**.

/tə 'get 'hitʃt/

Casarse.

They got hitched in Australia - Se casaron en Australia.

Hobson

*Hobson's choice***.

/'hɔbzənz 'tʃɔis/

No tener dónde elegir. No tener opción.

I'm afraid it will be Hobson's choice for us - Me temo que no tengamos opción.

Sins. = *There's no choice. To have no choice.*

hog

To go the whole hog (véase «manta»).

hold

1) *To hold one/s own****.

/tə 'hould wʌnz 'oun/

Mantenerse en sus trece. No dar el brazo a torcer.

They tried to convince him but he held his own - Intentaron convencerle, pero se mantuvo en sus trece (véanse también *gun*, 2; *tight*, 2.

(Lo contrario es *to give way/in* = ceder, dar el brazo a torcer.)

2) *To hold water (a theory, a reasoning*, etc.)**.

/tə 'hould 'wɔ:tə/

Estar bien fundados (un razonamiento, una teoría, etc.). Ser impecables.

His reasoning holds water - Su razonamiento es impecable.

3) *To hold good****.
    /tə 'hould 'gud/
    Continuar siendo cierto, válido, etc.
    What I told you ten years ago, still holds good - Lo que te dije hace diez años, sigue siendo cierto.

4) *To hold the purse strings***.
    /tə 'hould ðə 'pə:s 'striŋz/
    Controlar los cordones de la bolsa, tener la llave de la caja.
    The old man still holds the purse strings - El viejo todavía controla los cordones de la bolsa.

5) *To hold cheap***.
    /tə 'hould 'tʃi:p/
    Tener en poco, hacer de menos, despreciar, no valorar en lo que vale, etc.
    In countries ruled by tyrannical dictators the lives of the poor are held cheap - En países gobernados por dictadores tiránicos, las vidas de los pobres se valoran en poco.

    Para otras expresiones con *hold*, véase índice.

Homer   *Even Homer sometimes nods* (véase «boca», 1).

homesick   *To be/feel homesick****.
               /tə bi: ('fi:l) 'houmsik/
               Echar de menos la casa, la familia, el país de uno, etc., tener «morriña».
               He was beginning to be homesick - Estaba empezando a sentir «morriña».

hooked   *To be hooked* (arg. droga)***.
               /tə bi: 'hukt/
               Ser adicto a la droga, estar «enganchado», «colgado», etc.

horny   *To get horny* (vulg.) (esp. U.S.A.)***.
               /tə 'get 'hɔ:ni/
               Ponerse «calentón», excitarse sexualmente.
               I'm getting horny - Me estoy poniendo «calentón».

horse   1) *Don't look a gift horse (too closely) in the mouth* (ref.)**.
                   (Abreviado a menudo a *gift horse*.)
                   /'dount 'luk ə 'gift 'hɔ:s 'tu: 'klousli in ðə 'mauθ/
                   A caballo regalado... (no le mires el diente).

               2) *(Straight) from the horse's mouth***.
                   /'streit frəm ðə 'hɔ:siz 'mauθ/
                   De buena tinta.
                   I've had it straight from the horse's mouth - Lo sé de muy buena tinta.

134

3) *To flog a dead horse* (véase *flog).*

4) *A horse of a different colour* (véase «harina»).

5) *As strong as a horse/an ox***/*.*
/əz 'strɔŋ əz ə 'hɔ:s/ ən 'ɔks/
Fuerte como un roble, un toro, etc.

6) *To change horses in midstream***.*
/tə 'tʃeindʒ 'hɔ:siz in 'midstri:m/
Cambiar de opinión a mitad de camino (esp. decidiendo apoyar la opinión opuesta).
He changed horses in midstream and two weeks before the Election decided to support the Liberal Party - Cambió de opinión a mitad de camino y dos semanas antes de las elecciones decidió apoyar al partido Liberal.

7) *To get on/mount/ride one's high horse/to come down off one's high horse* (véase «burro», 2).

8) *To have to (go and) see sb. about a horse/dog* (fam.)**.*
/tə 'hæv tə 'gou ənd 'si: sʌmbɔdi əbaut ə 'hɔ:s/
Tener que ausentarse un momento (gen. para ir al servicio), tener que ir a un «asunto»/a «dar un recado», etc.

9) *Hold your horses!* (fam.)**.*
/'hould juə 'hɔ:siz/
¡No tan aprisa!, ¡para el carro!

10) *Horse* (arg. droga)***.*
/hɔ:s/
Caballo (heroína).

11) *A horse, a wife and a sword may be shown but not lent* (ref. hum.)*.*
/ə 'hɔ:s ə 'waif ənd ə 'sɔ:d mei bi: 'ʃoun bʌt 'nɔt 'lent/
El caballo, la esposa y la espada pueden enseñarse, pero no prestarse (en la versión española: El coche, la esposa y la pluma, etc., se enseñan, pero no se prestan).

12) *Horse sense***.*
/'hɔ:s ˌsens/
Sentido común, inteligencia natural.

13) *A Trojan horse* (lit.)*/*The Wooden Horse of Troy*.*
/ə 'troudʒən 'hɔ:s/ðə 'wudn 'hɔ:s əv 'trɔi/
El caballo de Troya (método empleado para infiltrarse en las filas enemigas).

14) *You can take a horse to water, but you can't make it/him drink* (ref.)**.*
/ju kən 'teik ə 'hɔ:s tə 'wɔ:tə bʌt ju kɑ:nt 'meik it 'driŋk/

Se puede influir en una persona para que haga algo sólo hasta cierto punto, más allá del cual depende sólo de ella.

15) *A dark horse* (véase *dark*).

16) *A nod is as good as a wink (to a blind horse)* (véase *nod*).

17) *To lock the stable door after the horse has bolted* (véase *lock*).

18) *To put the cart before the horse* (véase *cart*).

19) *To back the wrong horse* ***.

/tə ˈbæk ðə ˈrɒŋ ˈhɔːs/

Apostar al perdedor.

It was a mistake to invest so much money in that business, I think you backed the wrong horse - Fue un error invertir tanto dinero en ese negocio, creo que apostaste al perdedor.

20) *To eat like a horse* (véase «comer»).

21) *To work like a horse* (véase *work*, 3).

22) *A willing horse* **.

/ə ˈwiliŋ ˈhɔːs/

Alguien que está dispuesto a hacer un trabajo/a trabajar duro, un caballo de carga.

It's good for them to have me as a willing horse in the office - Es bueno para ellos tenerme a mí como caballo de carga en la oficina.

23) *The Pale Horse* *.

/ðə ˈpeil ˈhɔːs/

La muerte, el quinto jinete del Apocalipsis.

24) *The master's eye makes the horse fat* (véase «ojo», 11).

hot

1) *To get hot under the collar* ***.

/tə ˈget ˈhɒt ʌndə ðə ˈkɒlə/

Enfadarse, mosquearse, ponerse mosca. Estar con la mosca detrás de la oreja.

Be careful - he's getting hot under the collar - Ten cuidado; está con la mosca detrás de la oreja (se está mosqueando).

2) *A hot potato* ***.

/ə ˌhɒt pəˈteitou/

Una patata caliente, situación difícil de lidiar/delicada (que va pasando de mano en mano sin que nadie la pueda resolver, etcétera.

The question of pensions is a hot potato both for the unions and the government - La cuestión de las pensiones es una patata caliente tanto para los sindicatos como para el gobierno.

136

3) *In hot water***.
/in ˌhɔt ˈwɔ:tə/
En apuros, con problemas.
He's in hot water now, the Police have found the stuff in his house - Está en apuros ahora, la policía ha encontrado la mercancía en su casa.

4) *Piping hot****.
/ˈpaipiŋ ˌhɔt/
Muy caliente, hirviendo, que pela.

how   *How goes it?****.
/ˈhau ˈgouz it/
¿Qué tal? ¿Cómo va eso? ¿Qué hay?, etc.
Sin. - *How are you doing?****.

Hoyle   *According to Hoyle* (esp. U.S.A.)**.
/ə ˈkɔ:diŋ tə ˈhɔil/
Como mandan los cánones, de acuerdo con las reglas/normas.
Everything was legal and according to Hoyle - Todo fue legal y como mandan los cánones.

hunger   *Hunger is the best sauce* (véase «hambre», 1).

hungry   *As hungry as a hunter* (véase «hambre», 2*b*).

hurry   *To be in a hurry****.
/tə bi: in ə ˈhʌri/
Tener prisa.
Are you in a hurry? - ¿Tienes prisa?

I

ice   1) *To cut no ice* (véase «pintar», *b*).

2) *To skate on thin ice* (véase *skate*).

idea   *The idea of...****.
/ði aiˈdiə əv/
¡A quién se le ocurre!
The idea of coming to the party in a bathing-suit - A quién se le ocurre venir a la fiesta en bañador.

ignorance   *Ignorance is bliss***.
/ˈignərəns iz ˈblis/
¡Bendita ignorancia! Ojos que no ven...

ill

1) *Ill at ease***.*
   /'il ət 'i:z/
   Incómodo; violento.
   He was feeling a little ill at ease - Se sentía un poco violento.

2) *To be taken ill***.*
   /tə bi: 'teikn 'il/
   Ponerse enfermo.
   He was taken ill - Se puso enfermo.

in

1) *To be in***.*
   /tə bi: 'in/

   a) Estar en casa.
   Is Mr. Brown in, please? - ¿Está en casa el Sr. Brown?

   b) Estar de moda.
   The long skirt is in - La falda larga está de moda (véase también *out*, 1).

2) *In the pink* (arg.)**.
   /in ðə 'piŋk/
   Bien de salud, estupendamente (véase también *fit*, 2).

3) *In the soup* (arg.)**.
   /in ðə 'su:p/
   En dificultades, en apuros (véase también *hot*, 3).

4) *In the thick of (things)***.*
   /in ðə 'θik əv ('θiŋz)/
   En plena acción, en medio del fregado, en el fragor del combate, metido en el ajo, etc.
   There was a fight in the club yesterday and there was George in the thick of things - Hubo una pelea en el club ayer y allí estaba Jorge en medio del fregado.

5) *The ins and outs***.*
   /ði 'inz ənd 'auts/
   Los pequeños detalles, las interioridades (de un sistema, un suceso, una operación, etc.)

inside

Inside out***.
/'insaid 'aut/
Al revés.
Turn your pockets inside out - Vuelve los bolsillos al revés.

into

To be into sth. (arg.)***.
/tə bi: 'intə/
Estar muy interesado/apasionado/chiflado por algo.
He's into pop music - Está chiflado por la música pop.

138

iron

1) *To strike while the iron is hot**.*
/tə 'straik 'wail ði 'aiənz 'hɔt/
Coger las cosas en caliente.
Ask him for the money now; you have to strike while the iron is hot - Pídele el dinero ahora; hay que coger las cosas en caliente.
Rel. = *To make hay while the sun shines*.*
/tə 'meik 'hei 'wail ðə 'sʌn 'ʃainz/

2) *To have too many/several irons in the fire**.*
/tə 'hæv 'tu: 'meni/'sevərəl 'aiənz in ðə 'faiə/
Tener demasiados/varios, etc., asuntos entre manos (véase también «plato», 4).

J

Jack

1) *I'm all right, Jack* (fam.)**.
/aim 'ɔ:l rait 'dʒæk/
A mí qué me cuentas; a mí, «plin» (fam.).

2) *Jack of all trades (and master of none)* (ref.)**.
/'dʒæk əv 'ɔ:l 'treidz ən 'mɑ:stə əv 'nʌn/
Aprendiz de todos los oficios, maestro de ninguno.

3) *Jack Robinson* (véase «gallo», 1).

4) *All work and no play (makes Jack a dull boy)* (ref.)**.
/'ɔl 'wə:k ənd 'nou 'plei 'meiks 'dʒæk ə 'dʌl 'bɔi/
Todo no puede ser trabajar, es bueno divertirse/distraerse de vez en cuando.

jackpot

To hit the jackpot***.
/tə 'hit ðə 'dʒækpɔt/
Tocarle a uno el premio gordo; (fig.) tocarle la lotería. Tener un gran éxito, una gran suerte, etc.
You've hit the jackpot - Te ha tocado el gordo. Menudo «chollo» (fam.), filón, etc. (véase *strike)*.

jam

1) *To get into a jam***.*
/tə 'get intu ə 'dʒæm/
Meterse en un lío.
What a jam he's got into - En menudo lío se ha metido (véase también *get into trouble)*.

2) *A traffic jam***.*
/ə 'træfik 'dʒæm/
Un embotellamiento de tráfico; un atasco.

139

Sorry I'm late; I was in a traffic jam - Lamento llegar tarde; tuve un embotellamiento de tráfico.

3)   *D'you want jam on it?* (véase «Fernando», 1).

jiffy

A jiffy (arg.)***.

/ə 'dʒifi/

Un momento, un segundo.

I'll be back in a jiffy - Vuelvo dentro de un segundo.

Sin. = *a minute, a moment, a second, a split second* - una fracción de segundo.

jinx

(Véase «gafe».)

job

*To make the best of a bad job***.

/tə 'meik ðə 'best əv ə 'bæd 'dʒɔb/

Tomar las contrariedades con calma. ¡Qué le vamos a hacer! Al mal tiempo, buena cara. Del mal, el menos.

In the circumstances, we must try to make the best of a bad job - Dadas las circunstancias, debemos procurar del mal, el menos (véase también «tiempo»).

Job

1)   *To be as patient as Job***.

/tə bi: əz 'peiʃənt əz 'dʒɔub/

Tener más paciencia que un santo, que Job.

2)   *A Job's comforter* (lig. arc.)*.

/ə 'dʒɔubz 'kʌmfətə/

Persona bien intencionada que intenta consolar a otra y sólo consigue ponerlo peor que estaba.

John

1)   *John Bull* (véase *bull*, 5).

2)   *John Doe* (esp. U.S.A.)*.

/'dʒɔn 'dou/

Cualquier hombre, un fulano.

join

1)   *To join the great majority* (hum.)*.

/tə 'dʒɔin ðə 'greit mə 'dʒɔriti/

Morir (véanse también «pata» y *way*, 13).

2)   *If you can't beat/lick them, join them* (ref.)***.

/if ju kɑ:nt 'bi:t/'lik ðəm 'dʒɔin ðəm/

Si no puedes vencerlos, únete a ellos.

joint

A joint (arg. droga)***.

/ə 'dʒɔint/

Un porro.

Joneses

*To keep up with the Joneses** *.

/tə 'ki:p 'ʌp wið ðə 'dʒounsiz/

No querer quedarse atrás; no querer ser menos. Tratar de seguir el mismo tren de vida o de alcanzar la misma posición social de los vecinos o amistades, aun sin poder.

Keeping up with the Joneses, that's all she cares about - No quedarse atrás, esto es todo lo que le importa.

Jove

By Jove! (algo arc.)** *.

/bai 'dʒouv/

¡Por Júpiter!

jump

1) *To jump down sb.'s throat*** *.

/tə 'dʒʌmp daun sʌmbɔdiz 'θrout/

Ponerse hecho una fiera con alguien; querer comérselo.

He jumped down my throat when I told him he was behind with his rent - Se puso hecho una fiera conmigo cuando le dije que estaba retrasado en el pago del alquiler.

2) *To jump on the bandwagon* *.

/tə 'dʒʌmp ɔn ðə 'bændwægən/

Unirse a los que triunfan o tienen más posibilidad de triunfar.

I'll give him credit for that; he was clever enough to jump on the bandwagon - Hay que reconocer (ese mérito no se lo quita nadie) que fue lo bastante listo para unirse a los triunfadores.

3) *To jump to conclusions*** *.

/tə 'dʒʌmp tə kən'klu:ʒnz/

Sacar una conclusión precipitada. Juzgar a la ligera, precipitarse.

Don't jump to conclusions, please - No juzgues a la ligera, por favor.

4) *To jump the gun** *.

/tə 'dʒʌmp ðə 'gʌn/

Precipitarse; adelantarse; irse de ligero.

You've jumped the gun. We should have waited until Monday - Te has precipitado. Debíamos haber esperado hasta el lunes.

K

keep

1) *To keep at bay*** *.

/tə 'ki:p ət 'bei/

Mantener a raya.

You'd better keep him at bay - Mejor será que lo mantengas a raya.

2) *To keep an eye on****.

/tə ˈkiːp ən ˈai ɔn/

Tener cuidado con; echar un ojo.

Keep an eye on the baby while I go in to get some stamps - Echale un ojo al bebé mientras entro a comprar sellos.

3) *To keep a stiff upper lip***.

/tə ˈkiːp ə ˈstif ˈʌpə ˈlip/

Aguantar impávido las contrariedades, sin inmutarse lo más mínimo, con la sonrisa en los labios.

In our family we know how to keep a stiff upper lip when bad times come - En nuestra familia sabemos aguantar impávidos las contrariedades cuando llegan los malos tiempos (véase también *keep*, 5).

4) *To keep sb. under one's thumb***.

/tə ˈkiːp ʌndə wʌnz ˈθʌm/

Tener dominado, metido en un puño.

His wife kept him under her thumb - Su esposa lo tenía metido en un puño (véase también *nose*, 3).

5) *To keep one's chin up***.

/tə ˈkiːp wʌnz ˈtʃin ˈʌp/

¡Animo! No desanimarse. Aguantar el tipo.

Rel. = *Cheer up! -* ¡Animo!

Sin. = *Keep your pecker up* (sólo G.B.)**.

6) *To keep one's distance***.

/tə ˈkiːp wʌnz ˈdistəns/

Mantener las distancias.

The old lady believed in keeping her distance - La anciana dama creía en guardar las distancias.

kick

1) *For kicks* (arg.)**.

/fə ˈkiks/

Por diversión, por gusto.

We did it for kicks - Lo hicimos por gusto.

Sin. = *For fun.*

2) *To get a (big) kick out of...* (arg.)**.

Disfrutar mucho con, pasarlo en grande con, pasarlo «bomba» (fam.).

He gets a (big) kick out of driving a fast car - Lo pasa en grande conduciendo un coche rápido.

Rel. `*It sends me...* (arg.)*** - Me chifla.

It's a treat - Es un placer/es estupendo.

3) *To kick up a row* (véase «marimorena»).

4) *To kick up a dust* (véase *dust,* 1).

5) *To kick against the pricks* **.

/tə ˈkik əgenst ðə ˈpriks/

Dar coces contra el aguijón (quejarse de algo que es imposible cambiar, etc.).

To fight the Establishment is like kicking against the pricks - Luchar contra el Poder Establecido (la clase dirigente) es como dar coces contra el aguijón.

6) *To kick over the traces* **.

/tə ˈkik ouvə ðə ˈtreisiz/

Sacar los pies del plato, soltarse el pelo (véase también «pelo», 5).

7) *I could kick myself* ***.

/ai kəd ˈkik maiˈself/

Me tiraría de los pelos, me daría de bofetadas.

To think that I let myself be deceived like that —I could kick myself - Pensar que me dejé engañar de esa manera —me daría de bofetadas.

kill

1) *To kill two birds with one stone* (véase «matar», 1).

2) *To kill the goose that lays the golden eggs* (véase «gallina», 2).

3) *To kill the fatted[1] calf* (origen bíblico) *.

/tə ˈkil ðə ˈfætid ˈkɑːf/

Matar un cordero cebado para celebrar la vuelta del hijo pródigo.

You didn't expect me to kill the fatted calf just because he's back, did you? - No esperarías que matara un cordero para celebrar su vuelta, ¿no?

kittens

To have kittens (arg.) *.

(Frecuentemente con *almost/nearly*)

/tə ˈhæv ˈkitnz/

Dar casi un ataque, ponerse furioso/hecho una fiera/furia, histérico, etc.

She nearly had kittens when she saw her boyfriend dancing with another girl - Casi le da un ataque cuando vio a su novio bailando con otra.

knack

To have the knack/hang of ***.

/tə hæv ðə ˈnæk/ˈhæŋ əv/

Coger el truco/tranquillo. Tener habilidad para (algo).

It's very easy once you have the knack of it - Es muy fácil cuando le has cogido el truco.

---

[1] Corrupción de *fattened.*

143

knit	*To knit one's brow****. /tə 'nit wʌnz 'brau/ Fruncir el entrecejo. *He knitted his brow when she asked him for more money* - Frunció el entrecejo cuando ella le pidió más dinero.
knock	1) *To knock sb.'s block/head off* (arg.)**. /tə 'nɔk sʌmbɔdiz 'blɔk/'hed ɔf/ Dar para el pelo. Castigar severamente. *If I see him in my garden again I'll knock his block off* - Si lo veo en mi jardín otra vez, le voy a dar para el pelo.
	2) *To knock off***. /tə 'nɔk 'ɔf/
	a) Dar de mano. *I've already knocked off* - Ya he dado de mano. Sin. = *To stop work*.
	b) Matar, liquidar, quitar de en medio (arg.)***. *They knocked him off in the night club* - Lo liquidaron en el club nocturno.
	3) *Fortune knocks once at every man's door* (ref.)**. /'fɔ:tʃn 'nɔks 'wʌns ət 'evəri 'mænz 'dɔ:/ La fortuna llama una vez a la puerta de todos, todo el mundo tiene su gran oportunidad en la vida.
	4) *To knock sb. off his perch***. /tə 'nɔk sʌmbɔdi ɔf hiz 'pə:tʃ/ Bajar los humos a alguien (véase también *peg*).
	5) *To knock up* (arg. esp. U.S.A.)***. /tə 'nɔk 'ʌp/ Dejar embarazada. *If you're not on the pill, they'll probably knock you up* - Si no estás tomando la píldora, probablemente te dejarán embarazada.
know	1) *Not know sb. from Adam* (véase *Adam*).
	2) *To know better than****. /tə 'nou 'betə ðən/ Tener el juicio suficiente para no hacer algo. *You ought to know better than to go swimming on such a cold day* - Deberías tener el juicio suficiente para no ir a nadar en un día tan frío.
	3) *To know the ropes**. /tə 'nou ðə 'roups/ Conocer el percal. Conocer su oficio. Saber lo que se hace.

144

He certainly knows the ropes - Ciertamente conoce su oficio. Sins. = *To know one's business. To know what one is doing.*

4) *To know a thing or two* (véase «colorado», 1).

5) *To be in the know* (véase «ajo»).

6) *Not know one's arse from one's elbow* (fam.) (vulg.)**.
/nɔt 'nou wʌnz 'ɑːs frəm wʌnz 'elbou/
Ser tonto del culo (vulg.). No saber hacer la «o» con un canuto.
Why did you ask him for advice? He doesn't know his arse from his elbow - ¿Por qué le pediste consejo? Es tonto del culo.

7) *To know one's onions* (arg.)*.
/tə 'nou wʌnz 'ʌnjənz/
Saber lo que uno se hace. Conocer su oficio.
The young man certainly knows his onions - El joven ciertamente sabe lo que se hace (véase también *know*, 3).

8) *To know by sight*** *.
/tə 'nou bai 'sait/
Conocer de vista.
I only know him by sight - Sólo lo conozco de vista.

L

lamb

1) *As meek as a lamb* *.
/əz 'miːk əz ə 'læm/
Humilde, tímido o pacífico como un corderito.

2) *Like a lamb to the slaughter* ** .
/laik ə 'læm tə ðə 'slɔːtə/
Como un cordero al matadero.

3) *In two shakes of a lamb's tail* *.
/in 'tuː 'ʃeiks əv ə 'læmz 'teil/
En un santiamén, en un dos por tres, en un periquete (véase también *jiffy*).

4) *Mutton dressed as lamb* (véase *mutton*, 2).

5) *Heaven tempers the wind...* (véase «Dios», 3).

6) *One might as well be hanged...* (véase «río», 3c).

lark

1) *A lark* *.
/ə 'lɑːk/
Una broma, un poco de diversión.

The boys didn't mean any harm, they did it for a lark - Los muchachos no querían hacer ningún daño; lo hicieron por divertirse un poco.

2) *As happy as a lark* (véase *happy*, 2).

3) *To rise with the lark* *.
/tə 'raiz wið ðə 'lɑːk/
Levantarse al ser del día, cuando canta el gallo.

Larry

A Larry (arg. U.S.A.) *.
/ə 'læri/
Uno que va a las tiendas sólo a mirar, sin intención de comprar nada.

last

1) *The last but one* ***.
/ðə 'lɑːst 'bʌt wʌn/
El penúltimo.

2) *Last but not least* ***.
/'lɑːst bʌt 'nɔt 'liːst/
Por último, pero no por eso menos importante.

laugh

1) *To laugh up one's sleeve* ***.
/tə 'lɑːf ʌp wʌnz 'sliːv/
Reírse uno para sus adentros.
He kept laughing up his sleeve - No dejaba de reírse para sus adentros.

2) *He laughs best who laughs last* (ref.) ***.
/hi: 'lɑːfs 'best 'hu: 'lɑːfs 'lɑːst/
Mejor reirá el último.
Var. = *He who laughs last, laughs longest.*

3) *To laugh on the other side of one's face* **.
/tə 'lɑːf ɔn ði 'ʌðə 'said əv wʌnz 'feis/
Al freír será el reír.
He'll laugh on the other side of his face when he knows he has to go too - A lo mejor no se ríe (al freír será el reír) cuando sepa que él también tiene que ir.

4) *Laugh and the world will laugh/laughs with you, weep and you weep alone* (ref.) *.
/'lɑːf ənd ðə 'wɔːld wil 'lɑːf wið ju 'wiːp ənd ju 'wiːp ə 'loun/
Ríe y todos reirán contigo, llora y llorarás solo.

laughing

It's no laughing matter ***.
/its 'nou 'lɑːfiŋ 'mætə/
No es cosa de broma.

146

law

1) *To lay down the law***.
/tə ˈlei ˈdaun ðə ˈlɔ:/
Sentar cátedra.
He's always laying down the law - Siempre está sentando cátedra.

2) *The long arm of the law***.
/ðə ˈlɔŋ ˈɑ:m əv ðə ˈlɔ:/
El peso de la ley.
The long arm of the law will reach him wherever he is - El peso de la ley caerá sobre él donde quiera que esté.

leaf

1) *To turn over a new leaf* (véase «borrón»).

2) *To leaf through* (v.f.t.)***.
/tə ˈli:f ˈθru:/
Hojear.
«Have you read his new book?» *«I've only leafed through it»* - «¿Has leído su nuevo libro?» «Sólo lo he hojeado.»

least

The least said the soonest mended (ref.)**.
/ðə ˈli:st ˈsed ðə ˈsu:nist ˈmendid/
No lo pongas peor que estaba. Déjalo estar. Mejor es no menearlo.

leave

1) *To leave no stone unturned***.
/tə ˈli:v ˈnou ˈstoun ˈʌntə:nd/
Remover cielos y tierra.
Don't worry, we'll leave no stone unturned to find your car - No se preocupe, removeremos cielos y tierra para encontrar su coche (véase también *earth*, 3).

2) *a)* *On leave****.
/ɔn ˈli:v/
De permiso.
The soldiers are on leave today - Los soldados están de permiso hoy.

b) *On sick leave***/on the sick list****.
/ɔn ˈsik li:v/
De baja por enfermedad.
He's on sick leave - Está dado de baja.

3) *To take French leave***.
/tə ˈteik ˌfrentʃ ˈli:v/
Coger permiso por cuenta de uno. Desaparecer misteriosamente. Despedirse a la francesa.
He's taken French leave - Se ha despedido a la francesa.

147

4) *To leave alone****.
   /tə 'li:v ə'loun/
   Dejar en paz.
   Leave me alone - Déjame en paz.

5) *To leave word****.
   /tə 'li:v 'wɔ:d/
   Dejar dicho, dejar recado.
   He left word for you to meet him at the station - Dejó dicho
   que lo recojas en la estación.

6) *To leave in the lurch* (véase «estacada»).

7) *To take one's leave***.
   /tə 'teik wʌnz 'li:v/
   Despedirse (una visita).

leech   *To stick/cling to sb. like a leech**.
             /tə 'stik/'kliŋ tə sʌmbɔdi laik ə 'li:tʃ/
             Pegarse a alguien como una lapa.

left   *To be... left****.
             /tə bi: 'left/
             Quedar.
             There are five left - Quedan cinco.

leg   1) *To pull sb.'s leg* (véase «pelo», 6).

             2) *Not have a leg to stand on***.
                /nɔt hæv ə 'leg tə 'stænd ɔn/
                No tenerse en pie (una opinión, actitud, etc.). Hacer agua por
                todas partes.
                That's what he says but he hasn't got a leg to stand on - Eso
                es lo que dice él, pero su opinión no se tiene en pie (hace
                agua por todas partes).

             3) *To be on one's last legs***.
                /tə bi: ɔn wʌnz 'lɑ:st 'legz/
                Estar dando las «boqueadas», estar en las últimas.
                The old man is on his last legs - El viejo está en las últimas.

             4) *To shake a leg* (arg.)**.
                /tə 'ʃeik ə 'leg/
                Darse prisa (véase también *step*).
                Shake a leg! You're going to miss your train - ¡Date prisa! Vas
                a perder el tren.
                Sin. = *hurry up*.

148

5) *To stretch one's legs****.

/tə 'stretʃ wʌnz 'legz/

Estirar las piernas (despúes de estar sentado mucho tiempo, etcétera).

I'm going for a walk, just to stretch my legs - Voy a dar un paseo, para estirar las piernas.

6) *To leg it****.

/tə 'leg it/

a) Ir a pie/a patitas.

The last bus is gone, we'll have to leg it - El último autobús se ha ido, tendremos que ir a patitas.

b) Largarse, irse corriendo.

He snatched the girl's handbag and legged it - Le quitó el bolso a la chica de un tironazo y se largó corriendo.

7) *To slink off with one's tail between one's legs* (véase «rabo»).

lend

To lend sb. a hand***.

/tə 'lend ə 'hænd/

Echar una mano.

I'll lend you a hand - Te echaré una mano.

let

1) *Let alone****.

/'let ə 'loun/

Y no digamos nada de. Mucho menos...

He can't ride a bike, let alone a motorbike - No sabe montar en bici, mucho menos en moto(cicleta).

2) *To let off steam****.

/tə 'let 'ɔf 'sti:m/

Desahogarse.

That's a good way of letting off steam - Es una buena manera de desahogarse.

3) *To let sb. down* (v.f.t.)***.

/tə 'let 'daun/

Dejar a alguien en la estacada, fallarle.

Never let a pal down - Nunca dejes a un amigo en la estacada.

Sin. = *To fail sb.*

4) *Let sleeping dogs lie* (véase «león», 1).

lick

A lick and a promise (G.B. —lig. arc.)*.

/ə 'lik ənd ə 'prɔmis/

Un lavado de cara (arreglo o limpieza rápidos, con la promesa o intención de hacerlo más a fondo posteriormente).

149

life

1) *As large as life****.
/əz ˈlɑːdʒ əz ˈlaif/
En persona, en carne y hueso, de tamaño natural.
«It can't be him!» *«Yes, there he is as large as life»* - «¡No puede ser él!» «Sí, ahí está, en carne y hueso.»

2) *One's walk of life* (véase *walk*).

3) *There's life in the old dog yet* (véase *dog*, 28).

4) *A new lease of life* (véase *new*, 2).

5) *To live the life of Riley* (véase *Riley*).

lift

To give sb. a lift***.
/tə ˈgiv ə ˈlift/
Llevar a alguien en coche a algún sitio (sin cobrar).
Can you give me a lift? - ¿Me puedes llevar en el coche?

like

Comparaciones muy frecuentes con like:

To bleed/howl/scream, etc., like a stuck pig - Sangrar/gritar, etc., como un cerdo degollado (véase *pig*, 4).

To drink like a fish - Beber como una cuba (véase *fish*, 12).

To eat like a horse - Comer como una lima (véase «comer»).

To fight like cat and dog - Llevarse como el perro y el gato (véase «perro», 2).

To follow like a shadow - Seguir como una sombra.

To get on like a house on fire - Llevarse muy bien (véase *get on*, 2).

To go like clockwork - Marchar como un reloj, ir sobre ruedas (véase «ruedas»).

To grunt like a bear - Gruñir como un oso.

To roar like a lion - Rugir como un león.

To shake like a leaf - Temblar como un azogado (véase «azogado»).

To sleep like a log/top - Dormir como un tronco (véase *sleep*, 1).

To smoke like a chimney - Fumar como una chimenea.

To spend money like water - Gastar mucho dinero (véase «dinero», 4).

To spread like wildfire - Correrse como la pólvora (véase *spread*).

To swear like a trooper - Blasfemar como un cochero/soldado de caballería, etc.

To work/toil like a black/nigger/horse/Trojan/slave, etc. - Trabajar como un negro/esclavo/enano, etc. (véase *work*, 3).

lion

1) *The lion's share***.
/ðə ˈlaiənz ˈʃɛə/
La mejor tajada en un reparto. La parte del león. (El que parte y reparte...)

To rub shoulders with.

He always has the lion's share - Siempre se lleva la mejor tajada.

2) *To beard the lion in his den***.

/tə ˈbiəd ðə ˈlaiən in hiz ˈden/

Abordar al león en su madriguera, echarle valor al asunto, hablar de o discutir un asunto con alguien en su propio terreno.

3) *To put one's head in the lion's den/mouth* (véase «boca», 5).

4) *To throw to the lions/wolves**.

/tə ˈθrou tə ðə ˈlaiənz/ˈwulvz/

Echar a los leones/las fieras (permitir que alguien que ya no nos interesa/no necesitamos, etc., cargue con la culpa de algo, etcétera).

lip
1) *To keep a stiff upper lip* (véase *keep*, 3).

2) *To bite one's lip****.

/tə ˈbait wʌnz ˈlip/

Morderse la lengua (conteniendo el dolor, la ira, etc.).

The teacher bit his lip trying not to hit the cheeky boy - El profesor se mordió los labios tratando de no pegar al descarado.

3) *To curl one's lip****.

/tə ˈkəːl wʌnz ˈlip/

Hacer una mueca de desprecio.

He sat there in silence curling his lip - Estaba sentado allí en silencio con una mueca de desprecio en los labios.

4) *To hang on sb.'s lips/words****.

/tə ˈhæŋ ɔn sʌmbədiz ˈlips/ˈwəːdz/

Estar pendiente de los labios/las palabras de.

The children sat hanging on his lips as he told them a tale - Los niños estaban sentados pendientes de sus labios mientras les contaba un cuento.

5) *To smack/lick one's lips****.

/tə ˈsmæk/ˈlik wʌnz ˈlips/

Relamerse de gusto.

He smacked his lips as he thought of the play he would watch that evening - Se relamía de gusto pensando en la obra de teatro que vería esa noche.

6) *To pay lip-service to****.

/tə ˈpei ˈlipˌsəːvis tə/

Expresar adhesión o simpatía fingidas, sólo de labios para afuera, de boquilla, etc.

152

He pays lip-service to you only because he knows you are rich -
Su simpatía es sólo de labios para afuera, porque sabe que
eres rico.

7) *Button your lip* (véase «pico»).

8) *My lips are sealed* (ant. o hum.)*.
/mai 'lips ə 'si:ld/
Mis labios están sellados, no puedo hablar.

9) *There's many a slip...* (véase «dicho»).

live

1) *To live sth. down* (v.f.t.)***.
/tə 'liv sʌmθiŋ 'daun/
Conseguir que se olvide algo (con el tiempo).
She'll never be able to live it down - Nunca conseguirá que se
olvide con el tiempo.

2) *To live up to* (v.p.)***.
/tə 'liv ʌp tə/
Hacer honor a (fama, palabra dada, etc.).
He couldn't live up to his reputation - No pudo hacer honor a
su fama.

3) *Live and let live***.
/'liv ən 'let 'liv/
Vive y deja vivir.

live wire

A live wire**.
/ə ˌlaiv 'waiə/
Persona muy activa, enérgica, eficiente, llena de ideas, etc.
We need a live wire like him in our firm - Necesitamos una persona
tan eficiente como él en nuestra empresa.

load

A load of rubbish**.
/ə 'loud əv 'rʌbiʃ/
Una porquería, un montón de basura, algo que no vale nada.

loaded

Loaded (arg.)***.
/'loudid/

a) Bebido, tajado (véase también «tajado»).

b) Muy rico.
Sin. = *well-heeled* (arg.)**.
/ˌwel 'hi:ld/

lock

To lock the stable door after the horse has bolted**.
/tə 'lɔk ðə 'steibl 'dɔ a:ftə ðə 'hɔ:s hez 'boultid/
A buena hora (mangas verdes). Poner remedio tarde.

153

longing   To be longing to + infinitivo/for + nombre o pronombre (v.p.)***.
/tə bi: 'lɔŋiŋ tə/
Estar deseando.
I'm longing to play chess with you - Estoy deseando jugar al ajedrez contigo.

look   *To look as if butter would not melt in one's mouth***.
/tə 'luk əz if 'bʌtə wəd nɔt 'melt in wʌnz 'mauθ/
Parecer que no se ha roto un plato. Ser un mosquita muerta.
She looked as if butter wouldn't melt in her mouth - Parecía que no había roto un plato.

look forward   *To look forward to* + forma en -*ing* o nombre/pronombre (v.p.)***.
/tə 'luk 'fɔ:wəd tə/
Estar deseando que llegue algo. Contar los días para.
I'm looking forward to meeting her - Estoy deseando conocerla (véase también *wait*).

loop   *To loop the loop***.
/tə 'lu:p ðə 'lu:p/
Rizar el rizo (origen: acrobacias aéreas).

lot   *To be a bad lot****.
/tə bi: ə 'bæd 'lɔt/
Ser una mala persona.
They're a bad lot - Son malos (mala gente).

love   1)   *Calf love***.
/'ka:f 'lʌv/
Amor juvenil; el primer amor.

2)   *All's fair in love and war***.
/'ɔ:lz 'fɛə in 'lʌv ən 'wɔ:/
Todo está permitido en la guerra y en el amor.

3)   *Love at first sight****.
/'lʌv ət 'fə:st 'sait/
Amor a primera vista, flechazo.

4)   *There's no love lost between them***.
/ðəz 'nou 'lʌv 'lɔst bitwi:n ðəm/
No se quieren mucho, que digamos (véase también «matar», 2).

5)   *Love me, love my dog**.
/'lʌv mi: 'lʌv mai 'dɔg/
Quien quiere a Beltrán, quiere a su can.

154

6) *A labour of love* **.

/ə 'leibə(r) əv 'lʌv/

Trabajo sin cobrar, por amor al arte.

lump

A lump in one's throat ***.

/ə 'lʌmp in wʌnz 'θrout/

Un nudo en la garganta.

At the burial I had a lump in my throat - En el entierro tenía un nudo en la garganta.

M

mad

1) *To be as mad as a hatter* ***.

/tə bi: əz 'mæd əz ə 'hætə/

Estar más loco que una cabra, como una chiva, como un cencerro, etc.

He's as mad as a hatter - Está como una cabra.

Sins. = *Queer in the attic* (arg.) **; *Off the rails* (arg.) **, etc.

2) *To be as mad as a March hare* *.

/tə bi: əz 'mæd əz ə 'mɑ:tʃ 'hɛə/

Estar más loco que una cabra, etc.

3) *Raving mad* ***.

/'reiviŋ 'mæd/

Loco de atar.

make

1) *To make a point of* ***.

/tə 'meik ə 'pɔint əv/

a) Tomar buena nota.

I'll make a point of it - Tomo buena nota.

b) No dejar de.

I'll make a point of looking you up when I go to London - No dejaré de visitarte cuando vaya a Londres.

c) Tener por norma.

I make a point of telling the truth - Tengo por norma decir la verdad.

2) *To make (both) ends meet* **.

/tə 'meik 'bouθ 'endz 'mi:t/

No gastar más de lo que se gana; hacer que el dinero alcance a fin de mes.

She usually has a difficult time trying to make (both) ends meet - Le suele costar trabajo que el dinero le llegue a fin de mes.

3) *To make do* (véase «avío»).

4) *Make it snappy* (arg.)**.
/'meik it 'snæpi/
¡Que sea rápido! ¡Date prisa!
Type me those letters and make it snappy - Escríbeme estas cartas a máquina, y que sea rápido.

5) *To make it up****.
/tə 'meik it 'ʌp/
Hacer las paces.
The've made it up - Han hecho las paces.

6) *To make/lose on the swings what you lose/make on the roundabouts* (arg.)*.
/tə 'meik/'lu:z ɔn ðə 'swiŋz wɔt ju 'lu:z/'meik ɔn ðə 'raundə,bauts/
Lo que no va en lágrimas va en suspiros; lo que se gana por un lado se pierde por otro (o viceversa).

7) *To make oneself at home****.
/tə 'meik wʌnself ət 'houm/
Ponerse cómodo (como si se estuviera en la casa de uno).

8) *To make up for* (v.p.)***.
/tə 'meik 'ʌp fɔ:/
Compensar, recuperar.
We have to make up for the time lost - Tenemos que recuperar el tiempo perdido.

9) *To make up one's mind****.
/tə 'meik 'ʌp wʌnz 'maind/
Decidirse.
Have you made up your mind yet? - ¿Te has decidido ya?

10) *To make it****.
/tə 'meik it/
a) Triunfar en la vida. (Llegar a) hacer algo en la vida.
If he goes on like that he'll never make it - Si sigue así nunca hará nada en la vida.

b) Llegar a tiempo.
«*Can you get there in ten minutes?*» «*I don't know whether I'll be able to make it.*» «¿Puedes llegar allí dentro de diez minutos?» «No sé si podré llegar a tiempo.»
Sin. = *To be in time, to get somewhere in time.*

11) *To make sb. sick****.
/tə 'meik sʌmbɔdi 'sik/
Poner malo, poner enfermo, asquear.
That man makes me sick - Ese hombre me pone enfermo.

12) *To make the most of****.

/tə 'meik ðə 'moust əv/

Sacar todo el partido posible.

She knows how to make the most of her good looks - Sabe sacar todo el partido a sus encantos.

13) *To make the best of a bad job* (véase *job*).

14) *To make friends with****.

/tə 'meik 'frendz wið/

Hacerse amigo de, hacer (trabar) amistad con.

I've made friends with him already - Ya me he hecho amigo de él.

15) *To make a fuss****.

/tə 'meik ə 'fʌs/

a) Insistir demasiado. Hacer objeto de empalagosas atenciones, ser demasiado pegajoso *(=to fuss over)*.

Don't make such a fuss of the children (=don't fuss over the children so much) - No hagas tanto caso de los niños.

b) Hacer aspavientos. Ponerse hecho una fiera. Poner el grito en el cielo.

Why are you making such a fuss about a trifle like that? - ¿Por qué te pones así por tan poca cosa?

Sin. = *To kick up a fuss.*

c) *To make a fuss about nothing****.

Sacar las cosas de quicio.

16) *To make a living****.

/tə 'meik ə 'liviŋ/

Ganarse la vida.

He makes a living as a car salesman - Se gana la vida como vendedor de coches.

Sin. = *To earn one's living as.*

17) *To make free with****.

/tə 'meik 'fri: wið/

Despacharse a su gusto (con lo que no es de uno), utilizar a su antojo (como si fuera suyo).

He made free with my whisky - Se despachó a gusto con mi güisqui.

18) *To make it big* (arg.)**.

/tə 'meik it 'big/

Tener éxito en la profesión de uno/triunfar en la vida, etc. (véase también 10*a*).

157

19) *To make light of****.

/tə ˈmeik ˈlait əv/

Dar poca importancia a, hacer poco caso de, no tomar en serio, hacer de menos, etc.

She made light of her cough - Le dio poca importancia a la tos.

Rel. - *To make little/much of* -
a) Dar poca/mucha importancia a.
b) Entender mal/bien.

20) *On the make****.

/ɔn ðə ˈmeik/

Preocupado sólo por sacar beneficio/tajada para sí mismo.

Para otras expresiones con *make*, véase índice.

manage   *To manage to****.

/tə ˈmænidʒ tə/

Arreglárselas para.

He managed to get there in time - Se las arregló para llegar allí a tiempo.

mare   *A mare's nest***.

/ə ˈmɛəz ˈnest/

Un descubrimiento ilusorio.

marines   *Tell it to the marines***.

/ˈtel it tə ðə məˈriːnz/

A otro perro con ese hueso. Vete a otro con ese cuento.

mark   *You mark my words****.

/juː ˈmɑːk mai ˈwəːdz/

Acuérdate de lo que te digo.

He'll never do it, you mark my words - Nunca lo conseguirá, acuérdate de lo que te digo.

matter   1) *As a matter of fact****.

/əz ə ˈmætər əv ˈfækt/

En realidad.

As a matter of fact, nothing has been decided yet - En realidad, nada se ha decidido aún.

2) *What's the matter?****.

/ˈwɔts ðə ˈmætə/

¿Qué pasa?

3) *What's the matter with (him, her, etc.)****.

/ˈwɔts ðə ˈmætə wið/

¿Qué le pasa?

McCoy	*The real McCoy***.
	/ðə ˈriəl məˈkɔi/
	El producto auténtico/original/verdadero/genuino, etc., no una copia.
	Here, have some whisky —the real McCoy - Toma un poco de güisqui —el auténtico.
mean	1) *To mean business* (arg.)***.
	/tə ˈmiːn ˈbiznis/
	Ir en serio.
	Be careful, he means business - Ten cuidado, ese va en serio.
	2) *To mean well****.
	/tə ˈmiːn ˈwel/
	Ir con buena intención.
	I meant well - Mi intención era buena.
meat	*One man's meat is another man's poison***.
	/wʌn ˈmænz ˈmiːts əˈnʌðə ˈmænz ˈpɔizn/
	Sobre gustos no hay nada escrito. Lo que es bueno para unos es malo para otros.
meet	*To meet halfway****.
	/tə ˈmiːt ˈhɑːfwei/
	Partir la diferencia.
	I'll meet you halfway - Partiremos la diferencia.
	Sin. = *To split the difference.*
memory	1) *To have a memory like an elephant* (véase *elephant*, 1).
	2) *To have a memory like a sieve**.
	/tə ˈhæv ə ˈmeməri laik ə ˈsiːv/
	Tener mala memoria.
milk	*It's no use crying over spilt milk* (véase «agua», 1).
mince	*Not mince one's words* (véase «chiquitas»).
mind	1) *Mind your own business****.
	/ˈmaind jɔːr ˈoun ˈbiznis/
	No te metas donde no te llaman.
	2) *To have half a/a good mind to****.
	/tə ˈhæv ˈhɑːf ə/ə ˈgud ˈmaind tə/
	Entrar ganas de, estar por...
	I have half a mind to finish it now - Me entran ganas de terminarlo ahora.

159

miss	*A miss is as good as a mile***. /ə 'mis iz əz 'gud əz ə 'mail/ Lo mismo da librarse/fallar, etc., por poco, el caso es que así ha sido, para el caso es lo mismo.
missing	*To be... missing****. /tə bi: 'misiŋ/ Faltar. *There are three missing* - Faltan tres.
mixed	*To get mixed up****. /tə 'get 'mikst 'ʌp/ Liarse. *That isn't yours; you've got mixed up* - Ese no es el tuyo; te has liado.
Monday	1) *Monday (etc.) week****. /'mʌndi 'wi:k/ El lunes próximo no, el otro; en quince días.
	2) *The Monday morning feeling****. /ðə 'mʌndi 'nɔ:niŋ 'fi:liŋ/ Humor de los lunes por la mañana/después de un día de fiesta, etc. (con pocas ganas de trabajar, etc.).
money	1) *Money doesn't grow on trees***. /'mʌni dʌzənt 'grou ɔn 'tri:z/ El dinero no crece en los árboles/no lo regalan, cuesta mucho trabajo ganarlo, etc.
	2) *Money is no object****. /'mʌniz 'nou 'ɔbdʒikt/ El dinero/lo que cuesta, no es problema/obstáculo/es lo de menos, etc. *Buy the best you can find —money is no object* - Compra el mejor que encuentres —el dinero es lo de menos.
	3) *Money is the root of all evil* (ref.)*. /'mʌniz ðə 'ru:t əv 'ɔ:l 'i:vəl/ El dinero es la raíz de todos los males.
	4) *To spend money like water* (véase «dinero», 4).
monkey	1) *To get sb.'s/one's monkey up***. /tə 'get sʌmbədiz/wʌnz 'mʌŋki 'ʌp/ Irritar(se), poner(se) furioso. *That noise is getting my monkey up* - Ese ruido me está poniendo furioso.

160

2) *To make a monkey out of sb.***.
/tə ˈmeik ə ˈmʌŋki aut əv/
Poner/dejar en ridículo a alguien.

3) *To monkey about (with)***.
/tə ˈmʌŋki əˈbaut wið/
Jugar (con), perder el tiempo (con), trastear, toquetear.
Stop monkeying about with the car and come to dinner - Deja de trastear con el coche y ven a cenar.

4) *Monkey business/tricks***.
/ˈmʌŋki ˌbiznəs/ˌtriks/

   a) Diabluras, travesuras.

   b) Trampas, trucos, juego sucio.
   Bring the money at seven and no monkey business! - Trae el dinero a las siete y nada de trucos.

5) *To carry/have the monkey on one's back* (arg. droga)***.
/tə ˈkæri/ˈhæv ðə ˈmʌŋki ɔn wʌnz ˈbæk/
Estar con el «mono», estar «enganchao», «colgao» (Tener el síndrome de abstinencia), etc.

6) *To get off the/one's monkey* (arg. droga)***.
/tə ˈget ɔf ðə/wʌnz ˈmʌŋki/
Quitarse el «mono», «desengancharse», «descolgarse».

7) *Cold enough to freeze the balls off a brass monkey* (tabú)***.
/ˈkould iˈnʌf tə ˈfriːz ðə ˈbɔːlz ɔf ə ˈbrɑːs ˈmʌŋki/
Un frío muy intenso/de órdago, etc.

8) *Not give a monkey's toss/fart/fuck* (tabú)***.
/nɔt ˈgiv ə ˈmʌŋkiz ˈtɔs/ˈfɑːt/ˈfʌk/
Importar un bledo, tres pitos, etc. (véase «pito», 1).

9) *To be (more trouble than) a cartload of monkeys* (fam. hum.)*.
/tə biː (ˈmɔː ˈtrʌbl ðən) ə ˈkɑːtloud əv ˈmʌŋkiz/
Dar mucha lata/guerra (como una carretada de monos).
«*Did the children behave?*» «*Like a cartload of monkeys*» - «¿Se portaron bien los niños?» «Como una carretada de monos.»

mood   *To be in the mood (for)***.
/tə biː in ðə ˈmuːd fɔː/
Estar de humor (para).
I'm not in the mood for it now - Nó estóy de humor para eso ahora.

moody   *To be moody***.
/tə biː ˈmuːdi/
De humor cambiable.

Why is he so moody today? - ¿Por qué está de tan mal humor hoy?

moon
1) *To ask for the moon* (véase «oro»).

2) *To promise the moon* (véase «oro»).

3) *Once in a blue moon* (véase *once*, 2).

moonlight
To moonlight*.
/tə 'mu:nlait/
Tener pluriempleo.

more
1) *The more fool you/him/them, etc.****.
/ðə 'mɔ: 'fu:l ju:/him/ðəm/
Peor para ti/él/ellos, etc. (por tonto, etc.).

2) *More's the pity****.
/'mɔ:z ðə 'piti/
Lástima, vaya, lo siento, etc.

3) *No more than the next man****.
/'nou 'mɔ: ðən ðə 'nekst 'mæn/
Como cualquier hijo de vecino.

mouse
1) *As poor as a church mouse* (véase «pobre»).

2) *As quiet as a mouse***.
/əz 'kwaiət əz ə 'maus/
Más callado que en misa.
Today he's quiet as a mouse - Hoy está más callado que en misa.

3) *To play cat and mouse with* (véase *cat*, 22).

4) *Better be the head of a mouse than the tail of a lion* (véase «ratón», 2).

mouth
1) *To make one's mouth water* (véase «agua», 2).

2) *A big mouth****.
/ə ˌbig 'mauθ/
Un bocazas, que habla más de la cuenta.

3) *To foam at the mouth***.
/tə 'foum ət ðə 'mauθ/
Estar furioso, echar espuma por la boca, echar leches (vulg.).
He was foaming at the mouth because they had robbed him of his wallet - Está furioso porque le habían robado la cartera.

4) *To look as if butter would not melt in one's mouth* (véase *look*).

5) *To be down in the mouth* (véase *down*, 1).

6) *To live from hand to mouth* (véase «vivir», 1).

162

7) *To have one's heart in one's mouth* (véase «alma», 2).

8) *Don't look a gift horse in the mouth* (véase *horse*, 1).

9) *Straight from the horse's mouth* (véase *horse*, 2).

10) *Born with a silver spoon in one's mouth* (véase «pie», 6).

11) *By word of mouth* (véase *word*, 4).

12) *To place one's head in the lion's mouth* (véase «boca», 5).

13) *To take the words out of one's mouth* (véase *word*, 6).

14) *Shut your mouth* (véase «pico», *c*).

15) *To slaver at the mouth* (véase «baba», *a*).

move   *To move heaven and earth* (véase *earth*, 3).

muddle   *To muddle through* (v.f.i.)***.
/tə 'mʌdl 'θruː/

Ir tirando. Salir adelante como buenamente se pueda. Arreglárselas.

We'll muddle through somehow - Ya nos arreglaremos de algún modo.

mule   1) *A mule* (arg. droga)***.
/ə 'mjuːl/
Camello (que pasa o intenta pasar droga).

2) *As stubborn/obstinate as a mule* (véase «terco»).

mum   *Mum's the word* (fam.)**.
/'mʌmz ðə 'wəːd/
Ni una palabra a nadie; punto en boca.

murder   *To scream blue murder***.
/tə 'skriːm 'bluː 'məːdə/
Gritar como si lo estuvieran matando a uno.

Someone was screaming blue murder upstairs - Alguien estaba gritando como si lo estuvieran matando en el piso de arriba.

music   *To face the music* (véase *face*, 5).

must   *It's a must****.
/its ə 'mʌst/
Es obligado; no te lo pierdas.

If you come to London, visit the National Gallery; it's a must - Si vienes a Londres, visita la National Gallery; no te lo pierdas.

mutton   1) *As dead as mutton* (véase «muerto», 3*a*).

163

2) *Mutton dressed as lamb**.*

/'mʌtn 'drest əz 'læm/

Mujer de cierta edad que se arregla en exceso para parecer más joven, en general, cualquier cosa que se quiere hacer pasar por algo mejor de lo que es.

N

nail

1) *Cash on the nail* (véase *cash*).

2) *As hard as nails**/*.*

/ əz 'hɑːd əz 'neilz/

a) Duro como una piedra (corazón, sentimientos).

a) Duro, fuerte, sano.

3) *To drive a nail in/into sb.'s coffin*.*

/tə 'draiv ə 'neil in(tə) sʌmbədiz 'kɔfin/

Contribuir a la desgracia/destrucción/fracaso, etc., de alguien.

4) *To fight tooth and nail* (véase «uña», 2).

5) *To hit the nail on the head* (véase «clavo», 2).

name

1) *The name of the game***.*

/ðə 'neim əv ðə 'geim/

Lo importante, la verdad, lo que se impone, lo que hay que hacer, etc.

Learning English —that's the name of the game today - Aprender inglés —eso es lo importante hoy.

2) *No names, no pack drill**.*

/'nou 'neimz 'nou 'pækdril/

Se dice el milagro, pero no el santo (dicho cuando se quiere proteger a alguien que nos ha hecho alguna confidencia, etc., ocultando su nombre).

3) *To call sb. names* (véase *call*, 1).

4) *Give a dog a bad name and hang him* (véase «fama»).

neck

1) *Neck and neck***.*

/'nek ənd 'nek/

Parejos, igualados (en una carrera, competición, etc.).

Barcelona and Madrid are neck and neck in the title race - Barcelona y Madrid van igualados en la lucha por el título.

2) *Neck or nothing***.*

'nek ɔ: 'nʌθiŋ/

Jugarse el todo por el todo, arriesgarlo todo.

It was neck or nothing for him, so he dashed for the gate -
Tenía que jugarse el todo por el todo, así que se precipitó
hacia la salida.

3) *A pain in the neck* (véase «pesado», *b*).

4) *To get it in the neck* (véase *stick*, 2).

5) *To stick one's neck out* (véase *stick*, 2).

6) *Up to the neck* (véase «agua», 5).

7) *A stiff neck* (véase *stiff*, 2).

needle   *To look for a needle in a haystack* (véase «aguja»).

neither   *That's neither here nor there* **.

/'ðæts naiðə 'hiə nɔ: 'ðɛə/

Eso no viene a cuento. No viene a qué ahora.

nerve   *To have nerve* (véase «cara», 1*c*).

nerves   *To get on one's nerves* ***.

/tə 'get ɔn wʌnz 'nə:vz/

Crispar los nervios. Sacar de quicio.

That noise is getting on my nerves - Ese ruido me está crispando
los nervios.

new   1) *A new broom sweeps clean* (ref.) **.

/ə 'nju: 'bru:m 'swi:ps 'kli:n/

El que entra nuevo en un cargo/trabajo, etc., empieza con
mucho entusiasmo, parece que se quiere comer el mundo, etc.
(abreviado a menudo a: *a new broom)*.

2) *A new lease of life* ***.

/ə 'nju: 'li:z əv 'laif/

Una nueva ilusión/un nuevo interés en la vida, por los que
vale la pena empezar de nuevo.

Joining that sect gave him a new lease of life - Ingresar en esa
secta le dio una nueva ilusión en la vida.

3) *There's nothing new under the sun* (véase «sol», 2).

news   *No news (is) good news* ***.

/'nou 'nju:z (iz) 'gud 'nju:z/

Sin noticias, buenas noticias; si no hay noticias es que todo va
bien, etc.

nice   *Nice to see you* ***.

/'nais tə 'si: ju:/

Me alegro de verte.

Sin. = *I'm pleased to see you.*

Rel. = *Nice to meet you/I'm pleased to meet you* - Encantado de
conocerte.

nick	1) *To be in the nick* (arg.)*.
	/tə bi: in ðə 'nik/
	Estar en chirona (la cárcel).
	Sin. = *To be in prison.*
	2) *In the nick of time***.
	/in ðə 'nik əv 'taim/
	En el último minuto, por los pelos.
	Sins. = *At the last moment. Just in time.*

nigger	1) *The nigger in the woodpile*.
	/ðə 'nigə in ðə 'wudpail/
	Algo o alguien inesperado u oculto que estropea nuestros planes, que lo estropea todo, una pega imprevista.
	You need a special permit to build there —that's the nigger in the woodpile - Se necesita un permiso especial para construir allí —esa es la pega.
	2) *To work like a nigger* (véase *work*, 3).

nip	*To nip in the bud****.
	/tə 'nip in ðə 'bʌd/
	Cortar de raíz.
	We must nip it in the bud before it is too late - Debemos cortarlo de raíz, antes que sea demasiado tarde.

nod	*A nod is as good as a wink (to a blind horse/man/bat)**.
	/ə 'nɔdz əz 'gud əz ə 'wiŋk (tu ə 'blaind 'hɔ:se/'mæn/'bæt/
	A buen entendedor... (con media palabra basta).
	Sin. = *A word is enough to the wise*.
	/ə 'wə:dz i'nʌf tə ðə 'waiz/

noodle	*The noodle/noddle* (arg. esp. U.S.A.)*.
	/ðə 'nu:dl/'nɔdl/
	La cabeza, la pelota, la chirimoya, el meollo, la crisma, la mirla, etcétera.
	Sins. = *The upper storey* (la azotea, el piso de arriba); *the crumpet* (arg.); *the belfry; the attic.*

nook	*Every nook and cranny****.
	/'evəri 'nuk ənd 'kræni/
	Por todos los rincones, por todas partes.
	I've searched every nook and cranny and I can't find my keys - He buscado por todos los rincones y no encuentro las llaves.

nose	1) *To make sb. pay through the nose* (véase «clavar»).
	2) *To cut off one's nose to spite one's face*.
	/tə 'kʌt 'ɔf wʌnz 'nouz tə 'spait wʌnz 'feis/

Fastidiarse uno mismo por el solo gusto de fastidiar a los demás. Tirar piedras al propio tejado.

3) *To lead sb. by the nose***.

/tə 'li:d bai ðə 'nouz/

Tener dominado; metido en un puño.

They lead him by the nose, poor chap - Lo tienen completamente dominado al pobre (véase también *keep*, 4).

4) *To poke one's nose into other people's business****.

/tə 'pouk wʌnz 'nouz intu 'ʌðə 'pi:plz 'biznis/

Meter la nariz en los asuntos de los demás.

I had to get rid of him; he kept poking his nose into my business - Tuve que deshacerme de él; no hacía más que meter la nariz en mis asuntos.

5) *To thumb one's nose at* (véase «burla»).

6) *(Right) under one's nose* (véase «nariz», 2).

7) *To pick one's nose* (véase *pick*).

8) *Follow your nose* (joc.)**.

/'fɔlou jɔ: 'nouz/

a) Todo seguido.

Sin. = *Straight on.*

b) *To follow one's nose***.

Dejarse llevar por el instinto.

I didn't know the rules, but I just followed my nose - No conocía las reglas; me limité a dejarme llevar por mi instinto.

9) *To keep one's nose clean***.

/tə 'kip wʌnz 'nouz kli:n/

No meterse en líos.

You'd better keep your nose clean or you'll find yourself in jail - Más vale que no te metas en líos o acabarás en la cárcel.

10) *To look down one's nose at****.

/tə 'luk daun wʌnz 'nouz ət/

Mirar por encima del hombro, despreciar.

In this place, they look down their nose at poor people like you and me - En este lugar miran por encima del hombro a la gente pobre como tú y yo (véase también «hombro», 1).

11) *To have a nose for****.

/tə 'hæv ə 'nouz fə/

Tener olfato para.

He's a teacher with a nose for crime detection - Es un profesor con olfato para descubrir crímenes.

12) *Not be able to see beyond/further than the end of one's nose****.
/nɔt biː 'eibl tə 'siː biˈjɔnd/ˈfɔːðə ðən ði 'end əv wʌnz 'nouz/
No ver más allá de las narices.

13) *On the nose* (esp. U.S.A.)*.
/ɔn ðə 'nouz/
Exactamente, en punto.
Be there at six —on the nose - Que estés allí a las seis —en punto *(sharp/on the dot)*.

14) *To keep sb.'s nose to the grindstone* (véase *grindstone*).

15) *To turn up one's nose* (véase *turn*, 7).

nosey

Nosey/nosy (adj.)***.
/'nouzi/
Fisgón, entrometido, curioso.
Why are you so nosey? - ¿Por qué eres tan fisgón?
Sust. = *a nosey-parker* (fam.); *a Paul Pry* /ə 'pɔːl ˌprai/*.

nothing

1) *Nothing doing****.
/'nʌθiŋ 'duiŋ/
No hay nada que hacer. Es imposible.

2) *Nothing succeeds like success***.
/'nʌθiŋ səkˈsiːdz laik səkˈses/
Nada ayuda tanto al éxito como el éxito mismo.

notice

To give notice***.
/tə 'giv 'noutis/
Despedirse del lugar donde se trabaja.
She doesn't like the boss, so she's given notice - No le gusta el jefe, de modo que se ha despedido. (Ha dicho que se va.)

now

1) *(Every) now and then****.
/'evəri 'nau ən 'ðen/
De vez en cuando.
Sin. = *From time to time.*

2) *Now and again****.
/'nau ənd əˈgen/
De vez en cuando.

3) *Here and now* (véase *here*).

4) *Now or never****.
/'nau ɔː 'nevə/
Ahora o nunca (si no actúas ahora, puedes perder la oportunidad).

168

null

Null and void***.

/'nʌl ənd 'vɔid/

Nulo y sin valor, nulo a todos los efectos.

Their marriage was declared null and void - Su matrimonio fue declarado nulo.

number

1) *We've got your number* (arg.)***.

/wi:v 'gɔt jɔ: 'nʌmbə/

Te hemos calado. Ya te conocemos. Sabemos de qué pie cojeas.

2) *Number one* (arg. (fam.)***.

/'nʌmbə 'wʌn/

a) Uno mismo; yo.

He's always looking after number one - No se preocupa más que de él mismo. Siempre barre para adentro.

b) En lenguaje infantil: pipí.

Cf.: *number two* - caca.

numbered

His (etc.) *days are numbered****.

/hiz 'deiz ə 'nʌmbəd/

Sus días están contados.

nuts

1) *To be nuts* (arg.)***.

/tə bi: 'nʌts/

Estar majareta (véase también *crackers*).

2) *Nuts!****.

/nʌts/

¡Tonterías!

Sin. = *Rubbish*.

3) *The nuts and bolts* (U.S.A.)*.

/ðə 'nʌts ənd 'boults/

Lo fundamental/básico/esencial.

O

object

The object of the exercise**.

/ði 'ɔbdʒikt əv ði 'eksəsaiz/

El objetivo principal, el objetivo número uno.

Let's speak English —that's the object of the exercise - Hablemos inglés —ese es el objetivo número uno.

odd

The odd man out***.

/ði 'ɔd 'mæn 'aut/

La excepción, persona o cosa sobrante/desparejada, etc.

It's a very simple game —you have to find the odd man out - Es un juego muy simple —tienes que encontrar la carta, etc., que no tiene pareja.

odds

1) *The odds are that...***.

/ði 'ɔdz ə ðət/

Lo más probable es que...

The odds are that he'll never come back alive - Lo más probable es que no vuelva vivo.

2) *Not be at odds with***.

/nɔt bi: ət 'ɔdz wið/

No estar reñido con.

Piety is not at odds with gaiety and good humour - La piedad no está reñida con la alegría y el buen humor.

3) *Odds and ends***.

/'ɔdz ənd 'endz/

Cosas sueltas (gen. de poco valor), fruslerías.

I've already packed —there are only a few odds and ends left - Ya he hecho las maletas —sólo quedan unas cuantas cosas sueltas.

oddly

Oddly enough***.

/'ɔdli i'nʌf/

Cosa rara.

I went in and oddly enough there was nobody there - Entré y, cosa rara, no había nadie allí.

off

1) *A day off* (véase *day*, 3).

2) *Off-colour**.

/ɔf 'kʌlə/

Ligeramente indispuesto.

He looks a little off-colour - Parece ligeramente indispuesto.

Sins. = *He's not feeling well. He's (slightly) ill; unwell.*

3) *Off the beaten track***.

/ɔf ðə 'bi:tn 'træk/

Que se sale (fuera) de lo corriente.

It was something new; something off the beaten track - Era algo nuevo; algo fuera de lo corriente.

4) *Off the cuff***.

/ɔf ðə 'kʌf/

Improvisado.

170

It was an excellent speech off the cuff - Fue un discurso excelente, improvisado.

5) *Off the record* (véase *record*).

6) *Offhand/off-hand****.
/ˌɔf ˈhænd/

   a) Sin pensarlo, sin preparación previa, improvisado, así como así.
   I can't give you an answer offhand - No puedo darle una respuesta sin pensarlo.

   b) Bruscamente.

7) *Off one's base/nut/onion* (arg.)**/***/*
/ɔf wʌnz ˈbeis/ˈnʌt/ˈʌnjən/
Loco (véase también *mad* y *head*, 10).

8) *Off the peg****.
/ˌɔf ðə ˈpeg/
(De ropa) en serie, prêt-à-porter, no a medida.
(Cf.: *tailor made* - a la medida.)

old

1) *As old as the hills****.
/əz ˈould əz ðə ˈhilz/
Más viejo que el andar para adelante. Más viejo que Matusalén.
Sin. = *As old as Methuselah* /miˈθjuzələ/*.

2) *Old bachelor***.
/ˌould ˈbætʃələ/
Solterón.
He's a selfish old bachelor - Es un solterón egoísta.
Sin. = *A confirmed bachelor***.

3) *Old maid****.
/ˌould ˈmeid/
Solterona.
Her sister is an old maid - Su hermana es una solterona.

4) *Old wives' tale***.
/ˌould ˈwaivz teil/
Cuento de viejas, patrañas.
All that about the ghost in that house is an old wives' tale.
·Todo eso del fantasma en esa casa es un cuento de viejas.

on

1) *On foot****.
/ɔn ˈfut/
A pie.
But I didn't come by car, I came on foot - Pero yo no vine en coche, vine a pie.

2) *On no account****.

/ɔn 'nou ə´kaunt/

Bajo ningún concepto (pretexto).

On no account must she open that door - Bajo ningún concepto debe abrir esa puerta.

Sin. = *Under no circumstances.*

3) *On one's last legs* (véase *leg*, 3).

4) *On second thoughts****.

/ɔn 'sek ənd 'θɔ:ts/

Pensándolo bien.

On second thoughts, I'd rather stay at home - Pensándolo bien, prefiero quedarme en casa.

5) *On a shoestring****.

/ɔn ə 'ʃu:striŋ/

Con cuatro perras (de presupuesto).

We had to make the film on a shoestring - Tuvimos que hacer la película con cuatro perras de presupuesto.

6) *On tap****.

/ɔn 'tæp/

A mano, disponible (para usar cuando se quiera).

He's got the money on tap - Tiene el dinero a mano.

7) *On the cards****.

/ɔn ðə 'kɑ:dz/

Posible, previsible, probable, estar escrito.

It's on the cards that I shall be the next one to be promoted - Es probable que yo sea el siguiente en ascender.

8) *To hear on the grapevine****.

/tə 'hiə(r) ɔn ðə 'greipvain/

Oír rumores, cotilleos, etc.

I heard on the grapevine that she came into a fortune when her aunt died - Oí rumores que heredó una fortuna al morir su tía.

9) *On the house****.

/ɔn ðə 'haus/

Por cuenta de la casa (una copa, etc.).

This one is on the house - Esta es por cuenta de la casa (véase también «cuenta», 4).

10) *On the spur of the moment****.

/ɔn ðə 'spə:(r) əv ðə 'moumənt/

Sin pensarlo, sin preparación (según exijan/a tenor de las circunstancias).

He liked to decide on the spur of the moment - Le gustaba decidir sin pensarlo.

172

11) *On the stroke of****.

ɔn ðə ′strouk əv/

Al dar las (hora).

He arrived on the stroke of five - Llegó al dar las cinco.

12) *On and off***.*

/′ɔn ənd ′ɔf/

Irregularmente, con interrupciones, intermitentemente.

She lived with him on and off for more than twenty years - Vivió con él intermitentemente durante más de veinte años.

once

1) *Once bitten, twice shy* (véase «gato», 5-*a*).

2) *Once in a blue moon****.

/′wʌns in ə ′blu: ′mu:n/

De verano en verano. De higos a brevas.

3) *Once upon a time****.

/′wʌns ʌpən ə ′taim/

Erase una vez... (Fórmula empleada para empezar un cuento.)

4) *Once and for all****.

/′wʌns ənd fər ′ɔ:l/

De una vez por todas.

Let me tell you once and for all, stop bothering me - Te lo diré de una vez por todas; deja de molestarme.

5) *Once a... always a...***.

/′wʌns ə ′ɔ:lweiz ə/

Cuando se ha sido... algo queda. Genio y figura...

Once a priest, always a priest - Cuando se ha sido sacerdote, algo queda.

6) *At once****.

/ət ′wʌns/

En seguida; inmediatamente.

She understood me at once - Me comprendió en seguida.

or

Or else***.

/′ɔ:r ′els/

O, si no, atente a las consecuencias.

You'll do as I tell you or else - Harás lo que te digo o, si no, atente a las consecuencias.

order

A tall order***.

/ə ,tɔ:l ′ɔ:də/

Algo muy difícil/casi imposible de cumplir/difícil tarea.

To thumb a lift.

out

1) *To be out****.
/tə bi: 'aut/
Estar pasado de moda, anticuado, etc.
Bowler hats are out - Los sombreros hongo están pasados de moda (véase también *in*, 2).

2) *Out-and-out/out and out***.
/'aut ənd 'aut/
Completo, total.
He's an out-and-out liar - Es un completo embustero.

3) *Out like a light***.
/'aut laik ə 'lait/

   a) Desmayado, inconsciente.

   b) Bebido.

   c) Dormido.

4) *Out on a limb* (véase «gallo», 4).

5) *Out of this world* (arg.)**.
/aut əv 'ðis 'wə:ld/
Fantástico, increíble, demasiado bueno para ser verdad.
Try the «paella» —something out of this world - Prueba la paella —algo fantástico (véase también *too*).

over

1) *Over my dead body* (véase «cadáver»).

2) *Over and over again****.
/'ouvə ənd 'ouvər ə'gen/
Una y otra vez.
I've told you over and over again not to be late - Te he dicho una y otra vez que no llegues tarde.
Sin. = *Time and again* (véase *time*, 11).

owl

1) *As wise as an owl***.
/ əz 'waiz əz ən 'aul/
Muy sabio.

2) *A night owl***.
/ə 'nait ˌaul/
Ave nocturna, trasnochador.
He's a night owl —he never goes to bed before two - Es un ave nocturna —nunca se acuesta antes de las dos.

oyster

1) *As close as an oyster***.
/əz 'klous əz ən 'ɔistə/
Poco comunicativo, hermético, «secretoso».

2) *The world is sb.'s oyster* **.

/ðə 'wə:ld iz sʌmbədiz 'ɔistə/

El mundo es suyo (por ser joven, rico, etc.).

He's immensely rich —the world's his oyster - Es inmensamente rico —el mundo es suyo.

P

pains *No pains, no gains* (ref.)*.

/'nou 'peinz 'nou 'geinz/

Quien algo quiere, algo le cuesta.

Sin. = *You can't make an omelette without breaking eggs* (ref.)**.

/ju kɑːnt 'meik ən 'ɔmlit wi'ðaut 'breikiŋ 'egz/

pants *To have ants in one's pants* (arg.) (fam.)**.

/tə hæv 'ænts in wʌnz 'pænts/

Estar hecho de rabos de lagartijas. Moverse más que un saco de ratones. Estar inquieto, impaciente, etc.

Why is he so restless? He seems to have ants in his pants - ¿Por qué está tan inquieto? Parece que está hecho de rabos de lagartijas.

parrot *Parrot fashion* **.

/'pærət 'fæʃn/

Como un loro (repetir algo sin saber lo que se está diciendo, etc.).

part *Part and parcel* **.

/'pɑːt ənd 'pɑːsl/

Parte integrante de, pieza esencial de.

You have to study social history. It's part and parcel of the subject - Tienes que estudiar historia social. Es parte integrante de la asignatura.

party 1) *To throw a party* ***.

/tə 'θrou ə 'pɑːti/

Dar una fiesta.

He's going to throw a party on his birthday - Va a dar una fiesta el día de su cumpleaños.

2) *A house-warming party* **.

/ə 'haus,wɔːmiŋ 'pɑːti/

Una fiesta que se da para celebrar la mudanza a una casa nueva.

pass

1) *To pass an exam****.
/tə 'pɑːs ən ig'zæm/
Aprobar un examen.
Did she pass her exam? - ¿Aprobó su examen?

2) *To make a pass at sb.****.
/tə 'meik ə 'pɑːs ət/
Insinuarse, tirar los tejos a alguien (véase ejemplo «pie», 2*b*).

past

1) *I wouldn't put it past him****.
/ai wud ənt 'put it 'pɑːst him/
No me extrañaría nada, tratándose de él.

2) *To be past it****.
/tə bi: 'pɑːst it/
No estar ya para... (esos trotes).
«Let's paint the town red tonight like the good old days.» «Oh, I'm already past it!» - «Vámonos de juerga esta noche, como en los buenos tiempos.» «¡Oh, yo ya no estoy para esos trotes!»

patch

Not be a patch on***.
/nɔt bi: ə 'pætʃ ɔn/
No ser ni la mitad de bueno que, no llegar a la punta/altura del zapato.
His paintings are good, but they're not a patch on Goya's - Sus cuadros son buenos, pero no le llegan a Goya ni a la altura del zapato (véase también *candle*, 2).

pave

To pave the way for**.
/tə 'peiv ðə 'wei fɔː/
Allanar el camino.
Don't worry, we paved the way for you - No os preocupéis, ya os hemos allanado el camino.

peacock

As proud as a peacock**.
/əz 'praud əz ə 'piːkɔk/
Orgulloso como un pavo real.

peas

As like as two peas (véase «gota»).

peeping

A Peeping Tom**.
/ə 'piːpiŋ 'tɔm/
Un mirón (a escondidas).

peg

1) *To take sb. down a peg (or two)****.
/tə 'teik sʌmbɔdi daun ə 'peg ɔː 'tuː/
Bajar los humos a alguien.

177

Who does he think he is? We'll have to take him down a peg (or two) - ¿Quién se cree que es? Vamos a tener que bajarle los humos.

2)   *A square peg* (véase *square*).

penniless   *To be penniless* (véase *broke;* «tieso»).

penny   1)   *In for a penny, in for a pound* (véase «río», 3*a*).

2)   *A pretty penny****.
/ə ˌpriti ˈpeni/
Una bonita suma.
Sin. = *A good sum of money.*

3)   *A penny for your thoughts* (fam.)***.
/ə ˈpeniˈfə jɔː ˈθɔːts/
Me gustaría saber en qué estás pensando.

4)   *To be penny wise and pound foolish***.
/tə biː ˈpeni ˈwaiz ən ˈpaund ˈfuːliʃ/
Mirarse en los gastos pequeños y no importar los grandes.

5)   *Take care of the pence and the pounds will take care of themselves* (ref.)***.
/ˈteik ˈkɛər əv ðə ˈpens ənd ðə ˈpaundz wil ˈteik ˈkɛərev ðəmˈselvz/
Hay que mirar por una peseta.

6)   *The penny's dropped* (fam.)***.
/ðə ˈpeniz ˈdrɔpt/
Ahora lo ha comprendido; ahora ha caído (se dice cuando una persona tarda en comprender un chiste, un detalle, etc.).

perish   *Perish the thought!****.
/ˈperiʃ ðə ˈθɔːt/
¡Ni pensarlo!, ¡ni por asomo!, ¡Dios me libre de...!, ¡ni se me ha ocurrido!, ¡ni se te ocurra!
«*And if I fail my exams...*» «*Perish the thought!*» - «Y si no apruebo mis exámenes...» «Ni se me había ocurrido.»

pick   1)   *To pick holes* (véase «pero»).

2)   *To pick one's nose***.
/tə ˈpik wʌnz ˈnouz/
Meterse los dedos en la nariz.
He's always picking his nose - Siempre se está metiendo los dedos en la nariz.

3)   *To pick sb.'s brains* (véase *brain,* 6).

178

4) *The pick of (the bunch)* ***.
/ðə ˈpik əv ðə ˈbʌntʃ/
La crema de, lo mejor de lo mejor.

In our hospital we have the pick of the doctors - En nuestro hospital tenemos lo mejor/la crema de los médicos.

picture

To put sb. in the picture **.
/tə ˈput sʌmbɔdi in ðə ˈpiktʃə/
Poner en antecedentes. Poner al corriente.

Has anybody put you in the picture yet? - ¿Te ha puesto alguien en antecedentes ya?

pig

1) *To buy a pig in a poke* (véase «gato», 3).

2) *A (dirty) pig* ****.
/ə ˈdə:ti ˈpig/
Un (sucio/asqueroso, etc.) cerdo.

Como en español cerdo/guarro, *pig* se usa en inglés en cantidad de frases con sentido peyorativo (véase 3, 4, 5, 6 y 7).

3) *A male chauvinist pig* ***.
/ə ˈmeil ˈʃouvinist ˈpig/
Un cerdo machista.

4) *To bleed/scream/howl, etc., like a stuck pig* ***.
/tə ˈbli:d/ˈskri:m/ˈhaul laik ə ˈstʌk ˈpig/
Sangrar, gritar, aullar, etc., como un cerdo degollado/que están degollando.

5) *To eat/sweat, etc., like a pig* ***.
/tu ˈi:t/ˈswet laik ə ˈpig/
Comer/sudar como un cerdo.

6) *As fat as a pig* ***.
/əz ˈfæt əz ə ˈpig/
Gordo como un cerdo.

7) *To make a pig of oneself* ***.
/tə meik ə ˈpig əv wʌnˈself/
Comportarse como un cerdo (comiendo/bebiendo, etc., demasiado/en exceso, etc.).

8) *When pigs fly/pigs might fly* **.
/ˈwen ˈpigz ˈflai/ˈpigz mait ˈflai/
Nunca, imposible (cuando los cerdos vuelen).

«One day I'll be the boss here.» «Pigs might fly!» - «Un día seré el jefe aquí.» «Imposible.»

179

9) *To drive one's pigs to market* (hum.) (lig. arc.)*.
/tə 'draiv wʌnz 'pigz tə 'mɑːkit/
Roncar fuertemente, como un cerdo/un condenado, etc.
You drove your pigs to market last night again - Otra vez roncaste anoche.

10) *A guinea pig***.*
/ə 'gini pig/
Conejillo de indias.
They needed human beings as guinea pigs for their experiments - Necesitaban seres humanos como conejillos de indias para sus experimentos.

11) *To live like pigs in clover* (véase *clover*).

pigeon

1) *To put/set the cat among the pigeons* (véase *cat*, 16).

2) *Sb.'s/one's pigeon* (arg.)***.
/sʌmbɔdiz/wʌnz 'pidʒn/
(Ser) responsabilidad de uno, llevar un asunto.
African matters are not my pigeon - Los asuntos africanos no los llevo yo (véase también *baby*).

3) *To pluck a pigeon* (arg.)*.
/tə 'plʌk ə 'pidʒn/
Desplumar a un lila (robarle el dinero, engañarlo, etc.).

4) *A stool pigeon* (arg.)***.
/ə 'stuːl ˌpidʒn/
Delator, soplón.
Be careful, he could be a stool pigeon, I think he works for the police - Ten cuidado, podría ser un soplón, creo que trabaja para la policía.
Sin. = *squealer*.

pig-headed   (Véase «cabezota».)

pile   *To pile on the agony**.*
/tə 'pail ɔn ði ' ægəni/
Recrearse en la desgracia (al contar algo). Ponerlo peor que es.
Don't pile on the agony - No lo ponga peor que es.

pin

1) *To pin sth. on sb.**.*
/tə 'pin ɔn/
Echar la culpa de algo. Atribuir indebidamente. Cargarle a uno el muerto.
They've pinned it on me, as usual - Me han cargado a mí con el muerto, como de costumbre.

2) *Pins and needles***.

/ˈpinz ən ˈniːdlz/

Sensación de hormigueo por habérsele dormido a uno una mano, un pie, etc.

(Fig.) *To be on pins and needles*** - Estar muy nervioso, excitado, inquieto, etc.

3) *To pin one's hopes on****.

/tə ˈpin wʌnz ˈhoups ɔn/

Poner las esperanzas en (algo).

The old man has pinned all his hopes on his grandson - El viejo ha puesto todas sus esperanzas en su nieto.

pinch

1) *To pinch and scrape***.

/tə ˈpintʃ ənd ˈskreip/

Gastar lo menos posible, hacer economías, apretarse el cinturón (véase también «cinturón»).

2) *At a pinch* (véase *at*, 8).

pipe

Put that in your pipe and smoke it (véase *put*, 7).

pipeline

In the pipeline**.

/in ðə ˈpaiplain/

En camino; próximo; en perspectiva; que se acerca; que se avecina.

Things should be looking up for them with a pay rise in the pipeline - Las cosas deben ponérseles mejor con la subida de salarios que se avecina.

piper

He who pays the piper calls the tune (ref.)*.

/ˈhiː huː ˈpeiz ðə ˈpaipə ˈkɔːlz ðə ˈtjuːn/

Quien paga, manda.

pitcher

The pitcher goes (once) too often to the well (ref.)**.

/ðə ˈpitʃə ˈgouz ˈwʌns ˈtuː ˈɔftn tə ðə ˈwel/

Tanto va el cántaro a la fuente... (que al final se rompe).

place

I can't place...***.

/ai kɑːnt ˈpleis/

No caigo (quién pueda ser, quién es, etc.), no lo sitúo.

I know I've seen him somewhere, but I can't place him - Sé que lo he visto en alguna parte, pero no caigo/no lo sitúo.

play

1) *To play it safe* (véase «nadar», 1b).

2) *To play host****.

/tə ˈplei ˈhoust/

Hacer de anfitrión. Hacer los honores.

He likes playing host - Le gusta hacer de anfitrión.

3) *To play fast and loose with***.

/tə ˈplei ˈfɑ:st ənd ˈlu:s wið/

Jugar con los sentimientos de

He's playing fast and loose with the poor girl's feelings - Está jugando con los sentimientos de la pobre chica.

4) *To play havoc (with)***.

/tə ˈplei ˈhævək wið/

Causar estragos (en).

The floods played havoc with their crops - Las inundaciones causaron estragos en sus cosechas.

5) *To play it cool****.

/tə ˈplei it ˈku:l/

Tomárselo con calma, no perder la serenidad, conservar la sangre fría.

He certainly played it cool when the gangsters were pointing their guns at him - Ciertamente no perdió la serenidad cuando los *gangsters* le estaban apuntando con sus pistolas.

6) *To play sth. down****.

/tə ˈplei ˈdaun/

Quitar importancia.

They know they made a bad mistake and they're trying to play it down - Saben que cometieron un grave error y están tratando de quitarle importancia.

7) *To play hooky/hookey* (arg. U.S.A.)**.

/tə ˈplei ˈhuki/

Hacer rabona (véase «rabona»).

8) *To play to the gallery***.

/tə ˈplei tə ðə ˈgæləri/

Actuar para la galería (exhibiéndose para ganarse la popularidad de las masas, etc.).

plunge   *To take the plunge****.

/tə ˈteik ðə ˈplʌndʒ/

Lanzarse; tomar una decisión; decidirse de una vez; dar el paso decisivo; lanzarse al ruedo.

When are you going to take the plunge? - ¿Cuándo te vas a lanzar de una vez?

point   1) *To come to the point* (véase «grano»).

2) *To make a point of* (véase *make*, 1).

3) *To make one's point****.

/tə ˈmeik wʌnz ˈpoint/

Probar la verdad de lo que uno quiere decir (con argumentos, etcétera), explicar(se).

182

I think he's made his point quite clearly - Creo que ha probado lo que quería decir claramente.

4) *What's the point of/there's no point in* ***.

/'wɔts ðə 'pɔint əv/ðəz 'nou 'pɔint in/

¿De qué sirve...?/No sirve de nada.

There's no point in waiting any longer - No sirve de nada esperar más.

Sins. = *What's the use of* —*It's no use/good...* ***.

5) *To stretch a point* (véase *stretch*).

point-blank

Point-blank ***.

/'pɔint,blæŋk/

De sopetón; a bocajarro; a quemarropa (lit. y fig.).

They asked him point-blank if he intended to keep his word - Le preguntaron a quemarropa si se proponía cumplir con su palabra.

pony

(On/by) Shanks's pony (véase «Fernando», 2).

poor

The poor relation ***.

/ðə 'puə ri'leiʃn/

El pariente pobre (lit. y fig.).

I wouldn't like our country to be given the «poor relation» treatment in the Common Market - No me gustaría que nuestro país fuera tratado como el pariente pobre en el Mercado Común.

pop

1) *To pop in* (v.f.i.) (arg.) **.

/tə 'pɔp 'in/

Hacer una visita corta. Entrar un momento (sin cumplidos).

Just pop in and have a drink when you like - Llégate por casa y te tomas un trago cuando quieras.

2) *To pop off* (v.f.i.) (arg.) **.

/tə 'pɔp 'ɔf/

a) Largarse; irse.

We must pop off - Tenemos que irnos.

Sin. = *We must be off.*

b) Morirse.

The old man popped off this morning - El viejo se murió esta mañana (véase también «pata», 1).

pot

1) *To take pot luck* **.

/tə 'teik 'pɔt 'lʌk/

Comer de lo que haya. (Fig.) probar fortuna. Ir a la aventura; a lo que salga. Correr el riesgo. Aceptar lo que buenamente haya.

«*The chances are you won't find much there.*» «*Never mind, I'll take pot luck*» - «Lo más probable es que no encuentres gran cosa allí.» «No importa, probaré fortuna, a ver qué pasa.»

183

2) *The pot calling the kettle black* (arg.)**.

/ðə 'pɔt 'kɔːliŋ ðə 'ketl 'blæk/

¡Mira quién va a hablar! (quien más tiene que callar).

Rel. = *The mote in thy brother's eye* (lig. arc.) - (Ver) la paja (mota) en el ojo ajeno... y no ver la viga en el propio.

3) *A watched pot never boils* (ref.)**.

/ə wɔtʃt 'pɔt nevə 'bɔilz/

Quien espera, desespera. Cuando todo el mundo está pendiente de que ocurra algo, no ocurre.

pour

1) *To pour oil on the flames | To add oil to the flames/fire***.

/tə 'pɔːr 'ɔil ɔn ðə 'fleimz/ /tu 'æd 'ɔil tə ðə 'fleimz/'faiə/

Añadir leña al fuego. Meter cizaña.

Stop adding oil to the flames - Deja ya de echar leña al fuego.

2) *To pour oil on (the) (troubled) waters*.

/tə 'pɔːr 'ɔil ɔn ðə ('trʌbld) 'wɔːtəz/

Aplacar los ánimos.

powers

The powers that be (gen. hum.)**.

/ðə 'pauəz ðət 'biː/

Los que mandan.

practice

Practice makes perfect (ref.)***.

/'præktis 'meiks 'pəːfikt/

Se aprende con la práctica. La práctica lo es todo.

prevention

Prevention is better than cure (ref.)**.

/pri'venʃnz 'betə ðən 'kjuːə/

Más vale prevenir que curar.

prick

*To prick up one's ears***.

/tə 'prik 'ʌp wʌnz 'iəz/

Aguzar el oído.

When he heard her name mentioned, he pricked up his ears - Cuando oyó mencionar su nombre, aguzó los oídos.

pride

1) *Pride of place***.

/'praid əv 'pleis/

Lugar destacado, privilegiado.

Her portrait had pride of place in his home - Su retrato ocupaba un lugar destacado en su hogar.

2) *Pride comes before a fall* (ref.)*.

/'praid 'kʌmz bifɔː ə 'fɔːl/

No te pavonees/presumas tanto: más dura será la caída.

proof

The proof of the pudding is in the eating**.

/ðə 'pruːf əv ðə 'pudiŋz in ði 'iːtiŋ/

El movimiento se demuestra andando.

pull

1) *To pull oneself together****.

/tə 'pul wʌnself tə'geðə/

Calmarse.

Pull yourself together, please - Cálmate, por favor.

2) *To pull strings***.

/tə 'pul 'striŋz/

Tocar resortes; mover influencias.

I'll have to pull some strings, but I'm sure we'll make it in the end - Tendré que mover algunas influencias, pero estoy seguro que al final lo lograremos.

3) *To pull the strings***.

/tə 'pul ðə 'striŋz/

Dirigir mover/manejar los hilos. Mover entre bastidores. Manejar/dirigir el cotarro.

I'd like to know who pulls the strings - Me gustaría saber quién maneja los hilos.

4) *To pull through* (v.f.i.)***.

/tə 'pul 'θruː/

Salir de una dificultad, un apuro, una enfermedad, etc. Salir a flote. Superar.

He was seriously ill last winter, but he pulled through - Estuvo gravemente enfermo el invierno pasado, pero lo superó.

5) *To pull to pieces* (lit. y fig.)***.

/tə 'pul tə 'piːsiz/

Hacer pedazos; hacer trizas.

He'll pull your alibi to pieces in no time - Te hará trizas la coartada en seguida (en nada de tiempo).

6) *To pull one's socks up***.

/tə 'pul wʌnz 'sɔks ʌp/

Esforzarse más, poner más empeño (para mejorar el trabajo, la conducta, etc.).

If you want to finish by lunchtime, you'll have to pull your socks up - Poned más empeño si queréis terminar para la hora del almuerzo.

7) *To pull the/sb.'s chestnuts out of the fire**.

/tə 'pul ðə 't∫esnʌts aut əv ðə 'faiə/

Sacar las castañas del fuego, resolver la papeleta (a costa de ponerse uno en peligro, etc.)

I'm tired of pulling the chestnuts out of the fire for you - Estoy harto de sacarte las castañas del fuego.

put

1) *To put sth. down to* (v.p.)***.
/tə 'put 'daun tə/
Atribuir a.
I put it down to lack of information - Lo atribuyo a falta de información.

2) *To put in a good word for sb.****.
Abogar por; decir algo en favor de.
/tə 'put 'in ə 'gud 'wɔ:d fɔ:/
I'd like to put in a good word for her - Quisiera decir algo en su favor.

3) *To put off****.
/tə 'put 'ɔf/
a) Aplazar.
b) Repeler, echar para atrás.

4) *To put oneself out for***.
/tə 'put wʌnself 'aut fɔ:/
Desvivirse por.
Your brother put himself out for us while we were in London - Tu hermano se desvivió por nosotros mientras estuvimos en Londres (véase también *go,* 4).

5) *Put it there* (fam.)*.
/'put it 'ðɛə/
¡Chócala!
Sin. = *Let's shake hands.*
Slip me five (¡Venga esos cinco!).

6) *To put it mildly***.
/tə 'put it 'maildli/
Y me quedo corto; por decirlo suavemente.
He's a little bit lazy, to put it mildly - Es un poquitín perezoso, por decirlo suavemente.

7) *Put that in your pipe and smoke it* (fam.)**.
/'put 'ðæt in jɔ: 'paip ən 'smouk it/
¡Chúpate ésa! (más vulgar en español).

8) *To put sth. or sb. to the test****.
/tə 'put tə ðə 'test/
Poner a prueba.
I'll put you to the test - Te voy a poner a prueba.

9) *To put sb. up* (v.f.t.)***.
/tə 'put sʌmbədi 'ʌp/
Dar alojamiento.
I'm sure they can put you up for the night - Estoy seguro de que pueden darte alojamiento por una noche.

10) *To put up with* (v.p.)***.
/tə ˈput ˈʌp wɪð/
Soportar. Aguantarse con.
I won't put up with it any longer - No lo aguanto más.

11) *To put on****.
/tə ˈput ˈɔn/
Fingir.
I don't know why he puts on that ridiculous accent - No sé por qué finge ese ridículo acento.

12) *To put on an act****.
/tə ˈput ˈɔn ən ˈækt/
Simular, hacer una comedia.
He's not really angry —he's putting on an act for our sake - No está realmente enfadado —está haciendo una comedia en nuestro honor.

13) *To put the screws/squeeze on***.
/tə ˈput ðə ˈskru:z/ˈskwi:z ɔn/
Obligar a alguien a hacer algo por la fuerza, con amenazas, etcétera, apretar los tornillos.
They threatened to put the screws on him if he didn't pay - Le amenazaron con apretar los tornillos si no pagaba.

14) *To put the bite on sb.* (arg.)***.
/tə ˈput ðə ˈbait ɔn/
Dar un sablazo (véanse también *sponge*, y *touch*, 2).

15) *To put sb. through the mill***.
/tə ˈput θru: ðə ˈmil/
Hacer sudar tinta.
They'll put him through the mill in the Army - Le harán sudar tinta en el ejército (véase también *grindstone*).

Para otras expresiones con *put*, véase índice.

Pyrrhic

A Pyrrhic victory (lit.)**.
/ə ˌpirik ˈviktəri/
Victoria pírrica (muy costosa, a muy alto precio).
Yes, inflation is down, but it's been a Pyrrhic victory, —it'll cost the party one million votes - Sí, la inflación ha bajado, pero ha sido una victoria pírrica —le costará al partido un millón de votos.

Q

quick

1) *To cut sb. to the quick***.
/tə ˈkʌt tə ðə ˈkwik/
Herir en lo más vivo.

2) *As quick as lightning***.
/əz ˈkwik əz ˈlaitniŋ/
Rápido como una centella; como las balas, etc.

3) *To be quick-tempered***.
/tə bi: ˈkwikˌtempəd/
Tener mal genio; malas pulgas. Ser un cascarrabias.
Be careful with him; he's really quick-tempered - Ten cuidado con él, tiene muy malas pulgas.
Sin. = *To have a low boiling point**.

4) *To be very quick on (in) the uptake****.
/tə bi: ˈveri ˈkwik ɔn ði ˈʌpteik/
Cazarlas (cogerlas) al vuelo.

quits   *To call it quits***.
/tə ˈkɔːl it ˈkwits/
Hacer las paces.
Let's call it quits - Hagamos las paces (véase también *make*, 5).

R

rabbit   *To breed like rabbits****.
/tə ˈbriːd laik ˈræbits/
Reproducirse como conejos.
The Chinese have long stopped breeding like rabbits - Los chinos hace tiempo que han dejado de reproducirse como conejos.

rack   *To rack/cudgel one's brains****.
/tə ˈræk/ˈkʌdʒl wʌnz ˈbreinz/
Quebrarse la cabeza. Devanarse los sesos. Estrujarse el cerebro.
Don't rack your brains - No te quiebres la cabeza.

rage   *To be (all) the rage****.
/tə bi: ˈɔːl ðə ˈreidʒ/
Hacer furor. Estar muy de moda. Ser el último grito.
These belts are the rage now - Estos cinturones son ahora el último grito.

rain   1) *It never rains but it pours****.
/it ˈnevə ˈreinz bʌt it ˈpɔːz/
Las desgracias nunca vienen solas. No quieres caldo, tres tazas. Eramos pocos, y parió la abuela (fam.). Al perro flaco todo se le vuelven pulgas.

2) *To rain cats and dogs* (véase «llover»).

raise

1) *To raise a stink***.
   /tə ˈreiz ə ˈstiŋk/
   Protestar ruidosamente, armar un escándalo, etc.
   He raised a stink in the bar when they refused to serve him any more - Armó un escándalo en el bar cuando se negaron a servirle más.

2) *To raise hell/the devil/Cain***/**.
   /tə ˈreiz ˈhel/ðə ˈdevəl/ˈkein/
   Armar bronca.

rake

*To rake up the past***.
/tə ˈreik ˈʌp ðə ˈpɑ:st/
Remover el pasado.
Don't rake up the past; there are things that are better forgotten - No remuevas el pasado; hay cosas que es mejor olvidar.

random

*At random***.
/ət ˈrændəm/
Al azar.

rank

*The rank and file***.
/ðə ˈræŋk ənd ˈfail/
Los soldados rasos, los de a pie, la base, etc.
This measure is not going to be liked by the rank and file of the party - Esta medida no le va a gustar a la base del partido.

rap

*To rap sb. on/over the knuckles***.
/tə ˈræp sʌmbɔdi ɔn/ouvə ðə ˈnʌklz/
Regañar. Echar una regañina. Llamar la atención, al orden. Echar un rapapolvos.
He's been rapped over the knuckles for his odd behaviour at the contest - Le han llamado la atención por su extraño comportamiento en el concurso.
(Véase también «rapapolvos».)

rat

1) *To smell a rat* (véase «gato», 1).

2) *The rat race***.
   /ðə ˈrætreis/
   La carrera de ratas, la lucha por la supervivencia, la competencia feroz/despiadada de la vida, las zancadillas (en la profesión, negocios, etc.) (véase también *dog*, 22).

3) *To look like a drowned rat* (véase *wet*, 1).

read

*To read between the lines***.
/tə ˈri:d bitwi:n ðə ˈlainz/
Leer entre líneas (saber interpretar, aunque no se diga/escriba explícitamente).

189

She didn't tell me in her letter that she was tired of me, but I could read it between the lines - No me dijo en su carta que estaba harta de mí, pero pude leerlo entre líneas.

record

1) *For the record**.*

/fə ðə 'rekɔːd/

Para que conste en acta.

I wish to state for the record my disagreement with the measures recently adopted - Deseo que conste en acta mi desacuerdo con las medidas recientemente adoptadas.

2) *Off the record**.*

/ɔf ðə 'rekɔːd/

Sin que conste en acta. Oficiosamente; extraoficialmente.

Off the record I can tell you that the country is on the verge of bankruptcy - Sin que conste en acta puedo decirte que el país está al borde de la bancarrota...

red

1) *To see red***.*

/tə 'siː 'red/

Ponerse hecho una furia (fiera).

He saw red when they overcharged him at the shop - Se puso hecho una furia cuando le cobraron de más en la tienda (véanse también *blow*, 3, y *cut*, 3).

2) *To see the red light**.*

/tə 'siː ðə 'red 'lait/

Ver el peligro a tiempo. Ver las orejas al lobo.

He saw the red light and gave up drinking before it was too late - Vio el peligro y dejó la bebida antes de que fuera demasiado tarde.

3) *To paint the town red* (véase *town*).

4) *To roll out the red carpet* (véase *carpet*, 2).

5) *A red-letter day* (véase *day*, 4).

6) *To be in the red***.*

/tə biː in ðə 'red/

Estar «en números rojos» (en la cuenta bancaria, etc.).

Cf.: *To be in the black* - Tener saldo en la cuenta.

red-handed

To catch somebody red-handed***.

/tə 'kætʃ 'red,hændid/

Coger in fraganti; con las manos en la masa.

They caught him red-handed - Lo cogieron con las manos en la masa.

190

red-herring

To draw a red herring across the track (abreviado generalmente a *red herring*)**.
/tə 'drɔ: ə 'red 'heriŋ əkrɔs ðə 'træk/
Una pista falsa. Una maniobra de diversión.
Don't trust him; that's a red herring - No te fíes de él; es una pista falsa.

red tape

*Red tape**.*
/,red 'teip/
Papeleo.
How I hate all this red tape - Cómo odio todo este papeleo.

retrace

*To retrace one's steps***.*
/tə ri'treis wʌnz 'steps/
Volver sobre los pasos de uno; volver atrás.
When I found I had left my briefcase behind I had to retrace my steps - Cuando me di cuenta de que me había dejado olvidada la cartera tuve que volver sobre mis pasos.

return

To return to the fold.*
/tə ri'tə:n tə ðə 'fould/
Volver al redil (retornar a sus creencias/religión/al seno familiar, etcétera.

rhinoceros

To have a hide/skin like a rhinoceros.*
/tə 'hæv ə 'haid/'skin laik ə rai'nɔsərəs/
Tener la piel dura, ser insensible a ataques, críticas, insultos, etc., resbalarle a uno todo (usado a veces peyorativamente: tener más concha que un galápago) (véase también *skin*, 2a).

rhyme

*Without rhyme or reason**.*
/wiðaut 'raim ɔ: 'ri:zn/
Sin ton ni son.

right

1) *Right away***.*
/'rait ə'wei/
Ahora mismo; inmediatamente.
I'll do it right away - Lo haré ahora mismo.

2) *(It's) all right***.*
/its 'ɔ:l ,rait/
Está bien; de acuerdo; correcto; ¡fenómeno!
Sin. = *Okay* (U.S.A.).

3) *As right as rain**.*
/əz 'rait əz 'rein/
Bien de salud, perfectamente bien.
Drink your tea and you'll be as right as rain - Bébete el té y te encontrarás perfectamente.

4)   *Mr Right* (hum.)**.

/'mistə 'rait/

El hombre ideal (versión puesta al día del tradicional «*Prince Charming*» - «El Príncipe Azul»).

Riley   *To live the life of Riley* (arg.) (fam.)**.

/tə 'liv ðə 'laif əv 'raili/

Darse/pegarse la gran vida. Vivir a cuerpo de rey. No dar ni golpe.

He's living the life of Riley there - Allí se pega la gran vida.

ring   *It rings a bell****.

/it 'riŋz ə 'bel/

Me suena; me es familiar.

ripoff   *A ripoff* (arg.)***.

/ə 'ripɔf/

Timo, engaño, robo, plagio, etc.

rise   *To rise from the ashes****.

/tə 'raiz frəm ði 'æʃiz/

Resurgir de las cenizas.

roast   *To roast sb.* (arg.)**.

/tə 'roust/

Criticar, poner verde, freír a críticas, despellejar, sacar la piel a tiras, crucificar (véase también *run down*).

rob   *To rob Peter to pay Paul* (véase «santo»).

rock   *To be on the rocks* (arg.)**.

/tə bi: ɔn ðə 'rɔks/

a)   Estar «pelado»; sin un céntimo (véase también *broke*).

b)   Estar al borde de la separación (un matrimonio, una amistad, un grupo musical, etc.).

c)   *On the rocks* (de una bebida) - con hielo.

rocker   *To go/be off one's rocker* (arg.)**.

/tə 'gou/bi: ɔf wʌnz 'rɔkə/

Volverse/estar majareta.

He must be off his rocker - Debe de estar majareta (véase también *crackers*).

room   *There's always room for one more***.

/ðəz 'ɔ:lweiz 'ru:m fər 'wʌn 'mɔ:/

Donde caben (comen, etc.) dos, caben tres.

rope

1) *Don't speak of rope in the house of the hanged* (veáse «soga», 2).
2) *To know the ropes* (véase *know*, 3).
3) *Give sb. enough rope and he'll hang himself* (ref.)*.

/'giv sʌmbɔdi i'nʌf 'roup and hi:l 'hæŋ him'self/

Dale bastante cuerda y él mismo se ahorcará (déjale libertad y él mismo se perderá).

rough

1) *To sleep rough**.

/tə 'sli:p 'rʌf/

Dormir al aire libre.

2) *A rough diamond***.

/ə 'rʌf 'daiəmənd/

Un diamante en bruto (persona de gran valor en potencia, pero sin pulir).

rub

1) *To rub it in* (v.f.t.)***.

/tə 'rʌb it 'in/

Restregar; echar en cara.

I know I was wrong, but please stop rubbing it in - Sé que estaba equivocado, pero, por favor, no me lo restriegues más.

2) *To rub off on sb.* (v.p.)**.

/tə 'rʌb 'ɔf ɔn/

Pegársele a alguien una buena cualidad de otro; pegársele algo bueno.

I hope her good sense rubs off on him - Espero que se le pegue su sentido común.

3) *To rub sb. up the wrong way***.

/tə 'rʌb 'ʌp ðə 'rɔŋ 'wei/

No poder tragar (a alguien). Caer gordo. Dar cien patadas. Tener atravesado; tener entre ceja y ceja. Echar sal en la mollera, etc.

He rubs me up the wrong way - Me cae gordo (véase también «tragar» y *skin*).

rule out

To rule out (v.f.t.)***.

/tə 'ru:l 'aut/

Descartar.

If we rule out the first one, we are left with two possibilities - Si descartamos la primera, nos quedan dos posibilidades.

run

1) *A run of (bad) luck***.

/ə 'rʌn əv ('bæd) 'lʌk/

Una buena (mala) racha.

Cf.: *A bad patch:* Una mala racha.

2) *To run smoothly****.
/tə 'rʌn 'smuːðli/
Ir como la seda. Marchar bien.
The engine is running smoothly now - El motor va como la seda ahora.

3) *To run the show***.
/tə 'rʌn ðə 'ʃou/
Llevar la voz cantante; llevar la batuta. Cortar el bacalao.
He clearly runs the show there - Está claro que es el que lleva la voz cantante allí.

4) *To run the gauntlet***.
/tə 'rʌn ðə 'gɔːntlit/
Correr un riesgo, arriesgarse, exponerse a (un peligro, a las iras/críticas de), jugarse el tipo.
He knew that his book would displease the Mafia, but he decided to run the gauntlet - El sabía que su libro no agradaría a la Mafia, pero decidió correr el riesgo (véase también *stick*, 2)

run down   *To run sb. or sth. down* (v.f.t.)***.
/tə 'rʌn 'daun/
Criticar a alguien o algo. Poner como un trapo; poner verde.
I wouldn't like to run him down, but I think he's not doing his job well - No quisiera decir nada, pero creo que no lo está haciendo bien (véase también «verde», 4; *call*, 1).

run in   *To run in (a car)* ***.
/tə 'rʌn 'in/
Hacer el rodaje.
He's still running in his new car - Todavía está haciéndole el rodaje a su coche nuevo.

run out   *To run out of* (v.p.)***.
/tə 'rʌn aut əv/
Acabársele a uno algo.
We've run out of petrol - Se nos ha acabado la gasolina.
Sin. = *To have no... left (We have no petrol left.)*

running   *Two days* (etc.) *running****.
/'tuː 'deiz 'rʌniŋ/
Dos días (etc.) seguidos.
Sin. = *In a row* /in ə 'rou/***.

rush   *Rush hour****.
/'rʌʃ 'auə/
Hora punta.
I don't like taking the tube in the rush hour - No me gusta coger el metro a una hora punta.

194

To ride the tiger.

S

sack
1) *To give sb. the sack/to sack sb.****.
   /tə 'giv ðə 'sæk/
   Despedir; echar del trabajo.
   They gave him the sack - Lo echaron.

2) *To get the sack****.
   /tə 'get ðə 'sæk/
   Ser despedido/echado del trabajo.
   He got sacked for being too lazy - Lo echaron por ser demasiado vago.
   Sins. = *To be sacked/dismissed/fired.*

sand
The sands have run out*.
/ ðə 'sændz həv 'rʌn 'aut/
Se acabó el tiempo (véase también *time*, 10).

safe
Safe and sound**.
/'seif ən 'saund/
Sano y salvo.
Here they come, safe and sound - Aquí vienen, sanos y salvos.

sauce
What's sauce for the goose... (véase «moros»).

save
To save up for a rainy day***.
/tə 'seiv 'ʌp fər ə 'reini 'dei/
Ahorrar para el día de mañana.
We're saving up for a rainy day - Estamos ahorrando para el día de mañana.
Sins. = *To put some money by/aside/away.*

say
To say the least***.
/tə 'sei ðə 'li:st/
Por lo menos; y me quedo corto.
He's been a bit careless, to say the least - Ha sido un poco descuidado, y me quedo corto.

scales
The scales have fallen from my eyes (véase «ojo», 3).

scared
1) *Scared stiff****.
   /'skɛəd 'stif/
   Muerto de miedo. No llegar la camisa al cuerpo.
   Sin. = *Frightened to death****.

2) *To be scared stiff of sb.****.
   /tə bi: 'skɛəd 'stif əv/
   Temer como una vara verde.

196

She was scared stiff of her teachers - Temía a sus profesores como una vara verde.

3) *To be scared shitless* (tabú)***.

/tə bi: 'skɛəd 'ʃitləs/

Estar cagado de miedo; tenerlos de corbata/aquí, etc.

«*Weren't you afraid?*» «*I was scared shitless*» - «¿No tuviste miedo?» «Estaba cagado de miedo.»

Rel. = *To scare the shit out of sb.* (tabú)*** - Asustar a alguien tremendamente, acojonar (tabú); poner los huevos de corbata (tabú).

scratch

You scratch my back and I'll scratch yours (fam.)*.

/jù: 'skrætʃ 'mai 'bæk ənd ail 'skrætʃ 'jɔːz/

Tú me ayudas a mí, y yo te ayudo a ti.

Sin. = *Let's help each other.*

sea

To be all at sea*.

/tə bi: 'ɔ:l ət 'si:/

Despistado; desorientado. No aclararse.

He was all at sea in his new job - Estaba completamente despistado en su nuevo empleo.

Sin. = *To be at a loss.*

search

Search me!***.

/'sə:tʃ mi:/

No lo sé, ¡a mí que me registren!

secret

An open secret***.

/ən 'oupn 'si:krit/

Un secreto a voces.

see

1) *To see fit***.*

/tə 'si: 'fit/

Parecer/considerar oportuno. Estimar pertinente.

I'll do it when I see fit - Lo haré cuando me parezca oportuno.

2) *To see the light***.*

/tə 'si: ðə 'lait/

a) Nacer, ver la luz.

b) Comprender, ver la luz.

3) *See you***.*

/'si: ju:/

Hasta luego.

see off
To see sb. off (v.f.t.)***.
/te 'si: 'ɔf/
Despedir (al que se va de viaje).
He went to the station to see her off - Fue a despedirla a la estación.

see through
To see through sth. or sb. (v.p.)***.
/tə 'si: θru:/

a) Calar.
We can see through your little tricks - Calamos perfectamente vuestros pequeños trucos.

b) To see sth./sb. through (v.f.t.)***/to see sb. through sth. (v.p.t.)***.
/tə 'si: 'θru:/ /'si: θru:/
(Ayudar a) superar (dificultades, crisis, enfermedad, etc.), sacar de apuros.
Can you lend me £10 to see me through the month? - ¿Me puedes prestar £10 para ayudarme a terminar el mes?

send
To send sb. to Coventry (G.B.)**.
/tə 'send tə 'kɔvəntri/
Hacer el vacío. No dirigir la palabra (a un compañero de trabajo, etcétera).

separate
1) *To separate the sheep from the goats***.
/tə 'sepəreit ðə 'ʃi:p frəm ðə 'gouts/
Seleccionar los buenos (separándolos de los malos).
First of all we'll separate the sheep from the goats - Antes de nada, seleccionaremos los buenos.

2) *To separate the wheat from the chaff**.
/tə 'sepəreit ðə 'wi:t frəm ðə 'tʃɑ:f/
Limpiar el trigo de paja. Separar lo bueno y lo malo.

serve
Serves sb. right***.
/'sə:vz 'rait/
Estarle a alguien bien empleado.
Serves you right - Te está bien empleado.

set
1) *To set/put the clock back***.
/tə 'set/'put ðə 'klɔk 'bæk/
Retroceder. Perder años de progreso. Retrasar el reloj. Ir para atrás, retroceder (a posturas, ideas, etc., ya superadas).
With that measure we've set the clock back at least fifty years - Con esa medida hemos retrocedido por lo menos cincuenta años.

2) *To set one's teeth on edge****.
/tə 'set wʌnz 'ti:θ ɔn 'edʒ/
Dar dentera. (Fig.) Molestar, irritar.
Her piercing voice sets my teeth on edge - Su voz chirriante me da dentera.

3) *To set foot in****.
/tə 'set 'fut in/
Poner los pies en.
Don't set foot in my house again - No pongas los pies en mi casa nunca más.

4) *To set one's hand to the plough (task)**.
/tə 'set wʌnz 'hænd tə ðə 'plau ('tɑ:sk)/
Poner manos a la obra.
Sins. = *To start/begin working. To set to work. To get started.*

shade

1) *A shade of meaning***.
/ə 'ʃeid əv 'mi:niŋ/
Un matiz.
All those shades of meaning are lost on him - Todos esos matices son demasiado para él.

2) *To put in(to) the shade****.
/tə 'put in(tə) ðə 'ʃeid/
Eclipsar.
They were all put in(to) the shade when he appeared in his brilliant uniform - Quedaron todos eclipsados cuando apareció con su brillante uniforme.

shanks's

Shanks's mare/pony (véase «Fernando», 2).

shark

A shark.
/ə 'ʃɑ:k/
   a) Sinvergüenza, estafador**.
   b) Estudiante empollón que no necesita asistir a todas las clases para aprobar*.
   c) (U.S.A.) que destaca/triunfa en una determinada especialidad (finanzas, etc.)**.

shave

A close shave (véase *close*).

sheep

1) *As silly as a sheep**.
/əz 'sili əz ə 'ʃi:p/
Tonto de capirote, de la haba, etc.
Cf.: *A bloody fool* (vulg.) - Un tonto de los huevos (tabú), etc.

2) *To count sheep****.
    /tə ˈkaunt ˈʃiːp/
    Contar ovejas (para quedarse dormido).

3) *The black sheep* (véase «oveja», 1).

4) *To cast/make sheep's eyes at* (véase *eye*, 8).

5) *Might as well be hanged for a sheep* (véase «río», 3c).

6) *To separate the sheep from the goats* (véase *separate*, 1).

7) *A wolf in sheep's clothing* (véase *wolf*, 1).

shell *To retreat/retire into one's shell***.
    /tə riˈtriːt (riˈtaiə) into wʌnz ˈʃel/
    Meterse en su concha; encerrarse en sí mismo.
    He's retreated into his shell and won't talk to anybody - Se ha
    metido en su concha y no quiere hablar con nadie.

shirt 1) *A stuffed shirt****.
    /ə ˈstʌft ˈʃəːt/
    Una persona creída, engolada, engreída, etc.

2) *Keep your shirt/hair on* (véase *hair*, 2).

shoot 1) *To shoot a line* (arg.)**.
    /tə ˈʃuːt ə ˈlain/
    Alardear, exagerar.

2) *To shoot up* (arg. drogas)***.
    /tə ˈʃuːt ˈʌp/
    «Pincharse», «chutarse», «pegarse el chute».

shot *A shot in the dark****.
    /ə ˈʃɔt in ðə ˈdɑːk/
    Un tiro a ciegas, un palo de ciego.
    He didn't know really —it was a shot in the dark - No lo sabía en
    realidad —fue un tiro a ciegas.

shoulder 1) *To have broad shoulders* (véase «espalda»).

2) *To put one's shoulder to the wheel* (véase «hombro», 2).

3) *To give sb. the cold shoulder* (véase «lado»).

4) *To rub shoulders with***.
    /tə ˈrʌb ˈʃouldəz wið/
    Codearse con.
    There you will rub shoulders with all kinds of people - Allí te
    codearás con toda clase de gente.

5) *Straight from the shoulder****.
    /ˈstreit frəm ðə ˈʃouldə/
    (De una crítica) con toda franqueza.

6) *A shoulder to cry on****.

/ə 'ʃouldə tə 'krai ɔn/

Un paño de lágrimas, alguien a quien poder contarle nuestras penas.

7) *To have a chip on one's shoulder* (véase *chip*, 1).

show

To show off (v.f.i.)***.

/tə 'ʃou 'ɔf/

Alardear.

Stop showing off, please - Deja ya de alardear, por favor.

Sin. = *To boast of/about*.

silent

The silent majority (pol.)***.

/ðə 'sailənt mə 'dʒɔriti/

La mayoría silenciosa.

They're sure to get the votes of the silent majority - Es seguro que obtendrán los votos de la mayoría silenciosa.

sit

1) *Sitting pretty****.

/'sitiŋ 'priti/

En una situación privilegiada, con todo a su favor.

He's sitting pretty —with all the money he's inherited from his aunt - Lo tiene todo a su favor —con todo el dinero que ha heredado de su tía.

2) *To sit on the fence* (véase «agua», 7).

six

Six of one and half a dozen of the other**.

/'siks əv wʌn ənd 'hɑːf ə 'dʌzn əv ði 'ʌðə/

Para el caso es lo mismo; hay muy poca diferencia entre ellos.

Sins. = *It's as broad as it is long**.

They're much of a muchness*.

size up

To size up (v.f.t.)***.

/tə 'saiz 'ʌp/

Estudiar con la mirada. Catalogar, medir. Formar juicio sobre.

The old man kept his eye on the young man during the whole interview, sizing him up - El viejo no quitó ojo al joven durante toda la entrevista, midiéndole con la mirada.

skate

To skate on thin ice*.

/tə 'skeit ɔn 'θin 'ais/

Pisar terreno peligroso/resbaladizo.

Watch what you say to me, young man. You don't seem to realise that you're skating on thin ice - Cuidado con lo que me dice, joven. Parece que no se da cuenta de que está pisando terreno resbaladizo.

skeleton

To have a skeleton in the cupboard (lit.)**.

/tə hæv ə ˈskelətən in ðə ˈkʌbəd/

Tener algo sucio (secreto) que ocultar.

The other candidate had a skeleton in his cupboard, too - El otro candidato también tenía algo sucio que ocultar.

skin

1) *To get under sb.'s skin***[1]

/tə ˈget ʌndə sʌmbɔdiz ˈskin/

No caer bien. Dar cien patadas. Tener sentado en la boca del estómago. Caer gordo.

Frankly he gets under my skin - Francamente, me da cien patadas; me cae gordo (véase también *rub;* «tragar»).

2) *a) To have a thick skin***.

/tə hæv ə ˈθik ˈskin/

Tener la piel dura. Resbalar las cosas. Ser insensible.

You can't insult him; he has a thick skin - No puedes insultarlo; le resbalan las cosas.

b) To be thick-skinned = To have a thick skin.

/tə bi: ˈθik͵skind/

3) *To have a thin skin***.

/tə hæv ə ˈθin ˈskin/

Ser muy susceptible (véase también *touchy).*

4) *By the skin of one's teeth* (véase «pelo», 1*a*).

sky

1) *Out of a clear blue sky****.

/aut əv ə ˈkliə ˈblu: skai/

Inesperadamente, sin previo aviso (véase también *blue,* 1).

2) *The sky is the limit****.

/ðə ˈskaiz ðə ˈlimit/

No hay límite, sin límite (generalmente de dinero a ganar/-gastar, etc.).

3) *Pie in the sky**.

/ˈpai in ðə ˈskai/

Demasiado fantástico. (Esperanza de) felicidad/éxito que no se puede posiblemente conseguir en este mundo.

His plans for his son are all pie in the sky - Sus planes para su hijo son demasiado fantásticos.

4) *To praise to the skies****.

/tə ˈpreiz tə ðə ˈskaiz/

Poner por las nubes, alabar, ensalzar.

---

[1] No confundir con *I've got you under my skin* - No puedo dejar de pensar en ti.

His paintings have been praised to the skies in America - Sus cuadros han sido muy alabados en América.

sleep   1)   *To sleep like a log/top***/***.
/tə 'sli:p laik ə 'lɔg ('tɔp)/
Dormir como un tronco, como un lirón.
I slept like a log last night - Dormí como un tronco anoche.
Sin. = *To sleep soundly/well*.

2)   *To sleep it off***.
/tə 'sli:p it 'ɔf/
Dormir la mona.
He got drunk yesterday and now he's sleeping it off - Se emborrachó ayer, y ahora está durmiendo la mona.

3)   *Sleep on it* (véase «almohada»).

sleeve   1)   *To have sth. up one's sleeve****.
/tə 'hæv sʌmθiŋ ʌp wʌnz 'sli:v/
Estar tramando algo; tener algún arma secreta, etc.
He has something up his sleeve - Está tramando algo (véase también *up to*, 2).
Rel. = *To have an ace up one's sleeve**** - Tener un as en la manga.

2)   *To wear one's heart on one's sleeve* (véase *heart*, 5).

3)   *To laugh up one's sleeve* (véase *laugh*, 1).

slip   1)   *A slip of the tongue****.
/ə 'slip əv ðə 'tʌŋ/
Un lapsus linguae.
Sorry, a slip of the tongue - Lo siento; fue un lapsus linguae.

2)   *To slip one's mind****.
/tə 'slip wʌnz 'maind/
Olvidársele a uno algo completamente; írsele de la cabeza; írsele el santo al cielo.
I'm sorry I didn't post your letter; it just slipped my mind - Lamento no haber echado tu carta; se me fue el santo al cielo.

slippery   *As slippery as an eel***.
/əz 'slipəri əz ən 'i:l/
Escurridizo como una anguila.

small   *Small fry**.
/'smɔ:l 'frai/
a)   Gente sin importancia.
That's small fry you've caught; the big guns are still at large - Los que habéis cogido son gente sin importancia; los peces gordos están todavía sueltos.

b) Gente menuda, niños.

Alice will look after the small fry - Alicia cuidará de la gente menuda.

smashing *Smashing!****.

/'smæʃiŋ/

Estupendo; fantástico; fabuloso.

Sins. = *Fabulous; great; fantastic.*

smoke 1) *To smoke the peace pipe***.

/tə 'smouk ðə 'pi:s 'paip/

Fumar la pipa de la paz (véase *bury*, 2).

2) *To go up in smoke***.

/tə 'gou 'ʌp in 'smouk/

(De intenciones, planes, proyectos, etc.) quedar en nada, en agua de borrajas, esfumarse.

The government's good intentions of creating eight hundred thousand new jobs have gone up in smoke - Las buenas intenciones del gobierno de crear 800.000 nuevos puestos de trabajo han quedado en nada.

3) *No smoke without fire* (véase «río», 1).

snail *At a snail's pace**.

/ət ə 'sneilz 'peis/

A paso de tortuga.

snake *A snake in the grass***.

/ə 'sneik in ðə 'grɑ:s/

Falso amigo, traidor, serpiente.

so 1) *So-so****.

/'sou 'sou/

Regular, no muy bien, no mucho.

«*How are you today?*» «*So-so*» - «¿Cómo estás hoy?» «Regular.»

«*Did you like it?*» «*So-so*» - «¿Te gustó?» «Regular.»

2) *(Mr.) so-and-so****.

/'mistə 'sou ənd 'sou/

Fulano (de tal).

soaked *Soaked to the skin***.

/'soukt tə ðə 'skin/

Empapado; calado hasta los huesos (véase también *wet*, 2).

sooner *Sooner or later* (véase «tarde», 3).

204

sound

1) *As sound as a bell***.
/əz 'saund əz ə 'bel/
Más sano que una pera.
Sin. = *Very healthy; the picture of health****.

2) *Sound in wind and limb* (lig. arc.)*.
/'saund in 'wind ənd 'lim/
En buena salud (véase también *fit*, 2).

sour

Sour grapes**.
/'sauə 'greips/
Aparentar que no se quiere lo que en realidad no se puede conseguir.
He says he doesn't want the job, but I think it's just a case of sour grapes - Dice que no quiere el empleo; pero yo creo que, en realidad, lo que pasa es que no lo puede conseguir.

sow

1) *To sow one's wild oats***.
/tə 'sou wʌnz 'waild 'outs/
Hacer locuras de juventud. Correrla.
That's when he was sowing his wild oats - Aquello eran locuras de juventud.

2) *As you sow so shall you reap* (ref.)*.
/əz ju 'sou sou ʃəl ju 'ri:p/
Como siembres, recogerás.

spanner

(To throw) a spanner in the works (lit.)**.
/tə 'θrou ə 'spænə in ðə 'wə:ks/
Echar un jarro de agua fría; estropear los planes.
His latest speech threw a spanner in the works - Su último discurso ha sido un jarro de agua fría.
Sin. = *To pour (throw) cold water on* - Echar un jarro de agua fría.

spare

Spare the rod... (and spoil the child) (ref.)**.
/'speə ðə 'rɔd ənd 'spɔil ðə 'tʃaild/
La letra con sangre entra.

speak

1) *To speak highly of****.
/tə 'spi:k 'haili əv/
Poner por las nubes. Hablar muy bien de.
He spoke highly of you - Te puso por las nubes.

2) *To speak one's mind freely***.
/tə 'spi:k wʌnz 'maind 'fri:li/
Hablar con entera libertad.
You can speak your mind freely - Puedes hablar con entera libertad.

205

spill

To spill the beans (arg.)**.
/tə 'spil ðə 'bi:nz/
Desembuchar; cantar (entre *gangsters*, etc.).
Spill the beans - Desembucha.
Sin. = To spit it out (arg.)**.

spin

To go for a spin**.
/tə 'gou fər ə 'spin/
Dar una vuelta; un paseo (en coche).
Let's go for a spin - Demos una vuelta.
Rel. = To go for a walk***.

spitting

The spitting image*.
/ðə 'spitiŋ 'imidʒ/
El vivo retrato de; clavado.
He's the spitting image of his father - Es el vivo retrato de su padre.
Sin. = The living image***.

split

To split hairs (véase «gato», 2).

spoke

To put a spoke in sb.'s wheel(s)**.
/tə 'put ə 'spouk in sʌmbɔdiz 'wi:lz/
Poner impedimentos; obstáculos; trabas.
I wish you would stop putting spokes in my wheels - A ver si dejas de ponerme impedimentos de una vez.

sponge

To sponge (on).***.
/tə 'spʌndʒ ɔn/
Dar sablazos. Ser un parásito (gorrón).
He's always sponging on me - Siempre me está sableando.
Sin. = To touch sb. for (arg. U.S.A.) (véase *touch*, 2).

sponger

A sponger***.
/ə 'spʌndʒə/
Un gorrón.
Sin. = A parasite.

spot

1) On the spot***.
/ɔn ðə 'spɔt/
En el acto; inmediatamente.
2) In a spot (véase «apuros», 1a).
3) To have a soft/weak spot for (sb.)**.
/tə hæv ə 'sɔft ('wi:k) 'spɔt fɔ:/
Tener debilidad por.
She's always had a soft spot for him - Siempre ha tenido debilidad por él.

4)   *(To have) a weak spot***.
/tə hæv ə 'wi:k 'spɔt/
(Tener) un punto flaco.
Everybody knows his weak spot is girls - Todo el mundo sabe que su punto flaco son las chicas.
Sin. = *Achilles' heel o The heel of Achilles* - El talón de Aquiles (lit.).

sprat   *To throw out a sprat to catch a mackerel (whale)**.
/tə 'θrou 'aut ə 'spræt tə 'kætʃ ə 'mækərəl ('weil)/
Dar lo menos para recibir lo más. Echar carnada. Dar un gallo para recibir un caballo.
That's like throwing out a sprat to catch a whale - Eso es dar lo menos para recibir lo más.

spread   *To spread like wildfire****.
/tə 'spred laik 'waildfaiə/
Correrse como la pólvora.
The news spread like wildfire - La noticia se corrió como la pólvora.

square   1)   *A square peg (in a round hole)**.
/ə 'skwɛə 'peg in ə 'raund 'houl/
Desplazado; fuera de lugar (dicho de personas). No ser la persona indicada para el puesto que se ocupa.
He's like a square peg (in a round hole) in his new position - Está completamente fuera de lugar en su nuevo puesto. (No es la persona indicada para ese puesto.)

2)   *To square up (with)* (v.p.)**.
/tə 'skwɛə 'ʌp wið/
Hacer cuentas; liquidar.
It's time we squared up - Es hora de que hagamos cuentas.
Sin. = *To square accounts (balance) (with sb.)*.

3)   *A square* (arg.)**.
/ə 'skwɛə/
Un «carroza»; un «retablo»; carca, anticuado, etc.

stag   *A stag-party***.
/ə 'stæg pɑ:ti/
Una fiesta para hombres solos, especialmente una despedida de soltero.

stake   *At stake****.
/ət 'steik/
En juego.
A lot is at stake - Hay mucho en juego.

207

stand

1) *To stand to/at attention****.
/tə 'stænd tu/ət ə'tenʃn/
Ponerse/estar firmes.
The soldiers stood at attention as the general inspected them -
Los soldados estaban firmes mientras el general les pasaba
revista.

2) *I can't stand him* (véase «tragar»).

3) *To stand a chance* (véase *chance*).

4) *To stand to reason****.
/tə 'stænd tə 'ri:zn/
Ser razonable.
It stands to reason - Es razonable.

stars

1) *To see stars* (véase «estrellas»).

2) *To thank one's lucky stars***.
/tə 'θæŋk wʌnz 'lʌki 'stɑ:z/
Dar gracias a la buena estrella de uno; a Dios.
You can thank your lucky stars you didn't get killed - Puedes
dar gracias a Dios que no te mataran.

start

1) *To start with a clean slate***.
/tə 'stɑ:t wið ə 'kli:n 'sleit/
Borrón y cuenta nueva. Empezar de nuevo.
I'd like to start with a clean slate - Me gustaría empezar de
nuevo (véase también «borrón»).

2) *To start from scratch****.
/tə 'stɑ:t frəm 'skrætʃ/
Empezar de cero (sin nada, sin ayuda, etc.).
*He lost everything he had in the war and had to start from
scratch* - Perdió todo lo que tenía en la guerra y tuvo que
empezar de cero (véase también «borrón»).
Sin. = *To begin from zero****.
/tə bɪ'gin frəm 'ziərou/

steal

1) *To steal a march on sb.***.
/tə 'sti:l ə 'mɑ:tʃ ɔn/
Adelantarse a. Ganar por la mano.
I'm afraid they've stolen a march on us - Me temo que se nos
han adelantado.

2) *A steal*** = *A bargain****.
/ə 'sti:l/ /ə 'bɑ:gin/
Una ganga.
It's a steal at the price - Es una ganga a ese precio.

3) *To steal the show ***.

/tə 'sti:l ðə 'ʃou/

Llevarse la palma; atraer la atención, ser el centro de todas las miradas, etc.

Ann stole the show at the party - Ana se llevó la palma en la fiesta.

step

Step on it (arg.)**.

/'step ɔn it/

Corre, acelera, date prisa (véase también *leg*, 4).

Stephen

We're even, Stephen (fam. hum.)*.

/wiə(r) 'i:vn 'sti:vn/

Ahora estamos en paz, empatados, etc.

stew

To let a person stew in his own juice (arg.)*.

/tə 'let ə 'pə:sn 'stju: in hiz 'oun 'dʒu:s/

Dejar a una persona que se las componga por sí sola; que arrostre las consecuencias de sus propios actos; que purgue su delito.

He has only himself to blame for it, so let him stew in his own juice now - El es el único culpable (la culpa es sólo suya), así que déjalo que se las componga por sí solo.

stick

1) *To stick out a mile***.

/tə 'stik 'aut ə 'mail/

Verse a la legua.

It sticks out a mile he's a fraud - Se ve a la legua que es un farsante.

2) *To stick one's neck out***.

/tə 'stik wʌnz 'nek 'aut/

Buscársela; señalarse. Jugarse el tipo; jugársela.

You're sticking your neck out - Te la estás jugando (y te la van a dar en todo lo alto = *and you're going to get it in the neck*).

3) *To stick at nothing***.

/tə 'stik ət 'nʌθiŋ/

No detenerse ante nada.

They will stick at nothing to get what they want - No se detendrán ante nada para lograr su propósito.

stiff

1) *As stiff as a poker***.

/əz 'stif əz ə 'poukə/

Más tieso que un palo, rígido, estirado.

The butler was as stiff as a poker - El mayordomo era más tieso que un palo.

2) *A stiff neck* **.

/ə ˈstif ˈnek/

Tortícolis.

I've got a stiff neck - Tengo tortícolis.

3) *To keep a stiff upper lip* (véase *keep*, 3).

4) *The stiff* (arg.) *** .

/ðə ˈstif/

El fiambre, el muerto, el cadáver.

stir

To stir up a hornet's nest **.

/tə ˈstəː(r) ˈʌp ə ˈhɔːnits ˈnest/

Provocar una reacción muy desagradable; remover un avispero, meterse en líos/problemas, etc.

You stirred up a hornet's nest when you said you'd close down the factory - Provocaste una reacción muy desagradable cuando dijiste que cerrarías la fábrica.

stitch

1) *A stitch in time... (saves nine)* (ref.) **.

/ə ˈstitʃ in ˈtaim ˈseivz ˈnain/

Quien no arregla la gotera, arregla la casa entera. Un remiendo a tiempo, ahorra ciento (fig.). Más vale una vez colorado que ciento amarillo.

2) *Not have a stitch on* **.

/nɔt ˈhæv ə ˈstitʃ ˈɔn/

Estar desnudo, en cueros.

She was sunbathing on the terrace and she didn't have a stitch on - Estaba tomando el sol en la terraza en cueros (véanse también «pelota», 1, y *birthday*).

stone

1) *Stone deaf/blind/cold*, etc. *** .

/ˈstoun ˈdef/ˈblaind/ˈkould/

Completamente sordo/ciego/frío, etc. (véase también «sordo», 1).

2) *Within a stone's throw (of)* *** .

/wiðin ə ˈstounz ˈθrou/

A tiro de piedra; a un paso.

It's within a stone's throw of the Post Office - Está a un paso de Correos.

3) *To leave no stone unturned* (véase *leave*, 1).

4) *A rolling stone gathers no moss* (ref.) (fig.) *** .

/ə ˈrouliŋ ˈstoun ˈgæðəz ˈnou ˈmɔs/

Ser culillo de mal asiento. No progresar económicamente por no parar en ningún sitio. La piedra movediza no cría moho.

«With his talents, I can't understand why he hasn't made it in life.» «Well, you know, a rolling stone gathers no moss» - «Con su talento, no comprendo cómo no ha triunfado en la vida.» «Bueno, ya sabes, es culillo de mal asiento.»

stork

A visit from the stork***.
/ə ˈvizit frəm ðə ˈstɔːk/
Una visita de la cigüeña. Nacimiento de un bebé.

storm

Any port in a storm**.
/ˈeni ˈpɔːt in ə ˈstɔːm/
Cualquier puerto es bueno cuando hay tormenta. A falta de pan buenas son tortas, agarrarse a un clavo ardiendo (véase también «clavo»).

straight

Straight on/ahead***.
/ˈstreit ˈɔn/əˈhed/
Todo seguido.
«Can you tell me the way to Oxford Street?» «Go straight on and then take the third turning to the right» - «¿Para ir a la calle Oxford, por favor?» «Vaya todo seguido y luego tome la tercera bocacalle a la derecha» (véase también *nose*, 8).

straw

1) *It's the last straw... (that breaks the camel's back)***.*
/its ðə ˈlɑːst ˈstrɔː (ðət ˈbreiks ðə ˈkæməlz ˈbæk/
La última gota... (de agua que hace rebosar el vaso, que hace perder la paciencia, etc.).
He didn't come yesterday either. Really it's the last straw - Tampoco vino ayer; realmente, es la última gota.

2) *To clutch at a straw* (véase «clavo»).

streets

Streets ahead (of) (arg.)***.
/ˈstriːts ə ˈhed (əv)/
Muy por delante de, muy superior a, a años luz de.
The Americans and the Russians are streets ahead of us in the space race - Los americanos y los rusos van muy por delante de nosotros en la carrera del espacio.

stretch

To stretch a point**.
/tə ˈstretʃ ə ˈpɔint/
Hacer una concesión; ceder.
We'll stretch a point there - Cederemos en eso.

strike

1) *To strike oil* (U.S.A.)***.
/tə ˈstraik ˈɔil/
Enriquecerse de pronto. Encontrar un filón. Hacer uno su agosto. Ponerse las botas.

2) *To strike it rich****.
    /tə 'straik it 'ritʃ/
    Encontrar un filón. Hacer uno su agosto. Ponerse las botas.
    It's our chance to strike it rich - Es nuestra oportunidad de
    ponernos las botas (véase también *jackpot*).

3) *To strike a discordant note***.
    /tə 'straik ə dis'kɔːdənt 'nout/
    Dar la nota discordante, llamar la atención.
    Your shorts strike a discordant note - Tus pantalones cortos
    dan la nota discordante.

string   *To have sb. on a string***.
    /tə 'hæv ɔn ə 'strɪŋ/
    Tener metido en un puño, dominado, etc.
    She's got her husband on a string - Tiene a su marido metido en un
    puño (véanse también *eat*, 1, y *keep*, 4).

Sunday   *In one's Sunday best***.
    /in wʌnz 'sʌndi 'best/
    Vestido con traje de domingo.
    They were all very smart in their Sunday best - Estaban todos muy
    elegantes con su ropa de domingo.

sucker   *To be taken for a sucker* (arg.)**.
    /tə biː 'teikn fər ə 'sʌkə/
    Ser tomado por lila; por el pito del sereno.
    You've been taken for a sucker - Te han tomado por lila (véanse
    también *had*, y «queso», *b*).

swallow   1) *To swallow/pocket one's pride****.
    /tə 'swɔlou/'pɔkit wʌnz 'praid/
    Tragarse el orgullo.
    Swallow your pride and ask them home - Trágate el orgullo e
    invítalos a casa.

2) *To swallow it hook, line and sinker* (véase «tragar», 2).

3) *One swallow doesn't make a summer* (ref.)*.
    /'wʌn 'swɔlou dʌzənt 'meik ə 'sʌmə/
    Una golondrina no hace verano. Por una sola cosa no se
    puede juzgar.

4) *To swallow the bait***.
    /tə 'swɔlou ðə 'beit/
    Tragarse/morder el anzuelo (aceptar sin sospechar una menti-
    ra, trampa, etc.)
    Var. = *To swallow it, line, hook, and sinker*** (véase «tra-
    gar», 2).

212

swan

1) *The swan-song* (lit)***.
/ðə 'swɔn,sɔŋ/
El canto del cisne.

2) *All his geese are swans* (véase *goose/geese*, 4).

swear

1) *To swear like a trooper***.
/tə 'swɛə laik ə 'tru:pə/
Blasfemar como un cochero/carretero/soldado de caballería, etcétera.

2) *To swear off****.
/tə 'swɛə(r) 'ɔf/
Quitarse de/dejar algo.
He swore off alcohol after he was so ill - Dejó la bebida después de estar tan enfermo (véase también *waggon*, 1).

sweat

To sweat one's guts out (arg.)**.
/tə 'swet wʌnz 'gʌts 'aut/
Echar el resto.
We sweated our guts out, but we finished it - Echamos el resto, pero lo terminamos.
Rel. = *To work hard* - Trabajar duro.

swept

To be swept off one's feet**.
/tə bi: 'swept ɔf wʌnz 'fi:t/
Entusiasmarse por algo.
He wasn't swept off his feet at the prospect of going to that party - No estaba muy entusiasmado (que digamos) ante la perspectiva de ir a esa fiesta.

swings

To make/lose on the swings what you lose/make on the roundabouts (véase *make*, 6).

sword

A double-edged sword (véase «arma»).

swot

1) *A swot* (arg.)**.
/ə 'swɔt/
Un empollón.

2) *To swot up* (arg.)**.
/tə 'swɔt 'ʌp/
Empollar.
He's swotting up his maths for tomorrow's exam - Se está empollando las matemáticas para el examen de mañana (véase también *bone*, 8).

T

tail

1) *To turn tail***.
/tə 'tə:n 'teil/
Salir huyendo.

2) *To slink off with one's tail between one's legs* (véase «rabo»).

3) *The tail wags/wagging the dog***.
/ðə 'teil 'wægz/'wægiŋ ðə 'dɔg/
«La cola mueve al perro», el mundo al revés (el que debería controlar la situación/dar las órdenes, etc., es el que las recibe).

take

1) *To take it easy****.
/tə 'teik it 'i:zi/
Tomárselo con calma. Armarse de paciencia.
Take it easy, my friend - Tómatelo con calma, amigo mío.

2) *To take sth. in one's stride****.
/tə 'teik in wʌnz 'straid/
Poder hacer algo sin esforzarse demasiado.
I'm sure you can take this exam in your stride - Estoy seguro que puedes hacer este examen sin esforzarte demasiado.

3) *To take sth. for granted****.
/tə 'teik fə 'græntid/
Dar algo por sentado, por supuesto.
They take it for granted you're going to give them one - Dan por sentado que les vas a dar uno.

4) *To take with a grain/pinch of salt***.
/tə 'teik wið ə 'grein/'pintʃ əv 'sɔ:lt/
Creer con reservas.
I'm taking it with a grain of salt - Lo creo con reservas.

5) *To take a dim view of***.
/tə 'teik ə 'dim 'vju: əv/
Parecer mal. Tener una pobre opinión.
I take a dim view of those who neglect their duties - Tengo una pobre opinión de los que descuidan su deber.

6) *To take a hint****.
/tə 'teik ə 'hint/
Comprender una indirecta.
I can take a hint - Sé comprender una indirecta.

7) *To take a joke****.
/tə 'teik ə 'dʒouk/
Admitir una broma. Tener correa.

8) *To take one's breath away****.
/tə 'teik wʌnz 'breθ ə'wei/
Dejar boquiabierto.

9) *To take off one's hat to* (véase *hat*, 2).

10) *To take offence****.
/tə 'teik ɔ'fens/
Ofenderse.
Don't take offence, please - No te ofendas, por favor.

11) *To take one's time****.
/tə 'teik wʌnz' taim/
Tomarse todo el tiempo que haga falta.
Take your time, there's no hurry - Tómate todo el tiempo que quieras; no hay prisa.

12) *To take sides****.
/tə 'teik 'saidz/
Tomar partido.
I'd rather not take sides for the moment - Prefiero no tomar partido, por el momento.

13) *To take it lying down****.
/tə 'teik it 'laiiŋ 'daun/
Aceptar o aguantar sin rechistar. Tragárselas dobladas (vulg.). Aguantar el chaparrón. Aguantar carretas y carretones.

14) *To take it out on somebody****.
/tə 'teik it 'aut ɔn 'sʌmbɔdi/
Tomarla con alguien.

15) *To take to the hills**.
/tə 'teik tə ðə 'hilz/
Tirarse al monte/a la sierra, etc. (ir a la clandestinidad).

16) *To take by storm****.
/tə 'teik bai 'stɔ:m/

  a) Tomar por asalto.
  The soldiers took the castle by storm - Los soldados tomaron el castillo por asalto.

  b) Tener gran éxito (un actor, cantante, etc., en un determinado lugar), conquistar.
  The Beatles took England by storm in the sixties - Los Beatles conquistaron Inglaterra en los años sesenta.

take in

    a) *To take sb. in* (v.f.t.)***.

    /tə 'teik 'in/

    Engañar.

    They took you in - Te engañaron (véase también «queso»).

    b) *To take sth. in* (v.f.t.)***.

    /tə 'teik 'in/

    Hacerse cargo de una situación. Comprender cuál es la situación mirando lo que hay al llegar a un sitio. Formarse un cuadro/una imagen mental.

    He took the scene in at a glance - Se hizo cargo de la situación al primer vistazo.

talk

    1) *To talk at cross purposes****.

    /tə 't:ɔk ət 'krɔs 'pə:pəsiz/

    Hablar cada uno por su lado sin entenderse. Jugar a los despropósitos. Ir cada uno por su lado.

    I have the impression they're talking at cross purposes - Me da la impresión de que va cada uno por su lado.

    2) *To talk through one's hat***.

    /tə 'tɔ:k θru: wʌnz 'hæt/

    Desbarrar; hablar tonterías.

    He keeps talking through his hat - No hace más que desbarrar.

    Sin. = *To talk nonsense.*

    3) *To talk nineteen to the dozen* (véase «hablar», 6).

    4) *To talk shop****.

    /tə 'tɔ:k 'ʃɔp/

    Hablar del trabajo (negocios, etc.) fuera de hora.

    5) *To talk turkey***.

    /tə 'tɔ:k 'tə:ki/

    Hablar con toda franqueza, sin rodeos.

talker

    A talker***.

    /ə 'tɔ:kə/

    Un charlatán; alguien que habla mucho, pero no consigue nada.

    He's a mere talker - Es sólo un charlatán.

tarred

    Tarred with the same brush**.

    /'tɑ:d wið ðə 'seim 'brʌʃ/

    Cortados por el mismo patrón (generalmente usado en sentido peyorativo) (véase también *bird*, 1).

temper

    1) *To be in a good/bad temper****.

    /tə bi: in ə 'gud/'bæd 'tempə/

    Estar de buen/mal humor.

216

Be careful, he's in a bad temper today - Ten cuidado; hoy está de mal humor.

2) *To lose one's temper****.
/tə 'lu:z wʌnz 'tempə/
Perder los estribos.
Sorry, I lost my temper - Siento haber perdido los estribos.

3) *Heaven tempers the wind* (véase «Dios», 3).

tenderfoot *A tenderfoot***.
/ə 'tendəfut/
Un novato (véase también *greenhorn*).

there *There's no getting away from it****.
/ðəz 'nou 'getiŋ ə'wei frəm it/
No hay vuelta de hoja.
The crisis is on and there's no getting away from it - Tenemos la crisis encima (la crisis ha llegado), y no hay vuelta de hoja.

thin 1) *As thin as a rake***.
/əz 'θin əz ə 'reik/
Más flaco que un palo; en los huesos.

2) *Thin on top* (hum.)***.
/'θin ɔn 'tɔp/
Con poco pelo, casi calvo.

thing 1) *One of those things****.
/'wʌn əv 'ðouz 'θiŋz/
Cosas que pasan.
It was just one of those things - Fue sólo una de esas cosas que pasan.

2) *Poor thing****.
/'puə 'θiŋ/
Criatura, pobrecito/a.

think 1) *I think so****.
/ai 'θiŋk sou/
Creo que sí.

2) *To think better of it****.
/tə 'θiŋk 'betə əv it/
Pensarlo mejor.
I've thought better of it and I won't take any action - Lo he pensado mejor y no procederé (judicialmente).

3) *To think a lot of oneself****.
/tə 'θiŋk ə 'lɔt əv wʌn'self/
Estar muy pagado de sí mismo.

217

He thinks a lot of himself - Está muy pagado de sí mismo (véanse también *boot*, y «cabeza», 7).

4) *To think highly/the world of sb.***/***.
/tə 'θiŋk 'haili/ðə 'wɔːld əv/
Tener una gran opinión, un gran concepto de.
We think the world of you - Creemos que eres maravillosa (Tenemos una gran opinión de ti).

5) *Not think much of****.
/nɔt 'θiŋk 'mʌtʃ əv/
No tener muy buena opinión de.
They don't think much of him as a writer - No tienen muy buena opinión de él como escritor.

think over   *To think sth. over* (v.f.t.)***.
/tə 'θiŋk 'ouvə/
Pensarlo; reflexionar.
Think it over and let me know your decision as soon as possible - Piénsalo y comunícame tu decisión lo antes posible.

third   *Third time lucky****.
/'θəːd 'taim 'lʌki/
A la tercera va la vencida.

thorn   *A thorn in one's side/flesh***.
/ə 'θɔːn in wʌnz 'said/'fleʃ/
Una espina clavada (en la carne).
Her second son has always been a thorn in her flesh - Su segundo hijo siempre ha sido una espina clavada en su carne.

thought   1) *A penny for your thoughts* (véase *penny*, 3).

2) *It's the thought that counts* (véase «detalle»).

3) *To give one food for thought****.
/tə 'giv wʌn 'fuːd fə 'θɔːt/
Dar que pensar.
That gives one food for thought - Eso le da a uno qué pensar.

throat   1) *To force/thrust/ram down sb.'s throat***.
/tə 'fɔːs/'θrʌst/'ræm daun sʌmbɔdiz 'θrout/
Hacer tragar/meter algo a alguien por narices (opiniones, ideas, etc.).
He keeps trying to force his silly beliefs down people's throats - Sigue intentando meterle a la gente por narices sus estúpidas creencias.

218

2) *To stick in sb.'s throat/gullet* ***.

/tə ˈstik in sʌmbədiz ˈθrout/ˈgʌlit/

Costar trabajo aceptar/aguantar algo, atragantarse, ser inaguantable.

It sticks in my throat to be bossed about by that idiot - Me cuesta trabajo aceptar ser mangoneado por ese idiota (véanse también *rub*, 3, y «tragar», 1).

3) *To be at each other's throats* (véase «matar», 2*b*).

4) *A frog in one's throat* (véase *frog*, 1).

5) *To have a lump in one's throat* (véase *lump*).

6) *To jump down sb.'s throat* (véase *jump*, 1).

throw

1) *To throw sb. off the scent* **.

/tə ˈθrou ɔf ðə ˈsent/

Despistar; dar una pista falsa.

He tried to throw me off the scent - Intentó despistarme.

2) *To throw a party* (véase *party*).

3) *To throw a spanner in the works* (véase *spanner*).

4) *To throw out a sprat to...* (véase *sprat*).

5) *To throw down the gauntlet* *.

/tə ˈθrou ˈdaun ðə ˈgɔːntlit/

Arrojar el guante, desafiar.

6) *To throw in the towel/sponge* ***.

/tə ˈθrou ˈin ðə ˈtauəl/ˈspʌndʒ/

Tirar la toalla/esponja, admitir la derrota.

We'll go on fighting —it's too soon to throw in the towel - Seguiremos luchando —es demasiado pronto para tirar la toalla.

7) *To throw one's weight around/about* ***.

/tə ˈθrou wʌnz ˈweit ə ˈraund/ə ˈbaut/

Darse importancia (tratar de impresionar a los demás, dando órdenes/opiniones propias, etc., a diestro y siniestro, etc.).

thumb

1) *To thumb one's nose at* (véase «burla», 2).

2) *To keep sb. under one's thumb* (véase *keep*, 4).

3) *To thumb a lift* **.

/tə ˈθʌm ə ˈlift/

Hacer (y conseguir en su caso) autostop.

I thumbed a lift to Rome - Fui en autostop a Roma.

Sin. = *To hitch-hike* ***.

/tə ˈhitʃhaik/

219

4) *To be all thumbs**/His fingers are all thumbs**/To be all fingers and thumbs***.

/tə biː 'ɔːl 'θʌmz/ /hiz 'fingəz ə(r) 'ɔːl 'θʌmz/ /tə biː 'ɔːl 'fingəz ənd 'θʌmz/

Ser un desmañado, un «manazas».

Trust him to break it; he's all thumbs - Ya verás cómo lo rompe; es muy desmañado (véase también *bull*, 2).

5) *To twiddle one's thumbs***.

/tə 'twidl wʌnz 'θʌmz/

No tener nada que hacer; estar ocioso. Darle vueltas a los pulgares. Estar sin dar golpe[1].

There he's been twiddling his thumbs for the last two hours - Allí lleva dos horas, sin dar golpe.

6) *To have a green thumb* (véase *finger(s)*, 4).

7) *A rule of thumb****.

/ə 'ruːl əv 'θʌm/

Una reglilla práctica (calcular/hacer algo basándose en la experiencia más que en la ciencia).

I calculated it by rule of thumb - Lo calculé a ojo (basándome en la experiencia, etc.).

8) *Thumbs up!****.

/'θʌmz 'ʌp/

Bien por..., ¡victoria!

«*He passed his exam.*» «*Thumbs up!*» - «Aprobó su examen.» - «¡Victoria!»

9) *By the pricking of one's thumbs* (véase «nariz», 3).

thunderstruck *To be thunderstruck***.

/tə biː 'θʌndəstrʌk/

Quedarse de una pieza, atónito.

Sin. = *To be astonished* (véanse también *dumb-founded* y *feather*).

tick 1) *To tick sth. off on one's fingers****.

/tə 'tik sʌmθiŋ 'ɔf ɔn wʌnz 'fiŋgəz/

Contar con los dedos.

One, two, three... he began ticking them off on his fingers - Uno, dos, tres... empezó a contarlos con los dedos.

2) *To tick off on a list****.

/tə 'tik 'ɔf ɔn ə 'list/

Puntear en una lista.

---

[1] No dar golpe = *To be a lazybones**** /tə biː ə 'leizibounz/ ser un vago.

3) *To tick sb. off* (v.f.t.) *.

/tə 'tik sʌmbɔdi 'ɔf/

Regañar a alguien (véanse también «bronca», «jabón», 2 y «rapapolvos»).

ticket

1) *To give sb. a ticket* ***.

/tə 'giv sʌmbɔdi ə 'tikit/

Poner una multa.

We've been given a ticket - Nos han puesto una multa.

2) *That's the ticket* (arg.) **.

/ðæts ðə 'tikit/

Perfecto, estupendo, fenomenal.

Sins. = *great!, smashing!*, etc.

tickled

Tickled pink/to death **.

/'tikld 'piŋk/tə 'deθ/

Encantado/muy contento.

She was tickled pink —her favourite grandson had been to see her - Estaba encantada —su nieto favorito había venido a verla.

tiger

1) *A paper tiger* ***.

/ə ˌpeipə 'taigə/

Un tigre de papel (persona o cosa que no es tan poderosa/terrible, etc., como parece).

Their army is very disorganized —they're really a paper tiger - Su ejército está muy desorganizado —son un tigre de papel en realidad.

2) *To ride the tiger* *.

/tə 'raid ðə 'taigə/

Vivir peligrosamente, embarcarse en una aventura peligrosa, etcétera.

tight

1) *To be tight* (véase «tajado»).

2) *To sit tight* **.

/tə 'sit 'tait/

Mantenerse firme. No dar el brazo a torcer (véase también *hold*, 1).

time

1) *In time* ***.

/in 'taim/

A tiempo.

Are we still in time? - ¿Estamos a tiempo todavía?

2) *On time* ***.

/ɔn 'taim/

Puntual.

He likes to be on time - Le gusta ser puntual.

Sin. = *Punctual.*

3) *Time is money****.
/'taimz 'mʌni/
El tiempo es oro.

4) *Before one's time****.
/bifɔ: wʌnz 'taim/
No ser del tiempo de uno. Ser anterior a la época de uno.
«*What can you tell us about the Civil War?*» «*Not much, I'm afraid, that was before my time*» - «¿Qué nos puede decir sobre la guerra civil?» «No mucho, me temo; es anterior a mi época.»

5) *For the time being****.
/fə ðə 'taim 'bi:iŋ/
Por ahora.
We'll live there for the time being - Viviremos allí, por ahora.
Sin. = *For the moment.*

6) *About time* (véase *about*, 2).

7) *It's high time*** = *It's about time...* (véase *about*, 2).
/its 'hai 'taim/

8) *Time is a great healer* (ref.)**.
/'taimz ə 'greit 'hi:lə/
El tiempo lo cura todo.

9) *Time and tide wait for no man* (ref.)**.
/'taim ən 'taid 'weit fə 'nou 'mæn/
El tiempo no perdona.

10) *Time is up****.
/'taimz 'ʌp/
Es la hora.

11) *Time and again****.
/'taim ənd ə'gen/
Una y otra vez (véase también *over*, 2).

12) *Long time no see* (fam.)***.
/'lɔŋ 'taim 'nou 'si:/
Hace siglos que no te veo.
Sin. = *I haven't seen you for ages****.

tin   *To have a tin ear* (arg.)**.
/tə 'hæv ə 'tin 'iə/
Tener mal oído para la música.

tip   1) *To have sth. on the tip of one's tongue****.
/tə 'hæv sʌmθiŋ ɔn ðə 'tip əv wʌnz 'tʌŋ/
Tener (algo) en la punta de la lengua.

222

What was his name now? I have it on the tip of my tongue - A ver, ¿cómo se llamaba? Lo tengo en la punta de la lengua.

2) *The tip of the iceberg***.

/ðə 'tip əv ði 'aisbə:g/

La punta del iceberg, sólo una pequeña parte, lo que se ve (de un problema, una dificultad, etc., mayores).

About ten cases of rape are   daily, but it might be only the tip of the iceberg - Unos diez casos de violación son denunciados diariamente, pero podría ser sólo la punta del iceberg.

tired

1) *To be tired out****.

/tə bi: 'taiəd 'aut/

Estar muy cansado; agotado; rendido; exhausto.

2) *To be dog-tired****.

/tə bi: 'dɔgtaiəd/

Estar muy cansado, agotado, etc.

tit for tat

Tit for tat *(*).

/'tit fə 'tæt/

Donde las dan las toman.

toe

1) *To toe the line***.

/tə 'tou ðə 'lain/

Seguir las consignas dadas. Atenerse a las instrucciones.

(either) You toe the line or you leave - O te atienes a las instrucciones, o te vas.

2) *From top to toe***.

/frəm 'tɔp tə 'tou/

De punta a rabo.

3) *To be on one's toes****.

/tə bi: ɔn wʌnz 'touz/

Estar ojo avizor; estar alerta; mantener los ojos bien abiertos.

We'll have to be on our toes if we want to increase productivity by 25% - Tendremos que mantenernos alerta si queremos aumentar la productividad en un 25%.

4) *To tread/step on sb.'s toes/corns***.

/tə 'tred/'step ɔn sʌmbɔdiz 'touz/'kɔ:nz/

Pisar un callo a, ofender a alguien (diciendo/haciendo algo que va contra sus creencias/convicciones, etc.).

You trod on his toes when you ridiculed the Pope - Lo ofendiste cuando ridiculizaste al Papa.

5) *To turn up one's toes* (hum.)**.

/tə 'tə:n ʌp wʌnz 'touz/

Morir, estirar la pata (véase también «pata», 1).

223

tongue

1) *To have lost one's tongue* **.
/tə hæv 'lɔst wʌnz 'tʌŋ/
Haber perdido la lengua.
Have you lost your tongue? - ¿Has perdido la lengua? (¿Te ha comido la lengua el gato?)
Sin. = *Has the cat got your tongue?* (véase *cat*, 21).

2) *To hold one's tongue* ***.
/tə 'hould wʌnz 'tʌŋ/
Callarse la boca.
Hold your tongue - Cállate la boca.
Sin. = *Shut up* /'ʃʌt ʌp/ - Cierra el pico (véase también «pico».

3) *To have one's tongue in one's cheek* *.
/tə hæv wʌnz 'tʌŋ in wʌnz 'tʃi:k/
Decir de labios para afuera; con la boca pequeña *(with one's tongue in one's cheek)*.
Don't you believe him; he had his tongue in his cheek when he said so (he didn't mean it) - No lo creas; lo dijo de labios para afuera (no quería decir eso).

4) *A slip of the tongue* (véase *slip*, 1).

5) *On the tip of one's tongue* (véase *tip*).

6) *To bite one's tongue* ***.
/tə 'bait wʌnz 'tʌŋ/
Morderse la lengua, arrepentirse de lo que se acaba de decir.
He bit his tongue, but it was too late, she had heard him - Se arrepintió de haberlo dicho, pero era demasiado tarde, ella lo había oído.

7) *To find one's tongue* ***.
/tə 'faind wʌnz 'tʌŋ/
Recobrar el habla (tras un periodo de silencio causado por una fuerte emoción, etc.).
When she found her tongue she thanked him profusely - Cuando recobró el habla le dio efusivamente las gracias.

8) *To set tongues wagging* ***.
/tə 'set 'tʌŋz 'wægiŋ/
Dar que hablar.
The vicar's murder has set all the tongues in the village wagging - El asesinato del párroco está dando mucho que hablar en el pueblo.

tooth/teeth

1) *Armed to the teeth* ***.
/'ɑ:md tə ðə 'ti:θ/
Armado hasta los dientes.

2) *To cut one's teeth on****.

/tə 'kʌt wʌnz 'ti:θ ɔn/

Curtirse, adquirir experiencia, ejercitarse en, echar los dientes haciendo algo.

He ought to know something about climbing —he cut his teeth on it - Debe saber algo de montañismo —echó los dientes en eso.

3) *To have a sweet tooth* (véase *have*, 10).

4) *To be long in the tooth***.

/tə bi: 'lɔŋ in ðə 'tu:θ/

Viejo, mayor, talludo (que ya no es ningún niño).

5) *To say sth. between one's teeth****.

/tə 'sei bi'twi:n wʌnz 'ti:θ/

Decir entre dientes.

6) *To be fed up to the back teeth* (véase «coronilla»).

7) *To set one's teeth on edge* (véase *set*, 2).

8) *By the skin of one's teeth* (véase «pelo», 1*a*).

9) *To show one's teeth* (véase «dientes»).

10) *To cast/throw in a person's teeth* (véase «echar», 1).

11) *An eye for an eye (a tooth for a tooth)* (véase «ojo», 8).

12) *To fight/defend tooth and nail* (véase «uña», 2).

too   *Too good to be true****.

/'tu: 'gud tə bi: 'tru:/

No me lo creo. Demasiado bueno para ser verdad. No será verdad tanta belleza. No caerá esa breva.

top   1) *The top of the ladder***.

/ðə 'tɔp əv ðə 'lædə/

La cima, la cumbre, el más alto escalón social, la cresta de la ola.

Now that he's been made a minister, he can be said to have reached the top of the ladder - Ahora que lo han hecho ministro, puede decirse que ha alcanzado la cima. •

2) *To be/feel on top of the world***.

/tə bi:/'fi:l ɔn 'tɔp əv ðə 'wə:ld/

Estar/sentirse muy bien/fenomenal/de maravilla (véase también *fit*, 2).

tortoise   *As slow as a tortoise**.

/əz 'slou əz ə 'tɔ:təs/

Lento como una tortuga.

touch

1) *To lose one's touch***.
/tə 'luːz wʌnz 'tʌtʃ/
Perder facultades.
He's losing his touch of late - Está perdiendo facultades
últimamente (véase también «capa»).

2) *To touch sb. for* (arg. U.S.A.)***.
/tə 'tʌtʃ fɔː/
Dar un sablazo.
I met him yesterday and he touched me for $10 - Me lo
encontré ayer y me dio un sablazo de $10 (véase también
sponge).

3) *To touch bottom* (econ.)***.
/tə 'tʌtʃ 'bɒtəm/
Tocar fondo (llegar a una situación límite desde la que se
supone que puede empezar un relanzamiento).

touchy

To be touchy***.
/tə biː 'tʌtʃi/
Ser picón, picajoso.
He's a little touchy - Es un poco picón (véase también *skin*, 3).

town

1) *To paint the town red***.
/tə 'peint ðə 'taun 'red/
Echar una canita al aire; irse de juerga; de jarana; correrla
(véase también *go*, 5).

2) *It's the talk of the town****.
/its ðə 'tɔːk əv ðə 'taun/
Es la comidilla general. No se habla de otra cosa.

3) *To go to town***.
/tə 'gou tə 'taun/
Pasarlo en grande (divertirse sin reparar en gastos, echar la
casa por la ventana, etc.).
What a fine party —they've really gone to town - ¡Qué
estupenda fiesta! —realmente han echado la casa por la
ventana.

train

To get on the gravy train (arg.)**.
/tə 'get ɒn ðə 'greivi 'trein/
Obtener ganancia o beneficio fácil. Chupar del bote.

trial

To be a trial (to) **.
/tə biː ə 'traiəl tə/
Dar que hacer. Ser un martirio.
That girl has been a trial to us - Esa chica nos ha dado mucho que
hacer.

226

trick

1) *To play a trick on* (véase «broma»).

2) *To play a dirty/nasty trick on sb.****. '*.
/tə 'plei ə 'də:ti/'na:sti 'trik ɔn/
Jugar una mala pasada.
That's a nasty trick they've played on you - Te han jugado una mala pasada (véase también *turn*, 5).

trip

A trip (arg. droga)***.
/ə 'trip/
Un «viaje»; *a bad trip* - un mal «viaje»: efectos desagradables producidos por la droga (alucinaciones, etc.).

trouble

1) *(The) trouble is****.
/(ðə) 'trʌbl iz/
(The) trouble is I haven't got any either - Lo malo es que yo tampoco tengo.

2) *To get into trouble* (véase *to get into*).

trout

An old trout (arg.)*.
/ən 'ould ˌtraut/
Una vieja fea y estúpida.

try

If at first you don't succeed, try, try, try again**.
/if ət 'fə:st ju dount sək'si:d 'trai 'trai 'trai ə'gen/
Si al principio no lo consigues, insiste, nunca te des por vencido; pobre porfiado saca tajada; el que la sigue la consigue/la mata.

turkey

To talk turkey (véase *talk*, 5).

turn

1) *One good turn deserves another* (ref.)*.
/'wʌn 'gud 'tə:n di'zə:vz ə'nʌðə/
Favor con favor se paga.

2) *To take turns****.
/tə 'teik 'tə:nz/
Turnarse.
We'll take turns at the sick man's bedside - Nos turnaremos a la cabecera del enfermo.

3) *To turn one's stomach* (véase «estómago»).

4) *Not turn a hair****.
/nɔt 'tə:n ə 'hɛə/
No inmutarse.
He didn't turn a hair when the bomb exploded - No se inmutó cuando explotó la bomba (véase también *bat*, 2).

5) *A nasty turn****.
/ə 'na:sti 'tə:n/
Una mala pasada.

227

6) *To turn/tip the scales**.
/tə 'tə:n/'tip ðə 'skeilz/
Inclinar la balanza.
That turned/tipped the scales in our favour - Eso inclinó la balanza a nuestro favor.

7) *To turn up one's nose***.
/tə 'tə:n 'ʌp wʌnz 'nouz/
Hacer ascos.
He turned up his nose at my suggestion - Le hizo ascos a mi sugerencia.

8) *To turn a deaf ear****.
/tə 'tə:n ə 'def 'iə/
No hacer caso; hacerse el sordo.
He turned a deaf ear to her entreaties - Se hizo el sordo ante sus súplicas.

9) *To turn one's back on sb.* (lit. y fig.)***.
/tə 'tə:n wʌnz 'bæk ɔn/
Dar la espalda (lit. y fig.).
She turned her back on him - Le dio la espalda.

10) *To take a turn for the better****.
/tə 'teik ə 'tə:n fə ðə 'betə/
Tomar un giro favorable; cambiar para mejor.
Things have taken a turn for the better - Las cosas han tomado un giro favorable.
Rel. = *To look up;* ej.: *Things are beginning to look up for her* - Las cosas están empezando a ponerse bien para ella.

11) *To turn the other cheek***.
/tə 'tə:n ði 'ʌðə 'tʃi:k/
Poner la otra mejilla (reaccionar con resignación a un insulto /agresión, etc.) (véase *cheek*, 3).

12) *To turn the tables (on)***.
/tə 'tə:n ðə 'teiblz ɔn/
Cambiarse las tornas, dar la vuelta a la tortilla.

turtle
To turn turtle*.
/tə 'tə:n 'tə:tl/
(De un bote) volcarse.

twice
Twice as much***.
/'twais əz 'mʌtʃ/
Dos veces más.
I can get twice as much from the other party - Puedo sacar dos veces más de la otra parte (de los otros).

228

When in Rome, do as the Romans do.

twinkling   *In the twinkling of an eye* (véase «ojo», 6).

twist   *To twist sb. round one's little finger** *.
/tə 'twist sʌmbədi raund wʌnz 'litl 'fiŋgə/
Tener dominado; metido en un puño. Manejar a su antojo (véase también *keep*, 4).

U

uncle   *Uncle Sam***. *
/'ʌŋkl 'sæm/
El tío Sam (U.S.A.).

understand   *To understand all is to forgive all* (ref.)*.
/tu ˌʌndə'stænd 'ɔːl iz tə fə'giv 'ɔːl/
Comprender es perdonar.

unknown   *An unknown quantity** *.
/ən ˌʌn'noun 'kwɔntiti/
Una incógnita (personas cuyas intenciones, cualidades, etc., se desconocen todavía) (véase también *dark*).

up to   1) *It's up to you***. *
/its 'ʌp tə juː/
Depende de ti; es asunto tuyo.

2) *To be up to sth.* (v.p.)***.
/tə biː 'ʌp tə/
Estar tramando algo.
What are you up to? - ¿Qué estás tramando?

3) *(Not) to be up to***. *
/(nɔt) tə biː 'ʌp tə/
(No) estar en condiciones de, (no) ser capaz de.
I'm not up to going shopping this morning —I have a terrible headache - No estoy en condiciones de ir de compras esta mañana —tengo un terrible dolor de cabeza.

upside   *Upside down***. *
/'ʌpsaid 'daun/
Al revés (invertido).

useful   *To come in useful***. *
/tə 'kʌm in 'juːsfl/
Ser de utilidad. Venir bien (véase también *handy*).

V

vanish *To vanish into thin air****.
/te ˈvæniʃ intə ˈθin ˈɛə/
Esfumarse; desaparecer. Tragárselo a uno la tierra.
He's vanished into thin air - Se lo ha tragado la tierra.

variety *Variety is the spice of life**.
/vəˈraiətiz ðə ˈspais əv ˈlaif/
En la variedad está el gusto.

vent *To give vent to**.
/tə ˈgiv ˈvent tə/
Dar rienda suelta a.

venture *Nothing venture, nothing have* (véase «arriesgarse»).

vicious *A vicious circle***.
/ə ˈviʃəs ˈsə:kl/
Un círculo vicioso. La pescadilla que se muerde la cola.

virtue *To make a virtue of necessity***.
/tə ˈmeik ə ˈvə:tju: əv nəˈsesiti/
Hacer de la necesidad virtud; ponerse moños por algo que no había más remedio que hacer.
Don't make a virtue of necessity - No te pongas moños, porque no tenías más remedio que hacer lo que has hecho.

voice *A voice (crying) in the wilderness**.
/ə ˈvɔis ˈkraiiŋ in ðə ˈwildənis/
Una voz que predica/clama en el desierto.

W

waggon 1) *To go on the (water) waggon****.
/tə ˈgou ɔn ðə ˈwɔ:tə ˈwægn/
Quitarse de/dejar la bebida (la variante con *water* es quizá menos frecuente en la actualidad).
It's the third time this month he's said he's going on the waggon - Es la tercera vez este mes que dice que se va a quitar de la bebida (véase también *swear*, 2).

2) *To fall off the (water) waggon****.
/tə ˈfɔ:l ɔf ðə ˈwɔ:tə ˈwægn/
Volver a la bebida después de un periodo de abstinencia (la variante con *water* es quizá menos frecuente en la actualidad).

I hope he never falls off the waggon again - Espero que nunca vuelva a la bebida otra vez.

3) *To jump on the bandwagon* (véase *jump*, 2).

wait

1) *I can't wait to***.*
/ai 'kɑ:nt 'weit tə/
Ardo de impaciencia por; ardo en deseos de. Estoy deseando.
I can't wait to be with you - Ardo en deseos de estar contigo (véase también *look forward*).

2) *To wait in the wings**.*
/tə 'weit in ðə 'wiŋz/
Estar a la expectativa (preparado/dispuesto para tomar el relevo/actuar si es necesario, etc.).
Don't worry, there's the young generation waiting in the wings - No te preocupes, ahí está la joven generación dispuesta a tomar el relevo.

walk

One's walk of life**.
/wʌnz 'wɔ:k əv 'laif/
La profesión de uno. El medio de ganarse la vida.
People from all walks of life attended the film star's funeral - Gente de todas las profesiones asistió al funeral la estrella de cine.

wall

1) *To drive sb. up the wall* (arg.)**.
/tə 'draiv sʌmbɔdi ʌp ðə 'wɔ:l/
Crispar los nervios; poner los nervios de punta.
The baby's been crying for two hours; it drives me up the wall - El bebé lleva llorando dos horas; me pone los nervios de punta (véanse también «chispas», «trinar» y *boil*).
Sin. = *To drive somebody round the bend* (arg.)**.

2) *Walls have ears* (véase «paredes»).

3) *A wallflower*.*
/ə 'wɔ:l,flauə/
Chica a la que nadie saca a bailar, que se queda en el poyete, comer pavo.
You're not suggesting that I ask one of those wallflowers to dance? - ¿No estarás sugiriendo que saque a bailar a una de esas en el poyete?

wash

To wash one's dirty linen in public***.
/tə 'wɔʃ wʌnz 'də:ti 'linən in 'pʌblik/
Lavar los trapos sucios en público.

waste   *Waste not, want not* (ref.)**.

/'weist 'nɔt 'wɔnt 'nɔt/

No desperdicies o tires las cosas (dinero, comida, etc.) si no quieres que te falte luego.

water   1) *To get into hot water***.

/tə 'get intə 'hɔt 'wɔːtə/

Cargársela. Meterse en un buen lío.

You'll be getting into hot water if you do that again - Te vas a meter en un buen lío, si lo haces otra vez (véanse también *get into*, y *hot*, 3).

2) *To pour cold water on***.

/tə 'pɔː 'kould 'wɔːtə ɔn/

Echar un jarro de agua fría.

I'm afraid you poured cold water on his plans - Me temo que hayas echado un jarro de agua fría a sus planes.

3) *To hold water* (véase *hold*, 2).

4) *Like a fish out of water***.

/laik ə 'fiʃ aut əv 'wɔːtə/

Como gallina en corral ajeno; como pez fuera del agua.

He felt like a fish out of water in his new post - Se sentía como gallina en corral ajeno en su nuevo puesto.

5) *Much water has flowed under the bridge since then* (abreviado a menudo a *water under the bridge)*.

/'mʌtʃ 'wɔːtə həz 'floud ʌndə ðə 'bridʒ sins 'ðen/

Ha llovido mucho desde entonces.

6) *Still waters run deep* (ref.)**.

/'stil 'wɔːtəz 'rʌn 'diːp/

Su apariencia engaña. Sabe más de lo que parece, etc.

7) *Blood is thicker than water* (véase *blood*, 1).

8) *To pour oil on (the) troubled waters* (véase *pour*, 2).

9) *Come hell or high water* (véase «viento», 2b).

10) *In hot water* (véase *hot*, 3).

11) *To keep one's head above water* (véase *head*, 21).

12) *To make one's mouth water* (véase «agua», 2).

13) *To spend money like water* (véase «dinero», 4).

14) *To take to sth. like a duck to water* (véase *duck*, 4).

15) *Like water off a duck's back* (véase *duck*, 2).

16) *To make/pass water* (euf.)**.

/tə 'meik/'pɑːs 'wɔːtə/

Orinar.

way

1) *To have one's own way* (véase «salirse»).

2) *To be in the way*** ***.
/tə bi: in ðə 'wei/
Estar estorbando.
You're in the way - Estás estorbando (cf.: *on one's way* - en camino).

3) *To have a way with one*** **.
/tə hæv ə 'wei wið wʌn/
Tener un algo; tener ángel; dársele a uno bien algo; saber meterse a la gente en el bolsillo.
I admit he has a way with him - Reconozco que tiene algo.

4) *In a way*** ***.
/in ə 'wei/
En cierto modo.
It's also yours in a way - Es también tuyo en cierto modo.

5) *This way*** ***.
/'ðis 'wei/
Por aquí.
This way, please - Por aquí, por favor.

6) *The other way round*** ***.
/ði 'ʌðə 'wei 'raund/
Al revés; todo lo contrario.
«*So, you've got two and they haven't got any.*» «*No, it's the other way round*» - «Así que tú tienes dos, y ellos, ninguno.» «No, es al revés (todo lo contrario).»

7) *To give way (to)*** ***.
/tə 'giv 'wei tə/
   a) Ceder, dejarse dominar por.
   One must not give way to nerves - Uno no debe dejarse dominar por los nervios.
   b) Dar paso a (lit. y fig.).
   Little by little his anger gave way to amusement - Poco a poco su cólera fue dando paso a la risa.
   c) Ceder, venirse abajo, hundirse.
   The ceiling has given way - El techo se ha hundido.

8) *In the family way*** **.
/in ðə 'fæmili 'wei/
Embarazada.

9) *To know one's way around*** ***.
/tə 'nou wʌnz 'wei ə'raund/
Saber lo que se hace/lo que se tiene entre manos.

234

Don't worry he knows his way around - No te preocupes, él sabe lo que se hace.

10) *You can't have it both ways****.

/ju kɑ:nt 'hæv it 'bouθ 'weiz/

Las dos cosas no puede ser, hay que decidirse, o una cosa u otra, no se puede estar en misa y repicando.

Either we go to the cinema or we watch the TV programme, you can't have it both ways - O vamos al cine o vemos el programa de TV, las dos cosas no puede ser (véase también *cake*, 1).

11) *Under way****.

/ˌʌndə 'wei/

En curso, haciéndose, teniendo lugar.

A social reform is under way - Hay una reforma social en curso.

12) *No way* (arg. U.S.A.)***.

/'nou 'wei/

De ninguna manera, ni hablar.

13) *To go the way of all flesh* (euf.)**.

/tə 'gou ðə 'wei əv 'ɔ:l 'fleʃ/

Morirse (véase «pata», 1).

14) *To pave the way* (véase *pave*).

15) *To rub (up) the wrong way* (véase *rub*, 3).

16) *To go out of one's way to* (véase *go*, 4).

17) *There's more ways than one to...* (véase *cat*, 17).

18) *Ways and means****.

/'weiz ənd 'mi:nz/

Maneras, medios, métodos (para conseguir lo que se quiere, aparte de los oficiales/normales, etc.).

«*He won't pay.*» «*Don't worry —there are ways and means*» - «No quiere pagar.» «No te preocupes —hay maneras (de hacerle pagar).»

wear

1) *To wear one's heart on one's sleeve* (véase *heart*, 5).

2) *To wear the trousers* (véase «pantalones»).

3) *Wear and tear***.

/ 'weə(r) ənd 'teə/

El desgaste, deterioro (por el uso).

When you let a flat you must allow for wear and tear - Cuando se alquila un piso hay que dejar un margen para el deterioro.

weather　　　*Weather permitting***.*
/'weðə pə'mitiŋ/
Si el tiempo no lo impide.

weight　　　*To put on weight***.*
/tə 'put 'ɔn 'weit/
Engordar.
You've put on weight - Has engordado (cf.: *to lose weight - adelgazar*).

well　　　*Well begun (is) half done* (ref.)**.
/'wel bi'gʌn (iz) 'hɑːf 'dʌn/
Obra bien empezada, a mitad acabada.

well off　　　*To be well off***.*
/tə biː 'wel 'ɔf/
Estar acomodado; bien de dinero; en buena posición.
They're quite well off - Están bastante bien de dinero.
Rel. = *To have money to burn* (arg.)** - Tener dinero para dar y
vender.

well-to-do　　　*Well-to-do (people, district, etc.)***.*
/ˌwel tə 'duː/
Elegante; (de gente) bien.
A well-to-do district - Un barrio de gente bien.

wet　　　1) *As wet as a drowned rat*.*
/əz 'wet əz ə 'draund 'ræt/
Hecho una sopa; empapado (véase también *soaked*).

2) *Wet through***.*
/'wet 'θruː/
Empapado.
They were both wet through - Estaban ambos empapados
(véase también *soaked*).
Sin. = *Sopping wet.*

3) *A wet blanket* (véase «aguafiestas», *a*).

whale　　　1) *To have a whale of a time***.*
/tə 'hæv ə 'weil əv ə 'taim/
Pasarlo en grande/bomba, etc. (véanse también *kick*, 2, y
«pasar», 1).

2) *To throw out a sprat to catch a whale* (véase *sprat*).

what　　　1) *What about?***/How about?***.*
/'wɔt əbaut/ /'hau əbaut/
¿Qué me dices de...? ¿Qué te parece?
What about a cup of coffee? - ¿Qué te parece una taza de café?

236

2) *What's up?****.
/'wɔts 'ʌp/
¿Qué pasa?
Sin. = *What's the matter?*

3) *What can I do for you?****.
/'wɔt kən ai 'du: fə ju:/
¿En qué puedo servirle?

4) *What can't be cured must be endured* (ref.)**.
/wɔt kɑ:nt bi: 'kju:əd mʌst bi: in'djuəd/
A lo hecho, pecho.

5) *What with... and****.
/wɔt wið ænd/
Entre que... y...
What with prices going up all the time and business going down, I don't know what's going to become of us - Entre que los precios no hacen más que subir y el negocio bajar, no sé lo que va a ser de nosotros.

6) *What's eating you?* (arg.)**.
/'wɔts 'i:tiŋ ju:/
¿Qué mosca te ha picado? ¿Qué diablos te pasa?

7) *What's the damage?* (hum.)**.
/'wɔts ðə 'dæmidʒ/
¿Qué se ha roto aquí?, ¿qué se debe?, la cuenta, la dolorosa, etcétera.

when *When in Rome, do as the Romans do / Rome does* (ref.)**.
/wen in 'roum 'du: əz ðə 'roumənz 'du:/ 'roum 'dʌz/
Donde quiera que fueres, haz lo que vieres.

where *Where it's at/where the action is****.
/weə(r) its 'æt/weə ði 'ækʃn iz/
(Estar siempre) donde está el centro de la acción, en el sitio más importante, donde se cuecen las cosas, en el cogollo, al pie del cañón, etc. (véase también *in*, 4).
The President is always where it's at - El Presidente está siempre donde se cuecen las cosas/al pie del cañón.

while 1) *To while away the time****.
/tə 'wail ə'wei ðə 'taim/
Pasar el rato.
Let's play cards to while away the time - Juguemos a las cartas para pasar el rato.

237

2) *A little while****.
/ə 'litl 'wail/
Un ratito.

3) *Once in a while***.
/'wʌns in ə 'wail/
De vez en cuando (véase también *now*).

4) *To be worth one's while****.
/tə bi: 'wəː θ wʌnz 'wail/
Valer la pena.
It isn't worth your while going there - No vale la pena que vayas.
Sin. = *To be worth* + gerundio: *The book's worth reading* - El libro vale la pena leerse.

whistle   1) *To whistle for* (fam.)***.
/tə 'wisl fɔː/
Esperar en vano; esperar sentado.
I know I owe him two pounds, but he can whistle for it - Sé que le debo dos libras, pero puede esperar sentado (no le pagaré).

2) *Clean as a whistle* (véase *clean*, 2).

3) *To blow the whistle on* (véase *blow*, 6).

4) *To wet one's whistle* (hum.)**.
/tə 'wet wʌnz 'wisl/
Tomar un trago, refrescarse el gaznate.

white   1) *As white as a sheet* (véase «blanco»).

2) *A white lie****.
/ə ‚wait 'lai/
Una mentira inocente, una mentirijilla.

3) *A white elephant* (véase *elephant*, 2).

4) *To bleed sb. white* (véase *bleed*).

win   1) *To win hands down***.
/tə 'win 'hændz 'daun/
Ganar de corrido.

2) *To win the day****.
/tə 'win ðə 'dei/
Conseguir (anotarse) la victoria; llevarse el gato al agua.
Finally it was them who won the day - Finalmente, fueron ellos los que consiguieron la victoria.

wind   1) *To get wind of sth.* (véase *get wind*).

2) *To get the wind up* (véase *get the wind*).

3) *To take the wind out of sb.'s sails**.
/tə 'teik ðə 'wind aut əv sʌmbədiz 'seilz/
Bajar los humos (véase también *peg*, 1).

4) *It's an ill wind that blows no good* (ref.)*.
/its ən 'il 'wind ðət 'blouz 'nou 'gud/
No hay mal que por bien no venga (véase también *cloud*).

5) *There's something in the wind***.
/ðəz 'sʌmθiŋ in ðə 'wind/
Algo se está tramando; cociendo; mascando, etc.

wise   *To be wise after the event****.
/tə bi: 'waiz ɑ:ftə ði i'vent/
Verlo todo muy fácil después de ocurrido.
«*Why didn't you use another fertiliser?» «It's easy to be wise after the event*» - «¿Por qué no usaste otro fertilizante?» «Es fácil ver las cosas después de pasadas.»

witch   *Witch-hunt****.
/'witʃ hʌnt/
Caza de brujas (persecución de adversarios políticos, etc., con cualquier pretexto).
We all remember the witch-hunt for communists in the U.S.A. in the fifties - Todos recordamos la caza de brujas de comunistas en EE.UU. en los años cincuenta.

with   1) *With it* (arg.)**.
/wið 'it/
Al día, a la moda, a la última (moda).
He likes to be with it in everything - Le gusta estar a la última en todo.

2) *With the best of them****.
/wið ðə 'best əv ðəm/
Como el que más, como el primero.
He can sing and dance with the best of them - Sabe cantar y bailar como el que más.

wits   *To be at one's wits' end****.
/tə bi: ət wʌnz 'wits 'end/
Estar ya que no se sabe ni lo que se dice ni lo que se hace.
Don't pay any attention to me today, I'm at my wits' end - No me hagas caso hoy, estoy que ya no sé lo que digo.

wolf   1) *A wolf in sheep's clothing***.
/ə 'wulf in 'ʃi:ps 'klouðiŋ/
Un lobo disfrazado de cordero.

2) *To keep the wolf from the door***.
/tə 'ki:p ðə 'wulf frəm ðə 'dɔ:/
Ahuyentar el hambre; quitarse el hambre a puñetazos.
They found it hard to keep the wolf from the door - Les costaba trabajo ahuyentar el hambre.

3) *To cry wolf***.
/tə 'krai 'wulf/
Gritar que viene el lobo. Provocar falsa alarma.
I'm tired of hearing him cry wolf - Estoy cansado de sus falsas alarmas.

4) *A wolf***.
/ə 'wulf/
Conquistador, mujeriego, donjuán.
Sin. = *A lady-killer****.
/ə 'leidi‚kilə/

5) *A lone wolf****.
/ə 'loun 'wulf/
Solitario, que le gusta la soledad/estar solo; amante de la soledad.

6) *Between dog and wolf***.
/bi twi:n 'dɔg ənd 'wulf/
Al atardecer, entre dos luces, al caer el día/la tarde.

7) *To throw to the wolves* (véase *lion*, 4).

8) *A wolf wistle****.
/ə 'wulf‚wisl/
Silbido de admiración a una chica (en la calle, etc.).

9) *The big bad wolf* (gen. hum.)**.
/ðə 'big 'bæd 'wulf/
El lobo feroz (algo o alguien que causa miedo/pavor, usado a menudo con ironía/humor).

Capitalism is the big bad wolf for them - El capitalismo es el lobo feroz para ellos.

wood

1) *Not see the wood for the trees***.
/nɔt 'si: ðə 'wud fə ðə 'tri:z/
Los arboles no dejan ver el bosque; los detalles impiden ver lo principal.

2) *To touch wood****.
/tə 'tʌtʃ 'wud/
Tocar madera (costumbre supersticiosa para ahuyentar las desgracias).

240

wool   *To pull the wool over sb.'s eyes* **.
/tə 'pul ðə 'wul ouvə sʌmbɔdiz 'aiz/
Engañar.

They managed to pull the wool over the old man's eyes - Se las
ingeniaron para engañar al viejo (presentarle una visión falsa de
la realidad).

word   1) *Fine words butter no parsnips* (ref.) *.
/'fain 'wə:dz 'bʌtə 'nou 'pɑ:snips/
Sólo con palabras no se va a ninguna parte; obras son amores
y no buenas razones (véase también *actions*).

2) *To have the last word* ***.
/tə hæv ðə 'lɑ:st 'wə:d/
Tener (decir) la última palabra.
My wife always has the last word - Mi mujer dice siempre la
última palabra.

3) *In a word* ***.
/in ə 'wə:d/
En una palabra; en resumen.

4) *By word of mouth* ***.
/bai 'wə:d əv 'mauθ/
De palabra (no por escrito).

5) *To eat one's words* ***.
/tu 'i:t wʌnz 'wə:dz/
Tragarse las palabras; retirar lo dicho; retractarse.
I'll make him eat his words - Le haré tragarse sus palabras.

6) *To take the words out of one's mouth* **.
/tə 'teik ðə 'wə:dz aut əv wʌnz 'mauθ/
Quitar las palabras de la boca.
You've taken the words out of my mouth - Me has quitado las
palabras de la boca.

7) *To be as good as one's word* ***.
/tə bi: əz 'gud əz wʌnz 'wə:d/
Hacer honor a su palabra, cumplir lo prometido.
*She said she'd be here at nine o'clock and she's been as good as
her word* - Ella dijo que estaría aquí a las nueve y ha hecho
honor a su palabra.

8) *To put in a good word for* (véase *put*, 2).

9) *A man of his word* (véase «hombre», 5).

10) *Mum is the word* (véase *mum*).

241

work

1) *To work one's fingers to the bone* **.
/tə 'wəːk wʌnz 'fiŋgəz tə ðə 'boun/
Matarse trabajando (especialmente, trabajos manuales).
I won't have it: you're having the time of your life while I work my fingers to the bone at home - No lo consiento; tú, pasándolo en grande, y yo, matándome a trabajar en la casa.

2) *All in a day's work* ***.
/'ɔːl in ə 'deiz 'wəːk/
Rutina de todos los días a la que se está acostumbrado; gajes del oficio.
I'm not complaining; after all, it's all in a day's work - No me quejo; después de todo, son gajes del oficio.

3) *To work like a horse/slave/nigger/black/Trojan* ***.
/tə 'wəːk laik ə 'hɔːs/'sleiv/'nigə/'blæk/'troudʒn/
Trabajar mucho (como una mula, un esclavo, un negro, un enano, etc.).
Las frases *to work like a nigger/a black* pueden resultar ofensivas, por lo que deben evitarse.

4) *To work like a beaver* (véase *beaver*, 3).

5) *To work/do wonders* ***.
/tə 'wəːk/'duː 'wʌndəz/
Hacer milagros, tener mano de santo.
Try this medicine —it works wonders - Prueba esta medicina —hace milagros.

world

1) *For the world* ***.
/fə ðə 'wəːld/
Por nada del mundo.
I wouldn't miss it for the world - No me lo perdería por nada del mundo.

2) *To have the best of both worlds* ***.
/tə h æv ðə 'best əv 'bouθ 'wəːldz/
Beneficiarse por partida doble.
If you accept that job you can have the best of both worlds - Si aceptas ese trabajo puedes beneficiarte por partida doble.

3) *It's a small world* ***.
/its ə 'smɔːl 'wəːld/
El mundo es un pañuelo.

4) *To try to save the world* **.
/tə 'trai tə 'seiv ðə 'wəːld/
Meterse a redentor.

5) *Dead to the world****.

/'ded tə ðə 'wə:ld/·

a) Profundamente dormido *(fast asleep)*.

b) Borracho*.

6) *A man of the world* (véase «hombre», 4).

7) *On top of the world* (véase *top*, 2).

8) *The world is his oyster* (véase *oyster*, 2).

9) *To think the world of* (véase *think*, 4).

10) *To come down in the world****.

/tə 'kʌm 'daun in ðə 'wə:ld/

Venir a menos.

He was very rich but now he's come down in the world - Era muy rico, pero ahora ha venido a menos.

Cf.: *To come up in the world* - Subir de categoría, triunfar.

worm

1) *Even a worm will turn***.

/'i:vən ə 'wə:m wil 'tə:n/

Hasta un gusano se rebela a veces, la paciencia tiene un límite; no hay enemigo pequeño.

2) *A can of worms* (arg. USA)*.

/ə 'kæn əv 'wə:mz/

Un problema difícil de resolver.

worst

If the worst comes to the worst***.

/if ðə 'wə:st 'kʌmz tə ðə 'wə:st/

En el·peor de los casos.

If the worst comes to the worst, we'll always have your flat left - En el peor de los casos, siempre nos quedará tu piso.

worth

Worth one's/its weight in gold**.

/'wə:θ wʌnz/its 'weit in 'gould/

Que vale su peso en oro.

wrong

1) *To go wrong****.

/tə 'gou 'rɔŋ/

Salir mal.

Everything is going wrong for me today - Todo me sale mal hoy.

2) *To get hold of the wrong end of the stick* (véase «rábano», 1).

3) *To get sth. or sb. wrong****.

/tə 'get 'rɔŋ/

Entender o interpretar mal.

Don't get me wrong - No me interpretes mal.
You got it wrong - Lo entendiste mal.

4) *To be wrong****.

/tə bi: ˈrɔŋ/

Estar equivocado; estar en un error.

You're wrong - Estás equivocado.

5) *What's wrong with...?****.

/ˈwɔts ˈrɔŋ wið/

¿Qué hay de malo en...?

What's wrong with it? - ¿Qué hay de malo en ello?

6) *Two wrongs don't make a right* (ref.)***.

. /ˈtu: ˈrɔŋz dount ˈmeik ə ˈrait/

Una falta no excusa la otra.

I know we did the same last year, but two wrongs don't make a right - Sé que hicimos lo mismo el año pasado, pero una falta no excusa la otra (eso no quiere decir que esté bien hecho).

Y

you

1) *You've never had it so good* (arg.)***.

/juːv ˈnevə ˈhæd it sou ˈgud/

¡Cuándo te has visto en otra! ¡Nunca has estado mejor que ahora! (de dinero, suerte, etc.).

2) *You can see it a mile away/off****.

/ju kən ˈsi: it ə ˈmail ə ˈwei/ˈɔf/

Se ve a la legua.

3) *You can't judge a book by its cover* (ref.)*.

/ju kɑːnt ˈdʒʌdʒ ə ˈbuk bai its ˈkʌvə/

No se puede juzgar por las apariencias, las apariencias engañan.

4) *You can't teach your grandmother to suck eggs* (ref.) (véase *egg*, 7).

5) *You name it****.

/ju ˈneim it/

Diga lo que se le ocurra y lo tenemos/sabemos, etc., por raro/difícil que sea.

We sell everything in our shop: food, books, clothes, you name it - Vendemos de todo en nuestra tienda: comida, libros, ropa, lo que quieras (di algo y verás cómo lo tenemos).

244

6) *You never know* ***.

/ju 'nevə 'nou/

Nunca se sabe.

7) *You can't teach an old dog new tricks* (véase *dog*, 16).

your   *Your guess is as good as mine* **.

/jɔ: 'ges iz əz 'gud əz 'main/

Sé tanto como tú.

yours   1) *Yours truly* (joc.)*.

/jɔ:z 'tru:li/

El que suscribe (yo mismo), mi menda, su seguro servidor.

2) *What's yours?* ***.

/'wɔts 'jɔ:z/

¿Qué tomas?, ¿qué bebes? (¿qué quieres beber?).

«What's yours?» «A beer, please» - «¿Qué tomas?» «Una cerveza, por favor.»

245

ESPAÑOL-INGLÉS

A

abarcar

Quien mucho abarca, poco aprieta. La avaricia rompe el saco.
Grasp all, lose all (ref.)**.
/'grɑːsp 'ɔːl 'luːz 'ɔːl/

abuela

No tener abuela. Estar siempre alabándose; darse bombo.
To blow one's own trumpet (arg.)**.
/tə 'blou wʌnz 'oun 'trʌmpit/
You've already told us about your success a dozen times at least.
Stop blowing your own trumpet - Nos has hablado ya de tu éxito
una docena de veces por lo menos. No tienes abuela (deja ya de
alabarte). (Véase también *hate.)*
Sins. = *To praise oneself.*
To toot one's own horn (U.S.A.)**.

aburrirse

Aburrirse soberanamente/como una ostra.
To be bored to death/stiff/to tears***.
/tə biː 'bɔːd tə 'deθ/'stif/tə'tiəz/
The play bored me to death/stiff - La obra me aburrió soberanamente (véase también *fed, 3).*

agua

1) Agua pasada no mueve molino; a lo hecho, pecho.
   It's no use crying over spilt milk ***.
   /its 'nou 'juːs 'kraiiŋ ouvə 'spilt 'milk/

2) Hacer(se) la boca agua.
   To make one's mouth water***.
   /tə 'meik wʌnz 'mauθ 'wɔːtə/
   What a beautiful sole! It makes my mouth water - ¡Qué
   magnífico lenguado! Se me hace la boca agua.

3) Más claro que el agua.
   a) *Crystal clear***.
      /'kristl 'kliə/
   b) *Plain as a pikestaff*** | *the nose on your face**.
      /'plein əz ə 'paikstɑ:f/ /ðə 'nouz ɔn jɔ: 'feïs/
   c) *Clear as mud* (irón.)*.
      /'kliər əz 'mʌd/
      It's clear as mud to me - Si está más claro que el agua (irón.).
4) Llevar el gato al agua (véase «gato», 4).
5) Estar con el agua al cuello. Estar hasta aquí.
   *To be up to the neck***.
   /tə bi: 'ʌp tə ðə 'nek/
   He's up to the neck in debt - Está con el agua al cuello de deudas.
6) Llevar el agua a su molino. Arrimar el ascua a su sardina.
   To turn sth. to one's advantage (~)***.
   /tə 'tə:n tu wʌnz əd'v æntidʒ/
   He managed to turn it to his advantage - Se las arregló para llevar el agua a su molino.
7) Nadar entre dos aguas. No saber a qué carta quedarse. Ver los toros desde la barrera.
   *To sit on the fence**.
   /tə 'sit ɔn ðə 'fens/
   I have the impression the senator is just sitting on the fence - Me da la impresión de que el senador está nadando entre dos aguas.
8) De las aguas mansas me libre Dios.
   Beware of still waters (ref.)*.
   /bi'wɛə əv 'stil 'wɔ:təz/
9) Nadie puede decir de este agua no beberé (ref.).
   The one thing you swear you'll never do is what you wake up to find yourself doing.
   /ðə 'wʌn 'θiŋ ju 'swɛə jul 'nevə 'du: iz wɔt ju 'weik 'ʌp tə 'faind juə'self 'du:iŋ/

aguafiestas   Un aguafiestas, un metepatas.
   a) *A wet blanket***.
      /ə 'wet ˌblæŋkit/
   b) *A spoilsport**.
      /ə 'spɔilˌspɔ:t/
   c) *A killjoy*.
      /ə 'kilˌdʒɔi/

248

aguja   Buscar una aguja en un pajar.
*To look for a needle in a haystack***.
/tə 'luk fər ə 'ni:dl in ə 'heistæk/
*There are few chances of finding her in London; it's like looking for
a needle in a haystack* - Hay pocas posibilidades de encontrarla en
Londres; es como buscar una aguja en un pajar.

ajo   Estar en el ajo.
*To be in the know***.
/tə bi: in ðə 'nou/
You can talk in front of him; he's in the know - Puedes hablar
delante de él; está en el ajo.

alfiler   No cabe ni un alfiler.
There isn't room to swing a cat (arg.)**.
/ ðərizənt 'ru:m tə 'swiŋ ə 'kæt/

alma   1) Se me vino el alma a los pies.
*My heart sank***.
/mai 'hɑ:t 'sæŋk/
My heart sank when I heard the news - Se me vino el alma a
los pies cuando oí la noticia.

2) Tener el alma en vilo.
*To have one's heart in one's mouth**.
/tə hæv wʌnz 'hɑ:t in wʌnz 'mauθ/
I had my heart in my mouth all through the race - Estuve con el
alma en vilo todo el tiempo que duró la carrera.

3) Ni un alma; nadie.
*Not a soul***.
/nɔt ə 'soul/
There wasn't a soul to be seen - No se veía un alma.

almohada   Consultar con la almohada.
*To sleep on it***.
/tə 'sli:p ɔn it/
Sleep on it and let me know your decision tomorrow - Consúltalo
con la almohada y comunícame tu decisión mañana.
Sin. = *To think sth. over.*

alto   1) Por todo lo alto.
*In style***.
/in 'stail/
We'll celebrate in style - Lo celebraremos por todo lo alto.

2) Pasar por alto.
*To overlook***.
/tu 'ouvəluk/

We'll overlook it for once - Lo pasaremos por alto por una vez (véase también «vista», 1).

amor (Véase *love.)*

anillo Como anillo al dedo, de maravilla, de perlas, (ir) que ni pintado.
To fit like a glove**.
/tə ˈfit laik ə ˈɡlʌv/
It fits her like a glove - Le viene/le sienta como anillo al dedo.
Sins. = *To fit to a T/tee* (U.S.A.).

año 1) El año de la pera/maricastaña, catapún, etc.

a) *The year dot* (gen. hum.)*.
/ðə ˈjə ˈdɔt/

b) *Before the flood* (ant.)*.
/bifɔ: ðə ˈflʌd/

2) Dentro de cien años todos calvos.
It will all be the same in a hundred years (~).

3) A años luz de (véase *streets).*

apariencias 1) Cubrir las apariencias.
To keep up appearances***.
/tə ˈki:p ˈʌp əˈpiərənsiz/

2) Las apariencias engañan (véase *you*, 3).

apogeo En todo su/pleno apogeo.
In full swing***.
/in ˈful ˈswiŋ/
By midnight, the party was in full swing - Hacia medianoche, la fiesta estaba en todo su apogeo.

apuros 1) Estar en apuros.

a) *To be in a spot****.
/tə bi: in ə ˈspɔt/
I can see she's in a spot - Me doy cuenta que está en un apuro.

b) *To be in a jam* (arg.)**.
/tə bi: in ə ˈdʒæm/

c) *To be in a fix* (arg.)**.
/tə bi: in ə ˈfiks/

d) *To be in trouble****.
/tə bi: in ˈtrʌbl/
Estar en apuros. Tener dificultades; tener problemas (véanse también *hot*, 3, e *in*, 3).

250

2) Poner a alguien en apuros (un aprieto).
   To put sb. in a spot***.
   /tə 'put sʌmbɔdi in ə 'spɔt/
   You've put her in a spot - La has puesto en un aprieto.

3) Sacar de apuros.
   To get sb. out of a spot***.
   /tə 'get sʌmbɔdi aut əv ə 'spɔt/
   Don't worry; we'll get you out of the spot - No te preocupes; te sacaremos de apuros (véase también *help out*).

árbol

1) Quien a buen árbol se arrima, buena sombra le cobija (véase «sol»).

2) Del árbol caído todos hacen leña.
   To kick/hit a man when he's down**.
   /tə 'kik/'hit ə 'mæn wen hi:z 'daun/

arma

Un arma de doble (dos) filo(s).
A double-edged sword**.
/ə 'dʌbl edʒd 'sɔːd/

aro

Entrar por el aro (véase *heel*, 1).

arrastre

Estar para el arrastre; estar acabado.
To be done for***.
/tə bi: 'dʌn fɔː/
He's done for, poor chap - Está para el arrastre, el pobre.
Sin. = *Finished*.

arriesgarse

Quien no se arriesga no cruza la mar.
Nothing venture, nothing have (gain/win)**.
/'nʌθiŋ 'ventʃə 'nʌθiŋ 'hæv ('gein/'win)/

asco

Donde hay confianza da asco.
Familiarity breeds contempt (ref.)*.
/ˌfamiliˈæriti 'briːdz kənˈtempt/

ascua

1) Arrimar el ascua a su sardina (véase «agua», 6).

2) Estar en ascuas.
   a) *To be all agog****.
      /tə bi: 'ɔːl əˈgɔg/
   b) *To be on tenterhooks***.
      /tə bi: ɔn 'tentəhuks/
   c) *To be on the rack**.
      /tə bi: ɔn ðə 'ræk/

(Véase también *edge*.)

251

asno

1) Ser un asno.
   To be an ass***.
   /tə bi: ən 'ɑ:s/
   He's a silly ass - Es un estúpido asno.
2) No se ha hecho la miel para la boca del asno.
   (Well, well!) Honey is not for the ass's mouth (lit.) (arc.)*.
   /('wel 'wel) 'hʌniz nɔt fə ði 'ɑ:siz 'mauθ/

asombro

Expresiones de asombro (véanse *dear, feather, goodness, grief, heavens*).

astilla

De tal palo, tal astilla. De casta le viene al galgo.

a) *A chip off the old block****.
   /ə 'tʃip ɔf ði 'ould 'blɔk/
b) *Like father, like son***.
   'laik 'fɑ:ðə 'laik 'sʌn/

asunto

(Véanse *business, up to*).

atajo

Un atajo; camino más corto.
A short cut***.
/ə 'ʃɔ:t 'kʌt/
We'll take a short cut - Tomaremos un atajo.

atar

Atar los cabos sueltos.
To tie up loose ends/threads**.
/tə 'tai 'ʌp ðə 'lu:s 'θredz/'endz/

avestruz

Hacer como el avestruz, esconder la cabeza bajo el ala/en la arena. Cerrar los ojos a la realidad.
To bury one's head in the sand**.
/tə 'beri wʌnz 'hed in ðə 'sænd/
Burying your head in the sand will take you nowhere, you must face up to the facts - Esconder la cabeza en la arena no te conducirá a ninguna parte, tienes que enfrentarte a los hechos.

avío

Hacer el avío.
To make do**.
/tə 'meik 'du:/
We'll have to make do with what we have - Tendremos que hacer el avío con lo que tenemos.

azar

Al azar (véase *random*).

azogado

Temblar como un azogado, como un flan.
To shake like a leaf***.
/tə 'ʃeik laik ə 'li:f/
The poor boy was shaking like a leaf - El pobre muchacho temblaba como un flan.

Montarse en el burro.

B

baba   Caerse la baba.

a) *To slaver at the mouth* ~ **.
    /tə 'sleivə ət ðə 'mauθ/
    He *was literally slavering at the mouth* - Estaba literalmente con la baba caída.

b) *To dote on* ~ **.
    /tə 'dout ɔn/
    The old man doted on his grand-daughter - Al viejo se le caía la baba con su nieta.
    Sin. = *To drivel* /'drivl/; *To drool (over)* /dru:l/.

bailar   Bailar al son que le tocan a uno, ir con la corriente.
    To swim with the tide **.
    /tə 'swim wið ðə 'taid/
    Cf.: *To swim against the tide* - Ir contra corriente.

bandeja   En bandeja (poner/dar).

a) *On a plate* ***.
    /ɔn ə 'pleit/

b) *On a silver platter* ***.
    /ɔn ə 'silvə 'plætə/
    It wasn't difficult really —*I was given/handed it on a silver platter* - No fue difícil en realidad —me lo pusieron en bandeja.

bandera   Una mujer de bandera.
    A dish **.
    /ə 'diʃ/

barato   Lo barato es caro.
    Buy cheap, buy dear *.
    /'bai 'tʃi:p 'bai 'diə/

barbaridad   ¡Qué barbaridad!

a) *Good grief!* ***.
    /'gud 'gri:f/

b) *Good gracious me!* **.
    /'gud 'greiʃəs mi:/

barbas   1) Subirse a las barbas.
    To lose respect for ~.
    I can see his children have lost respect for him - Veo que los niños le han perdido el respeto.

2) Cuando las barbas de tu vecino veas peladas (pon las tuyas en remojo) (ref.)

There but for the grace of God go I (arc.)*.

/'ðɛə bʌt fə ðə 'greis əv 'gɔd 'gou ai/

barquero   Decirle a alguien las verdades del barquero (véase «cuarenta»).

bicho

1) Ser un bicho malo; una mala persona.

To be a swine/rat/louse.

/tə bi: ə 'swain/ræt/laus/

Rel. = *A scoundrel* (sinvergüenza), *a knave* (bribón; bellaco), *a rascal* (pillo), *a bounder, a cad* (granuja), *a bastard* (un hijo de p...).

2) Ser un bicho raro.

To be a queer fish/an odd fish**.

/tə bi: ə 'kwiə 'fiʃ/ən 'ɔd 'fiʃ/

3) Bicho malo nunca muere.

The devil looks after his own (ref.)*.

/ðə 'devəl 'luks ɑ:ftə hiz 'oun/

bien   Bien está lo que bien acaba.

All's well that ends well (lit.)*.

/'ɔ:lz 'wel ðət 'endz 'wel/

blanco

1) Blanco como la pared; como la cera, etc.

As white as a sheet***.

/əz 'wait əz ə 'ʃi:t/

2) Dar en el blanco.

To hit the target*** /*the bull's eye*/**.

/tə 'hit ðə 'tɑ:git/ /ðə 'bulz ai/

bledo   Me importa un bledo (véase «pito»).

boca

1) El que tiene boca, se equivoca.

Even Homer sometimes nods (lit.)**.

/i:vn 'houmə 'sʌmtaimz 'nɔdz/

2) A pedir de boca.

To one's heart's content**.

/tu wʌnz 'hɑ:ts kən'tent/

Everything turned out to my heart's content - Todo salió a pedir de boca.

3) En boca cerrada no entran moscas. Quien mucho habla, mucho yerra. Por la boca muere el pez.

The least said the better (ref.)**.

/ðə 'li:st 'sed ðə 'betə/

Rel. = *Speech is silver, silence is golden* (ref.)**.

/'spi:tʃ iz 'silvə 'sailəns iz 'gouldən/

4) Hacerse la boca agua (véase «agua», 2).

5) Meterse en la boca del lobo.
To put one's head in the lion's den/mouth*.
/tə 'put wʌnz 'hed in ðə 'laiənz 'den/'mauθ/

6) Tener a alguien sentado en la boca del estómago (véase «tragar»).

bocado   Un bocado exquisito (sólo para los que lo saben apreciar, «bocca-to di cardinale»).
Caviar(e) to the general*.
/'kæviɑ:(r) tə ðə 'dʒenərəl/

bombo   1) Darse mucho bombo (véanse «aires»; «abuela»).

2) (Anunciar) a bombo y platillo.
To beat the big drum (U.S.A.)*.
/tə 'bi:t ðə 'big 'drʌm/
And this is the great car they've been beating the big drum for all this time? - ¿Y éste es el coche que tanto han anunciado a bombo y platillo?

borracho   Borracho como una cuba.
Drunk as a lord**.
/'drʌŋk əz ə 'lɔ:d/
Rel. = *To drink like a fish* - Beber como una cuba (véase también «tajado»).

borrón   Borrón y cuenta nueva; (empezar) de cero.

a) *To turn over a new leaf***.*
/tə 'tə:n 'ouvə ə 'nju: 'li:f/
Let's turn over a new leaf - Borrón y cuenta nueva. Empece-mos de nuevo y olvidemos lo pasado.

b) *To start with a clean slate**.*
/tə 'stɑ:t wið ə 'kli:n 'sleit/
I'd like to start with a clean slate - Me gustaría empezar de nuevo, olvidando lo pasado.

c) *To start from scratch***.*
/tə 'stɑ:t frəm 'skrætʃ/
(Véase *start*, 2.)
Rel. = *A new lease of life* (véase *new*, 2).

botas   1) *To die in harness**/ with one's boots on**.*
/tə 'dai in 'hɑ:nis/ / wið wʌnz 'bu:ts 'ɔn/
Morir con las botas puestas.

256

2) Ponerse las botas/forrarse/hacer su agosto.

    a) *To line one's pockets* (gen. de forma poco clara/limpia)***.

    /tə 'lain wʌnz 'pɔkits/

    b) *To feather one's nest* (gen. de forma poco clara/limpia/**.

    /tə 'feðə wʌnz 'nest/

    c) *To make a pile* (arg.) *(to make a fortune)***.

    /tə 'meik ə 'pail/

    He made a pile selling ice-creams - Se puso las botas vendiendo helado.

    He feathered his nest, but ruined his partner - El hizo su agosto, pero arruinó a su socio.

bote   Estar en el bote.

    To be in the bag (arg.)**.

    /tə bi: in ðə 'bæg/

    Don't worry about it; it's in the bag - No te preocupes; está en el bote.

broma   Gastar una broma a alguien.

    *To play a trick on sb.***.

    /tə 'plei ə 'trik ɔn/

    His friends played a trick on him - Sus amigos le gastaron una broma.

bronca   Echar una bronca. Leer la cartilla.

    *To have sb. on the carpet***.

    /tə 'hæv sʌmbɔdi ɔn ðə 'kɑːpit/

    The boss had him on the carpet the other day because he'd been late two days running - El jefe le echó una bronca el otro día porque había llegado tarde dos días seguidos (véase también «rapapolvos»).

bueno   Bueno está lo bueno.

    *Enough is enough***.

    /i'nʌf iz i'nʌf/

bulto   Escurrir el bulto.

    *To dodge the issue**.

    /tə 'dɔdʒ ði 'iʃu/

    They're trying to dodge the issue - Están tratando de escurrir el bulto.

burla   1) Hacer burla.

    *To mock at***.

    /tə 'mɔk æt/

That little girl is mocking at you - Esa niña te está haciendo burla.

2) Hacer burla (poniéndose el dedo en la nariz).

    a) *To thumb one's nose at sb.***.

       /tə ˈθʌm wʌnz ˈnouz æt/

    b) *To cock a snook at sb.**.

       /tə ˈkɔk ə ˈsnuk æt/

burro

1) No ver ni tres en un burro (véase *blind*).

2) Apearse del burro; bajársele a uno los humos.
    *To come down off one's high horse**.
    /tə ˈkʌm ˈdaun ɔf wʌnz ˈhai ˈhɔ:s/

    «*Is he being reasonable?*» «*Yes, he's come down off his high horse* - «¿Está más razonable?» «Sí, ya se ha apeado del burro.»

    Cf - to get on/mount/ride one's high horse - Montarse en el burro/darse importancia/darse aires de importancia/de ofendido, etc.

3) Muerto el burro, cebada al rabo (ref.).

    a) *After death, the doctor* (arc.)*.

       /ɑ:ftə ˈdeθ ðə ˈdɔktə/

    b) *After meat, mustard* (arc.)*.

       /ɑ:ftə ˈmi:t ˈmʌstəd/

C

caballo

1) A caballo regalado no le mires el diente (véase *horse*, 1)

2) El ojo del amo engorda al caballo (véase «ojo», 11).

3) Caballo de batalla.

    a) de una discusión
       *The point at issue***.
       /ðə ˈpɔint ət ˈiʃu/

    b) ocupación principal o favorita
       *Main (favourite) occupation***.
       /ˈmein ˌɔkju:ˈpeiʃn/
       También: *hobby-horse* /ˈhɔbihɔ:s/

4) Dar un gallo para recibir un caballo (véase *sprat*).

5) Caballo (heroína) (véase *horse*, 10).

cabeza

1) Metérsele a uno algo en la cabeza.

   To take into one's head***.

   /tə ˈteik intə wʌnz ˈhed/

   She took it into her head to marry him - Se le metió en la cabeza casarse con él.

2) Trastornar la cabeza.

   To turn one's head***.

   /tə ˈtəːn wʌnz ˈhed/

   I can see she's turned your head - Veo que te ha trastornado la cabeza.

3) Perder la cabeza.

   To lose one's head***.

   /tə ˈluːz wʌnz ˈhed/

   He lost his head and shot her - Perdió la cabeza y le pegó un tiro.

4) Tener la cabeza sobre los hombros.

   a) *To have one's head screwed on the right way***.

      /tə hæv wʌnz ˈhed ˈskruːd ˈɔn ðə ˈrait ˈwei/

      That was a wise decision. I knew you had your head screwed on the right way - Fue una sabia decisión. Ya sabía yo que tenías la cabeza sobre los hombros.

   b) *To have a good head on one's shoulders****.

      /tə ˈhæv ə ˈgud ˈhed ɔn wʌnz ˈʃouldəz/

5) No estar bien de la cabeza.

   a) *To be off one's head****.

      /tə biː ˈɔf wʌnz ˈhed/

   b) *To be off one's rocker****.

      /tə biː ˈɔf wʌnz ˈrɔkə/

      You must be off your rocker if you think you're going to get away with it - Debes de estar mal de la cabeza si crees que te vas a escapar así como así.

   c) *Not be quite all there* (arg.)*.

      /nɔt biː ˈkwait ˈɔːl ˈðɛə/

      She's not quite all there - No está muy bien de la cabeza.

   d) *To be weak/soft in the head****.

      /tə biː ˈwiːk/ˈsɔft in ðə ˈhed/

6) De pies a cabeza; de arriba abajo.

   a) *From head to foot****.

      /frəm ˈhed tə ˈfut/

   b) *From top to toe/bottom***.

      /frəm ˈtɔp tə ˈtou (ˈbɔtəm)/

c) *Every inch a...****.

/ˈevri ˈintʃ ə/

He's every inch a king - Es un rey de la cabeza a los pies.

d) *To the backbone/marrow* (véase *backbone*).

7) Subirse a la cabeza.

a) *To go to one's head****.

/tə ˈgou tu wʌnz ˈhed/

Success must have gone to his head - El éxito debe de habérsele subido a la cabeza.

b) *To get a swelled/swollen head***.

/tə ˈget ə ˈsweld/ˈswɔlən ˈhed/

Don't flatter him so; he'll get a swelled head - No le alabes (adules) así; se lo va a creer (se le va a subir a la cabeza, se va a poner así de gordo) (véanse también *boot; peg*, y *think*, 3).

8) Si... levantara la cabeza.

That would make... turn in his grave **.

/ˈð æt wud ˈmeik... ˈtəːn in hiz ˈgreiv/

9) No encontrarle a algo ni pies ni cabeza.

To be unable to make head or tail of sth.***.

/tə biː ʌnˈeibl tə ˈmeik ˈhed ɔː ˈteil əv/

Frankly, I can't make head or tail of it - Francamente, no le encuentro ni pies ni cabeza.

10) Cabeza de chorlito; imbécil; tonto; melón; besugo, etc.

a) *Fathead* (n.)**.

/ˈfæthed/

b) *Blockhead* (n.)**.

/ˈblɔkhed/

Sin. = *fool* (n.); *idiot* (n. y ad.); *silly* (ad.); *stupid* (ad.).

11) Cabeza de turco; chivo expiatorio.

Scapegoat**.

/ˈskeipgout/

They're looking for a scapegoat to put all the blame on him - Están buscando una cabeza de turco para echarle toda la culpa.

12) Levantar cabeza; reponerse.

To get on one's feet again***.

/tə ˈget ɔn wʌnz ˈfiːt əˈgen/

He's had a very bad run of luck, but I'm sure he'll soon get on his feet again - Ha tenido una racha muy mala, pero estoy seguro que levantará cabeza pronto.

13) Llevarse las manos a la cabeza (horrorizado/desesperado, etcétera).

To throw up one's hands/arms***.

/tə 'θrou ʌp wʌnz 'hændz/'ɑːmz/

She threw up her hands in horror when they told her he had been murdered - Se llevó las manos a la cabeza horrorizada cuando le dijeron que había sido asesinado.

cabezadita Dar una cabezadita (véase *forty*).

cabezota Cabezota; testarudo.
Pig-headed**.
/'pighedid/
Sin. = *Stubborn*.

cabra 1) Estar como una cabra (véase *mad*).

2) Meter las cabras en el corral (véase *get the wind*).

cadáver Por encima de mi cadáver.
Over my dead body***.
/ouvə mai 'ded 'bɔdi/
If he comes again to this house, it will be over my dead body - Si vuelve a esta casa, será por encima de mi cadáver.

caer 1) Ahora que caigo.
Come to think of it***.
/'kʌm tə 'θiŋk əv it/
Come to think of it, I believe there were only two - Ahora que caigo, creo que sólo había dos.

2) El pescado (etc.) no le cae bien.
Fish (etc.) *doesn't agree with him****.
/'fiʃ dʌzənt ə'griː wið him/

3) No caer bien una persona (véanse «tragar», *rub, skin*).

4) Caer de pie en un sitio.
To fall on one's feet**.
/tə 'fɔːl ɔn wʌnz 'fiːt/
He fell on his feet in San Francisco and a few years later he was a rich man - Cayó de pie en San Francisco, y unos años más tarde era rico.

calabaza Dar calabazas.
To turn sb. down (v.f.t.)***.
/tə 'təːn 'daun/
«*She's turned me down.*» «*Cheer up, she's not the only girl in the world*» - «Me ha dado calabazas.» «Anímate, no es la única chica del mundo.»

calar   Calar a una persona (véanse *number* y *see through*).

caldo   1)   No quieres caldo, tres tazas (véase *rain*).

                 2)   Muchos cocineros estropean el caldo (véase *cook*).

callar   Quien calla, otorga.
                 Silence gives consent (ref.)**.
                 /'sailəns 'givz kən'sent/

camello   Un camello (arg. droga) (véase *mule*, 1).

camión   Está como un camión (de una chica) (véase *dish*).

camisa   1)   Cambiarse de camisa. Pasarse de bando, de partido político,
                      etcétera.
                      To be a turncoat***.
                      /tə 'bi: ə 'tə:nkout/
                      *It's amazing how many turncoats there are in politics now-
                      adays* - Es sorprendente la cantidad de políticos que hay
                      que se han cambiado de camisa en estos tiempos.

                 2)   Meterse en camisa de once varas (véase *bite*, 1).

                 3)   No llegar la camisa al cuerpo (véase *scared*, 1).

campana   Salvado por la campana, en el último minuto.
                 Saved by the bell**.
                 /'seivd bai ðə 'bel/

campante   Tan campante (véase *cool*).

cana   Echar una cana al aire (véase *town*).

cantar   1)   No cantes (cantemos) victoria todavia; que nadie diga zape
                      hasta que no pase el último gato.

                      a)   *Don`t shout till you're out of the woods**.
                           /dount 'ʃaut til juər'aut əv ðə 'wudz/

                      b)   *Don't start crowing**.
                           /dount 'sta:t 'krouiŋ/

                 2)   Cantar la gallina (véanse *blow*, 1, y *spill*).

canto   Faltó el canto de un duro (véase *close*).

capa   Andar de capa caída (mal de salud, malhumorado, etc.).
                 To be out of sorts***.
                 /tə bi: 'aut əv 'sɔ:ts/
                 *I don't know what the matter is with him but he's out of sorts these
                 days* - No sé lo que le pasará, pero anda de capa caída estos días
                 (véase también *touch*).

262

capear   Capear el temporal.

To weather the storm**.

/tə 'weðə ðə 'stɔ:m/

The only thing we can do for the moment is to weather the storm -
Lo único que podemos hacer por el momento es capear el
temporal.

capote   Echar un capote; echar una mano.

a) *To lend/give sb. a hand****.

/tə 'lend/'giv ə 'hænd/

Don't worry, we'll give you a hand - No te preocupes, te
echaremos una mano.

b) *To throw sb. a lifeline* ~ *.

/tə 'θrou sʌmbədi ə 'laiflain/

Don't worry, we'll throw him a lifeline - No te preocupes, le
echaremos un capote (un salvavidas) (véase también «apuros», 3).

cara   1) Tener mucha cara (dura). Ser un fresco.

a) *To have a cheek****.

/tə hæv ə 'tʃi:k/

What a cheek he has! - ¡Qué cara más dura tiene!

b) *To be cheeky****.

/tə bi: 'tʃi:ki/

How cheeky he is! - ¡Qué cara más dura!

c) *To have (a) nerve***.

/tə hæv (ə) 'nə:v/

You've got quite a nerve! - ¡Vaya cara que tienes!

Rel. = *To have the nerve to**** - Tener la cara dura de...

2) Cara o cruz.

Heads or tails***.

/'hedz ɔ: 'teilz/

3) Echar a cara o cruz.

To toss/flip for it***.

/tə 'tɔs/'flip fər it/

Let's toss/flip for it - Echémoslo a cara o cruz.

Hum. = *Heads I win, tails you lose!*** - ¡Cara, yo gano;
          cruz, tú pierdes!

4) Partir la cara.

To smash sb.'s face in***.

/tə 'smæʃ sʌmbədiz 'feis 'in/

Do that again and I'll smash your face in - Como lo hagas otra
vez, te parto la cara.

Esconder la cabeza en la arena.

carabina	1) Hacer de carabina (véase *gooseberry*).
	2) La carabina de Ambrosio.
	A good-for-nothing (person) ~ (que no sirve para nada, un inútil).
cargado	Ambiente cargado.
	Stuffy ***.
	/'stʌfi/
	Open the window; it's a little stuffy in here - Abre la ventana; está un poco cargado aquí dentro.
cargarse	Cargarse a alguien, quitar de en medio, liquidar, mandar al otro barrio, etc.
	a) *To knock sb. off* (arg.) ***.
	/'nɔk 'ɔf/
	b) *To do sb. in* (arg.) ***.
	/'du: 'in/
	c) *To bump sb. off* (arg.) ***.
	/'bʌmp 'ɔf/
	d) *To rub sb. out* (arg.) **.
	/'rʌb 'aut/
caridad	La caridad bien entendida empieza por uno mismo.
	Charity begins at home **.
	/'tʃæriti bi'ginz ət 'houm/
carrillos	Comer a dos carrillos; ponerse «morado»; darse un atracón.
	To gorge/stuff oneself **.
	/tə 'gɔ:dʒ 'stʌf wʌn,self/
	There he is gorging (stuffing) himself - Ahí está, comiendo a dos carrillos.
carta	1) Poner las cartas boca arriba (sobre la mesa).
	To put/lay one's cards on the table **.
	/tə 'put ('lei) wʌnz 'ka:dz ɔn ðə 'teibl/
	I'll put my cards on the table: The house interests me, but I can't afford to pay so much - Pondré mis cartas boca arriba: La casa me interesa, pero no puedo pagar tanto.
	2) Jugárselo todo a una carta (véase *egg*, 2).
cartilla	Leer la cartilla (véase «bronca»).
casa	Empezar la casa por el tejado (véase *cart*).
cascabel	¿Quién le pone el cascabel al gato?
	Who is going to bell the cat? *.
	/'hu:z 'gouiŋ tə 'bel ðə 'kæt/

Yes, I agree with you we must tell him at once, but who's going to bell the cat? - Sí, estoy de acuerdo con vosotros en que debemos decírselo en seguida, pero, ¿quién le pone el cascabel al gato?

cascarilla   Ser cascarilla en un juego (leng. infantil).
Fluff and yum yum***.
/'flʌf ənd 'jʌm 'jʌm/

castaño   Pasar de castaño oscuro.
To be beyond a joke***.
/tə bi: bijɔnd ə 'dʒouk/
Really, this is beyond a joke - Realmente, esto pasa de castaño oscuro.

cenizo   (Véase «gafe».)

cerdo   (Véase *pig*.)

cero   Ser un cero a la izquierda (véase «pintar»).

cinturón   Apretarse el cinturón.
To tighten one's belt***.
/tə 'taitn wʌnz 'belt/
The Prime Minister has said that we'll have to tighten our belts - El Primer Ministro ha dicho que tendremos que apretarnos el cinturón.

cisne   El canto del cisne (véase *swan*).

clavar   Clavar a alguien. Cobrarle en exceso.
a)   *To fleece sb.* (arg.)***.
/tə 'fli:s/
b)   *To make sb. pay through the nose* (arg.)**.
/tə 'meik sʌmbɔdi 'pei θru: ðə 'nouz/
They diddled him (made him pay through the nose) in that restaurant - Le clavaron en ese restaurante.

clavo   1)   Agarrarse a un clavo ardiendo.
(A drowning man will) clutch at a straw (ref.)***.
/(ə 'draunɪŋ 'mæn wil) 'klʌtʃ ət ə 'strɔ:/
He knows everything is lost but he will clutch at a straw - Sabe que todo está perdido, pero se agarra a un clavo ardiendo.
2)   Dar en el clavo.
To hit the nail on the head***.
/tə 'hit ðə 'neil ɔn ðə 'hed/
It was his doing all right; you hit the nail on the head - Fue cosa de él, en efecto; diste en el clavo.

266

coba Dar coba; dar jabón a alguien.

a) *To soft soap sb.* (arg.)***.
/tə ˈsɔf soup/
Stop soft soaping me - Deja de darme coba.

b) *To toady to sb.***.
/tə ˈtoudi/

c) *To flatter* - adular***.
/tə ˈflætə/
(Véase también *butter*, 3.)

d) *To suck up (to)***.
/tə ˈsʌk ˈʌp (tə)/

cocinero 1) Haber sido cocinero antes que fraile; haber vivido la vida.
To have been around a lot ~ **.
/tə hæv biːn əˈraund ə ˈlɔt/
He certainly has been around a lot - Ciertamente, ha vivido la vida (ha sido cocinero antes que fraile).

2) Muchos cocineros estropean el caldo (véase *cook*, 1).

cocodrilo Lágrimas de cocodrilo.
*Crocodile tears***.
/ˈkrɔkədail ˌtiəz/

codo Empinar el codo; beber más de la cuenta.
*To lift one's elbow***.
/tə ˈlift wʌnz ˈelbou/
(Véase también *hit*, 2.)

colarse 1) Colarse; no respetar la cola.
*To jump the queue***.
/tə ˈdʒʌmp ðə ˈkjuː/
That woman in black has jumped the queue - Esa mujer de negro se ha colado.

2) Colarse; entrar sin pagar.
*To gatecrash***.
/tə ˈgeitkræʃ/
He tried to gatecrash but failed - Intentó colarse sin pagar, pero falló.

colorado 1) Saber más que los ratones colorados; saber más que Lepe; saber latín.

a) *To know a thing or two***.
/tə ˈnou ə ˈθiŋ ɔː ˈtuː/
He knows a thing or two - Sabe más que los ratones colorados.

b) *To know all the answers**.

/tə ˈnou ˈɔːl ði ˈɑːnsəz/

2) Más colorado que un tomate.

As red as a beetroot**.

/əz ˈred əz ə ˈbiːtruːt/

The old man was as red as a beetroot - El viejo estaba más colorado que un tomate.

comer   1) Comer como una lima.

To eat like a horse/to eat one's head off**/***.

/tu ˈiːt laik ə ˈhɔːs/ /tu ˈiːt wʌnz ˈhed ˈɔf/

2) Comer el coco, lavar el cerebro.

To brainwash sb.***.

/tə ˈbreinwɔʃ/

comino   Me importa un comino (véase «pito»).

compuesta   Compuesta y sin novio.

All dressed up and nowhere to go*.

/ˈɔːl ˈdrest ˈʌp ən ˈnouwɛə tə ˈgou/

comulgar   Hacerle comulgar a uno con ruedas de molino.

To be gullible ~ ***

/tə biː ˈgʌlibl/

I'm not that gullible - A mí no me hacen comulgar con ruedas de molino. (A mí no me la dan. No me dejo engañar así como así) (véase también «pelo», 9).

conejo   1) La zanahoria delante del conejo (véase *carrots*).

2) Reproducirse como conejos (véase *rabbit*).

3) Un conejillo de indias (véase *pig*, 10).

conocer   Lo conozco de toda la vida, desde que era así de pequeño.

I've known him since he was so high***.

/aiv ˈnoun him sins hiː wəz ˈsou ˈhai/

conocido   Muy conocido en su casa.

What are they/is it when they are/it is at home? (iron.)**.

/ˈwɔt ə ðei ˈwen ðeər ət ˈhoum/

(En inglés se dice de personas y cosas; en español, sólo de personas. Para cosas se usa: «¿Qué diablos (etc.) es eso?»)

«*He wants some thumb-tacks.*» «*Thumb-tacks? What are they when they're at home?*» - «¿Quieres unas chinchetas[1].» «¿Chinchetas? Y eso, ¿qué diablos es?»

Sin. = *What/who on earth* (véase *earth*, 1).

---

[1] En Inglaterra se prefiere *drawing pins*.

268

contar

1) Contar con.

    a) *To count sb. in***.
    /tə 'kaunt 'in/
    Count me in - Contad conmigo (para una fiesta, excursión, etc.).

    b) *To rely on sb.****.
    /tə ri'lai ɔn/
    I rely on you - Cuento contigo (confío en ti).

2) No contar con (lo contrario de *count in*).
    To count sb. out***.
    /tə 'kaunt 'aut/
    Count me out - No contéis conmigo.

contraria

Llevar la contraria.
To be contrary*.
/tə bi: kən'trɛəri/
He likes to be contrary - Le gusta llevar la contraria.

copa

1) Tomar una copa; echar un trago.
    To have a drink***.
    /tə hæv ə 'driŋk/
    Let's have a drink - Tomemos una copa.

2) Tomar una copa de más.
    To have one too many***.
    /tə hæv 'wʌn 'tu: 'meni/
    I think he's had one too many - Creo que ha tomado una copa de más.

cordero

1) Como un cordero (al matadero) (véase *lamb*, 2).

2) Matar un cordero cebado (véase *kill*, 3).

3) Un lobo disfrazado de cordero (véase *wolf*, 1).

coronilla

Estar hasta la coronilla/hasta el gorro/hasta las narices.

    a) *To be fed up (with)****.
    /tə bi: 'fed 'ʌp wið/
    I'm fed up with him - Estoy harto de él.

    b) *To be fed up to the back teeth* (arg.)**.
    /tə bi: 'fed 'ʌp tə ðə 'b æk 'ti:θ/
    (Véase también «harto».)

correr

1) Déjalo correr.
    Let it drift**.
    /'let it 'drift/

2) Quien mucho corre, atrás se halla; vísteme despacio, que voy de prisa.

*More haste, less speed**.*

/'mɔ: 'heist 'les 'spi:d/

corriente

1) Llevar la corriente; seguir la corriente a alguien.

· *To humour sb.***.*

/tə 'hju:mə/

Keep humouring him until you see fit - Sigue llevándole la corriente hasta que creas oportuno.

2) Corriente y moliente.

*Run-of-the-mill***.*

/'rʌn əv ðə 'mil/

He's a normal, run-of-the-mill man - Es un hombre normal, corriente y moliente.

coser

Coser y cantar; pan comido; un paseo militar.

*Plain sailing**.*

/'plein 'seiliŋ/

It was plain sailing for him - Fue coser y cantar para él (véanse también *easy*, 3, y *cinch*).

cosquillas

1) Hacer cosquillas.

*To tickle***.*

/tə 'tikl/

It tickles - Me hace cosquillas.

2) Tener cosquillas.

*To be ticklish***.*

/tə bi: 'tikliʃ/

She's very ticklish - Ella tiene muchas cosquillas.

3) Buscar las cosquillas a alguien; meterse con; hacer rabiar.

*To tease sb.***.*

/tə 'ti:z/

Stop teasing him - No le busques más las cosquillas.

costa

A toda costa.

a) *At any cost***.*

/ət 'eni 'kɔst/

b) *At any price**.*

/ət 'eni 'prais/

c) *At all costs**.*

/ət 'ɔ:l 'kɔsts/

creérselo

(Véase «cabeza», 7.)

Cristo   Donde Cristo dio las tres voces (véase «pino»).

cuarenta   Cantar las cuarenta a alguien, decirle unas cuantas verdades; decirle las verdades del barquero. Soltar cuatro frescas; decir cuatro cosas.

*To tell sb. a few home truths**.*

/tə 'tel sʌmbɔdi ə 'fju: 'houm 'tru:θs/

I told him a few home truths - Le dije unas cuantas verdades; le canté las cuarenta (véase también *give*, 4).

cuenta   1) Lo hará por la cuenta que le trae.

*He'll be only too pleased to do it**.*

/hi:l bi: ounli 'tu: 'pli:zd tə 'du: it/

2) Tenemos que ajustar cuentas.

*I have a bone to pick with you***.*

/ai 'hæv ə 'boun tə 'pik wɪð ju:/

3) En resumidas cuentas.

a) *In short***.*

/in 'ʃɔ:t/

b) *To put it in nutshell**.*

/tə 'put it in ə 'nʌtʃel/

c) *To cut/make a long story short**.*

/tə 'kʌt/'meik ə 'lɔŋ 'stɔ:ri 'ʃɔ:t/

(Véase también *word*, 3.)

4) Esta corre de mi cuenta (un convite, etc.).

*This one is on me***.*

/'ðis 'wʌnz ɔn 'mi:/

5) Perder la cuenta.

*To lose count***.*

/tə 'lu:z 'kaunt/

How many has he had already? I've lost count - ¿Cuántas ha tomado ya? He perdido la cuenta.

6) Tener en cuenta.

*To bear in mind***.*

/tə 'bɛər in 'maind/

Bear in mind that they're very poor and can't afford it - Ten en cuenta que son muy pobres y no pueden permitirse ese lujo.

7) Trae cuenta...

*It pays to...***.*

/it 'peiz tə/

It pays to tell the truth - Trae cuenta decir la verdad.

271

8) Ajustar cuentas (véase *square*, 2).
9) Falsificar los libros.
   To cook the books*.
   /tə 'kuk ðə 'buks/
10) Tener una cuenta que saldar.
    To have a score to settle (with)***.
    /tə hæv ə 'skɔ: tə 'setl (wið)/
    Rel. = *A pay-off* - Un ajuste de cuentas (entre bandas de *gangsters*, etc.).

cuernos
1) Poner los cuernos.
   To cuckold*. (Carece de la implicación de ridículo de la expresión española.)
   /tə 'kʌkəld/
   I'm sure she will cuckold him in the end - Estoy seguro que terminará por ponerle los cuernos.
2) ¡Vete al cuerno!
   Go to hell***.
   /'gou tə 'hel/

cuervos
Cría cuervos... (y te sacarán los ojos).
To bite the hand that feeds you**.
/tə 'bait ðə 'hænd ðət 'fi:dz ju:/
You're being most ungrateful to him; that's biting the hand that feeds you - Estás siendo muy desagradecido; cría cuervos...

culo
1) ¡Vete a tomar por...!
   Fuck off! (tabú)***/*Fuck you!* (tabú)***.
   /'fʌk 'ɔf/ /'fʌk ju:/
2) Puedes metértelo en el...
   You can stuff it up your arse/ass (tabú)**.
   /ju: kən 'stʌf it ʌp juər 'ɑ:s/

cumplidos
No te andes con cumplidos.
a) *Don't stand on ceremony***.
   /dont 'stænd ɔn 'serəməni/
b) *You can dispense with ceremony***.
   /ju: kən dis'pens wið 'serəməni/

curar
Curarse en salud.
To be on the safe side***.
/tə bi: ɔn ðə 'seif 'said/
«*But there are no risks.*» «*Well, you know him, he likes to be on the safe side*» - «¡Pero si no hay riesgo!» «Bueno, ya lo conoces, le gusta curarse en salud.»

chapuza

Hacer una chapuza.
To do an odd job***.
/tə 'du: ən 'ɔd 'dʒɔb/
I have a few odd jobs to do at home on Sunday - Tengo unas chapuzas que hacer en casa el domingo.

chiflado

Chiflado, majareta, etc.
Cracked (arg.) /krækt/***.
Crackers (arg.) /'krækəz/***.
Nuts (arg.) /nʌts/***.
Nutty (arg.) /'nʌti/**.
Potty (esp. Br. E.) /'pɔti/**.
Batty (arg.) /'bæti/*.
Daffy (arg.) /'dæfi/*.
Loony (arg.) /'lu:ni/**.
Barmy (arg. esp. Br. E.) /'bɑ:mi/*.
Half-baked /ˌhɑ:f'beikt/*.
Half-witted /ˌhɑ:f'witid/***.

chiquitas

No andarse con chiquitas. No morderse la lengua.
Not mince one's words***.
/nɔt 'mins wʌnz 'wə:dz/
I'm not one to mince my words - Yo no soy persona que se ande con chiquitas; no me muerdo la lengua (véase también *bone*, 2).

chispas

Estar que se echa chispas; que se sube uno por las paredes; estar que (se) muerde (fam.).
To be hopping mad**.
/tə bi: 'hɔpiŋ 'mæd/
Be careful, the boss is hopping mad today - Ten cuidado, el jefe está que echa chispas hoy (véanse también «trinar»; *boil*, y *wall*, 1).

chiva/o

1) Estar como una chiva (véase *mad*).

2) Más nervioso que el jopo de una chiva (véase *cat*, 2).

3) Un chivo expiatorio (véase «cabeza», 11).

chivatazo

Un chivatazo.
A tip-off**.
/ə 'tip‚ɔf/
The police have received a tip-off - La policía ha recibido un chivatazo.
Rel. = *To grass on* /'grɑ:s ɔn/ (entre *gangsters*, delatar, chivarse).

273

I've just heard that Johnny has grassed on some of our mates - Me acabo de enterar de que Johnny ha delatado a algunos de nuestros camaradas.

chivato

Ser un chivato.
To be a telltale/an informer**.
/tə bi: ə 'telteil/ən in'fɔ:mə/
There must be a telltale in this school - Debe de haber un chivato en esta escuela.
Rel. = soplón = *squealer; stool pigeon* (véase *pigeon*, 4).

chochear

(Véase *gaga.)*

chupado

Chupado; muy fácil (véase *easy*, 3).

D

decir

1) ¡A mí me lo vas a decir!
You're telling me***.
/juə 'teliŋ 'mi:/

2) Ni que decir tiene; huelga decir.
It goes without saying***.
/it 'gouz wiðaut 'seiiŋ/

dechado

Un dechado de perfecciones; un mirlo blanco.
The peak of perfection**.
/ðə 'pi:k əv pə'fekʃn/

dedos

Cogerse los dedos. Pillarle a uno el toro.
To burn one's fingers***.
/tə 'bə:n wʌnz 'fiŋgəz/
That's a ridiculous price; you're going to burn your fingers - Ese precio es ridículo. Te vas a coger los dedos.

dejar

Dejar mucho que desear.
To leave much to be desired***.
/tə 'li:v 'mʌtʃ tə bí: di'zaiəd/

desgracias

1) Las desgracias nunca vienen solas.

a) *Troubles never come singly***.
/'trʌblz 'nevə 'kʌm 'siŋgli/

b) *It never rains but it pours****.
/it 'nevə 'reinz bʌt it 'pɔ:z/

2) Para colmo de desgracias.

    a) *To cap it all****.
       /tə ˈkæp it ˈɔːl/

    b) *To make matters worse***.
       /tə ˈmeik ˈmætəz ˈwəːs/

despedirse

1) Despedir al que se va de viaje (véase *see off*).
2) Despedir, echar del trabajo (véase *sack*).
3) Despedirse, marcharse de una colocación (véase *notice*).
4) Despedirse (las visitas, etc.) (véase *leave*, 7).

detalle

Lo que importa es el detalle (al hacer un regalo); una flor es un diamante.
It's the thought that counts***.
/its ðə ˈθɔːt ðət ˈkaunts/

dicho

Del dicho al hecho... (hay gran trecho).
There's many a slip... ('twixt the cup and the lip) (ref.)**.
/ðəz ˈmeni ə ˈslip twikst ðə ˈkʌp ən ðə ˈlip/
He says he will succeed, but there's many a slip - Dice que triunfará, pero del dicho al hecho...

dientes

Enseñar los dientes.
To show one's teeth***.
/tə ˈʃou wʌnz ˈtiːθ/
I think he's taking you too much for granted; you'll have to show him your teeth - Creo que te está tomando un poco por «el pito del sereno». Vas a tener que enseñarle los dientes.

diestro

A diestro y siniestro.
Right and left**.
/ˈrait ən ˈleft/

diferencia

Partir la diferencia.
To split the difference***.
/tə ˈsplit ðə ˈdifrəns/
Let's split the difference - Partamos la diferencia (véase también *meet*).

Dinamarca

Algo huele a podrido en Dinamarca.
There's something rotten in the state of Denmark*.
/ðəz ˈsʌmθiŋ ˈrɔtn in ðə ˈsteit əv ˈdenmɑːk/
(Cita de *Hamlet*, de Shakespeare, usada como alusión a la, corrupción en la administración, gobierno, etc.).

275

dinero

1) Dinero contante y sonante.
   *Hard cash**.*
   /'hɑːd 'kæʃ/

2) Estar nadando en dinero; estar podrido de dinero.
   *To be rolling in money**.*
   /tə biː 'rouliŋ in 'mʌni/
   The Smiths have bought a new car; they must be rolling in money - Los Smiths se han comprado un coche nuevo; deben de estar nadando en dinero.

3) Dinero tirado a la calle.
   *Money down the drain***.*
   /'mʌni daun ðə 'drein/
   I know you've bought a new lawnmower, but in my opinion that's money down the drain - Sé que te has comprado una nueva cortadora de césped, pero, en mi opinión, eso es tirar el dinero a la calle.

4) Gastar dinero a manos llenas/a mansalva; derrochar.
   *To spend money like water**.*
   /tə 'spend 'mʌni laik 'wɔːtə/
   «*She's a spendthrift.*» «*Yes, she spends money like water.*» - «Es una manirrota.» «Sí, gasta el dinero a manos llenas.»
   Rel. = *To splash out* (arg.)**.

Dios

1) A Dios rogando (y con el mazo dando).
   Put your trust in God but keep your powder dry (ref.)*.
   /'put jɔː 'trʌst in 'gɔd bʌt 'kiːp jɔː 'paudə 'drai/

2) Dios los cría... (y ellos se juntan) (véase *bird*, 1).

3) Dios protege la inocencia.
   Heaven tempers the wind (to the shorn lamb) (ref.)*.
   /'hevn 'tempəz ðə 'wind tə ðə 'ʃɔːn 'læm/
   «*She was a fool to go there all by herself.*» «*Don't worry, heaven tempers the wind...*» - «Fue tonta al ir sola.» «No te preocupes, Dios protege la inocencia.»

4) ¡Dios mío!
   a) *Oh dear!***.
      /'ou 'diə/
   b) *Goodness!***
      /'gudnis/
   c) *Heavens!*** (¡Cielos!)
      /'hevnz/

276

5)   Dios aprieta, pero no ahoga.
     God shapes the back for the burden (ref.)*.
     /'gɔd 'ʃeips ðə 'bæk fə ðə 'bɔ:dn/

6)   A Dios lo que es de Dios (y al César lo que es del César).
     To render unto Caesar what is Caesar's.
     /tə 'rendə ʌntə 'si:zə wɔt iz 'si:zəz/
     Sin. = *Fair is fair*** - Lo que es justo es justo, las cosas
     como son.

7)   Armar la de Dios es Cristo (véase *hell*, 4).

dorar   Dorar la píldora (véase «píldora»).

dormir   1)   Dormir como un lirón (tronco) (véase *sleep*, 1).

               2)   Dormirse en los laureles.
                    *To rest on one's laurels***.
                    /tə 'rest ɔn wʌnz 'lɔ:rəlz/
                    Be careful; it's not a good thing to rest on one's laurels - Ten
                    cuidado; no es bueno dormirse en los laureles (camarón que
                    se duerme, se lo lleva la corriente).

               3)   Dormir la siesta.
                    *To have a nap***.
                    /tə hæv ə 'næp/
                    He's having a nap - Está durmiendo la siesta.

               4)   Dormir la mona (véase *sleep*, 2).

dos   1)   En un dos por tres (véase «ojo», 6).

               2)   Dos es compañía, tres es multitud.
                    *Two's company, three's a crowd***.
                    /'tu:z 'kʌmpəni 'θri:z ə 'kraud/

E

echar   1)   Echar en cara.
                    *To cast/throw sth. in a person's teeth***.
                    /tə 'kɑ:st/'θrou sʌmθiŋ in ə 'pə:sənz 'ti:θ/

               2)   Echar su cuarto a espadas.
                    *To have one's say***.
                    /tə hæv wʌnz 'sei/
                    I will have my say in this matter, whether they like it or not -
                    Echaré mi cuarto a espadas, les guste o no.

277

Dormirse en los laureles.

elefante   Memoria de elefante.

*A memory like an elephant***.

/ə ˈmeməri laik ən ˈelifənt/

She has a memory like an elephant - Tiene una memoria de elefante.

embudo   La ley del embudo.

To have two yardsticks/a double standard.

/tə hæv ˈtu: ˈjɑːdstiks/ə ˈdʌbl ˈstændəd/

You are not being fair with the boy; you didn't mind it when your son did the same thing. That's having two yardsticks/a double standard - No eres justo con el muchacho; no te importaba cuando tu hijo hacía lo mismo. Eso es la ley del embudo.

enemigo   A enemigo que huye, puente de plata (ref.).

a)   *Good riddance (to bad rubbish)***.

/ˈgud ˈridəns (tə ˈbæd ˈrʌbiʃ/

«*The Smiths, our neighbours next door, are moving away.*» «*Good riddance...*» - «Los Smiths, nuestros vecinos de al lado, se mudan.» «A enemigo que huye...»[1].

b)   *To be glad to see the back of* (véase *back*, 2).

entendedor   A buen entendedor... (véase *nod*).

entrometido (Véase «metomentodo».)

escopeta   Estar con la escopeta cargada.

To be ready to pounce on sb. (fam.)**.

/tə bi: ˈredi tə ˈpauns ɔn/

Wife to grumbling husband: «You are always ready to pounce on me» - La esposa, al marido gruñón: «Estás siempre con la escopeta cargada.»

espada   Entre la espada y la pared.

*Between the devil and the deep blue sea***.

/bitwi:n ðə ˈdevəl ən ðə ˈdi:p ˈblu ˈsi:/

Well, this is really a difficult position; I'm between the devil and the deep blue sea - Bueno, ésta es una situación realmente difícil; estoy entre la espada y la pared (véase también *back*, 6).

espalda   1)   Tener las espaldas anchas. Poder soportar mucho peso, mucha responsabilidad.

*To have broad shoulders****.

/tə hæv ˈbrɔ:d ˈʃouldəz/

---

[1] La frase *good riddance* se usa frecuentemente en otros contextos para expresar satisfacción por liberarse de algo o alguien que nos molesta: no se pierde nada/gran cosa, etc.

«That's too much responsibiltty.» «Don't worry, I have broad shoulders» - «Esa es mucha responsabilidad.» «No te preocupes, tengo las espaldas anchas.»

2) Tener las espaldas cubiertas (guardadas).
   To be well protected ~ ***.
   /tə bi: 'wel prə'tektid/

3) Volver la espalda (véase *turn*, 9).

esperanza

1) La esperanza es lo último que se pierde (véase *cloud*).

2) Mientras hay vida hay esperanza; nunca te des por vencido.
   a) *While there's life there's hope**.*
      /'wail ðəz 'laif ðəz 'houp/
   b) *Never say die**.*
      'nevə 'sei 'dai/
      (Véase también *try*.)

esperar

Esperar hasta que las ranas críen pelo.
a) *To wait until the cows come home* (arg.)**.
   /tə 'weit ʌntil ðə 'kauz 'kʌm 'houm/
   We'd better go; if we wait for them, we'll wait until the cows come home - Mejor será que nos vayamos; si los esperamos, tendremos que esperar hasta que las ranas críen pelo.

b) *To wait till hell freezes over* (arg.)**.
   /tə 'weit til 'hel 'fri:ziz 'ouvə/

esquinazo

Dar esquinazo.
To give sb. the slip***.
/tə 'giv ðə 'slip/
She's given him the slip - Le ha dado esquinazo.
Sin. = *To lose sb.*

estacada

Dejar en la estacada.
To leave in the lurch**.
/tə 'li:v in ðə 'lə:t ʃ/
This is the second time your car leaves you in the lurch - Es la segunda vez que el coche te deja en la estacada.
Sin. = *To let sb. down.*

estómago

1) Revolver el estómago.
   To turn one's stomach***.
   /tə 'tə:n wʌnz 'stʌmək/
   Really all that violence turns my stomach - Realmente toda esa violencia me revuelve el estómago.

2) No tengo estómago para ver algo (sangre, etc.).
   I can't stand the sight of (blood, etc.)***.
   /ai ka:nt 'stænd ðə 'sait əv 'blʌd/

280

estrellas Ver las estrellas.
To see stars***.
/tə 'si: 'stɑ:z/
They hit me on the nose and I saw stars - Me dieron un puñetazo en la nariz, y vi las estrellas.

excepción La excepción que confirma la regla.
The exception that proves the rule***.
/ði ik'sepʃn ðət 'pru:vz ðə 'ru:l/

F

faena 1) Una faena de aliño = un lavado de cara (véase *lick*).

2) Ya que estamos metidos en faena.
While we're about it***.
/'wail wiə(r) ə'baut it/

falda Estar pegado a las faldas de la madre.
To be tied to one's mother's apron strings*.
/tə bi: 'taid tu wʌnz 'mʌðəz 'eiprən‚strɪŋz/
He's still tied to his mother's apron strings - Está todavía pegado a las faldas de su madre.

fama Cría mala fama... (y échate a morir); calumnia que algo queda.
Give a dog a bad name... (and hang him)**.
/'giv ə 'dɔg ə 'bæd 'neim (ən 'hæŋ him)/
I'm worried about him; you know the saying: Give a dog a bad name... - Estoy preocupado por él; ya conoces el dicho: Cría mala fama...

farolillo rojo Ser/llevar el farolillo rojo (en una competición, torneo, etc.).
To hold the wooden spoon*.
/tə 'hould ðə 'wudn 'spu:n/
Manchester United are holding the wooden spoon - El Manchester United lleva el farolillo rojo.

Fernando 1) Así se las ponían a Fernando VII. ¿Qué más quieres? (más facilidades, ventajas, etc., imposible).
D'you want jam on it? (fam.)**.
/dju: 'wɔnt 'dʒæm ɔn it/

2) (En) el coche de San Fernando (unos ratos a pie y otros andando).
(On/by) shanks's mare/pony*.
/(ɔn/bai) 'ʃæŋks 'mɛə/'pouni/
«*Did you come by car?*» «*No, on shanks's mare*» - «¿Viniste en coche?» «No, en el coche de San Fernando...»

flor En la flor de la vida.
In the prime of life**.
/in ðə 'praim əv 'laif/

freír 1) ¡Vete a freír espárragos (monas)!

      a) *Get lost/stuffed***/***.
        /'get 'lɔst/'stʌft/
        (Véase también «porra»; «largarse».)

      b) *Go fry your face* (infantil)**.
        /'gou 'frai jɔ: 'feis/

    2) Al freír será el reír (véase *laugh*, 3).

fresco 1) Hace un poco de fresco.
      It's a bit chilly***.
      /its ə 'bit 'tʃili/

    2) Ser un fresco (véase «cara», 1).

    3) Si crees que... estás fresco (vas muy descaminado).
      If you think... you've got another thing/guess coming***.
      *If you think I'm going to lend you more money, you've got
      another thing coming* - Si crees que te voy a prestar más
      dinero, estás fresco.
      Var. = *If you think... think again***.

frío ¡Hace un frío que pela!
This cold would skin you alive*.
/'ðis 'kould wud 'skin ju: ə'laiv/
(Véase también *monkey*, 7.)

fuerte Es un poco fuerte; es intolerable, etc.
It's a bit thick**.
/its ə 'bit 'θik/

*It's a bit thick that I can't sit quietly and read the newspaper in my
own house* - Es un poco fuerte que no me pueda sentar tranquila-
mente a leer el periódico en mi propia casa.

G

gafe Gafe; cenizo.
Jinx (dicho de personas y cosas)***.
/dʒinks/
He's a jinx - Es un cenizo.

gallina 1) Ponerse la carne de gallina (véase *gooseflesh*).

282

2) Matar la gallina de los huevos de oro.
   To kill the goose that lays the golden eggs **.
   /tə 'kil ðə 'gu:s ðət 'leiz ðə 'gouldən 'egz/
3) Ser un gallina (véase *chicken*, 3).
4) Cantar la gallina; cantar de plano; confesar.
   a) *To blow the gaff* (véase *blow*, 1).
   b) *To spill the beans* (véase *spill*).
   (Véase también *canary*).
5) Como gallina en corral ajeno.
   a) *Like a fish out of water* (véase *water*, 4).
   b) *Like a lost hen* (véase «pulpo», b).
6) Jugar a la gallina ciega.
   To play blindman's bluff ***.
   /tə 'plei 'blaindmənz 'blʌf/

gallito El gallito del grupo.
The cock of the walk *.
/ðə 'kɔk əv ðə 'wɔ:k/
I can see he's the cock of the walk there - Ya veo que allí es el gallito del grupo.

gallo 1) En menos que canta un gallo.
Before one can say «Jack Robinson» (arg.) **.
/bifɔ: wʌn kən 'sei 'dʒæk 'rɔbinsən/
He'll be gone before you can say «Jack Robinson» - Habrá desaparecido en menos que canta un gallo.
2) Otro gallo me cantara si...
My lot would be different if... ~ **.
/mai 'lɔt wud bi: 'difrənt if/
My lot would be different if I had listened to him - Si lo hubiera escuchado, otro gallo me cantara.
3) Un gallo (al cantar).
A wrong note ***.
/ə 'rɔŋ 'nout/
4) (Quedar) como el gallo de Morón (sin plumas y cacareando), con los pies colgando, colgado, solo ante el peligro, etcétera.
(To be left) out on a limb **.
/tə bi: 'left 'aut ɔn ə'lim/
They all drove away in the car and left me there out on a limb - Se marcharon todos en el coche y me dejaron allí como el gallo de Morón...
5) Dar un gallo para recibir un caballo (véase *sprat*).

ganga   (Véanse *bargain*, y *steal*, 2).

gatas   A gatas.
On all fours***.
/ɔn 'ɔ:l 'fɔ:z/

gato
1) Aquí hay gato encerrado; me da mala espina; me huele a chamusquina, a cuerno quemado, mal.

   a) *I smell a rat****.
   /ai 'smel ə 'ræt/

   b) *There's something fishy here****. / *It looks fishy to me****.
   /ðəz 'sʌmθiŋ 'fiʃi 'hiə/ /it 'luks 'fiʃi tə mi:/

   c) *There's more than meets the eye***.
   /ðəz 'mɔ: ðən 'mi:ts ði 'ai/

2) Buscarle tres pies al gato. Hilar demasiado fino.
   To split hairs***.
   /tə 'split 'hɛəz/

3) Darle a uno gato por liebre. Comprar a ciegas.
   To buy a pig in a poke**.
   /tə 'bai ə 'pig in ə 'pouk/
   Don't buy a pig in a poke - Que no te den gato por liebre (no compres a ciegas).

4) Llevar el gato al agua.
   To bring home the bacon*.
   /tə 'briŋ 'houm ðə 'beikn/
   I knew he'd bring home the bacon in the end - Ya sabía yo que terminaría por llevarse el gato al agua (véase también *win*, 2).

5) El gato escaldado, del agua fría huye.

   a) *Once bitten twice shy* (ref.)***.
   /'wʌns 'bitn 'twais 'ʃai/

   b) *The burnt child dreads the fire* (ref.)**.
   /ðə 'bə:nt 'tʃaild 'dredz ðə 'faiə/

6) Ponerle el cascabel al gato (véase «cascabel»).

7) Defenderse como gato panza arriba (véase «uña», 2).

8) Caer de pie como los gatos (véase «caer», 4).

9) Cuando el gato no está, los ratones bailan (véase *cat*, 5).

10) Cuatro gatos.
    Very few people; hardly anybody; hardly a soul~.
    /'veri 'fju: 'pi:pl/'ha:dli 'enibɔdi/'ha:dli ə 'soul/

11) De noche todos los gatos son pardos (véase *cat*, 7).

12) Que nadie diga zape hasta que no pase el último gato (véase «cantar», 1).

13) ¿Te ha comido la lengua el gato? (véase *cat*, 21).

14) Tener siete vidas como un gato (véase *cat*, 18).

15) Gato con guantes no caza ratones (véase *cat*, 25).

genio Genio y figura (hasta la sepultura).

a) *Old habits die hard* (ref.)**.
/ould hæbits 'dai 'hɑːd/

b) *What's bred in the bone (will come out in the flesh/will never come out of the flesh)* (ref.)*.
/'wɔts 'bred in ðə 'boun (wil 'kʌm 'aut in ðə 'fleʃ/wil 'nevə 'kʌm aut əv ðə 'fleʃ)/

c) *A leopard can't change its spots**.
/ə 'lepəd kɑːnt 'tʃeindʒ its 'spɔts/
(Véase también *once*, 5.)

golondrina Una golondrina no hace verano (véase *swallow*, 3).

golpe 1) (Dar) un golpe bajo.
(To hit) below the belt**.
/tə 'hit bilou ðə 'belt/
I didn't like her remark about her husband's failure: it was hitting him below the belt - No me gustó su comentario sobre el fracaso de su marido: fue un golpe bajo.

2) Dar el golpe; causar sensación. (neg.) No haber inventado la pólvora; no ser nada del otro jueves (mundo).
To set the Thames on fire (G.B.)**.
/tə 'set ðə 'temz ɔn 'faiə/
«*What do you think of him as a singer?*» «*He won't set the Thames on fire*» - «¿Qué te parece como cantante?» «No creo que haya inventado la pólvora (no es nada del otro jueves).»
They are sure to set the Thames on fire (to cause sensation) with their new album - Es seguro que van a dar el golpe (causarán sensación) con su nuevo «elepé».

3) No dar ni golpe (véase *Riley)*.

gorda No tengo una gorda; un céntimo; una perra, etc.
I haven't a bean (arg.)**.
/ai hævənt ə 'biːn/
(Véanse también *broke;* «muerto».)

gordo Caer gordo (véanse «tragar» y *rub)*.

gorrón (Véase *sponger.)*

gota 1) La última gota (véase *straw*, 1).

2) Como dos gotas de agua.
   As like as two peas (in a pod) ***.
   /əz ˈlaik əz ˈtu: ˈpi:z (in ə ˈpɔd)/
   They're as like as two peas - Son tan iguales como dos gotas de agua.

gotera

1) La gotera cava la piedra (véase «piedra», 2).

2) Tener goteras.
   To have aches and pains ***.
   /tə hæv ˈeiks ənd ˈpeinz/
   At my age you have aches and pains all over - A mi edad se tienen goteras por todas partes.

granito

Granito de arena.
One's bit ***.
/wʌnz ˈbit/
We'll all do our bit to help her - Todos aportaremos nuestro granito de arena para ayudarle.

grano

1) Ir al grano.
   To come to the point ***.
   /tə ˈkʌm tə ðə ˈpɔint/
   (Véase también *bush.*)

2) No te pongas el parche antes de que te salga el grano.
   Don't cry before you're hurt (fam.) **.
   /dount ˈkrai bifɔ: juə ˈhə:t/

guardia

1) Estar de guardia.
   a) *To be on duty* ***.
      /tə bi: ɔn ˈdju:ti/
      Who's on duty today? - ¿Quién está de guardia hoy?

   b) *To stand by/to be on stand-by* (entre profesores, etc.) **.
      /tə ˈstænd bai/
      Mrs. Allen stands by today - La señora Allen está de guardia hoy.

2) Estar en guardia.
   To be on one's guard (afirm.) **.
   /tə bi: ɔn wʌnz ˈgɑ:d/
   To be off one's guard (neg.) ***.
   /tə bi: ɔf wʌnz ˈgɑ:d/

guarro

Más a gusto que un guarro en una charca.
As snug as a bug in a rug (arg.) (menos vulgar que en español) **.
/əz ˈsnʌg əz ə ˈbʌg in ə ˈrʌg/

286

gusano   Hasta un gusano se rebela a veces (véase *worm*, 1).

gusto   Sobre gustos no hay nada escrito.
There's no accounting for taste***.
/ðəz 'nou ə'kauntiŋ fə 'teist/
(Véase también *meat*.)

H

hábito   El hábito no hace al monje.
Clothes don't make the man (ref.)**.
/'klouðz dount 'meik ðə 'mæn/

hablar   1) ¡Mira quién va a hablar! (véase *pot*, 2).

2) Quien mucho habla mucho yerra (véase «boca», 3).

3) Hablar mal de alguien (véase *run down*).

4) No hablarse.
Not be on speaking terms***.
/nɔt bi: ɔn 'spi:kiŋ 'tə:mz/
We are not on speaking terms - No nos hablamos.

5) Hablando del rey de Roma... (por la puerta asoma).
Talk of the devil... (and he's sure to appear) ***.
/'tɔ:k əv ðə 'devəl (ənd hi:z ' ʃuə tu ə'piə/

6) Hablar por los codos; como una cotorra.

a) *To be a chatterbox****.
/tə bi: ə 'tʃætəbɔks/

b) *To talk nineteen to the dozen**.
/tə 'tɔ:k nain'ti:n tə ðə 'dʌzn/

c) *To talk one's head off****.
/tə 'tɔ:k wʌnz 'hed 'ɔf/
There he was talking his head off - Allí estaba charlando por los codos.

7) De eso, ni hablar.
That's out of the question***.
/'ðæts aut əv ðə 'kwestʃn/

8) Hablar claro (véase *bone*, 2).

hambre

1) A buen hambre no hay pan duro.

   a) *Hunger is the best sauce* (ref.)**.
   /'hʌŋgəz ðə 'best 'sɔ:s/

   b) *Beggars can't be choosers* (ref.)**.
   /'begəz kɑ:nt bi: 'tʃu:zəz/

2) Tener más hambre que el perro de un ciego.

   a) *To be starving* (fig.)***.
   /tə bi: 'stɑ:viŋ/
   I'm starving - Tengo más hambre que el perro (de) un ciego (estoy muerto de hambre, me muero de hambre).

   b) *To be as hungry as a hunter* (joc.)**.
   /tə bi: əz 'hʌŋgri əz ə 'hʌntə/

3) Morir de hambre (literal).
   To starve (to death)***.
   /tə 'stɑ:v tə 'deθ/
   He said he'd rather starve than beg for food - Dijo que prefería morir de hambre a pedir comida.

4) Quitarse el hambre a puñetazos (véanse *wolf*, 2, y *body*).

harina

Eso es harina de otro costal; eso es otro cantar.

   a) *That's a horse of a different/another colour***.
   /'ðæts ə 'hɔ:s əv ə 'difrənt (ə'nʌðə) 'kʌlə/

   b) *That's another story****.
   /ðæts ə'nʌðə 'stɔ:ri/

harto

Estar harto; traer (tener) a uno frito.

   a) *To be fed up* (véase «coronilla»).

   b) *To have had enough****.
   /tə həv 'hæd i'nʌf/
   I've had enough - Estoy harto.

   c) *To be sick of sth. or sb.****.
   /tə bi: 'sik əv/
   I'm sick of him - Estoy harto de él.

   d) *To be browned/cheesed off* (arg.)*.
   /tə bi: 'braund/'tʃi:zd 'ɔf/

hecho

1) Dicho y hecho.
   No sooner said than done***.
   /nou 'su:nə 'sed ðən 'dʌn/

2) Hechos son amores (y no buenas razones) (véase *actions*).

herrero   En casa del herrero, cuchillo de palo.
None (who's) worse shod than the shoemaker's wife (ref.)*.
/ˈnʌn (huːz) ˈwəːs ˈʃɔd ðən ðə ˈʃuːmeikəz ˈwaif/

hielo   Romper el hielo (en una reunión, etc.).
*To break the ice****.
/tə ˈbreik ði ˈais/

higos   De higos a brevas (véase *once*, 2).

hilar   Hilar demasiado fino (véase «gato», 2).

hilo   Pendiente de un hilo.
*Hanging by a hair/a single thread****.
ˈhæŋiŋ bai ə ˈhɛə (ə ˈsiŋgl ˈθred/
His life is hanging by a single thread - Su vida pende de un hilo.

hombre   1)   Hombre prevenido vale por dos.
a)   *Forewarned is forearmed.*
/fɔː ˈwɔːndz f̶ɔː ˈɑːmd/
b)   *Look before you leap***.
/ˈluk bifɔː juː ˈliːp/
(Dando consejo.)
c)   *To count the cost***.
/tə ˈkaunt ðə ˈkɔst/
Ser prevenido.

2)   El hombre propone y Dios dispone.
Man proposes, God disposes (ref.)**.
/ˈmæn prəˈpouziz ˈgɔd disˈpouziz/

3)   El hombre de la calle.
*The man in the street****.
/ðə ˈmæn in ðə ˈstriːt/
I would like to know what the man in the street thinks about the new government - Me gustaría saber lo que opina el hombre de la calle sobre el nuevo gobierno.

4)   Un hombre de mundo.
*A man of the world****.
/ə ˈmæn əv ðə ˈwəːld/

5)   Un hombre de palabra.
*A man of his word***.
/ə ˈmæn əv hiz ˈwəːd/

6)   Como un solo hombre.
*To a man***.
/tu ə ˈmæn/

They rose to a man when the King entered - Se levantaron como un solo hombre cuando entró el rey.

Sin. = *as one/a man.*

hombro   1)   Mirar por encima del hombro.

           To look down on sb. (v.p.)***.

           /tə ˈluk ˈdaun ɔn/

           Ever since he came by all that money he looks down on us - Desde que le vino todo ese dinero nos mira por encima del hombro.

     2)   Arrimar el hombro.

         a)   *To put one's shoulder to the wheel****.

             /tə ˈput wʌnz ˈʃouldə tə ðə ˈwiːl/

             There are hard times ahead; we'll all have to put our shoulders to the wheel - Se avecinan tiempos difíciles; tendremos todos que arrimar el hombro.

         b)   *All hands to the pump/on deck***/*.

             /ˈɔːl ˈhændz tə ðə ˈpʌmp/ɔn ˈdek/

             Come on, all hands to the pump! - ¡Venga, todos a arrimar el hombro!

     3)   Mangas por hombro, desordenado, revuelto.

         a)   *(In) a mess****.

             /in ə ˈmes/

             His room is (in) a mess - Su habitación está (todo) mangas por hombro.

         b)   *Topsy-turvy***.

             /ˈtɔpsi ˈtəːvi/

         c)   *At sixes and sevens**.

             /ət ˈsiksiz ənd ˈsevənz/

hora   1)   Ya era hora (véase *about*, 2).

     2)   A buenas horas (mangas verdes).

         a)   *This is a great time to...***.

             /ˈðis iz ə ˈgreit ˈtaim tə/

             Wife (at the theatre): «I think I left a tap on.»
             Husband: «This is a great time to remember it.»
             La esposa (en el teatro): «Creo que me dejé un grifo abierto.»
             El marido: «A buena hora lo recuerdas.»

         b)   *To lock the stable door after the horse has bolted.*

             /tə ˈlɔk ðə ˈsteibl, dɔː ɑːftə ðə ˈhɔːs həz ˈboultid/

290

| **horma** | La horma de su zapato.
| | *One's match****.
| | /wʌnz 'm ætʃ/
| | *He's met his match at last* - Por fin ha encontrado la horma de su zapato.

| **horno** | No está el horno para bollos.
| | *It's the wrong time/moment (to ask for sth., etc.)* ~.

| **hortelano** | El perro del hortelano (que ni come ni deja comer).
| | *A dog in the manger****.
| | /ə 'dɔg in ðə 'meindʒə/
| | *Let them alone; don't be a dog in the manger* - Déjalos en paz; no seas como el perro del hortelano.

| **hueso** | Un hueso duro de roer.
| | *A hard nut to crack* (arg.)**.
| | /ə 'hɑ:d 'nʌt tə 'kræk/
| | *I reckon he's a hard nut to crack* - Opino que es un hueso duro de roer.

| **huevo** | 1) Costar un huevo (vulg.) = costar un riñón, un ojo de la cara (véase «ojo», 9).

2) Parecerse como un huevo a otro huevo = ser como dos gotas de agua (véase *peas)*.

3) Poner a huevo (vulg.) = poner en bandeja (véase «bandeja»).

4) Andar pisando huevos.
   To walk very slowly ~ (véase también «pisar»).

5) Tener huevos (tabú); tener agallas/valor (para hacer algo).
   To have guts***.
   /tə hæv 'gʌts/
   He was the only one with guts enough to oppose him - Fue el único con suficientes agallas para oponerse a él.

6) No es un huevo que se echa a freír.
   It's not as easy as all that/as you think ~.

I

| **ilusiones** | Tener puestas las ilusiones en...
| | *To set one's heart on****.
| | /tə 'set wʌnz 'hɑ:t ɔn/
| | *He has set his heart on becoming a doctor* - Tiene puestas sus ilusiones en hacerse médico.

291

indio	Hacer el indio; el tonto; el payaso; el ganso, etc.

To play the fool***.

/tə 'plei ðə 'fu:l/

He's the best at playing the fool - Para hacer el indio se pinta solo (véase también «ridículo»).

ir	1)	Ir a por atún y a ver al duque = matar dos pájaros de un tiro (véase «matar», 1).

2)	Ir que ni pintado, de perlas, de maravilla, etc. (véase *fit*, 2).

3)	Irse al otro barrio; hacer el último viaje, pasar a mejor vida, etcétera (euf. por morir).

a)	*To go* (véase *go*, 7*b*).

b)	*To go the way of all flesh* (véase *way*, 13).

c)	*To go west**.

/tə 'gou 'west/

d)	*To join the great majority* (véase *join*, 1).

e)	*To hand/cash in one's chips***.

/tə 'hænd/'kæʃ 'in wʌz 'tʃips/

f)	*To give up the ghost* (véase «pata», 1*b*).

g)	*To pass away****.

/tə 'pɑ:s ə 'wei/

Para otras expresiones con *ir*, véase índice.

J

jabón	1)	Dar jabón a alguien; adular.

To soft-soap sb.**.

/tə 'sɔftsoup/

(Véase también «pelota», 2.)

2)	Dar un jabón a alguien; regañar; echar una regañina; dar para el pelo.

a)	*To tell sb. off***.

/tə 'tel 'ɔf/

She told me off for being so late - Me echó una regañina por llegar tan tarde.

Sin. = *To scold.*

b)	*To have sb. on the carpet* (véase «bronca»).

c)	*To haul sb. over the coals* (véase «rapapolvos»).

d)	*To give sb. a good dressing down* (véase «rapapolvos»).

292

Tener goteras.

jota   No entender ni jota (véase *Greek*).

jueves   Nada del otro jueves; nada del otro mundo.
Nothing to write home about***.
/'nʌθiŋ tə 'rait 'houm ə'baut/
Nothing to make a song and dance about**.
/'nʌθiŋ tə 'meik ə 'sɔŋ ən 'dɑːns ə'baut/

jugar   Jugar con fuego.
To play with fire***.
/tə 'plei wið 'faiə/
Be careful, you're playing with fire - Ten cuidado; estás jugando con fuego.

L

labia   Tener mucha labia/jarabe de pico.
To have the gift of the gab**.
/tə hæv ðə 'gift əv ðə 'gæb/
Your friend has the gift of the gab - Tu amigo tiene mucha labia.

lado   Dar de lado; hacer el vacío.
To give sb. the cold shoulder***.
/tə 'giv ðə 'kould 'ʃouldə/
They all gave him the cold shoulder after that - Después de aquello, todos le dieron de lado.

ladrar   Perro que ladra no muerde (véase *bark*, 1).

lana   Ir por lana y salir trasquilado. Salir el tiro por la culata.
The biter bit*.
/ðə 'baitə 'bit/

lapa   Pegarse como una lapa (véase *leech*).

larga   A la larga.
In the long run***.
/in ðə 'lɔŋ 'rʌn/
It will be better for you in the long run - Será mejor para ti a la larga.

lárgate   Lárgate.

                 a)   *Clear off****.
                     /'kliər 'ɔf/

                 b)   *Beat it***.
                     /'biːt it/

c) *Get lost* ***.

/'get 'lɔst/

d) *Piss off* (vulg.) **.

/'pis 'ɔf/

¡Vete a la...!

e) *Fuck off/fuck you!* (tabú) ***.

/'fʌk 'ɔf/ /'fʌk ju:/

Vete a tomar por...

lástima   ¡Qué lástima!

a) *What a pity!* ***.

/'wɔt ə 'piti/

b) *What a shame!* **.

/'wɔt ə 'ʃeim/

(Véase también *bad*, 8.)

lata   1) ¡Qué lata!

a) *What a nuisance* ***.

/'wɔt ə 'nju:səns/

b) *Bother!* ***.

/'bɔðə/

2) Dar la lata.

a) *To be a nuisance* ***.

/tə bi: ə 'nju:səns/

b) *To bother sb.* ***.

/tə 'bɔðə/

Stop bothering me - Deja ya de darme la lata.

3) Ser una lata (véase «pesado»).

leche   ¡Leche! (tabú).

Balls (tabú) **.

/bɔ:lz/

leer   Leer la cartilla a alguien (véase «bronca»).

lengua   1) Tener algo en la punta de la lengua.

To have sth. on the tip of one's tongue **.

/tə 'hæv ɔn ðə 'tip əv wʌnz 'tʌŋ/

I can't remember his name, but I have it on the tip of my tongue - No recuerdo su nombre, pero lo tengo en la punta de la lengua.

2) No tener pelos en la lengua; no morderse la lengua (véase *bones*, 2).

3) Irse de la lengua.
   To let the cat out of the bag***.
   /tə 'let ðə 'kæt aut əv ðə 'bæg/
   They already know; I wonder who's let the cat out of the bag - Lo saben ya; me pregunto quién se ha ido de la lengua.

4) Con la lengua fuera.
   a) *Out of breath****.
      /aut əv 'breθ/
   b) *Panting****.
      /'p æntiŋ/
   c) *With one's tongue hanging out***.
      /wið wʌnz 'tʌŋ 'hæŋiŋ 'aut/

5) Buscar la lengua a uno (buscar pelea).
   To pick a quarrel***.
   /tə 'pik ə 'kwɔrəl/

6) Morderse la lengua (contenerse para no decir algo).
   To hold one's tongue***.
   /tə 'hould wʌnz 'tʌŋ/
   She wanted to tell him, but she held her tongue - Ella quería decírselo, pero se mordió la lengua (véase también *tongue*, 2 y 6).

7) Tener mala lengua/una lengua... (de víbora).
   To have an evil/a vicious/poisonous tongue***.
   /tə hæv ən 'ivəl/ə 'viʃəs/'pɔizənəs 'tʌŋ/

8) Soltar la lengua.
   To loosen the tongue***.
   /tə 'lu:sn ðə 'tʌŋ/
   There's nothing like alcohol to loosen the tongue - No hay nada como el alcohol para soltar la lengua.

león

1) No despiertes al león dormido.
   Let sleeping dogs lie**.
   /'let 'sli:piŋ 'dɔgz 'lai/

2) No es tan fiero el león como lo pintan (véase *bark*, 1).

3) Echar a los leones (véase *lion*, 4).

4) La parte del león (en un reparto) (véase *lion*, 1).

5) Más vale ser cabeza de ratón que cola de león (véase «ratón», 2).

6) Valiente como un león.
   As brave/bold as a lion*.
   /əz 'breiv/'bould əz ə 'laiən/

letra   Al pie de la letra.
To the letter ***.
/tə ðə ˈletə/

letras   Escribir cuatro letras (véase *drop*, 2).

levantarse   Levantarse por los pies de la cama.
To get out of bed on the wrong side ***.
/tə ˈget aut əv ˈbed ɔn ðə ˈrɔŋ ˈsaid/
He's got out of bed on the wrong side this morning - Esta mañana se ha levantado por los pies de la cama.

ley   Quien hace la ley, hace la trampa.
Every law has a loophole **.
/ˈevri ˈlɔː hæz ə ˈluːphoul/

ligar   Ligar, camelar a una chica.

        a)   *To chat up a girl* (arg.)***.
           /tə ˈtʃæt ˈʌp ə ˈgɔːl/

        b)   *To pick up a girl* (arg.)***.
           /tə ˈpik ˈʌp ə ˈgeːl/

lila   Un lila. Un infeliz harto de sopa.
A sucker (arg.)**.
/ə ˈsʌkə/
Sin. = *A simpleton.*

lío   1)   ¡Qué lío!
           What a mess! ***.
           /ˈwɔt ə ˈmes/

         2)   Meterse en líos (véase *get into*).

lirón   Dormir como un lirón (véase *sleep*, 1).

listo   Pasarse de listo; pasarse de la raya; pasarse de rosca.
To overstep the mark **.
/tu ˈouvəstep ðə ˈmɑːk/
You overstepped the mark - Te pasaste de listo (te pasaste de la raya).
Rel. = *To overdo it* - Pasarse.

lobo   1)   El lobo feroz (véase *wolf*, 9).

         2)   Gritar que viene el lobo (véase *wolf*, 3).

         3)   Meter al lobo en el redil (véase *cat*, 16).

         4)   Meterse en la boca del lobo (véase «boca», 5).

         5)   Oscuro como la boca del lobo (véase «oscuro»).

6) Un lobo de mar (marino con experiencia).
   A sea dog (lit. o hum.)**.
   /ə 'si: dɔg/

7) Un lobo a otro no se muerden (véase *dog*, 23).

8) Un lobo disfrazado de cordero (véase *wolf*, 1).

9) Verle las orejas al lobo (véase *red*, 2).

loco

1) Estar más loco que una cabra (véase *mad*).

2) Volver loco a alguien.
   To drive sb. mad***.
   /tə 'draiv 'mæd/
   You're driving me mad - Me estás volviendo loco.

3) Estar loco por...

   a) *To be crazy about...****.
      /tə bi: 'kreizi əbaut.../
      She's crazy about him - Está loca por él.

   b) *To be mad on...***.
      /tə bi: 'mæd ɔn.../
      He's mad on pop music - Está loco por la música pop.

loro

1) Como un loro (véase *parrot*).

2) Estar al loro (véase *ball*, 2).

LL

llaga

Poner el dedo en la llaga.
To put one's finger on the sore spot***.
/tə 'put wʌnz 'fiŋgə ɔn ðə 'sɔ: 'spɔt/
You put your finger on the sore spot when you said he's broke -
Pusiste el dedo en la llaga cuando dijiste que está sin blanca.

llave

Bajo llave.
Under lock and key**.
/ʌndə 'lɔk ən 'ki:/
Sin. = *Locked* - Cerrado con llave.

llenazo

Hay un llenazo (en cines, teatros, etc.).

   a) *There's a full house***.
      /ðəz ə 'ful 'haus/

   b) *It's packed****.
      /its 'pækt/

298

llorar   Llorar a lágrima viva.
                To cry one's eyes out (arg.)***.
                /tə 'krai wʌnz 'aiz 'aut/
                There she is crying her eyes out - Ahí está, llorando a lágrima viva.

llover   Llover a cántaros; estar diluviando; caer chuzos de punta.

                a) *To rain cats and dogs***.
                    /tə 'rein 'kæts ən 'dɔgz/
                    It's raining cats and dogs - Está lloviendo a cántaros.

                b) *To pour with rain***.
                    /tə 'pɔ: wið 'rein/
                    It's pouring with rain - Está lloviendo a cántaros (diluviando).

                c) *To come down in buckets***.
                    /tə 'kʌm 'daun in 'bʌkits/

llovido   Llovido del cielo.

                a) *A godsend***.
                    /ə 'gɔdsend/

                b) *Providential***.
                    /ˌprɔvi'denʃl/

                c) *Manna from Heaven* (lit.)*.
                    /'mænə frəm 'hevn/

                d) *An answer to prayer***.
                    /ən 'ɑ:nsə tə 'prɛə/
                    Una respuesta a mis oraciones.

M

madrugar   a) A quien madruga, Dios le ayuda.
                    The early bird catches the worm (ref.)***.
                    /ði 'ə:li 'bə:d 'kætʃiz ðə 'wə:m/

                b) No por mucho madrugar... (véase *haste*).

maduras   Estar a las duras y a las maduras.
                *To take the rough with the smooth***.
                /tə 'teik ðə 'rʌf wið ðə 'smu:ð/

Mahoma   Si la montaña no viene a Mahoma, Mahoma deberá ir a la montaña.
                *If the mountain will not come to Mahomet, Mahomet must go to the mountain**.
                /if ðə 'mauntin wil nɔt 'kʌm tə mə'hɔmit mə'hɔmit mʌst 'gou tə ðə 'mauntin/

299

mal

1) No hay mal que cien años dure.
   It's a long lane that has no turning (ref.)*.
   /its ə 'lɔŋ 'lein ðət hæz 'nou 'tə:niŋ/

2) Mal de ojo (véase *eye*, 13).

3) Un mal menor.
   *A lesser evil*** .
   /ə 'lesə 'i:vəl/

4) No hay mal que por bien no venga (véase *cloud*).

5) Mal de muchos... (consuelo de tontos) (ref.).
   It's good to have company in trouble *.
   /its 'gud tə 'hæv 'kʌmpəni in 'trʌbl/

6) Menos mal (véase «menos», 1).

Málaga

Salir de Málaga y entrar en Malagón; salir de Poncio y meterse en Pilatos; salir de Guatemala para entrar en «guatepeor».
*Out of the frying pan into the fire*** .
/aut əv ðə 'fraiiŋ pæn intə ðə 'faiə/
«*I don't work for Mr. Smith any longer, now I work for Mr. Brown.*» «*That's out of the frying pan into the fire*» - «Ya no trabajo para el Sr. Smith, ahora trabajo para el Sr. Brown.» «Eso es salir de Málaga para meterse en Malagón.»

males

A grandes males, grandes remedios.
Desperate ills need desperate remedies (ref.)** .
/'despərit 'ilz 'ni:d 'despərit 'remədiz/

malo

Más vale lo malo conocido... (que lo bueno por conocer).
Better the devil you know (than the devil you don't know) *.
/'betə ðə 'devəl ju: 'nou ðən ðə 'devəl ju: dount 'nou/

mandar

Mandar a la porra; a paseo.
*To send sb. packing*** .
/tə 'send 'pækiŋ/
«*What did you tell him?*» «*I sent him packing*» - «¿Qué le dijiste?» «Lo mandé a la porra.»
Rel. = *I told him to go to blazes (hell*, etc.) (véase también «lárgate»).

mano

1) Estar mano sobre mano; no tener nada que hacer.
   *Time hangs heavy on one's hands*** .
   /'taim 'hæŋz 'hevi ɔn wʌnz 'hændz/
   Time hangs heavy on my hands - Estoy mano sobre mano (véase también *thumb*, 5).

300

2) Conocer como la palma de la mano.
To know like the back of one's hand***.
/tə 'nou laik ðə 'bæk əv wʌnz 'hænd/
He knows London like the back of his hand - Conoce Londres como la palma de la mano.

3) Echar una mano; echar un capote.
To give/lend sb. a hand***.
/tə 'giv/'lend ə 'hænd/
Give/lend me a hand, please - Échame una mano, por favor.

4) Dar de mano (véase *knock*, 2).

5) A mano (véase *hand*, 39).

6) Cambiar de manos (véase *change*, 3).

7) Coger con las manos en la masa (véase *red-handed*).

8) Estar con una mano detrás y otra delante = estar tieso, sin blanca (véase *broke*).

9) Tener mano de santo, hacer milagros (véase *work*, 5).

10) Tomarse la justicia por su mano (véase *hand*, 15).

11) Tener las manos largas.
   a) (Para tomar lo ajeno) (véase *finger*, 6.)
   b) (Para pegar, írsele a uno la mano.)
      To be free with one's fists**.
      /tə bi: 'fri: wið wʌnz 'fists/
   c) (Con las mujeres.)
      To be free with one' hands**.

12) Tener las manos de trapo (véase *butter*, 4).

Para otras expresiones con *mano*, véase *hand*.

manta Liarse la manta a la cabeza.
To go the whole hog**.
/tə 'gou ðə 'houl 'hɔg/
We'll go the whole hog and re-decorate the living-room too - Nos liaremos la manta a la cabeza y redecoraremos el living también (véase también «río», 3).

manzana 1) La manzana de la discordia.
The bone of contention**.
/ðə 'boun əv kən'tenʃn/
Sin. = *The apple of discord* (véase *apple*, 2).

2) La manzana robada sabe mejor (los placeres prohibidos resultan más atractivos/apetecibles).
Stolen fruits/sweets are sweeter/sweetest**.
/'stoulən 'fru:ts/'swi:ts ə 'swi:tə/'swi:tist/

3)   Una manzana diaria aleja al médico de casa (ref.).
      An apple a day keeps the doctor away (ref.)**.
      /ən 'æpl ə 'dei 'ki:ps ðə 'dɔktə(r) ə 'wei/

mañana   1)   No dejes para mañana lo que puedas hacer hoy.
                      *Never put off till tomorrow what can be done today***.
                      /'nevə 'put 'ɔf til tə'mɔrou 'wɔt kən bi: 'dʌn tə'dei/

                2)   Mañana será otro día (véase *day*, 1).

marica   *Gay* /gei/***; *queer* /kwiə/***; *pansy* /'pænsi/*; *sissy/cissy* /'si-si/*; *daisy* /'deizi/; *nancy boy* /'nænsi bɔi/
                They all said he was a queer - Todos decían que era marica.
                He was gay - Era marica.
                Sins. = Homosexual; *faggot* (tabú); *bugger* (insultante) (tabú).

marimorena Armar la marimorena; formar un follón; liar el taco, etc.
                a)   *To kick up a row***.
                      /tə 'kik 'ʌp ə 'rau/
                      He kicked up a row when they brought him the bill - Armó la marimorena cuando le trajeron la cuenta.

                b)   *To raise hell***.
                      /tə 'reiz 'hel/
                      (Véase también *hell*, 4.)

matar   1)   Matar dos pájaros de un tiro.
                      *To kill two birds with one stone***.
                      /tə 'kil 'tu: 'bə:dz wið 'wʌn 'stoun/

                2)   Tirarse a matar.
                a)   *To be at daggers drawn***.
                      /tə bi: ət 'dægəz 'drɔ:n/
                      They're at daggers drawn, those two - Se tiran a matar, esos dos.

                b)   *To be at each other's throats***.
                      /tə bi: ət 'i:tʃ 'ʌðəz 'θrouts/
                      They're always at each other's throats - Siempre se están tirando a matar (véase también *love*, 4).

martes   Martes y trece.
                *Friday 13th*** (en Inglaterra éste es el día considerado como de mala suerte por los supersticiosos).
                /'fraidi ðə 'θə:‚ti:nθ/

mayo   Hasta el cuarenta de mayo no te quites el sayo (ref.).
                Don't cast a clout before May is out (ref.)*.
                /dount 'kɑ:st ə 'klaut bifɔ: 'meiz 'aut/

medias Ir a medias.

a) *To go halves****.
/təˈgou ˈhɑːvz/
Let's go halves - Vayamos a medias.

b) *To go Dutch* (pagar cada uno lo suyo)*.
/təˈgou ˈdʌtʃ/

mejorando Mejorando la presente.
Present company excepted*.
/ˈprezənt ˈkʌmpəni ikˈseptid/

menos 1) Menos mal que... ¡Gracias a Dios que...!

a) *Thank goodness****.
/ˈθæŋk ˈgudnis/
Thank goodness you've come - Menos mal que has venido.

b) *It's just as well...***.
/its ˈdʒʌst əz ˈwel/
It's just as well he didn't hear you - Menos mal que no te oyó.

2) Menos da una piedra.
That's better than nothing ~ ***.
/ˈðæts ˈbetə ðən ˈnʌθiŋ/

mentiroso Antes se coge a un mentiroso que a un cojo (ref.).
Lies have short legs (ref.) (lig. arc.)*.
/ˈlaiz hæv ˈʃɔːt ˈlegz/

metepatas (Véase «aguafiestas».)

meter 1) Meter la pata (véase «pata», 2).

2) Meter en cintura; meter en vereda.
To bring sb. to heel***.
/tə ˈbriŋ tə ˈhiːl/
Don't worry, I'll bring them to heel - No te preocupes, yo los meteré en vereda.

metomentodo Metomentodo; entrometido; fisgón.

a) *Nosey* (adj.)***.
/ˈnouzi/
Don't be nosey - No seas entrometido.

b) *A nosey-parker***.
/ə ˈnouzipɑːkə/

c) *A busybody****.
/ˈbiziˌbɔdi/

Romper el hielo.

mierda
1) Vete a la...
Piss off (vulg.)**.
/'pis 'ɔf/
(Véase también «lárgate.)
2) ¡Mierda!
Shit! (vulg.)***.
/ʃit/

migas
Hacer buenas migas (véase *get on*).

misa
Estar en misa y repicando; andar en misa y en la procesión (véase *hare*).

mochuelo
Largar a otro el mochuelo.
*To pass the buck***.
/tə 'pɑ:s ðə 'bʌk/
They want to pass us the buck - Quieren largarnos el mochuelo.

mona/o
1) Aunque la mona se vista de seda... (mona se queda) (ref).
You can't make a silk purse out of a sow's ear (ref.)*.
/ju kɑ:nt 'meik ə 'silk 'pə:s aut əv ə 'sauz 'iə/
2) ¡Vete a freír monas! (véase «freír»).
3) Dormir la mona (véase *sleep*, 2).
4) Pillar una mona (véase «tajado»).
5) Un mono de imitación (véase *cat*, 12).
6) Estar con el «mono» (véase *monkey*, 5).
7) Quitarse el «mono» (véase *monkey*, 6).

montaña
Hacer una montaña de un grano de arena; ahogarse en un vaso de agua.
*To make a mountain out of a molehill***.
/tə 'meik ə 'mauntin aut əv ə 'moulhil/
It's not as bad as all that; you're making a mountain out of a molehill - La cosa no está tan mal (como dices); estás haciendo una montaña de un grano de arena.

«morao»
Ponerse «morao» (véase «carrillos»).

moreno
Muy moreno del sol; negro.
*As brown as a berry***.
/əz 'braun əz ə 'beri/
We went to the South of Spain and after a week we were all as brown as berries - Fuimos al sur de España, y después de una semana estábamos todos negros del sol.

moros	O todos moros o todos cristianos; o jugamos todos o rompemos la baraja; café, café para todos. *What's sauce for the goose is sauce for the gander* (arg.)***. /wɔts 'sɔ:s fə ðə 'gu:s iz 'sɔ:s fə ðə 'gændə/
mosca	1) Ponerse mosca; estar con la mosca detrás de la oreja (véanse *hot*, y *chip*, 1).
	2) Por si las moscas. *Just in case****. /'dʒʌst in 'keis/
	3) Como moscas. *Like flies****. /laik 'flaiz/ *Don't tell anybody she's here or they will all be coming like flies* - No le digas a nadie que está aquí, o vendrán todos como moscas.
	4) Ser incapaz de matar una mosca (véase *afraid rel*).
	5) ¿Qué mosca te ha picado? (véase *what*, 6).
	6) Aflojar la mosca (véase *cough*).
	7) No se oía ni una mosca. *You could have heard a pin drop****. /ju kəd əv 'hə:d ə 'pin 'drɔp/
mosquearse	(Véase *hot.*)
mosquita/o	1) Ser un mosquita muerta (véase *look*).
	2) De menos seso que un mosquito. a) *Hare-brained***. /'hɛəbreind/ b) *Scatter-brained***. /'skætəbreind/ c) *Half-witted****. /ˌhɑ:f'witid/ (Véase también «cabeza», 10.)
movimiento	El movimiento se demuestra andando (véase *proof*).
muerto	1) Cargarle/dejarle a uno el muerto; echar la culpa de; pagar el pato. a) *To pin sth. on sb.****. /tə 'pin sʌmθiŋ ɔn sʌmbɔdi/ *They've pinned it on me as usual* - Me han cargado el muerto, como de costumbre. He pagado el pato, como de costumbre.

306

b) *To be left holding the bag/baby* (arg.)*.

/tə bi: 'left 'houldiŋ ðə 'bæg/'beibi/

His two friends ran away and left him holding the bag - Sus dos amigos salieron corriendo, y le dejaron el muerto.

2) No tiene donde caerse muerto.

He hasn't got two pennies to rub together (arg.)*.

/hi: hæzənt 'gɔt 'tu: 'peniz tə 'rʌb tə'geðə/

(Véase también «gorda».)

3) (Estar) completamente muerto.

a) *As dead as mutton**.

/əz 'ded əz 'mʌtn/

b) *As dead as a dodo***.

/əz 'ded əz ə 'doudou/

(Lit. y fig.) muerto, pasado de moda, olvidado, etc.

Nobody likes that music —it's as dead as a dodo - A nadie le gusta esa música —está totalmente muerta.

c) *As dead as a doornail**

/əz 'ded əz ə 'dɔ:neil/

(Lit. y fig.) muerto, que no funciona, etc.

4) Estar muerto y enterrado, criando malvas.

To push up the daisies (hum.)*.

/tə 'puʃ 'ʌp ðə 'deiziz/

(Lit. haciendo crecer las margaritas.)

That old tramp? —pushing up the daisies, I suppose - ¿Ese viejo vagabundo? —muerto y criando malvas, supongo.

mula   Terco como una mula (véase «terco»).

N

nacer   Nacer de pie (véase «pie», 6).

nadar   1) Saber nadar y guardar la ropa.

a) *To sleep with an eye open**.

/tə 'sli:p wið ən 'ai 'oupn/

b) *To play it safe***.

/tə 'plei it 'seif/

Don't worry about me; I know how to play it safe - No te preocupes por mí; yo sé nadar y guardar la ropa.

2) Nadar entre dos aguas (véanse «agua», 7, y *hare*, 1).

nariz

1) Dar con la puerta en las narices.
   To slam the door in sb.'s face***.
   /tə 'slæm ðə 'dɔ: in sʌbədiz 'feis/
   They slammed the door in his face - Le dieron con la puerta en las narices.

2) Delante de las narices.
   (Right) under one's nose***.
   /'rait ʌndə wʌnz 'nouz/
   «*Where are my matches?*» «*You have them right under your nose*» - «¿Dónde están mis cerillas?» «Las tienes delante de tus narices.»
   They stole it right from under his nose - Lo robaron ante sus propias narices (barbas).

3) Me da en la nariz que...; tengo el presentimiento; la corazonada, etc.

   a) *I have a hunch (that)* (arg.)**.
      /ai hæv ə 'hʌntʃ/
      I have a hunch he's not going to come today - Me da en la nariz que no va a venir hoy.

   b) *I have the feeling (that)***.*
      /ai hæv ðə 'fi:liŋ/
      I have the feeling he's someone important there - Me da en la nariz que es alguien importante allí.

   c) *(I know) by the pricking of my thumbs**.*
      /(ai 'nou) bai ðə 'prikiŋ əv mai 'θʌmz/

   d) *I feel it in my bones**.*
      /ai 'fi:l it in mai 'bounz/

4) Estar hasta las narices (véase «coronilla»).

Para otras expresiones con *nariz*, véase *nose*.

negro

1) Más negro que el carbón.

   a) *As black as soot**.*
      /əz 'blæk əz 'su:t/

   b) *Coal-black ***.*
      /'koul,blæk/

2) Poner negro (véase «nervios», 2).

nervios

1) Tener los nervios de punta (véase *edge*).

2) Poner los nervios de punta; poner negro.
   To get on one's nerves***.
   /tə 'get ɔn wʌnz 'nə:vz/
   He gets on my nerves - Me pone los nervios de punta (véanse también «tragar»; *rub; skin*, 1, y *wall*, 1).

308

noche   De la noche a la mañana.
Overnight***.
/'ouvənait/
He became a rich man overnight - Se hizo rico de la noche a la mañana

O

oído
1) Soy todo oídos.
I'm all ears**.
/aim 'ɔ:l 'iəz/

2) Entrar por un oído y salir por el otro.
In (at) one ear and out (at) the other**.
/'in ət 'wʌn 'iə ənd 'aut ət ði 'ʌðə/
(Véase también *turn*, 8.)

ojo
1) Abre bien los ojos.
Keep your eyes skinned/open/peeled**.
/'ki:p jɔ:r 'aiz 'skind/'oupn/'pi:ld/

2) Cuatro ojos ven más que dos.
a) *Two heads are better than one****.
/'tu: 'hedz ə 'bətə ðən 'wʌn/

b) *Four eyes can see more than two**.
/'fɔ:r 'aiz kən 'si: 'mɔ: ðən 'tu:/

3) Se me han abierto los ojos.
The scales have fallen from my eyes**.
/ðə 'skeilz həv 'fɔ:lən frəm mai 'aiz/

4) Poner los ojos en blanco.
To roll one's eyes**.
/tə 'roul wʌnz 'aiz/

5) Ojos que no ven... (corazón que no siente) (ref.).
a) *What the eye doesn't see (the heart doesn't grieve over)* (ref.)**.
/wɔt ði 'ai dʌzənt 'si: (ðə 'hɑ:t dʌzənt 'gri:v ouvə)/

b) *Out of sight, out of mind* (ref.)**.
/aut əv 'sait aut əv 'maind/
La distancia es el olvido.

6) En un abrir y cerrar de ojos; en un dos por tres.
In the twinkling of an eye***.
/in ðə 'twiŋkliŋ əv ən 'ai/
(Véase también «periquete».)

7) No he pegado ojo.
   I haven't slept a wink ***.
   /ai hævənt 'slept ə 'wiŋk/

8) Ojo por ojo, diente por diente.
   An eye for an eye (a tooth for a tooth) *.
   /ən 'ai fər ən 'ai ə 'tu:θ fər ə 'tu:θ/

9) Costar un ojo de la cara/un riñon, salir por un pico, etc.

   a) *To cost the earth* ***.
      /tə 'kɔst ði 'ə:θ/
      It cost me the earth - Me costó un ojo de la cara.

   b) *To cost a packet* **.
      /tə 'kɔst ə 'pækit/

10) Ser el ojito derecho de alguien.

   a) *To be the apple of one's eye* ***.
      /tə bi: ði 'æpl əv wʌnz 'ai/
      She's the apple of his eye - Es su ojito derecho.

   b) *To be sb.'s blue-eyed boy/girl**.
      /tə bi: sʌmbɔdiz 'blu:aid 'bɔi/'gə:l/
      She's her father's blue-eyed girl - Es el ojito derecho de su padre.

11) El ojo del amo engorda al caballo (ref.):
    The master's eye makes the horse fat (ref.) (arc.)*.
    /ðə 'mɑ:stəz 'ai 'meiks ðə 'hɔ:s 'fæt/

12) A ojo de buen cubero.

   a) *At a guess* ***.
      /ət ə 'ges/
      There were some fifty people at a guess - Había unas 50 personas a ojo de buen cubero.

   b) *By rule of thumb* (véase *thumb*, 7).

   c) *At a rough estimate* ***.
      /ət ə 'rʌf 'estimit/
      It will cost £900 at a rough estimate - Costará £900 a ojo de buen cubero.

(Para otras expresiones con «ojo», véase también *eye*.)

órdago   De órdago; de padre y muy señor mío; de aúpa.
              A hell of a... (escrito a veces *a helluva)* ***.
              /ə 'hel əv ə/
              A hell of a fever - Una fiebre de órdago.

Tener las manos largas.

oro

1) No es oro todo lo que reluce (véase *gold*).
2) Pedir el oro y el moro.
   a) *To ask for the moon* **.
      /tu 'ɑːsk fə ðə 'muːn/
      She'll be asking for the moon next - La próxima vez pedirá la luna.
   b) *To ask for all this and heaven too* *.
      /tu 'ɑːsk fər 'ɔːl 'ðis ən 'hevn 'tuː/
3) Prometer el oro y el moro.
   To promise the moon ***.
   /tə 'prɔmiz ðə 'muːn/
   He promised her the moon - Le prometió el oro y el moro.
4) Tener un corazón de oro (véase *heart*, 13).

oscuro

Oscuro como boca de lobo.
Pitch-dark *** /'pitʃdɑːk/

It was pitch-dark there - Estaba oscuro como la boca de un lobo allí.

oso

No vendas la piel del oso antes de cazarlo (véase *chicken*, 2).

oveja

1) La oveja negra.
   The black sheep ***.
   /ðə ˌblæk 'ʃiːp/
   He's the black sheep of the family - Es la oveja negra de la familia.
2) Contar ovejas (véase *sheep*, 2).

P

pagar

Pagar con/en la misma moneda.
   a) *To pay (back) in his own/the same coin* ***.
      /tə 'pei 'bæk in hiz 'oun/ðə 'seim 'kɔin/
      You were cruel to him once and now he's paying you in your own coin - Una vez fuiste cruel con él y ahora te está pagando con la misma moneda.
   b) *To give sb. a taste of his own medicine* **.
      /tə 'giv sʌmbɔdi ə 'teist əv hiz 'oun 'medisin/

pájaro

1) Matar dos pájaros de un tiro (véase «matar», 1)
2) Más vale pájaro en mano (que ciento volando); más vale un toma que dos te daré.
   A bird in the hand (is worth two in the bush) (ref.) ***.
   /ə 'bəːd in ðə 'hændz 'wəːθ 'tuː in ðə 'buʃ/

312

(A veces, se usan independientemente las expresiones:

A bird in the hand - Pájaro en mano; algo que se tiene seguro.

A bird in the bush - Algo que no está seguro; algo problemático.)

(Para otras expresiones con «pájaro», véase *bird.)*

palabra   Tener la última palabra.

To have the last word***.

/tə hæv ðə 'lɑːst 'wəːd/

His wife always has the last word - Su esposa tiene siempre la última palabra.

pan

1) A falta de pan, buenas son tortas.

Half a loaf is better than no bread ref.)***.

/hɑːf ə 'louf is 'betə ðən 'nou 'bred/

2) Al pan, pan, y al vino, vino; las cosas claras y el chocolate espeso.

To call a spade a spade***.

/tə 'kɔːl ə 'speid ə 'speid/

I call a spade a spade - Yo llamo a las cosas por su nombre (al pan, pan, y al vino, vino).

Sin. = *My name's John Blunt.*

Rel. = *not mince matters / one's words; to make no bones about* (véase *bone*, 2).

3) Pan comido; muy fácil.

As easy as pie***.

/əz 'iːzi əz 'pai/

(Véanse también *easy*, 3; *cinch*, y «coser».)

pantalones   Llevar los pantalones.

To wear the trousers***.

/tə 'wɛə ðə 'trauziz/

It's his wife who wears the trousers - Es su mujer la que lleva los pantalones.

paño   El buen paño en el arca se vende (ref.).

Good wine needs no bush (ref.) (arc.)*.

/'gud 'wain 'niːdz 'nou 'buʃ/

papista   Ser más papista que el Papa.

To out-Herod Herod (lit.)*.

/tu 'aut herəd 'herəd/

(Véase introducción, 6.)

Frankly, I think you out-Herod Herod, if the teacher punished our boy at school, why should we punish him again? - Francamente, creo que eres más papista que el Papa; si el profesor castigó a nuestro niño en el colegio, ¿por qué íbamos a castigarlo nosotros otra vez?

paredes Las paredes oyen.
Walls have ears **.
/'wɔ:lz hæv 'iəz/

parienta La parienta; la media naranja (la esposa); la costilla.
One's better half (joc.)***.
/wʌnz 'betə 'hɑ:f/
My better half is in the kitchen - La parienta está en la cocina.

pasar 1) Pasarlo bien; divertirse.
    a) *To have a good time***.
       /tə hæv ə 'gud 'taim/
       Have a good time at the party - Que lo paséis bien en la fiesta.
    b) *To have fun***.
       /tə hæv 'fʌn/
       We had fun at the party yesterday - Lo pasamos muy bien en la fiesta ayer (véase también *whale*, 1).
  2) Pasarlo mal; pasarlas «moradas»; pasarlas «canutas».
    *To have a hard/tough time of it***.
    /tə hæv ə 'hɑ:d ('tʌf) 'taim əv it/
    They had a hard time of it, the poor boys - Las pasaron «moradas», los pobres muchachos.
  3) Pasar por alto (véase «alto», 2).

pascua Hacer la pascua (véase *cook*, 2).

paseo 1) Vete a paseo.
    *Go to blazes***.
    /'gou tə 'bleiziz/
    (Véanse también «porra»; «cuerno»; «lárgate».)
  2) Dar un paseo.
    *To go for a walk***.
    /tə 'gou fər ə 'wɔ:k/
    Let's go for a walk - Demos un paseo (véase también *spin*).
  3) Mandar a paseo (véase «mandar»).

pasta La pasta; el dinero; la mosca; la tela, etc.
The dough (arg.)**.
/ðə 'dou/
The lolly (arg.)**.
/ðə 'lɔli/

The lollipop (arg.)*.
/ðə ˈlɔlipɔp/
Beans (arg.)**.
/ˈbiːnz/
Bread (arg.) *.
/ bred /
Fat (arg.) *.
/ fæt /

pata   1) Estirar la pata; palmarla; pasar a mejor vida; irse al otro barrio; diñarla, espicharla, etc.

   a) *To kick the bucket* (arg.)**.
   /tə ˈkik ðə ˈbʌkit/
   He kicked the bucket two weeks ago - Estiró la pata hace dos semanas.

   b) *To give up the ghost***.
   /tə ˈgiv ʌp ðə ˈgoust/
   Entregar el alma (a Dios); exhalar el último suspiro.

   c) *To croak* (arg. entre *gangsters,* etc.)**.
   /tə ˈkrouk/

   d) *To kick/pop off* (arg.)**.
   /tə ˈkik/ˈpɔp ˈɔf/

   e) *To turn up one's toes* (hum.)**.
   /tə ˈtɔːn ʌp wʌnz ˈtouz/

   2) Meter la pata.

   a) *To put one's foot in it****.
   /tə ˈput wʌnz ˈfut in it/
   You've put your foot in it again - Has metido la pata otra vez.

   b) *To make a blunder***.
   /tə ˈmeik ə ˈblʌndə/

   c) *To drop a brick* (arg.)***.
   /tə ˈdrɔp ə ˈbrik/

   d) *To make a howler***.
   /tə ˈmeik ə ˈhaulə/

   e) *To pull a boner* (U.S.A. arg. est.)**.
   /tə ˈpul ə ˈbounə/
   He pulled a boner when he said a fly has four legs - Metió la pata cuando dijo que una mosca tiene cuatro patas.

   f) *To make a bloomer* (Br. E. arg.)*.
   /tə ˈmeik ə ˈbluːmə/

315

patadas   Dar cien patadas (véanse *rub*, 3; *skin*, 1, y «tragar»).

pato   Pagar el pato (véase *carry*, 2).

pauta   Marcar la pauta.
                  To set the pace***.
                  /tə 'set ðə 'peis/
                  Your son is the one who sets the pace there - Tu hijo es el que marca
                  la pauta allí.

pavo   1) No es moco de pavo (véase *chicken*, 3).

                  2) Orgulloso como un pavo real (véase *peacock*).

                  3) Comer pavo (dicho de una chica a la que nadie saca a bailar)
                      (véase *wall*, 2).

                  4) Comer/tragar como los pavos.
                      To gobble (up)***.
                      /tə 'gɔbl ('ʌp)/
                      He gobbled up his soup and went away - Se comió/tragó la
                      sopa como los pavos y se marchó.

                  5) Subírsele a uno el pavo, ponerse colorado.
                      To blush/to go red in the face***.
                      /tə 'blʌʃ/tə 'gou 'red in ðə 'feis/
                      She went red in the face when he told her she was pretty - Se le
                      subió el pavo cuando él le dijo que era bonita.

pega   Una pega; un inconveniente.

                  a) *A snag****.
                      /ə 'snæg/
                      The only snag is that we haven't got the money - La única pega
                      es que no tenemos el dinero.
                      Sin. = *An inconvenience; a drawback; a hitch; a rub* (esp. en la
                      frase *There's the rub* - Ahí está la pega); *a catch* (véase *catch*, 6).

                  b) *A fly in the ointment***.
                      /ə 'flai in ði 'ɔintmənt/

                  c) *The nigger in the woodpile* (véase *nigger*, 1).

pegarse   Pegarse las sábanas (véase «sábanas»).

pelearse   Dos no se pelean si uno no quiere.
                  It takes two to make a quarrel***.
                  /it 'teiks 'tu: tə 'meik ə 'kwɔrəl/

pelillos   Pelillos a la mar (véase *bygones*).

316

pelo

1) Por los pelos.

   a) *By the skin of one's teeth****.

      /bai ðə 'skin əv wʌnz 'ti:θ/

      We escaped by the skin of our teeth - Nos escapamos por los pelos.

   b) *A close shave****.

      /ə 'klous 'ʃeiv/

      The car didn't hit him, but it was a close shave - El coche no le dio, pero faltó poco.

   c) *A narrow escape***.

      /ə 'nærou is'keip/

      We had a narrow escape - Nos escapamos por los pelos.

   d) *A hair's-breadth escape***.

      /ə 'hɛəzbredθ is'keip/

   e) *A near miss****.

      /ə 'niə 'mis/

      (Fallar) por poco; faltar poco para...

      The bomb did not hit the target, but it was a near miss - La bomba no alcanzó el objetivo, pero faltó muy poco.

2) Poner los pelos/vellos de punta; dar escalofríos.

   a) *To give sb. the creeps****.

      /tə 'giv ðə 'kri:ps/

      That film gave me the creeps - Esa película me puso los pelos de punta.

   b) *To make one's hair stand on end***.

      /tə 'meik wʌnz 'hɛə 'stænd ɔn 'end/

3) No tener pelos en la lengua (véase *bone*, 2).

4) Se te va a caer el pelo. Te la vas a cargar.

   a) *I'll let you have it***.

      /ail 'let ju 'hæv it/

   b) *You're going to get it (in the neck)* (arg.)***.

      /juə 'gouiŋ tə 'get it (in ðə 'nek)/

5) Soltarse el pelo. Sacar los pies del tiesto/plato.

   To let one's hair down (fam.)**.

   /tə 'let wʌnz 'hɛə 'daun/

   She let her hair down at the party - Se soltó el pelo en la fiesta.

6) Tomar el pelo.

   To pull sb.'s leg***.

   /tə 'pul sʌmbɔdiz 'leg/

   Can't you see they're pulling your leg? - ¿No ves que te están tomando el pelo?

317

7) No dejarse ver el pelo.

   a) *To make oneself scarce***.
      /tə ˈmeik wʌnself ˈskɛəs/
      You're making yourself scarce these days - No te dejas ver el pelo estos días.

   b) *To keep oneself to oneself****.
      /tə ˈkiːp wʌnˈself tə wʌnˈself/
      No dejarse ver mucho, salir poco, ser poco sociable.
      She likes to keep herself to herself - No le gusta salir mucho, no es muy sociable.

8) Con pelos y señales.
   Warts and all** (generalmente usado en descripciones de algo desagradable o feo).
   /ˈwɔːts ənd ˈɔːl/
   Var. *In gory detail.*

9) No tener un pelo de tonto.
   To be nobody's fool**.
   /tə biː ˈnoubədiz ˈfuːl/
   She's nobody's fool - No tiene un pelo de tonta.

10) No fiarse ni un pelo.
    Not trust an inch***.
    /nɔt ˈtrʌst ən ˈintʃ/
    I don't trust him an inch - No me fío de él ni un pelo.

11) No tocar un pelo de la ropa (véase *hair*, 4).

12) Venir al pelo = venir bien (véase *handy*).

13) Me tiraría de los pelos (véase *kick*, 7).

14) Dar para el pelo (véase «jabón», 2).

pelota

1) En pelota.
   Stark naked***.
   /ˈstɑːk ˌneikid/
   (Véanse también *birthday* y *stitch*.)

2) Hacer la pelota; dar jabón; hacer la rosca.

   a) *To soft-soap* (arg.)***.
      /tə ˈsɔftsoup/
      Stop soft-soaping me - Deja de hacerme la rosca.

   b) *To toady to sb.* (arg.)**.
      /tə ˈtoudi tə/

   c) *To flatter**** - Adular.
      (Se usa también para halagar. *You flatter me* - Me halagas; lo dices para halagarme) (véase también «coba»).

3) Un pelota.

    a) *A toady* (arg.)**.
      /ə ˈtoudi/

    b) *A flatterer****.
      /ə ˈflætərə/

    c) *An arse/ass kisser/licker* (tabú)***.
      /ən ˈɑːs ˈkisə/ˈlikə/
      Lameculos.

pera

1) Más sano que una pera (véase *sound*).

2) No se pueden pedir peras al olmo.
   You can't get blood out of a stone*.
   /ju kɑnːt ˈget ˈblʌd aut əv ə ˈstoun/

perder

Perder el hilo.
To lose the thread***.
/tə ˈluːz ðə ˈθred/

periquete

En un periquete; en un santiamén; en menos que canta un gallo; en un dos por tres.

    a) *In a jiffy****.
      /in ə ˈdʒifi/

    b) *In a trice***.
      /in ə ˈtrais/

    c) *In the twinkling of an eye* (véase «ojo», 6).

    d) *In less than it takes to say «Jack Robinson»* (véase «gallo», 1).

pero

Poner peros.
To pick holes (in) **.
/tə ˈpik ˈhoulz/

You're always picking holes in whatever I say - Siempre estás poniendo peros a todo lo que digo.

perra

Coger una perra/rabieta.
To throw a tantrum***.
/tə ˈθrou ə ˈtæntrəm/

The child threw a tantrum when her mother refused to buy her an ice-cream - La niña cogió una rabieta cuando la madre se negó a comprarle un helado.

perras

Por cuatro perras (gordas). Casi regalado.
For a song***.
/fər ə ˈsɔŋ/

I bought it for a mere song - Lo compré por cuatro perras (gordas).

perro	1) El perro del hortelano (véase «hortelano»).
	2) Llevarse como el perro y el gato.
	To fight like cat and dog***.
	/tə 'fait laik 'kæt ən 'dɔg/
	3) Atar los perros con longaniza.
	To live off the fat of the land*.
	/tə 'liv ɔf ðə 'fæt əv ðə 'lænd/
	They don't live off the fat of the land there either - Allí tampoco atan los perros con longaniza.
	4) Perro que ladra no muerde (véanse *bark*, 1, y *dog*, 19).
	5) A otro perro con ese hueso (véase *marines*).
	6) Llevar una vida de perro.
	To lead a dog's life***.
	/tə 'li:d ə 'dɔgz 'laif/
	7) Muerto el perro se acabó la rabia (ref.).
	A dead dog cannot bite (ref.) (lig. arc.)*.
	/ə 'ded 'dɔg kænɔt 'bait/
	8) Un perro viejo (véase *hand*, 40).
	9) Al perro flaco todo se le vuelven pulgas (véase *rain*, 1).
	10) De perros - *very bad* ∼; un día de perros (muy mal tiempo) - *nasty weather* ∼.
	(Para otras expresiones con «perro», véase *dog*.)

pesado	Ser un pesado; una lata; un rollo; un incordio; más pesado que el arroz con leche/que una vaca en brazos.
	a) *To be a bore****.
	/tə bi: ə 'bɔ:/
	That teacher is a bore - Ese profesor es un pesado.
	b) *To be a pain in the neck* (joc.)**.
	/tə bi: ə 'pein in ðə 'nek/
	c) *To bore the pants off sb.* (vulg.) (arg.)**.
	/tə 'bɔ: ðə 'pænts ɔf/
	Aburrir a alguien soberanamente; dar el tostón; dar la tabarra.
	d) *A pain in the arse/ass* (tabú)***.
	/'pein in ði 'ɑ:s/
	Un coñazo.

peso	Quitarse un peso de encima.
	To take a load off one's mind***.
	/tə 'teik ə 'loud ɔf wʌnz 'maind/
	So she's back; what a load you've taken off my mind - ¿Así que ella ha vuelto? ¡Qué peso me has quitado de encima!

320

Criar malvas.

pez

1) Un pez gordo.
*A big gun/shot****.
/ə 'big 'gʌn 'ʃɔt/

2) Estar pez; pegado (mal estudiante).

   a) *To be a dunce****.
   /tə bi: ə 'dʌns/

   b) *To be clueless****.
   / tə bi:'klu:ləs/

3) Como pez en el agua (véase «guarro»).

4) Como pez fuera del agua; como gallo en corral ajeno.
*Like a fish out of water****.
/laik ə 'fiʃ aut əv 'wɔ:tə/

5) Por la boca muere el pez (véase «boca», 3).

pica   Poner una pica en Flandes (véase «tanto»).

picadillo   Hacer picadillo a alguien.
*To make mincemeat of sb.******.
/tə 'meik 'minsmi:t əv/
If he goes near her again, I'll make mincemeat of him - Si se acerca a ella otra vez, lo voy a hacer picadillo.

Picio   Más feo que Picio; feo con ganas.
*As ugly as sin****.
/əz 'ʌgli əz 'sin/

pico   ¡Cierra el pico!

   a) *Shut up* (arg.)******.
   /'ʃʌt 'ʌp/

   b) *Belt up* (arg.)****.
   /'belt 'ʌp/

   c) *Close/shut your mouth/trap******/****.
   /'klouz/'ʃʌt juə 'mauθ/'træp/

   d) *Hold your tongue!******.
   /'hould juə 'tʌŋ/

   e) *Button your lip!**.
   /'bʌtn juə 'lip/

   f) *Pipe down* (arg.)****.
   /'paip 'daun/

Sin. = En lenguaje más cortés: *Be quiet. Keep silent.*

pie

1) Ni pies ni cabeza (véase «cabeza», 9).

2) Parar los pies.

   a) *To put sb. in his place****.
      /tə 'put sʌmbɔdi in hiz 'pleis/
      I put him in his place - Le paré los pies.

   b) *To tell sb. where to get off***.
      /tə 'tel sʌmbɔdi 'wɛə tə 'get 'ɔf/
      He tried to make a pass at the girl but she told him where to get off - Se insinuó a la chica, pero ella le paró los pies.

3) Sacar los pies del tiesto/plato (véase «pelo», 5).

4) A pie.
   On foot***.
   /ɔn 'fut/
   I didn't come by bus, I came on foot.
   No vine en autobús, vine a pie.

5) Hacer un pie agua; hacer la pascua (véase *cook*, 2).

6) Nacer de pie.
   To be born with a silver spoon in one's mouth*.
   /tə bi: 'bɔ:n wið ə 'silvə 'spu:n in wʌnz 'mauθ/
   What a lucky chap. He must have been born with a silver spoon in his mouth - ¡Qué tipo con más suerte! Debe de haber nacido de pie.

7) Caer de pie en un sitio (véase «caer», 4).

8) Andarse con pies de plomo.

   a) *To watch one's step****.
      /tə 'wɔtʃ wʌnz 'step/

   b) *To play it safe***.
      /tə 'plei it 'seif/

   c) *To leave nothing to chance****.
      /tə 'li:v 'nʌθiŋ tə 'tʃæns/
      No dejar nada al azar.

   d) *To take no risks****.
      /tə 'teik 'nou 'risks/
      I'll take no risks; I'll make sure that the right person gets it - No quiero correr ningún riesgo; me aseguraré de que lo reciba la persona adecuada.

   e) *To look twice and then think it over* (joc.)*.
      /tə 'luk 'twais ən 'ðen 'θiŋk it 'ouvə/

9) No dar pie con bola. Salir todo mal.
   To make a mess of everything ***.
   /tə 'meik ə 'mes əv 'evriθiŋ/
   «*How is he getting on with it?*» «*I'm afraid he's making a mess of everything.*» - «¿Qué tal le va?» «Mucho me temo que no está dando pie con bola.»

10) Dar pie a, dar lugar a.
    To cause ~ ***.
    /tə 'kɔːz/
    Sin. = *To give rise to.*

11) Saber de qué pie cojea alguien (véase *number*, 1).

12) (No) poner los pies en (véase *set*, 3).

13) Poner pies en polvorosa (véase *heel*, 2).

(Para otras expresiones con «pie(s)», véase *foot* y *feet.)*

piedra

1) Tirar piedras a su propio tejado; echarse tierra encima.
   a) *To foul one's own nest* *.
      /tə 'faul wʌnz 'oun 'nest/
      Stop speaking evil of your partner. That's fouling your own nest - Deja de hablar mal de tu socio. Eso es tirar piedras a tu propio tejado (véase también *nose*, 2).
   b) *To cry stinking fish* *.
      /tə 'krai 'stiŋkiŋ 'fiʃ/
      Rel. = El que al cielo escupe, en la cara le cae (ref.).

2) La gotera cava la piedra (ref.)
   Constant dripping wears away the stone (ref.) *.
   /'kɔnstənt 'dripiŋ 'wɛəz ə'wei ðə 'stoun/

3) Piedra movediza no cría moho (véase *stone*, 4).

pieza

Quedarse de una pieza (véanse *dumb-founded; feather*, 1, y *thunderstruck*).

píldora

Dorar la píldora.
To gild (sugar) the pill **.
/tə 'gild ('ʃugə) ðə 'pil/
They intend to give him the sack, but they're trying to sugar the pill for him - Quieren echarlo, pero están tratando de dorarle la píldora.

pino

En el quinto pino; donde Cristo dio las tres voces; donde Cristo perdió la gorra.
a) *Miles from anywhere* ***.
   /'mailz frəm 'eniwɛə/
   He lives in the country, miles from anywhere - Vive en el campo, donde Cristo dio las tres voces.

b) *In the middle of nowhere***.

/in ðə 'midl əv 'nouwɛə/

He lived in a little house far from the town in the middle of nowhere - Vivía en una pequeña casa lejos de la ciudad, en el quinto pino.

c) *At the back of beyond***.

/ət ðə 'bæk əv bi'jɔnd/

pintar   No pintar nada. Ser un cero a la izquierda. «Ni pincha ni corta.»

a) *To count for nothing****.

/tə 'kaunt fə 'nʌθiŋ/

He counts for nothing in this matter - El no pinta nada en este asunto.

b) *To cut no ice* (arg.)**.

/tə 'kʌt nou 'ais/

He cuts no ice in this house - El no pinta nada en esta casa.

pirárselas   *To beat it* (fam.)**.

/tə 'bi:t it/

Let's beat it - Vamos a pirárnoslas (véase también *heels*, 2).

pisar   Ir pisando huevos. Andar muy despacio. (Fig.) hacer cualquier cosa con desgana.

To drag one's heels/feet (fam.)**.

/tə 'dræg wʌnz 'hi:lz/'fi:t/

You're dragging your heels, we'll be late - Parece que vas pisando huevos, llegaremos tarde (véase también *snail*).

pito   1) Me importa tres pitos; un bledo; un comino; un rábano, etc. Me tiene (trae) sin cuidado.

a) *I don't care two hoots* (arg.)***.

/ai dount 'kɛə 'tu: 'hu:ts/

b) *I don't care a fig* (arg.)**.

/ai dount 'kɛər ə 'fig/

c) *I don't give a damn****.

/ai dount 'giv ə 'dæm/

d) *I couldn't care less****.

/ai kudənt 'kɛə 'les/

e) *I don't give a shit/fuck* (tabú)***.

/ai dount 'giv ə 'ʃit ('fʌk)/

2) Entre pitos y flautas.

What with one thing and another***.

/wɔt wið 'wʌn 'θiŋ ənd ə'nʌðə/

plantar

Dejar plantado.
To walk out on sb.***.
/tə 'wɔːk 'aut ɔn/
She got up and walked out on me - Se levantó y me dejó plantado.

plantón

Dar plantón.

a) *To stand sb. up* (v.f.t.)***.
/tə 'stænd 'ʌp/
She stood me up - Me dio plantón. Me dejó plantado.

b) *To leave sb. to cool his heels***.
/tə 'liːv sʌmbɔdi tə 'kuːl hiz 'hiːlz/
Tener esperando mucho tiempo.
She left him to cool his heels for two hours - Lo tuvo esperando dos horas.

plato

1) Parecer que no se ha roto un plato (véase *look*).

2) Sacar los pies del plato (véase «pelo», 5).

3) Lavar los platos.

a) *To wash up* (v.f.) (G.B.)***.
/tə 'wɔʃ 'ʌp/
Now we have to wash up - Ahora tenemos que lavar los platos.

b) *To do the dishes* (U.S.A.)***.
/tə 'duː ðə 'diʃiz/

4) Estar en el plato y en la tajada.
To have a finger in every pie (arg.)***.
/tə hæv ə 'fiŋgə in 'evri 'pai/
He's listening to what we're talking about; he likes to have a finger in every pie - Está escuchando lo que estamos hablando; le gusta estar en el plato y en la tajada.

5) Ser plato de segunda mesa.
To play second fiddle***.
/tə 'plei 'sekənd 'fidl/
I don't like playing second fiddle to anyone - No me gusta ser plato de segunda mesa.

pluma

Ligero como una pluma.
As light as a feather***.
/əz 'lait əz ə 'feðə/
Var. = *As light as air****. - Ligero como el aire.

plumazo

De un plumazo.
With one stroke***.
/wið 'wʌn 'strouk/

326

He would like to finish his enemies off with one stroke - Le gustaría terminar con sus enemigos de un plumazo.

plumero

Se te ve el plumero.

a) *I can see you coming* (fam.)**.
    /ai kən 'si: ju: 'kʌmiŋ/
b) *Your slip is showing* (fam.)*.
    /jɔ: 'slips 'ʃouiŋ/
    (Véase también *axe.*)

pobre

Más pobre que una rata.
*As poor as a church mouse**.
/əz 'puəz əz 'tʃə:tʃ ,maus/

poco

1) Poco a poco hila la vieja el copo (ref.).
    Many a little make a mickle (ref.) (arc.)*.
    /'meni ə 'litl 'meik ə 'mikl/

2) Poco a poco.
    *Little by little***.
    /'litl bai 'litl/

Poncio

Salir de Poncio y meterse en Pilatos (véase «Málaga»).

porra

Vete a la porra.
*Go to hell***.
/'gou tə 'hel/
(Véase también «lárgate».)

prestar

Quien presta a un amigo... (pierde dinero y amigo).

a) *Neither a borrower nor a lender be... (for loan oft loses both itself and friend)* (Shakespeare: *Hamlet*)*.
    /naiðər ə 'bɔrouə nɔ:r ə 'lendə bi:/
b) *Lend your money and lose your friend**.
    /'lend jɔ: 'mʌni ən 'lu:z jɔ: 'frend/

prevenido

1) Hombre prevenido vale por dos (véase «hombre»).
2) Más vale prevenir que curar (véase *prevention*).

procesión

Estar en misa y en la procesión (véase *hare*).

proclamar

Proclamar a los cuatro vientos.
*To shout from the rooftops/housetops** (aplicable sólo a noticias alegres).
/tə 'ʃaut frəm ðə 'ru:ftɔps ('haustɔps)/

profeta

Nadie es profeta en su tierra (ref.).
A prophet is without honour in his own country (ref.)*.
/ə 'prɔfit iz wiðaut 'ɔnə in hiz 'oun 'kʌntri/

prometido   Lo prometido es deuda.

Promise is debt**.

/'prɔmis iz 'det/

propósito   1)   A propósito (de paso).

By the way***.

/bai ðə 'wei/

By the way, have you read it yet? - A propósito, ¿lo has leído ya?

2)   A propósito (a caso hecho).

On purpose***.

/ɔn 'pə:pəs/

I'm sure they did it on purpose - Estoy seguro que lo hicieron a propósito.

puertas   1)   Estar a las puertas de la muerte. Tener un pie en la tumba.

a) *To be at death's door****.

/tə bi: ət 'deθs 'dɔ:/

b) *To have one foot in the grave****.

/tə hæv 'wʌn 'fut in ðə 'greiv/.

The old man has one foot in the grave - El viejo está con un pie en la tumba.

2)   Dar con la puerta en las narices (véase «nariz», 1).

pulpo   Más despistado que un pulpo en un garaje.

a) *Like a spare prick at a wedding* (tabú)**.

/laik ə 'spɛə 'prik ət ə 'wediŋ/

(A veces se sust. en leng. euf. *prick* por *wick*).

b) *Like a lost hen**.

/laik ə 'lɔst 'hen/

punta   De punta en blanco.

Dressed up to the nines*.

/'drest ʌp tə ðə 'nainz/

They were all dressed up to the nines for the wedding ceremony - Estaban todos de punta en blanco para la ceremonia de la boda (véase también *Sunday*).

Q

quemar   Quemar las naves.

To burn one's boats*.

/tə 'bə:n wʌnz 'bouts/

There's no going back now; we've burnt our boats - Ya no se puede retroceder; hemos quemado las naves.

Se te ve el plumero.

querer

Querer es poder.

Where there's a will there's a way*.

/wεə ðəz ə 'wil ðəz ə 'wei/

queso

Dar con queso. Quedarse con alguien. Llevar al huerto. Engañar como un chino. Dar sopas con onda.

a) *To pull a fast one on sb.***.*

/tə 'pul ə 'fɑ:st 'wʌn ɔn/

They've pulled a fast one on you - Te la han dado con queso.

b) *To lead sb. up the garden path* (arg.)**.

/tə 'li:d ʌp ðə 'gɑ:dn 'pɑ:θ/

They've led you up the garden path - Te la han dado con queso; te han llevado al huerto.

c) *To take sb. for a ride* (arg.)***.

/tə 'teik fər ə 'raid/

I'm afraid we've been taken for a ride - Me temo que nos la han dado con queso (nos han engañado, nos han tomado por lilas, etc.) (véanse también *sucker, take in* y *had*).

d) *To be done brown* (arg.) (lig. ant.)*.

/tə bi: 'dʌn 'braun/

e) *To be had* (véase *had).*

quicio

Me saca de quicio (véase *nerves).*

quinto

En el quinto pino (véase «pino»).

R

rábano

1) Tomar el rábano por las hojas.

To get hold of the wrong end of the stick*.

/tə 'get 'hould əv ðə 'rɔŋ 'end əv ðə 'stik/

I have the impression you're getting hold of the wrong end of the stick - Me da la impresión que estás cogiendo el rábano por las hojas.

Sin. = *To get sb. or sth. wrong.*

2) Me importa un rábano (véase «pito»).

rabiar

Hacer rabiar; meterse con.

To tease***.

/tə 'ti:z/

Stop teasing her - Deja ya de hacerle rabiar.

rabillo　　Mirar por el rabillo del ojo.

To look out of the corner of one's eye***.

/tə 'luk aut əv ðə 'kɔ:nə əv wʌnz 'ai/

She kept looking at him out of the corner of her eye - No paraba de (hacía más que) mirarlo por el rabillo del ojo.

rabo　　Irse con el rabo entre las piernas.

To slink off with your tail between your legs**.

/tə 'sliŋk 'ɔf wið jɔ: 'teil bitwi:n jɔ: 'legz/

rabona　　Hacer la rabona.

To play truant***.

/tə 'plei 'truənt/

Jim is playing truant again - Jim está haciendo la rabona otra vez (véase también *play*, 7).

ramas　　Andarse por las ramas (véase *bush*).

rana
1) Cuando las ranas críen pelo (véase «esperar», a).
2) Salir rana (defraudar)

To disappoint | be a disappointment ~ .

rapapolvos　　Echar un rapapolvos.

a) *To haul sb. over the coals**.

/tə 'hɔ:l ouvə ðə 'koulz/

b) *To give sb. a good dressing down***.

/tə 'giv ə 'gud 'dresiŋ daun/

She gave us a good dressing down for being so late - Nos echó un buen rapapolvos por llegar tan tarde (véanse también «bronca» y «jabón»).

ratón
1) Sabe más que los ratones colorados (véase «colorado», 1).
2) Más vale ser cabeza de ratón que cola de león (ref.).

Better be the head of a mouse/dog than the tail of a lion (ref.)*.

/'betə bi: ðə 'hed əv ə 'maus/'dɔg ðən ðə'teil əv ə 'laiən/

raya
1) Pasarse de la raya; pasarse de rosca. Ir demasiado lejos.

To go too far***.

/tə 'gou 'tu: 'fɑ:/

You've gone too far - Te has pasado de la raya (véase también «listo»).

2) Una raya en el agua (véase *drop*, 1).

rayo　　¡Que lo parta un rayo!

a) *Damn him****.

/'dæm him/

b) *Blast him** *.
/'blɑ:st him/

c) *Confound him*** *.
/kən'faund him/

remedio 1) Es peor el remedio que la enfermedad.
*The cure is worse than the disease** *.
/ðə 'kjuəz 'wə:s ðən ðə di'si:z/

2) No hay más remedio.
*It can't be helped*** *.
/it kɑ:nt bi: 'helpt/

ridículo 1) Hacer el ridículo.
*To make a fool of oneself*** *.
/tə 'meik ə 'fu:l əv wʌnself/
He made a fool of himself at the meeting - Hizo el ridículo en la reunión.

2) Poner en ridículo.
*To make a fool of sb.*** *.
/tə 'meik ə 'fu:l əv/
They made a fool of him - Lo pusieron en ridículo (véase también «indio»).

río 1) Cuando el río suena... (piedras/agua lleva). No hay humo sin fuego.
*No smoke without fire*** *.
/'nou 'smouk wiðaut 'faiə/

2) A río revuelto... (ganancia de pescadores).
*There's good fishing in troubled/muddy waters** *.
/ðəz 'gud 'fiʃiŋ in 'trʌbld/'mʌdi 'wɔ:təz/
They like fishing in troubled waters - Les gusta pescar en río revuelto. (A río revuelto...)

3) De perdido, al río.

a) *In for a penny... (in for a pound)*** *.
/'in fər ə 'peni 'in fər ə 'paund/
We may as well buy a new refrigerator; in for a penny... - Ya podíamos comprar un nuevo frigorífico; de perdidos, al río.

b) *To go the whole hog** * (véase «manta»).

c) *One might as well be hanged for a sheep as a lamb* (ref.)* .
/wʌn 'mait əz wel bi: 'hæŋd fər ə 'ʃi:p ə 'læm/
Lo mismo nos van a castigar, etc., por una cosa que por otra.

332

risa

Revolcarse/partirse de risa.
To split one's sides with laughter***.
/tə 'split wʌnz 'saidz wið 'lɑːftə/
They split their sides with laughter when they saw him - Se partieron de risa cuando lo vieron.

rodeos

Andarse con rodeos (véase *bush*).

rollo

1) Un rollo; una pesadez; un aburrimiento.
   A bore***.
   /ə 'bɔː/
2) Corta el rollo.
   Cut the cackle (vulg.)**.
   /'kʌt ðə 'kækl/
   (Véase también *cut*, 10.)

Roma

1) Hablando del rey de Roma... (véase «hablar», 5).
2) Todos los caminos conducen a Roma.
   All roads lead to Rome**.
   /'ɔːl 'roudz 'liːd tə 'roum/

rosca

1) Hacer la rosca (véase «pelota»).
2) Pasarse de rosca (véase «raya», 1).

ruedas

Marchar sobre ruedas. Ir como la seda, como un reloj.
To go like clockwork**.
/tə 'gou laik 'klɔkwəːk/
(Véase también *run*, 2.)

ruido

Mucho ruido y pocas nueces.
Much ado about nothing*.
/'mʌtʃ ə'duː əbaut 'nʌθiŋ/

S

sábanas

Pegársele a uno las sábanas.
To oversleep***.
/tə 'ouvəsliːp/
You overslept this morning - Se te han pegado las sábanas esta mañana.

sablazo

(Véase *sponge*.)

saco

1) No echar en saco roto.
   To keep in mind; not to forget ~.
   No eches en saco roto lo que te dije.
   Keep in mind what I told you; don't forget (to do) what I told you.

2) Conocer metido en un saco.
   To read sb. like a book ***.
   /tə 'ri:d laik ə 'buk/
   I can read you like a book - Te conozco metido en un saco.

salirse   Salirse con la suya.
   To have one's (own) way ***.
   /tə hæv wʌnz 'oun 'wei/
   She had her (own) way as usual - Se salió con la suya, como de costumbre.

salto   Perder el salto. Perder la oportunidad, la ocasión.
   To miss the bus/boat ***.
   /tə 'mis ðə 'bʌs/'bout/.
   He missed the bus when he turned down their offer two years ago - Perdió el salto cuando rechazó su oferta hace dos años.

sálvese   Sálvese quien pueda.
   Run for your lives ***.
   /'rʌn fə jɔ: 'laivz/

sangre   A sangre y fuego.
   By fire and sword *.
   /bai 'faiə ən 'sɔ:d/

Santa Bárbara   No nos acordamos de Santa Bárbara hasta que truena (ref.).
   We never miss the water until the well runs dry (ref.) *.
   /wi: 'nevə 'mis ðə 'wɔ:tə ʌntil ðə 'wel 'rʌnz 'drai/

santiamén   En un santiamén (véase «periquete»).

santo   1) Quedarse para vestir santos.
   To be on the shelf (arg.) ***.
   /tə bi: ɔn ðə 'ʃelf/
   She's on the shelf - Se ha quedado para vestir santos.

   2) Desnudar un santo para vestir a otro.
   To rob Peter to pay Paul **.
   /tə 'rɔb 'pi:tə tə 'pei 'pɔ:l/
   Borrowing from the bank to pay off your credit card bill is like robbing Peter to pay Paul - Pedir un préstamo al banco para poner al día la tarjeta de crédito es desnudar un santo para vestir a otro.

   3) No ser santo de la devoción de alguien (véase *cup*).

   4) Irse el santo al cielo.
   a) *To get carried away* ***.
      /tə 'get 'kærid ə'wei/
      I got carried away and I forgot what I was doing - Se me fue el santo al cielo, y olvidé lo que estaba haciendo.

334

b) *To forget oneself****.

/tə fə'get wʌnself/

Sorry I kept you waiting so long, but when I go shopping I always forget myself - Siento haberte hecho esperar tanto tiempo, pero, cuando voy de compras, siempre se me va el santo al cielo.

5) Ser incrédulo como Santo Tomás (no creer algo hasta no verlo, etc.).

To be a doubting Thomas (hum.)**.

/tə bi: ə 'dautiŋ 'tɔməs/

6) (Fue) llegar y besar el santo.

a) *It was very easy/as easy as pie/winking*, etc. (véase *easy*, 3).

b) *It was short work/the work of a moment* ~.

Cf.: *To make short work of*** - Terminar/despachar en un abrir y cerrar de ojos, rápidamente, etc.

sartén   Tener la sartén por el mango.

To have the upper hand**.

/tə hæv ði 'ʌpə 'hænd/

seguro   1) Tan seguro como que dos y dos son cuatro.

As sure as eggs is eggs**.

/əz 'ʃuə əz 'egz iz 'egz/

(Véase también *hell*, 5.)

2) Ir sobre seguro.

To be on the safe side**.

/tə bi: ɔn ðə 'seif 'said/

I like to be on the safe side - Me gusta ir sobre seguro (véanse también «nadar»; «pie», 8, y «curar»).

semáforo   Saltarse un semáforo.

To jump a red light (G.B.)***.

/tə 'dʒʌmp ə 'red 'lait/

To shoot a red light (U.S.A.)***.

/tə 'ʃu:t ə 'red 'lait/

siglos   Hace siglos que no te veo (véase *ages*).

soga   1) Siempre se parte la soga/cuerda por la parte más endeble.

The weakest goes to the wall*.

/ðə 'wi:kəst 'gouz tə ðə 'wɔ:l/

2) No mientes la soga en casa del ahorcado.

Don't speak of rope in the house of the hanged (ref.) (lig. arc.)*.

/dount 'spi:k əv 'roup in ðə 'haus əv ðə 'hæŋd/

335

sol

1) Estar (arrimarse) al sol que más calienta. Saber lo que le conviene a uno. El que a buen árbol se arrima, buena sombra le cobija.

   To know which side one's bread is buttered on***.

   /tə 'nou 'witʃ 'said wʌnz 'bredz 'bʌtəd ɔn/

   He keeps flattering the old man; he certainly knows which side his bread is buttered on - No hace más que adular al viejo. Ciertamente sabe estar al sol que más calienta (sabe lo que le conviene).

2) No hay nada nuevo bajo el sol.

   There's nothing new under the sun***.

   /ðəz 'nʌθiŋ 'nju: ʌndə ðə 'sʌn/

3) No dejar ni a sol ni a sombra.

   To pester sb.***.

   /tə 'pestə/

   I wish to goodness she would stop pestering me - No me deja ni a sol ni a sombra. A ver si me deja en paz de una vez.

sordo

1) Más sordo que una tapia.

   a) *As deaf as a post****.

      /əz 'def əz ə 'poust/

      The old lady was as deaf as a post - La vieja señora era más sorda que una tapia.

   b) *Stone deaf***.

      /'stoun 'def/

2) No hay peor sordo que el que no quiere oír (ref.)

   None so deaf as he who will not hear (ref.)*.

   /'nʌn 'sou 'def əz 'hi: hu: wil nɔt 'hiə/

3) Hacerse el sordo. No querer escuchar.

   To turn a deaf ear***.

   /tə 'tə:n ə 'def 'iə/

   He turned a deaf ear to my request for help - Se hizo el sordo ante mi petición de ayuda.

sudar

Hacer sudar tinta (véase *grindstone*).

suerte

1) La suerte está echada (véase *die*).

2) ¡Qué mala suerte!

   Rotten luck!***.

   /'rɔtn 'lʌk/

   Sin. = *Tough luck*.

3) Echar a suerte (véase *draw*, 3).

4) Tener una suerte perra; tener el cenizo.
   To have the jinx***.
   /tə hæv ðə 'dʒiŋks/

susto

1) Dar un susto.
   To give sb. a start***.
   /tə 'giv sʌmbɔdi ə 'stɑːt/
   You gave me a start - Me has dado un susto.

2) Dar(le) a uno mucho susto: horrorizar; dar horror; helar la sangre, etc.
   To be scared out of one's wits**.
   /tə biː 'skɛəd aut əv wʌnz 'wits/
   «*Did you like the film?*» «*I was scared out of my wits*» - «¿Te gustó la película?» «Me dio un susto tremendo» (véase también *scared*, 3).

T

tajado

Tajado; «colocao», «mamao», ciego, como una cuba, haber pillado una trompa, una «pea», una merluza/tajada/cogorza/tablón/curda/mona, etc.

a) *Tight****.
   /tait/
   He was tight - Estaba tajado; había cogido una «pea».

b) *Pissed****.
   /pist/

c) *Canned***.
   /'kænd/

d) *Drunk (as a Lord)****/**.
   /'drʌŋk əz ə 'lɔːd/

e) *Stewed* (arg.)**.
   /'stjuːd/

f) Otras expresiones argot, la mayoría U.S.A.:
   Lit (up) /'lit 'ʌp/**.
   Cock-eyed /ˌkɔk'aid/*.
   Oiled - Medio tajado /'ɔild/**.
   Blind /blaind/**.
   Pickled /'pikld/*.
   Soused (as a herring) /'saust (əz ə 'heriŋ)/**/*.
   Loaded /'loudid/***.
   Fried (to the hat) /'fraid tə ðə 'hæt/*.

Three sheets to/in the wind /'θri: 'ʃiːts tə/in ðə 'wind/ *.

Tipsy - Alegre, bebidillo /'tipsi/ ***.

Tiddly - Alegre, bebidillo /'tidli/ **.

tangente   Salirse por la tangente.

a) *To go/fly off at a tangent* **.
/tə 'gou ('flai) 'ɔf ət ə 'tændʒənt/

b) *To wander from the point* *.
/tə 'wɔndə frəm ðə 'pɔint/

c) *To beg the question* (véase *beg*, 1).

tanto   Apuntarse un buen tanto.

A feather in one's cap ***.

/ə 'feðə in wʌnz 'kæp/

Inspector West has tracked the criminal down. That's a feather in his cap - El inspector West ha encontrado al criminal. Se ha apuntado un buen tanto.

tardar   1) Tardar mucho tiempo.

To be long ***.

/tə biː 'lɔŋ/

Why have you been so long? - ¿Por qué has tardado tanto?
I shan't be long - No tardaré.

2) Tardar siglos.

To be ages ***.

/tə biː 'eidʒiz/

You've been ages - Has tardado siglos.

3) Tardar un verano; una eternidad.

To take a month of Sundays **.

/tə 'teik ə 'mʌnθ əv 'sʌndiz/

That would take a month of Sundays - Eso tardaría (llevaría) un verano.

tarde   1) Nunca es tarde si la dicha es buena.

It's never too late ***.

/its 'nevə 'tuː 'leit/

2) Más vale tarde que nunca.

Better late than never ***.

/'betə 'leit ðən 'nevə/

3) Tarde o temprano.

Sooner or later ***.

/'suːnə ɔː 'leitə/

338

4) Llegar tarde.

To be late***.

/tə bi: 'leit/

You're late - Llegas tarde.

telefonazo   Dar un telefonazo.

a) *To give sb. a ring****.

/tə 'giv sʌmbɔdi ə 'riŋ/

Give me a ring from the office - Dame un telefonazo desde la oficina.

b) *To ring sb. up* (v.f.t.)***.

/tə 'riŋ 'ʌp/

Ring me up as soon as you get there - Dame un telefonazo tan pronto como llegues allí.

temer   Temer como una vara verde (véase *scared*).

tempestad   Una tempestad en un vaso de agua. No llegar la sangre al río.

A storm in a tea-cup***.

/ə 'stɔ:m in ə 'ti:kʌp/

Don't worry; it was all a storm in a tea-cup - No te preocupes; todo fue una tempestad en un vaso de agua (no llegó la sangre al río).

tener   1) Tener dinero para dar y vender/para regalar.

To have money to burn (arg.)**.

/tə 'hæv 'mʌni tə 'bə:n/

2) Tener un corazón de oro.

To have a heart of gold***.

/tə hæv ə 'hɑ:t əv 'gould/

3) Tener madera, estar capacitado para algo.

To have got it in one**.

/tə hæv 'gɔt it in wʌn/

The boy's got it in him - El muchacho tiene madera.

4) Tener más suerte que un «quebrao», ser un potroso.

a) *To be as lucky as they make them***.

/tə bi: əz 'lʌki əz ðei 'meik ðəm/

b) *To be a lucky dog***.

/tə bi: ə 'lʌki 'dɔg/

You lucky dog! - ¡Potroso!

5) Tener resaca.

To have a hangover***.

/tə 'hæv ə 'hæŋouvə/ -

He drank too much last night and he has a hangover this morning - Bebió demasiado anoche y tiene resaca esta mañana.

339

Andarse por las ramas.

tentón   Ser (un) tentón. No saber lo que se quiere.

To be choosy***.

/tə bi: ˈtʃuːzi/

Make up your mind; don't be so choosy - Decídete (de una vez); no seas tan tentón.

tercera   A la tercera va la vencida (véase *third*).

terco   Terco como una mula.

As stubborn/obstinate as a mule***.

/əz ˈstʌbən/ˈɔbstinit əz ə ˈmjuːl/

(Véase también «cabezota».)

terreno   Tantear el terreno.

To see how the land lies**.

/tə ˈsi: ˈhau ðə ˈlænd ˈlaiz/

(Véase también *feelers.)*

tiempo   Al mal tiempo, buena cara.

a) *Grin and bear it****.

ˈgrin ən ˈbɛərit/

I don't like it either, but there's nothing we can do for the moment except grin and bear it - A mí tampoco me gusta, pero, por el momento, lo único que podemos hacer es poner «al mal tiempo, buena cara».

b) *To make the best of a bad job* (véase *job*).

tierra   1) Echar tierra a un asunto.

To hush up (a matter)***.

/tə ˈhʌʃ ˈʌp ə ˈmætə/

They tried to hush up the matter - Intentaron echar tierra al asunto.

2) Tirar por tierra (véase *applecart*).

tieso   «Tieso»; «pelado»; sin dinero; a dos velas.

a) *Hard up****.

/ˈhɑːd ˈʌp/

«Can you lend me two pounds?» «*No, I happen to be more than usually hard up at the moment»* - «¿Puedes prestarme dos libras?» «No, resulta que estoy más "tieso" que de costumbre ahora.»

b) *Penniless***.

/ˈpeniləs/

c) *Broke**** (véase *broke*).

tigre   Un tigre de papel (véase *tiger*, 1).

tira

Tira y afloja.
Give-and-take **.
/'givən 'teik/
They came to an agreement after a lot of give-and-take - Llegaron a un acuerdo después de mucho tira y afloja.

tirado

Tirado; chupado; muy fácil (véanse *easy*, 3, y *cinch*).

tirarse

Tirarse un farol.
To bluff ***.
/tə 'blʌf/
I'm sure it's a bluff - Estoy seguro de que se está tirando un farol.

tiro

Salir el tiro por la culata (véase «lana»).

tirria

Tener tirria (véase *grudge*).

tocateja

A tocateja; al contado rabioso (véase *cash*).

tonto

1) Hacerse el tonto (véase *dumb*).

2) No tener un pelo de tonto (véase «pelo», 9).

3) Hacer el tonto (véase «indio»).

4) Tonto de remate; de capirote, etc.

    a) *A jackass*
       /ə 'dʒækæs/

    b) *A bloody fool* (vulg.) ***.
       /ə 'blʌdi 'fu:l/
       [Se usa despectivamente; puede compararse a «tonto del culo» (vulg.).]

topo

1) Ver menos que un topo (véase *blind*).

2) Un topo (espía infiltrado en los servicios secretos, etc.).
    A mole (arg.) ***.
    /ə 'moul/
    They suspected there was a mole in the Foreign Office - Sospechaban que había un «topo» en el Ministerio de Asuntos Exteriores.
    Rel. = *A leak* - Una filtración.

tornas

Se han cambiado las tornas.
The boot's on the other foot (arg.) **.
/ðə 'bu:ts ɔn ði 'ʌðə 'fut/
Up to now, luck has been on your side, but now the boot's on the other foot - Hasta ahora la suerte ha estado de tu parte, pero ahora se han cambiado las tornas.

tornillo   Faltarle a uno un tornillo.

a)   *To have a screw loose* (arg.)***.
/tə hæv ə 'skru: 'lu:s/
He must have a screw loose - Debe de faltarle un tornillo.

b)   *To have lost one of one's marbles* (arg.)*.
/tə həv 'lɔst 'wʌn əv wʌnz 'mɑ:blz/

c)   *To have a button/a few buttons missing* (arg.)**.
/tə hæv ə 'bʌtn/ə 'fju: 'bʌtnz 'misiŋ/

toro   1)   Coger al toro por los cuernos (véase *bull*, 1).

2)   Fuerte como un toro (véase *horse*, 5).

3)   Ver los toros desde la barrera (véase «agua», 7).

tortuga   A paso de tortuga (véase *snail*).

torre   Vivir/encerrarse en, etc., una torre de marfil (aislado de la realidad).
To live, etc., in an ivory tower (lit.)**.
/tə 'liv in ən ,aivəri 'tauə/

tragar   1)   No lo puedo tragar. No me cae ni chispa de bien. Lo tengo sentado en la boca del estómago. Me cae gordo; me da cien patadas, etc.
I can't stand him***.
/ai kɑ:nt 'stænd him/
(Véanse también *rub*, 3, y *skin*, 1.)

2)   Se lo ha tragado (una mentira, etc.).
He's swallowed it (hook, line and sinker)**.
/hi:z 'swɔloud it 'huk 'lain ən 'siŋkə/
(Véase también *fall*, 2.)

3)   Tragárselo a uno la tierra (véase *vanish*).

trago   1)   Un mal trago.
A bitter pill**.
/ə ,bitə 'pil/

2)   Tomar un trago.
To have a drink ***.
/tə hæv ə 'driŋk/
Let's have a drink to celebrate - Tomemos un trago para celebrarlo *(That calls for a celebration)*.

trece   Mantenerse en sus trece (véase *gun*, 2).

trinar   Están que trinan; han puesto el grito en el cielo (contra una medida, disposición, etc.).
They're up in arms**.
/ðeər ʌp in ˈɑːmz/
(Véanse también «chispas», y *blow*, 3).

tripas   Hacer de tripas corazón. Armarse de valor.

a) *To pluck up one's courage***.
/tə ˈplʌk ˈʌp wʌnz ˈkʌridʒ/

b) *To take one's courage in both hands****.
/tə ˈteik wʌnz ˈkʌridʒ in ˈbouθ ˈhændz/
She took her courage in both hands and faced him - Hizo de tripas corazón (se armó de valor) y le hizo frente.

tumba   1) Estar con un pie en la tumba (véase «puerta», 1).

2) Silencioso como una tumba.
Silent as a tomb ~ ***.
/ˈsailənt əz ə ˈtuːm/

U

unión   La unión hace la fuerza.

a) *Many hands make light work* (ref.)**.
/ˈmeni ˈhændz ˈmeik ˈlait ˈwəːk/

b) *In union is strength* (ref.)*.
/in ˈjuːniənz ˈstreŋθ/

c) *United we stand, divided we fall***.
/juː ˈnaitid wiː ˈstænd diˈvaidid wiː ˈfɔːl/

uña   1) Ser uña y carne. Estar a partir un piñón.
To be as thick as thieves**.
/tə biː əz ˈθik əz ˈθiːvz/
They're as thick as thieves those two - Esos dos son uña y carne.

2) Defender/luchar con uñas y dientes. Defenderse como gato panza arriba.
To fight/defend tooth and nail**.
/tə ˈfait/diˈfend ˈtuːθ ən ˈneil/
They fought tooth and nail to keep it - Lucharon con uñas y dientes para conservarlo.

V

vaca

1) Una vaca (peyor. por mujer) (véase *cow*, 3).

2) Una vaca sagrada (véase *cow*, 2).

3) Más pesado que una vaca en brazos (véase «pesado»).

vara   Temer como una vara verde (véase *scare*).

vela

1) A dos velas (véase *broke*).

2) No tener vela en un entierro.

    a) *To have no say in a matter* **.
       /tə hæv 'nou 'sei in ə 'mætə/
       You have no say in this matter - Tú no tienes vela en este entierro.

    b) ¿Quién te dio vela en este entierro?
       Who told you to put your oar in? *.
       /'hu: 'tould ju: tə 'put jɔːr 'ɔ: 'in/

vencido   Me doy por vencido.
I give up ***.
/ai 'giv 'ʌp/

vender   Venderse (algo) como rosquillas.
To sell like hot cakes *.
/tə 'sel laik 'hɔt 'keiks/
«*And the new model?*» «*It's selling like hot cakes.*» - «¿Y el nuevo modelo?» «Se está vendiendo como rosquillas.»

verano

1) De verano en verano (véase *once*, 2).

2) Tardar un verano (véase «tardar», 3).

3) Hace un verano que no lo veo.
    I haven't seen him for donkey's years **.
    /ai hævənt 'si:n him fə 'dɔŋkiz 'jəz/
    (Véase también *ages.*)

verde

1) Temer como una vara verde (véase *scare*).

2) Un viejo verde (véase «viejo»).

3) Un libro (película, etc.) verde.
    A blue book (film, etc.) ***.
    /ə ˌblu: 'buk/

4) Poner verde a alguien.

    a) *To abuse sb.* ***.
       /tu ə'bju:z/

b) *To shower abuse on sb.***.
/tə 'ʃauə ə'bjuːz ɔn/

c) *To run sb. down* (véase *run down*).
/tə 'rʌn sʌmbɔdi 'daun/
(Véase también *call*, 1.)

5) Estar verde (véase *green*, 1).

viaje Para ese viaje no necesitábamos alforjas.
The game wasn't worth the candle*.
/ðə 'geim wɔzənt 'wəːθ ðə 'kændl/

viento 1) Beber los vientos por alguien.

a) *To be crazy about sb.***.
/tə biː 'kreizi əbaut/
She's crazy about him - Bebe los vientos por él (está loca por él).

b) *To eat out of sb.'s hand***.
/ tu 'iːt aut ɔv sʌmbɔdiz 'hænd/
He eats from her hand - Bebe los vientos por ella.

2) Contra viento y marea; llueva o truene.

a) *Against all odds***.
ə'genst 'ɔːl 'ɔdz/

b) *Come hell or high water* (arg.)**.
/'kʌm 'hel ɔː 'hai 'wɔːtə/
Don't worry, we'll go, come hell or high water - No te preocupes, iremos, contra viento y marea.

c) *Through thick and thin****.
/θruː 'θik ən 'θin/
She stuck to me through thick and thin - Se mantuvo a mi lado, contra viento y marea.

viejo Un viejo verde.
A dirty old man***.
/ə 'dəːti ˌould 'mæn/

Virgen 1) Aparecérsele a uno la Virgen.

a) *To have an extraordinary piece of good luck* ~ .

b) *To hit the jackpot* (véase *jackpot*).

c) *To strike it rich* (véase *strike*, 2).

2) Un viva la Virgen (persona muy despreocupada).
A happy-go-lucky person***.
/ə ˌhæpi gou 'lʌki 'pəːsən/

Quedarse para vestir santos.

(Dicho gen. en tono afectuoso, de simpatía, tolerancia, etc.)
He's not very keen on making plans: he's a happy-go-lucky chap - No le gusta mucho hacer planes: es un viva la Virgen.

virtud   La virtud está en el término medio.

    a)   *Virtue is found in the middle (mean)* *.
        /'və:tju:z 'faund in ðə 'midl ('mi:n)/

    b)   *To stick to a happy medium (mean)* *.
        /tə 'stik tə ə 'hæpi 'mi:djəm ('mi:n)/

    c)   *Enough is as good as a feast* (ref.) **.
        /i'nʌfs əz 'gud əz ə 'fi:st/

    (Véase también «término».)

vista   1)   Hacer la vista gorda.
        To turn a blind eye (to) ***.
        /tə 'tə:n ə 'blaind 'ai/
        We'll turn a blind eye to it for once - Haremos la vista gorda por una vez.

    2)   Tener vista de lince.

        a)   *To be very sharp-eyed* ***.
           /tə bi: 'veri ˌʃɑ:p'aid/

        b)   *To be eagle-eyed* ** / *lynx-eyed* *.
           /tə bi: ˌi:gl 'aid/, liŋks 'aid/

vivir   1)   Vivir al día.
        To live from hand to mouth ***.
        /tə 'liv frəm 'hænd tə 'mauθ/
        Our son lives from hand to mouth - Nuestro hijo vive al día.

    2)   Vivir para ver.
        Live and learn **.
        /'liv ən 'lə:n/

    3)   Vivir y dejar vivir (véase *live*, 3).

vuelta   Dar una vuelta (véase *spin*).

Z

Zamora   No se ganó Zamora en una hora.
        Rome was not built in a day *.
        /'roum wɔz nɔt 'bilt in ə 'dei/

zancadilla	Poner la zancadilla.

    a)   *To trip sb. up* (lit. y fig.)***.

        /tə 'trip 'ʌp/

        He tripped him up - Le puso la zancadilla.

    b)   *To set a trap for sb.* (fig.) ∼ ***.

        /tə 'set ə 'træp fɔ:/

        (= Poner una trampa a alguien.)

zapatero	Zapatero, a tus zapatos.

    The cobbler should stick to his last (ref.) (arc.)*.

    /ðə 'kɔblə ʃud 'stik tə hiz 'lɑ:st/

zapato	Saber dónde aprieta el zapato.

    *To know where the shoe pinches***.

    /tə 'nou 'wɛə ðə 'ʃu: 'pintʃiz/

    He knows where his shoe pinches - Sabe dónde le aprieta el zapato.

zorro	Astuto como un zorro (véase *fox*).

Apéndice 1

A Portrait of the Average Spaniard

The average Spaniard sleeps like a log, eats like a horse and has the eyes of a lynx, but leads a dog's life.

In order to be able to take the rough with the smooth he has to be as cunning as a fox.

Though love, which is often his hobby-horse, can make him walk on air, happy as a lark, he doesn't like to be taken for a sucker, or be led up the garden path. So, if the «birds» stand him up too often, especially when it is cold enough to freeze the balls off a brass monkey, he soon gets hot under the collar, and, far from beating about the bush, he will take the bull by the horns, because, if he sometimes plays dumb to get what he wants, he's nobody's fool. He may get sick as a dog, with a hell of a fever, but he will manage to keep a stiff upper lip,.for, if he can talk his head off, he also knows how to remain, if need be, as silent as a tomb. Admit he's a queer fish.

Apéndice 2

LISTA DE EXPRESIONES TABÚES

An ass kisser/licker - Un lameculos, un pelota.
A jackass - Un gilipuertas.
A pain in the ass - Un incordio.
You can stick/shove it up your ass (abrv. a menudo a «*stick it*» «*shove it*»)
  Puedes metértelo donde te quepa/en el culo.
The balls - Las pelotas, los testículos.
Balls! - ¡Leche!
Cold enough to freeze the balls off a brass monkey - Un frío de pelotas.
To have sb. by the balls - Tener a alguien cogido/en sus manos.
To work one's balls off on a job - Dejarse el pellejo/las pelotas en un trabajo.
A bloody/fucking bastard - Un hijo de..., etc.
A son of a bitch - Idem.
The boobs/boobies - Los pechos.
The bottom - El fondo, las posaderas.
To bugger it up - Liarlo/jorobarlo todo.
Bugger off! - Vete a tomar por el...
To put a bun in a girl's oven - Dejar preñada.
The cherries (the nipples) - Los pezones.
To come - Eyacular.
To take a crap - Cagar.
The cock - El pene.
To cuckold sb. - Poner los cuernos.
The cunt - La vagina.
To give sb. the finger - Hacer la peseta.
To fuck - Copular.
Fuck off! ¡Vete a tomar por...!
Fuck you! - Idem.
Getting any? - ¿Te comes una rosca?
Not give a (monkey's) fart/fuck - Importar tres pitos.
A condom - Un preservativo.
A French letter - Idem.
A hard-on - Una erección.

352

To go all the way - Hacerlo completo.
Horny - Excitado, «caliente», cachondo.
Up to the hilt - Hasta las cachas.
To jack/jerk off (U.S.A.) - Masturbarse.
To jump the gun - Eyacular prematuramente.
To wank (G.B.) - Masturbarse.
To lay - Copular.
A lay/shot - Un polvo.
To (lay a) fart - Tirarse un pedo.
To take a leak - Echar una meada.
The curse - El período.
To bawl the piss/shit out of sb. - Echar una bronca.
To take the piss out of sb. - Burlarse de.
Piss off! - ¡Vete al cuerno!
A pushover - Una chica fácil, que traga.
A roll in the hay - Un revolcón.
To screw - Copular.
Shit! - ¡Mierda!
To be scared shitless - Estar acojonado, muerto de miedo.
To scare the shit out of sb. - Acojonar, asustar.
To bore the shit out of sb. - Aburrir soberanamente.
To beat the shit out of sb. - Dar una buena paliza.
The prick - El pene.
Like a spare prick at a wedding - Más despistado que un pulpo en un garaje.
To be up shit's creek (without a paddle) - Estar con la mierda hasta el cuello, en apuros.
To take a shit - Cagar.
The tits/titties - Los pechos.
A good tumble - Un buen revolcón.
A whore - Una prostituta.

TEST DE PRIMER NIVEL (principiantes)

1. *Those twins are as like as ....*
2. *He's always biting his fingernails; it gets on my ....*
3. *Stop beating that drum; you are .... mad.*
4. *The early bird ....*
5. *Where are my matches? You have them right ....*
6. *His bark is worse than ....*
7. *This is no laughing ....*
8. *He's as mad as ....*
9. *Are we going to the cinema on Saturday? No, I .... my mind.*
10. *Drop me a .... when you get to Paris.*
11. *Better late ....*
12. *He has something up his ....*
13. *Soaked to the ....*
14. *She will have her own .... as usual.*

15. *Let's play cards to .... away the time.*
16. *He was as white as a ....*
17. *Turn your pockets .... out.*
18. *When he saw them coming, he took to his ....*
19. *He learnt his lesson by ....*
20. *That has nothing to .... with me.*
21. *Don't go there then or you'll get into ....*
22. *Can you tell me how to get in .... with him?*
23. *I haven't the .... idea.*
24. *Do you feel .... swimming today?*
25. *Think it .... and let me know your decision.*
26. *We are all looking .... to seeing you.*
27. *He's a chip off ....*
28. *Come to the point; stop beating ....*
29. *It'll be very difficult to find her in London; it's like looking for a needle ....*
30. *What on .... do you mean by that?*
31. *He's as blind as a ....*
32. *We're up to the .... in work these days.*
33. *Have you .... up your mind yet?*
34. *The old man is as deaf as ....*
35. *The poor boy was shaking like a ....*
36. *It will be better for you in the long ....*
37. *Her dreams have come ....*
38. *I can't do .... you.*
39. *Keep calm; don't lose your ....*
40. *Are we going to visit the castle? It's not worth the ....*
41. *Sorry I'm late; I was in a traffic ....*
42. *To kill two .... with one ....*
43. *Can't you see they're .... your leg?*
44. *Can you .... me a lift?*
45. *I have a lump in my ....*
46. *It was love at .... sight.*
47. *Mind your own ....*
48. *As old as the ....*
49. *The proof of the .... is in the eating.*
50. *I slept like a ....*

TEST DE NIVEL INTERMEDIO

1. *I agree with you that we must tell him at once, but who's going .... the cat?*
2. *It's the third time you've been late this week; really this is .... a joke.*
3. *I'll never go to that restaurant again; they made me pay through .... the last time I was there.*
4. *I can't understand why she prefers that awful pink dress; well you know there's no .... for taste.*
4. *He was very old the last time I saw him; he must be dead by now. Yes, you are right, he kicked .... five months ago.*

6. *The car didn't hit him but it was a close ....*
7. *But it was very cheap; I bought it for ....*
8. *Did she keep the date? No, she .... me up.*
9. *We may as well buy a new refrigerator; in for .... in for ....*
10. *He was so funny. We split our .... when we saw him.*
11. *He has set .... on becoming a doctor.*
12. *They all gave him .... shoulder when they knew he had jilted her.*
13. *But he hasn't got any money. There, you put your finger ....*
14. *I don't work for Mr. Smith any longer, now I work for Mr. Brown. Oh, that's out of the frying ....*
15. *He knows London like the ....*
16. *He kicked up a .... when they brought him the bill.*
17. *It's not as bad as all that; you're making a mountain ....*
18. *Father never scolds her; she's the .... his eye.*
19. *How are you today? I feel as fit as ....*
20. *You shouldn't have said that to him. It was really hitting below ....*
21. *I don't like it either; but there's nothing we can do but grin ....*
22. *Have you ever heard of it? Yes, it rings ....*
23. *It's no use crying over ....*
24. *I meant it as a surprise, but I see somebody has let the cat ....*
25. *I only see her once in a ....*
26. *But all this is absurd, I can't make head ....*
27. *I could .... with a cup of coffee.*
28. *I won't put .... with it any longer.*
29. *I know I was wrong but please, stop rubbing ....*
30. *Don't spend it all, we have to save for a .... day.*
31. *As slippery as an ....*
32. *They take it for .... you're going to give them one.*
33. *What a .... you've got into!*
34. *Be careful! He is getting hot under ....*
35. *It's true he doesn't like me; he seems to bear me a ....*
36. *If we do that, we'll kill the goose ....*
37. *He went out of his .... to please us.*
38. *How are they getting on? Like a house ....*
39. *I hope the murderer doesn't .... with it.*
40. *Her father has given her a good .... because of her bad marks at school.*
41. *I shouldn't have said that, I realize I put my .... in it.*
42. *Things were going too far, so I had to put my .... down.*
43. *Never let a pal ....*
44. *My aunt Agatha doesn't like me very much. I'm in her .... since I lost my job.*
45. *Don't put the .... before the horse.*
46. *We missed the .... when we didn't accept their offer last year.*
47. *The die is ....*
48. *My heart .... when I heard the bad news.*
49. *By midnight the party was in full ....*
50. *Charity begins ....*

TEST DE NIVEL AVANZADO

1. *Are you angry with me? Yes, I .... to pick with you.*
2. *I know you've got a new lawnmower, but in my opinion, that's money .... drain.*
3. *I don't like him at all; he rubs me up ....*
4. *The teacher knows all about it; there must be a .... among us.*
5. *We'd better go; if we wait for them, we'll wait until .... home.*
6. *You must give her one, too: What's sauce ....*
7. *You never know where you stand with him. He blows .... the next.*
8. *Don't say anything to anyone; .... is the word.*
9. *I know it straight from ....*
10. *She's not as bad as that. I'd like to .... in a good word for her.*
11. *You can thank your .... you didn't get killed.*
12. *He'll laugh on .... when he knows he has to pay, too.*
13. *Who is that man? I don't know him from ....*
14. *His wife kept him under her ....*
15. *Ask him for the money now; you have to strike ....*
16. *Ignorance is ....*
17. *Even Homer sometimes ....*
18. *I'm afraid it will be Hobson's .... for us.*
19. *He's as happy as a ....*
20. *We sent him off with a .... in his ear.*
21. *He blew his .... when she walked out on him.*
22. *The news spread like ....*
23. *Don't count your chickens before ...,....*
24. *No, that has nothing to do with him, you're barking up ....*
25. *He's too conceited; we'll have to take him down ....*
26. *I don't mind helping a lame dog .... but there's a limit to everything.*
27. *You're entirely wrong, he has no axe to .... in that matter.*
28. *Forewarned is ....*
29. *Haste makes ....*
30. *Stop complaining; you're living the life of .... in Hawaii.*
31. *Poor chap, his goose is ....*
32. *That was a wise decision; I knew you had your head .... the right way.*
33. *He knows everything is lost but he will clutch ....*
34. *He's still tied to his mother's ....*
35. *Ever since he came by all that money he .... down on us.*
36. *It's a long lane that has no ....*
37. *We'll go the whole .... and re-decorate the living-room, too.*
38. *You can't make a silk purse out of a ....*
39. *His two friends ran away and left him holding ....*
40. *You're always picking .... in whatever I say.*
41. *He keeps flattering the old man; he certainly knows which side his bread ....*
42. *Inspector West has tracked the criminal down. That's a feather ....*
43. *We're back to square ....*
44. *Blood is .... than water.*
45. *She looks as if butter .... in her mouth.*
46. *If the cap fits ....*
47. *There are thirty miles to the castle as the .... flies.*

48. *You're wasting your time with him; it's like flogging a .... horse.*
49. *He flew off .... when he found out the truth.*
50. *She always has forty .... in her armchair after lunch.*

CLAVE DE LOS TESTS

Nivel principiante

1. *two peas*	2. *nerves*	3. *driving me*
4. *catches the worm*	5. *under your nose*	6. *his bite*
7. *matter*	8. *a hatter*	9. *have changed*
10. *line*	11. *than never*	12. *sleeve*
13. *skin*	14. *way*	15. *while*
16. *sheet*	17. *inside*	18. *heels*
19. *heart*	20. *do*	21. *trouble*
22. *touch*	23. *faintest*	24. *like*
25. *over*	26. *forward*	27. *the old block*
28. *about the bush*	29. *in a haystack*	30. *earth*
31. *bat*	32. *eyes*	33. *made*
34. *a post*	35. *leaf*	36. *run*
37. *true*	38. *without*	39. *temper*
40. *while*	41. *jam*	42. *birds... stone*
43. *pulling*	44. *give*	45. *throat*
46. *first*	47. *business*	48. *hills*
49. *pudding*	50. *log (top)*	

Nivel intermedio

1. *to bell*	2. *beyond*
3. *the nose*	4. *accounting*
5. *the bucket*	6. *shave*
7. *a song*	8. *stood*
9. *penny... pound*	10. *sides with laughter*
11. *his heart*	12. *the cold*
13. *on the sore spot*	14. *pan into the fire*
15. *back of his hand*	16. *row*
17. *out of a molehill*	18. *apple of*
19. *a fiddle*	20. *the belt*
21. *and bear it*	22. *a bell*
23. *spilt milk*	24. *out of the bag*
25. *blue moon*	26. *or tail of it*
27. *do*	28. *up*
29. *it in*	30. *rainy*
31. *eel*	32. *granted*
33. *mess*	34. *the collar*
35. *grudge*	36. *that lays the golden eggs*

357

37. *way*
39. *get away*
41. *foot*
43. *down*
45. *cart*
47. *cast*
49. *swing*

38. *on fire*
40. *dressing down*
42. *foot*
44. *bad books*
46. *bus/boat*
48. *sank*
50. *at home*

Nivel avanzado

1. *have a bone*
3. *the wrong way*
5. *the cows come*
7. *hot one day and cold*
9. *the horse's mouth*
11. *lucky stars*
13. *Adam*
15. *while the iron is hot*
17. *nods*
19. *lark*
21. *top*
23. *they're hatched*
25. *a peg or two*
27. *grind*
29. *waste*
31. *cooked*
33. *at a straw*
35. *looks*
37. *hog*
39. *the bag/baby*
41. *is buttered on*
43. *one*
45. *would not melt*
47. *crow*
49. *the handle*

2. *down the*
4. *telltale*
6. *for the goose is sauce for the gander*
8. *mum*
10. *put*
12. *the other side of his face*
14. *thumb*
16. *bliss*
18. *choice*
20. *flea*
22. *wildfire*
24. *the wrong tree*
26. *over a stile*
28. *forearmed*
30. *Riley*
32. *screwed on*
34. *apron strings*
36. *turning*
38. *sow's ear*
40. *holes*
42. *in his cap*
44. *thicker*
46. *wear it*
48. *dead*
50. *winks*

Puntuación

De	0 a 9 respuestas correctas	mal
De	10 a 19 respuestas correctas	regular
De	20 a 29 respuestas correctas	bien
De	30 a 39 respuestas correctas	muy bien
De	40 a 50 respuestas correctas	excelente

EJERCICIOS (advanced students)

1) Multiple choice: give the correct answer:

1. *If we say that sb. is «missing some buttons», we mean that*
   a) *he has completely lost his memory;*
   b) *he's missing all the fun;*
   c) *he's slightly mad.*

2. *If sb. «joined the great majority», he*
   a) *died;*
   b) *voted for the majority party;*
   c) *got married.*

3. *«The year dot» is*
   a) *a long time ago;*
   b) *a prosperous year;*
   c) *the year the world crisis began.*

4. *If sb. asks you: «What's the damage?» you probably are*
   a) *a teacher;*
   b) *a doctor;*
   c) *a waiter.*

5. *If sb. calls you «a square», he's calling you*
   a) *fat;*
   b) *old-fashioned;*
   c) *a dirty old man.*

6. *If sb. were to tell you: «slip me five», you'd probably*
   a) *shake hands with him;*
   b) *lend him £5;*
   c) *pat him on the back.*

7. *If a friend tells you «to shake a leg», he's asking you*
   a) *to mix him a drink;*
   b) *to go to sleep;*
   c) *to hurry up.*

8. *If you were left «out on a limb», you'd be*
   a) *delighted to be alone with your girlfriend;*
   b) *annoyed because nobody was backing you;*
   c) *dead.*

9. *If a friend tells you not to forget «the booze», he's simply asking you to* bring
   a) *something to eat;*
   b) *some alcoholic drinks;*
   c) *some pretty girls.*

10. *If you're «putting the squeeze on sb.», you're*
    a) *treading on sb.'s toes;*
    b) *giving him/her a long kiss;*
    c) *using your influence to force him/her to do sth.*

2) Provide the missing particle:

1. *Fall .... the water waggon (begin drinking again after a period of abstinence).*

2. *Go .... the grain (to be in opposition to a natural tendency).*

3. *To be .... the soup (to be in trouble).*

4. *Keep sth. .... one's hat (keep it secret).*

5. *No more .... the next man (as anybody else).*

6. *......... a shoestring (on a small budget).*

7. *Rise .... the ashes (begin again/a new life, etc.).*

8. *Saved .... the bell (at the last minute).*

9. *Take to sth. .... a duck to water (get used to it without effort).*

10. *To be long .... the tooth (to be old/no longer young).*

3) Finish these comparisons:

1. *As bold as ....*

2. *As hard as ....*

3. *As clean as ....*

4. *As flat as ....*

5. *As keen as ....*

6. *As cross as two ....*

7. *As quiet as a ....*

8. *As sober as a ....*

9. *As safe as ....*

10. *As light as a ....*

4) Find the lettered sentences which match the numbered ones:

1. *At a pinch.*
2. *By a long chalk.*
3. *Dead to the world.*
4. *From scratch.*
5. *A hot potato.*
6. *To kick up one's heels.*
7. *To be sitting pretty.*
8. *Touch and go.*
9. *Wet behind the ears.*
10. *To come a cropper.*

a) Una situación delicada/difícil de lidiar.
b) A partir de cero.
c) Inexperto, verde.
d) En caso de apuro.
e) Estar en una situación privilegiada.
f) Sufrir un revés, pegar un batacazo.
g) Muy arriesgado.
h) Con mucha diferencia.
i) Pasarlo en grande.
j) Profundamente dormido.

5) Finish the following proverbs:

1. *The pitcher goes once too often to the* ....

2. *You can't teach your grandmother to suck* ....

3. *Well begun is half* ....

4. *The road to hell is paved with good* ....

5. *Money is the root of all* ....

6. *Cut your coat according to your* ....

7. *Curiosity killed the* ....

8. *A horse, a wife and a sword may be shown but not* ....

9. *Brevity is the soul of* ....

10. *In the country of the blind the one-eyed man is* ....

6) Find the lettered sentences which match the numbered ones:

1. Así se las ponían a Fernando VII.
2. Cada maestrillo tiene su librillo.
3. Cuando las barbas de tu vecino veas peladas, pon las tuyas en remojo.
4. Muerto el burro, cebada al rabo.
5. A enemigo que huye, puente de plata.
6. El coche de San Fernando, unas veces a pie y otras andando.
7. Nadie es profeta en su tierra.
8. Hacer su agosto.
9. Tener las manos largas (para coger lo que no es de uno).
10. Ni chicha ni limoná.

a) *A prophet is without honour in his own country.*
b) *To be light-fingered.*
c) *Shanks's mare/pony.*
d) *After death, the doctor.*
e) *Neither fish, flesh, fowl nor good red herring.*
f) *There but for the grace of God go I.*
g) *To feather one's nest.*
h) *D'you want jam on it?*
i) *Good riddance to bad rubbish.*
j) *There's more ways than one to kill/skin a cat.*

361

7) Which of the three possibilities given best explains the underlined sentences[1]:

1. *«I'm not keeping you, am I?» Huxley said no, <u>he was at a loose end.</u>*
   - a) *He had nothing to do.*
   - b) *He was going to bed.*
   - c) *He was all by himself.*

2. *«Anyway, the point is I want an explanation of your conduct.» «Oh dear», Dixon said with a smile, «I'm afraid that's rather <u>a tall order</u>.*
   - a) *A real pleasure.*
   - b) *Something impossible to do.*
   - c) *A nasty trick.*

3. *«I don't want to get married yet a while, but it's distinctly <u>on the cards</u> that I might marry Christine in a couple of years or so.»*
   - a) *Out of the question.*
   - b) *Likely.*
   - c) *A pleasant obligation.*

4. *«I'm a painter. Not, alas, a painter of houses, or I should have been able to <u>make my pile</u> and retire by now...»*
   - a) *Have travelled round the world.*
   - b) *Pack up.*
   - c) *Make a fortune.*

5. *... people living in places like Guildford and Weybridge (...) look down <u>their noses at it</u>, but I like it...*
   - a) *Despise it.*
   - b) *Are afraid of it.*
   - c) *Keep visiting it.*

6. *Her shirt was of blue denim, <u>the real McCoy</u>, sent by an American friend.*
   - a) *The most expensive one.*
   - b) *Pure silk.*
   - c) *The genuine article.*

7. *«But they won't let Lermontov out?» «No. The KGB <u>have dug their heels in</u>. No interference with internal security.»*
   - a) *Have made up their minds.*
   - b) *Have executed him.*
   - c) *Refuse to do it.*

8. *«I want to see how you'd act if I gave you <u>plenty of rope</u>.»*
   - a) *Plenty of money.*
   - b) *Plenty of liberty.*
   - c) *A warning.*

---

[1] All the examples have been taken from novels by contemporary writers.

9. ... Uncle Ned, who was continually *going on the water-waggon and continually falling off it*...
    a) *Giving up alcohol and beginning to drink again.*
    b) *Intermittently poor and rich.*
    c) *Being affected on and off by the gout.*

10. «*Funny thing, if you'd been a good lad and not put a bun in Cora's oven...*»
    a) *Made her pregnant.*
    b) *Left her the day of the wedding.*
    c) *Made love to her.*

8) Which of the three possibilities given best defines the following slang expressions:

1. *On the ball.*
    a) *Playing.*
    b) *Alert.*
    c) *Asleep.*

2. *Done brown.*
    a) *Deceived.*
    b) *Painted.*
    c) *Cooked.*

3. *Cracked.*
    a) *Frozen.*
    b) *Slightly mad.*
    c) *In prison.*

4. *The frogs.*
    a) *The rich.*
    b) *The poor.*
    c) *The French.*

5. *Hard cheese!*
    a) *Bad dreams.*
    b) *Very naughty.*
    c) *Bad luck.*

6. *Smashing.*
    a) *Terrific.*
    b) *Destructive.*
    c) *Revolting.*

7. *Stewed.*
    a) *Intoxicated/drunk.*
    b) *In trouble.*
    c) *Divorced.*

8. *Loaded.*
    a) *Ill.*
    b) *Married.*
    c) *Very rich.*

9. *A ripoff.*
   a) *An act of charging too much.*
   b) *A wound with a sharp knife.*
   c) *A whisky on the rocks.*

10. *Flipped out.*
    a) *Bored.*
    b) *Under the influence of drugs.*
    c) *Badly burnt.*

9) Which of the phrases given[1] best explains the idioms:

1. *She took her glass of whisky to the cocktail cabinet and poured it back into the bottle. «Waste not, want not.»*
   a) *Don't waste anything and you won't lack anything later.*
   b) *It was too strong for my taste.*
   c) *I've already drunk too much.*

2. *«You're enjoying this», he said. «I've made your bloody day, haven't I?»*
   a) *I've made a fool of myself.*
   b) *I've done your work.*
   c) *You feel your day has been specially satisfying.*

3. *«Now* I'm always putting my foot in it. *I speak my mind, you see (...) I've always been like that.»*
   a) *I'm very frank.*
   b) *I'm always making blunders.*
   c) *I always tell the truth.*

4. *«No, Mother, I know what you're hinting at.* You'll not get your own way *this time.»*
   a) *I won't tell you anything.*
   b) *I won't do what you want me to do.*
   c) *I can't pay you now.*

5. *«That one would never give you up. Why,* you'd be the biggest feather in her cap.»
   a) *She'd be very proud of getting you.*
   b) *You'd be a nuisance to her.*
   c) *You'd buy her plenty of clothes.*

6. *«It's you I pray for most of all. You who were* the apple of my eye.»
   a) *My eldest son.*
   b) *My youngest son.*
   c) *My favourite.*

7. *You never find an Englishman among* the underdogs — *except in England of course.*
   a) *The weak, the inferior.*
   b) *The swindlers.*
   c) *The proud.*

---

[1] *All the examples have been taken from novels by contemporary writers.*

364

8. The frying pan out of which *I was jumping I knew all too well, and bloody uncomfortable it was; but what was* the fire *going to be like?*

a) *He was afraid to get burnt.*
b) *He wanted to sit in a comfortable armchair.*
c) *He didn't know if he was going to get into more serious difficulties.*

9. *Maury Feldman's first brief document had been favourably received. It was seen as «a first ray of hope, a possible ground of negotiation», which as Feldman put it, was like swinging* a carrot *in front of the donkey while someone found a* stick *to beat him on the rump.*

a) *Giving a reward while thinking of finding an appropriate punishment.*
b) *Deceiving them completely.*
c) *Hoping the donkey would die soon.*

10. *Like Dick, he was being allowed to have his fill of* wild oats *before he finally settled down...*

a) *Good food.*
b) *Pleasure-seeking.*
c) *Hard work.*

10) Give idioms with the following proper nouns and translate:

1. *Hoyle.*
2. *McCoy.*
3. *Jack Robinson.*
4. *Riley,*
5. *Croesus.*
6. *Mrs. Grundy.*
7. *Hobson.*
8. *Thomas.*
9. *Homer.*
10. *Adam.*

11) Fill in the gaps[1]:

1. *«I declare you could have knocked me down with a .... when I heard about this whole business.*

a) *hammer;*
b) *feather;*
c) *pin.*

2. *With very few exceptions shopkeepers in Engelsea were either Knossingtons or connected in some way with the Knossingtons. And they had fingers in other .... too, notably land.*

a) *cakes;*
b) *business;*
c) *pies.*

---

[1] *All the examples have been taken from novels by contemporary writers.*

3. *The next day I was .... on the carpet.*
   a) *put;*
   b) *drunk;*
   c) *asleep.*

4. *Maxie has assumed a truly sorrowful tone of voice which rubs me the ....*
   way.
   a) *bad;*
   b) *other;*
   c) *wrong.*

5. *«Ah, they're cartoons. Originals, I shouldn't be surprised. Must be worth*
   quite a ....
   a) *treasure;*
   b) *packet;*
   c) *pile.*

6. *«Oh, Mr. Thompson, I meant to tell you, I shan't be in for supper, I'm*
   going out.» Painting the town ...., eh?»
   a) *red;*
   b) *pink;*
   c) *blue.*

7. *«It's as easy as falling off a ....»*
   a) *bus;*
   b) *boat;*
   c) *log.*

8. *«You two should get on like a house on ....»*
   a) *the lake;*
   b) *fire;*
   c) *sale.*

9. *«Joan won't much fancy .... gooseberry.»*
   a) *playing;*
   b) *being;*
   c) *having.*

10. *«Barclay? I shouldn't have thought you'd have much to say to him.» «I*
    want to pick his .... on medieval music.»
    a) *beans;*
    b) *nose*
    c) *brains.*

11. *«If you'll go and see whether the .... is clear, I'll rush along there*
    with it now.»
    a) *kitchen;*
    b) *coast;*
    c) *beach.*

12. *«You can't have your .... and eat it too. You choose either to be ruled*
    by emotion or by reason.»
    a) *cake;*
    b) *egg;*
    c) *chicken.*

EJERCICIOS (modismos con animales)

1) Find the Spanish equivalents to the following:

1. *To have bats in the belfry.*
2. *To do bird.*
3. *Bitten by the bug.*
4. *The cat's paw.*
5. *To eat crow.*
6. *Like a dog with two tails.*
7. *A fine kettle of fish.*
8. *To cook sb.'s goose.*
9. *Hold your horses!*
10. *Mutton dressed as lamb.*

a) Persona utilizada por otra para sacarle las castañas del fuego.
b) Mujer mayor que se arregla en exceso para parecer más joven.
c) Retirar lo dicho.
d) Cumplir condena en la cárcel.
e) Hacerle la pascua a alguien.
f) Estar chiflado.
g) ¡Para el carro!
h) ¡Bonito lío!
i) Picado por el gusanillo.
j) Muy orgulloso/satisfecho por algo.

2) Fill in the gaps:

1. *To cling to sb. like a ....*
2. *As poor as a church ....*
3. *Obstinate as a ....*
4. *As dead as a ....*
5. *As wise as an ....*
6. *As close as an ....*
7. *As proud as a ....*
8. *As strong as a ....*
9. *To breed like ....*
10. *To have a hide like a ....*

3) What would you call the following:

1. *A swindler.*
   a) *A whale.*
   b) *A fox.*
   c) *A shark.*

2. *A women's charmer.*
    a) *A bull.*
    b) *A wolf.*
    c) *A lion.*

3. *A party for men only.*
    a) *A bull-party.*
    b) *A sheep-party.*
    c) *A stag-party.*

4. *A party for women only.*
    a) *A hen-party.*
    b) *A cat-party.*
    c) *A goose-party.*

5. *A bad-tempered man.*
    a) *An elephant.*
    b) *A bear.*
    c) *A pig.*

6. *Someone who works very hard.*
    a) *An eager beaver.*
    b) *A stray dog.*
    c) *A bull elephant.*

7. *Someone who rises very early.*
    a) *An early cat.*
    b) *An early bird.*
    c) *An early dog.*

8. *Someone who copies other people's manners, clothes, etc.*
    a) *A copy worm.*
    b) *A copy fish.*
    c) *A copy cat.*

9. *One who is cowardly.*
    a) *A chicken.*
    b) *A worm.*
    c) *A leech.*

10. *Someone/something that is greatly revered, so that an attack against them is not tolerated.*
    a) *A holy elephant.*
    b) *A blessed bull.*
    c) *A sacred cow.*

11. *A person who is never moved by emotions, etc.*
    a) *A frozen dog.*
    b) *A cold fish.*
    c) *A dead monkey.*

12. *Someone who stays up late at night.*
    a) *A night owl.*
    b) *A late fly.*
    c) *A dark mouse.*

4) Which of the phrases given best explains the following:

1. *Generally* I made a beeline for *the toilet.*
   a) *Went straight to.*
   b) *Stayed half an hour in.*
   c) *Cleaned.*

2. *I went back to the bar determined to* talk turkey.
   a) *Ask for a pint.*
   b) *Have a double whisky.*
   c) *Speak frankly.*

3. *The princess looked on, heard everything that was said, and then* got on her high horse.
   a) *Adopted offended airs.*
   b) *Drove away in her new car.*
   c) *Began singing opera.*

4. *That was* the fly in the ointment — *the greasy hands.*
   a) *The ugly sight.*
   b) *The inconvenience.*
   c) *The best thing.*

5. *I didn't believe the novel was so good. Now I knew that at least* one of his swans was a goose.
   a) *One of his sons was a novelist.*
   b) *One of his nephews had written it.*
   c) *He was exaggerating.*

6. «*He's rolling in money. What's a million to a man like him... chicken feed.*»
   a) *Something of little value.*
   b) *Something disgusting.*
   c) *Something very important.*

7. «*Having a relationship with an artist's* a very different kettle of fish *to having a relationship with an ordinary man.*»
   a) *Much better than.*
   b) *Much worse than.*
   c) *Something completely different.*

8. «*She's a bit out of my class, don't you think? If I did try to do anything I'd only get* sent off with a flea in my ear.»
   a) *A sharp scolding.*
   b) *A punch on the nose.*
   c) *A kick in the pants.*

9. «*Try not to take it too hard if you don't get anywhere with her. After all,* there are plenty of fish in the sea, *aren't there?*»
   a) *There are better things to do.*
   b) *There are more women.*
   c) *She couldn't be more ugly.*

10. *«I can't see anything wrong with the project. Remember the Concorde was once considered* a white elephant *by some.»*

    a) *A ridiculous idea.*
    b) *Too heavy.*
    c) *Too costly an investment.*

5) Find the English equivalents to these Spanish proverbs:

  1. Es la última gota de agua la que hace rebosar el vaso.
  2. A caballo regalado no le mires el diente.
  3. A buen entendedor con media palabra basta.
  4. Más vale pájaro en mano que ciento volando.
  5. No hagas las cuentas de la lechera.
  6. A quien madruga Dios le ayuda.
  7. Muerto el perro se acabó la rabia.
  8. Aunque la mona se vista de seda, mona se queda.
  9. Cría mala fama y échate a morir.
  10. Dios los cría y ellos se juntan.

  a) *Birds of a feather flock together.*
  b) *The early bird catches the worm.*
  c) *It's the last straw that breaks the camel's back.*
  d) *Don't count your chickens before they're hatched.*
  e) *Give a dog a bad name and hang him.*
  f) *A nod is as good as a wink to a blind horse.*
  g) *You can't make a silk purse out of a sow's ear.*
  h) *A bird in the hand is worth two in the bush.*
  i) *A dead dog cannot bite.*
  j) *Don't look a gift horse too closely in the mouth.*

EJERCICIOS (tabúes)

1) Fill in the gaps with one of these four-letter words: ball(s); piss, shit, fuck, arse(ass):

  1. *«Poor girl, you scared the .... out of her.»*

  2. *«I don't give a monkey's .... about it.»*

  3. *«She bawled the .... out of me for being late.»*

  4. *«I must do as they wish: they have me by the ....»*

  5. *«You can shove it up your ....»*

  6. *«We're up .... creek without a paddle; my dear friend.»*

  7. *It was cold enough to freeze the .... off a brass monkey.*

  8. *«I don't like him: he's only an .... licker.»*

  9. *They told him to .... off.*

  10. *The police beat the .... out of him.*

370

2) Multiple choice: give the correct answer.

1. *If a man says he's horny, it means he's:*
   a) *a cuckolded husband;*
   b) *sexually excited;*
   c) *badly wanting to take a crap.*

2. *If someone offers you a joint, they're really offering you:*
   a) *soft drug;*
   b) *a kiss;*
   c) *perverted sex.*

3. *If a friend of yours wants to get a French letter, he needs:*
   a) *some hashish;*
   b) *a blue magazine;*
   c) *a preservative.*

4. *A jackass would be best defined as:*
   a) *a dirty old man;*
   b) *an ass with a hard-on;*
   c) *a bloody fool.*

5. *A pushover is really:*
   a) *an easy-to-get girl;*
   b) *a girl who never goes all the way;*
   c) *a flat-breasted girl.*

6. *A girl's cherries is one way of referring to her:*
   a) *nipples;*
   b) *panties;*
   c) *bra.*

7. *If a girl tells you to stick it, she's inviting you:*
   a) *to make love to her;*
   b) *to shove it up your ass;*
   c) *to take her home.*

8. *If you've put a bun in a girl's oven, it means you:*
   a) *have made her pregnant;*
   b) *have beaten her;*
   c) *stood her up* (dejado plantada).

9. *If a girl tells you that she's got the «curse», she means that:*
   a) *she has a venereal disease;*
   b) *she is very unlucky;*
   c) *she has her period.*

10. *If a man wants to have «a roll in the hay» with a girl, he really wants:*
    a) *to smoke a cigarette in the barn;*
    b) *to make love to her;*
    c) *to wrestle with her.*

1)   1. *c*); 2. *a*); 3. *a*); 4. *c*); 5. *b*); 6. *a*); 7. *c*); 8. *b*); 9. *b*) 10. *c*).

2)   1. *off;* 2. *against;* 3. *in;* 4. *under;* 5. *than;* 6. *On;* 7. *from;* 8. *by;* 9. *like;* 10. *in.*

3)   1. *brass;* 2. *nails;* 3. *a new pin;* 4. *a pancake;* 5. *mustard;* 6. *sticks;* 7. *mouse;* 8. *judge;* 9. *houses;* 10. *feather.*

4)   1. *d);* 2. *h);* 3. *j);* 4. *b);* 5. *a);* 6. *i);* 7. *e);* 8. *g);* 9. *c);* 10. *f).*

5)   1. *well;* 2. *eggs;* 3. *done;* 4. *intentions;* 5. *evil;* 6. *cloth;* 7. *cat;* 8. *lent;* 9. *wit;* 10. *king.*

6)   1. *h);* 2. *j);* 3. *f);* 4. *d);* 5. *i);* 6. *c);* 7. *a);* 8. *g);* 9. *b);* 10. *e).*

7)   1. *a);* 2. *b);* 3. *b);* 4. *c);* 5. *a);* 6. *c);* 7. *c);* 8. *b);* 9. *a);* 10. *a).*

8)   1. *b);* 2. *a);* 3. *b);* 4. *c);* 5. *c);* 6. *a);* 7. *a);* 8. *c);* 9. *a);* 10. *b).*

9)   1. *a);* 2. *c);* 3. *b);* 4. *b);* 5. *a);* 6. *c);* 7. *a);* 8. *c);* 9. *a);* 10. *b).*

10)   1.   *According to Hoyle* - De acuerdo con los cánones/las normas.
2.   *The real McCoy* - El artículo auténtico, no una imitación.
3.   *Before you can say Jack Robinson* - En menos que canta un gallo.
4.   *To live the life of Riley* - Pegarse la gran vida.
5.   *As rich as Croesus* - Muy rico.
6.   *What will Mrs. Grundy say?* - ¿Qué dirá la Sra. Grundy? (que se escandaliza por cualquier cosa).
7.   *Hobson's choice* - No hay elección.
8.   *A doubting Thomas* - Incrédulo como Santo Tomás.
9.   *Even Homer sometimes nods* - Todo el mundo comete errores.
10.   *Not know someone from Adam* - No tener ni idea de quién es alguien.

11)   1. *b);* 2. *c);* 3. *a);* 4. *c);* 5. *b);* 6. *a);* 7. *c);* 8. *b);* 9. *a);* 10. *c);* 11. *b);* 12. *a)*

Ejercicios con animales

1)   1. *f);* 2. *d);* 3. *i);* 4. *a);* 5. *c);* 6. *j);* 7. *h);* 8. *e);* 9. *g);* 10. *b).*

2)   1. *leech;* 2. *mouse;* 3. *mule;* 4. *dodo;* 5. *owl;* 6. *oyster;* 7. *peacock;* 8. *horse;* 9. *rabbits;* 10. *rhinoceros.*

3)   1. *c);* 2. *b);* 3. *c);* 4. *a);* 5. *b);* 6. *a);* 7. *b);* 8. *c);* 9. *a)* 10. *c);* 11. *b);* 12. *a).*

4)   1. *a);* 2. *c);* 3. *a);* 4. *b);* 5. *c);* 6. *a);* 7. *c);* 8. *a);* 9. *b);* 10. *c).*

5)   1. *c);* 2. *j);* 3. *f);* 4. *h);* 5. *d);* 6. *b);* 7. *i);* 8. *g);* 9. *e);* 10. *a).*

Ejercicios tabúes

1)   1. *shit;* 2. *shit/fuck/toss;* 3. *piss/shit;* 4. *balls;* 5. *ass/arse;* 6. *shit/shit's;* 7. *balls;* 8. *ass/arse;* 9. *piss/fuck;* 10. *piss.*

2)   1. *b);* 2. *a);* 3. *c);* 4. *c);* 5. *a);* 6. *a);* 7. *b);* 8. *a);* 9. *c);* 10. *b).*

Apéndice 3

MODISMOS INGLESES

the acid test - ** - la prueba de fuego (prueba decisiva de la capacidad de alguien/algo, de la verdad de algo, etc.).

to act/play the (giddy) goat - * - hacer el tonto - v.t. indio.

Adam's ale/wine- (hum.) - * - agua.

as bald as a coot - ** - completamente calvo.

as bright as a button - * - listo y divertido, brillante.

as cold as charity - ** - frío (lit. y fig.).

as common as dirt/muck - * - muy corriente.

as dull as ditchwater - ** - aburrido, sin interés.

as dumb as a fish - * - tonto, ingenuo.

as hard as flint - * - duro como una piedra (de carácter gen.).

as lively as a cricket - * - alegre, activo.

as nutty as a fruitcake - * - tonto.

as old as Adam - * - muy viejo - v.t. old- 1.

as pale as death - ** - muy pálido (esp. por enfermedad o miedo).

as pretty as a picture - * - muy bonito.

as poor as Lazarus - (arc.) - * - pobre -v.t.- pobre.

as pure as the driven snow - * - puro como la nieve.

as regular as clockwork - *** - como un reloj (de gran regularidad).

as round as a barrel - * - gordo/redondo como un barril.

as sour as vinegar - * - agrio de carácter.

as tough as leather - * - duro- a) carne b) persona fuerte.

as warm as toast - ** - calentito.

a banana republic - ** - pequeña república (gen. de Centro-América o América del Sur) subdesarrollada y políticamente inestable.

a bear - (en la Bolsa) - *** - que juega a la baja- *a bear market* - situación de mercado a la baja- cf. *bull,* más abajo.

a bear garden - * - una olla de grillos, una casa de locos, la casa de Tócame Roque.

to be in two minds about sth. - *** - estar indeciso/sin saber qué partido tomar, etc.

to be of a mind - *** - estar de acuerdo, ser de la misma opinión.

to be on the point of - *** - estar a punto de -v.t. *about,* 1.

373

big brother - ** - el estado (vigilante/policial/fiscalizador).

a big cheese - (iron. o hum.) - * - un pez gordo- v.t. pez, 1.

black and blue - *** - morado (a golpes), lleno de cardenales.

to break a butterfly on the wheel - * - usar métodos más contundentes/severos de lo necesario para lograr algo.

to bring under the hammer - *** - sacar a subasta.

a bull - (en la Bolsa) - *** - que juega al alza; a *bull market* - situación de mercado al alza - ct. *bear*, más arriba.

burning issue - *** - un tema candente - v.t. *hot*, 2.

can talk the hind legs off a donkey - * - habla por los codos, aburre a cualquiera - v.t., *head*, 14.

canary/nightingale/rat - (Am. E. sl.) - * - delator/soplón- v.t., chivato.

to catch flies- (Am. E. sl.) - * - a) (en el teatro) distraer la atención/molestar al público (moviéndose en el asiento, etc.); b) bostezar de aburrimiento.

a Charley horse - (Am. E.) - ** - tirón/calambre muscular.

to chatter like a magpie/monkeys - */** - charlar como cotorras, v.t., *head*, 14.

cold turkey - (drogas) - ** - estado en que se encuentra el drogadicto que ha sido privado drásticamente de la droga, «mono».

a (Colonel) Blimp - * - que defiende ideas anticuadas/se aferra al pasado/se opone a todo cambio, etc.- sins. *an old fogey* - *; a *square-toes* (Am. E. sl.) - *; v.t. *square*.

a creaking gate (hangs long) - * - los enfermos crónicos duran mucho tiempo; (hum.) bicho malo nunca muere.

a cuckoo in the nest - * - «un cuco en el nido», un intruso, que goza de privilegios/ventajas que por derecho pertenecen al propietario, no a él.

a culture vulture - * - «un cuervo de la cultura», que no se pierde un concierto/una exposición, etc.

like the curate's egg - (hum. o iron.) - ** - bueno en parte (como el huevo del cura: el arzobispo le dio un huevo podrido y el cura, para no ofenderle, le dijo que estaba «bueno en parte».

a curtain lecture - ** - bronca/regañina de la esposa al marido en privado.

cut and dried - *** - previsto/preparado/fijado de antemano.

to cut both ways - ** - donde las dan, las toman *(it cuts...)*.

to cut the Gordian knot - (lit.) - * - «cortar el nudo gordiano», resolver un problema/una dificultad por la vía rápida.

to damn with faint praise - ** - elogiar tan tibiamente que, en realidad, suena a crítica.

the Darby and Joan club - ** - el club de la 3.ª edad.

David Jone's locker - * - en el fondo del mar (como tumba de los ahogados).

the devil finds work for idle hands- (ref.) - * - cuando el diablo no tiene nada que hacer, mata moscas con el rabo.

do me a favour! - ** - por favor, ¡vamos anda!, ¿crees que me chupo el dedo?

a doddle - (Br. E. sl.) - ** - juego de niños, muy fácil - v.t. *easy*, 3); *child* y *cinch*.

a dog's dinner/breakfast- (Br. E. sl.) - * - lío, mezcolanza.

doves - (pol.) - *** - «palomas», pacifistas, blandos - cf. *hawks*, más abajo.

a drone - (Br. E.) - * - «zángano», parásito, que vive del trabajo de los demás.

eeny, meeny, meenie, mo/ eena, meena, mina, mo - *** - frase usada por los niños ingleses para echar a suertes.

elbow grease - ** - trabajo físico duro.

Fabian policy/tactics - * - política/táctica dilatoria.

a far cry from - ** - muy diferente a.

to fight like Kilkenny cats - * - pelearse a brazo partido/a muerte.

a fly on the wall - * - uno que observa a los demás sin ser observado.

for all the tea in China - ** - por nada del mundo, por todo el oro del mundo, etc. - var. *for (all) the world* - ***.

for good measure - *** - además, para rematar algo, por si faltara poco.

to give the devil his due - * - hacer justicia a alguien, reconocer un mérito sin dolernos prendas.

to go easy on - *** - a) usar/tomar con moderación; b) no tratar demasiado severamente.

a golden/silver handshake - ***/** - sobre/cantidad de dinero que entrega una empresa a la persona que se jubila, en reconocimiento de los méritos prestados.

to hate sb's guts - *** - no poder ver ni en pintura.

to have a bug up one's ass - *(Am. E. tabú)* - * - estar furioso, irritado, que se sube uno por las paredes, etc.

to have a crow to pluck with sb. - * - tener que ajustar cuentas con- v.t. tener, 4.

to have a nice little nest-egg - ** - tener un dinerillo ahorrado.

to have a lot/too much/enough on one's plate - *** - estar muy ocupado - v.t. *hand*, 1.

to have a second string to one's bow - *** - tener otro(s) recurso(s).

hawks - *(pol.)* - *** - «halcones», militaristas, duros - cf. *doves*, más arriba.

to hide one's light under a bushel - * - tener callado/muy bien guardado (que uno sabía hacer bien algo) ser muy modesto.

to hog the road - ** - conducir por medio de la carretera, sin dejar adelantar; *a road hog*- uno que conduce de esta manera.

in a pig's ear - * - nunca (gen. como respuesta a una petición).

in the limelight - *** - en candelero.

in the offing - *** - en perspectiva (probable que ocurra).

in the doghouse - ** - en desgracia.

in the swim - ** - en la brecha, al pie del cañón, al corriente, al día (en el mundo de los negocios, social, etc.).

just what the doctor ordered - ** - (hum.) lo que el médico me mandó/recetó, justo lo que necesitaba/quería/esperaba, etc.

to keep one's nose clean - * - evitar meterse en líos.

to lay an egg - *(Am. E. sl.).* - ** - ser un fracaso (esp. un obra de teatro), un bodrio.

like it or lump it - ** - tanto si te gusta como si no, por trágala.

to live like fighting cocks - *(ant.)* - * - pegarse la gran vida- v.t. *Riley* y *clover*.

lock, stock and barrel - ** - completamente.

losers seekers, finders keepers - *(ref.)* - var. *de findus keepers...* - v. *finders*.

to make fish of one and flesh of another - * - no medir con el mismo rasero, v.t. embudo.

money for jam - * - dinero fácil - var. *money for old rope*.

one's/sb's net of kin - ** - el pariente más próximo (sobre todo para heredar).

the night of the long knives - * - «la noche de los cuchillos largos» (cuando un grupo de gente se reúne para tramar un acto de deslealtad hacia un amigo, correligionario, etc.).

no go - ** - imposible, inútil.

no way - *** - no, ni hablar, imposible.

not all ther - ** - no muy allá, que le falta un tornillo, v.t. *mad,* 1.

(not) by a long chalk - ** - (no) con mucha diferencia.

not to put too fine a point on it - ** - hablando claramente, sin rodeos.

(not) up to scratch - ** - que (no) está a la altura (de las circunstancias).

to nurse a viper in one's bosom - * - criar/albergar una serpiente/víbora en el seno de uno.

old Nick - *(hum.)* - ** - el diablo.

on tick - ** - a crédito, fiado *(on credit)*.

out of the ark - * - muy viejo (de cosas), del año de la polka, del tiempo del rey que rabió, etc. v.t. año 1.

out of the top drawer - ** - de alta sociedad.

packed like sardines - ** - (apretados) como sardinas en lata.

a penguin - (sl. teatral) - * - un figurón.

a penguin suit - (hum.) - * - traje de etiqueta.

a/the pig in the middle - * - en algunos juegos de pelota infantiles, el que se queda en medio; (fig.) el que se queda en medio de dos que se pelean, discuten, etc., y sufre las consecuencias sin comerlo ni beberlo.

a pigeon pair - * - la parejita (un hijo y una hija).

a plain Jane - * - mujer a la que Dios dio pocos encantos.

to pluck/tug at sb's heartstrings - *** - tocarle a alguien la fibra sensible.

to preach to the converted - ** - tratar de convencer al que ya lo está, esp. en la frase: *you're preaching to the converted*.

to put one in the mind of - *** - recordarle a uno (algo a alguien).

to put one's head on the block - *** - arriesgar mucho, jugarse el tipo.

to put one's feet up - *** - descansar un rato.

to put paid to - *** - poner término a (algo gen. molesto/desagradable, etc.).

to put sb. straight - *** - corregir a alguien.

to put sb. trough his paces - *** - poner a prueba - v.t. *put, 8*.

to be queer in the attic - * - estar majareta - v.t. tornillo.

a right Charley - * - un simplón.

to rough it - *** - vivir/dormir en duras condiciones, al aire libre, etc.

to be/go round the bend - * - estar/volverse majareta - v.t. tornillo.

to run around like a blue-arsed fly - * - correr de un lado para otro, nervioso, excitado, etc. - var. *to run around like a scalded cat*- *.

one's salad days - ** - tiempos de juventud e inexperiencia.

a second/another bite at the cherry - ** - una segunda oportunidad.

to see pink elephants - ** - ver/tener alucinaciones (por la bebida) var. - *to see snakes*- *.

to see sth. through rose-coloured spectacles - ** - ver de color de rosa.

to see the red light - *** - ver la luz roja (un peligro a tiempo).

skint - (Br. E. sl.) - ** - tieso, sin un céntimo- v.t. *broke*.

the skeleton at the feast - * - aguafiestas - q.v.

a sore point - *** - un punto/una cuestión que levanta ampollas.

to be spitting feathers - ** - estar furioso, echando leches (vulg.).

to spoil the ship for a ha'porth o'tar - * - hacer peligrar toda una empresa por economizar en algo de poca monta (estropear el barco por -ahorrarse- medio penique de alquitrán).

to stand/stick out like a sore thumb - *** - saltar a la vista, verse a la lengua, a distancia, etc.

a stalking horse - * - tapadera, pretexto, engaño.

to stick in one's gullet - *** - atragantarse algo.

stinking/filthy rich - *** - podrido de dinero.

to stink/smell to high heaven - ** - apestar/oler a mil leguas, a distancia, etc.

to strain at a gnat and swallow a camel - * - ser muy estrecho ante una minucia y dejar pasar cosas mucho más serias.

to sweep under the carpet/rug - ** - mantener en secreto, esconder algo con la esperanza de que los demás no lo descubran, en lugar de solucionar el problema de forma definitiva (barrer bajo la alfombra).

(sweet) Fanny Adams - * - nada en absoluto (abrev. a menudo a *sweet F. A.*).

to swim like a fish - ** - nadar como un pez.

to take the gilt off the gingerbread - ** - quitarle a algo todo su atractivo/aliciente.

a tall story - *** - una historia imposible de creer, una mentira/fantasía, un camelo, etc.

to tear sb. off a strip - ** - regañar severamente.

there are no flies on him - * - no tiene un pelo de tonto - v.t. pelo, 9.

thereby hangs a tale - ** - a propósito de eso hay una historia... (relacionada con lo que se acaba de decir).

the thin end of the wedge - ** - una cuña, sólo el principio (lo que venga después puede ser más serio/tener más consecuencias, etc.).

to throw the baby out with the bathwater - ** - deshacerse de algo que molesta, pero de forma radical, tirando también lo bueno/aprovechable, etc.

to throw the book at - ** - criticar/castigar severamente, aplicar todo el peso/rigor de la ley.

the top brass - ** - los altos mandos (esp. del ejército).

a tough customer - *** - persona difícil de tratar/convencer, etc., un hueso duro de pelar/roer.

to be up and about - *** - estar levantado (esp. después de una enfermedad).

well-stashed - *(sl.)* - * - muy rico, forrado - v.t. *loaded.* -

what did you last servant die of - *(hum.)* - * - ¿de qué murió tu último criado?, ¿por qué no lo haces tú mismo, rico?

what's you poison? - *(hum.)* - ** - ¿qué vas a beber? - var. *name your poison* - **.

the yellow press - * - la prensa sensacionalista - cf. *the gutter press* - ** - la prensa del corazón.

you and whose army? - *(hum.)* - ** - ¿tú y quién más? (sé que no eres capaz de hacerlo/enfrentarte a mí, etc.) var. - *you and the other/ninety-nine* *.

MODISMOS ESPAÑOLES

bajo cuerda - *under the counter* - ***.

cada oveja con su pareja - *every Jack has his Jill* - **.

calumnia que algo queda - *mud sticks* - **.

cargar las tintas - *to lay it on (thick)* - ***.

un cateto/paleto - *a hick (sl.)* - ***; *a country cousin* - *(hum.)* - *.

creerse el ombligo del mundo - *to think one's the bee's knees* - * - v.t. *cat*, 9.

la curva de la felicidad - *the middle-age(d) spread* - **.

chaquetero - *turncoat* - ***.

dar asco - *to make sick* - ***.

dar cien vueltas/quince en raya - *to knock spots off sh.* - ** - v.t. - *candle*, 2, *patch* y *streets*.

de cabo a rabo - *from beginning to end* - ***.

de la Ceca a la Meca - *from pillar to post* - **.

de pe a pa - *from A to Z* - **.

de todo hay en la viña del Señor - *it takes all sorts (to make a world)* - **.

divide y vencerás - *divide and rule/win* - **.

doble o nada - *double or quits* - ***.

en serio - *in earnest* - ***.

y fueron/vivieron felices y comieron perdices - *and they lived hapily ever after* - ***.

el gusanillo de la conciencia/Pepito Grillo - *the worm of conscience* - ** - *the inner voice* - *; *the still small voice* - *.

hay muchos burros del mismo pelo - *there's a sucker/fool/one, etc., born every minute* - **; *they are two a penny* - **; *their name is legion* - *(ant.)* - *.

un hombre de paja - *a man of straw* - ***.

el huevo de Colón - *Columbus's egg* - * *(la expresión se usa menos en inglés que en español)*.

un Juan Lanas = un calzonazos - *v. henpecked.*

machista - *male chauvinist* - ***.

mangar - *to pinch* - *(sl.)* - ***; *to nick (sl.)* - **; *to knock off* - **; *to snaffle* - *(Br. E. sl.)* - *.

la manzana podrida (que echa a perder todo el cesto) - *the rotten/bad apple* - **.

más se perdió en La Habana - *worse things happen at sea* - * *(it could have been worse)*.

michelines - (fam. hum.) - *(spare) ryres/tires* - ***.

ni a rastras (lo diría/iría allí, etc.) - *wild horses wouldn't drag it from me/make me go there, etc.* - *.

ni hablar (del peluquín) - *nothing doing* - ***; *not on your life* - **; *not on your nelly* - *(sl.)* - **; *no dice* - *(sl.)* - **.

pasarse - *to overdo it* - ***; *to step over the line* - ***.

pasarse de listo - *to be too clever by half* - ***, *v.t.* listo.

patas de gallo (arrugas alrededor de los ojos) - *crow's feet* - ***.

ponerse en el pellejo/lugar de otro - *to put oneself in sb's shoes/place* - ***.

por la misma regla de tres - *by the same token* - **.

quedarse el último (cerrar la tabla clasificatoria de una competición deportiva/una liga, etc.) - *to hold the wooden spoon* - **.

quien a hierro mata, a hierro muere - *those who kill by the sword shall perish/die by the sword* - *(ref.)* - *.

quien ama el peligro en él perece - *he that sups with the devil must have a long spoon* - *(ref.)* - *.

quien bien te quiere te hará llorar - *to be cruel to be kind* - **.

quien siembra vientos recoge tempestades - *he who sows the wind shall reap the whirlwind* - *(ref.)* - *.

un ratón de biblioteca - *a bookworm* - **.

un sabelotodo - *a smart-aleck* - **; *Mr. Know-all* - *; *a smartass* - *(tabú)* - ***.

siempre es bueno tener niños chicos en casa (a quien poder echar la culpa de algo) - *it's a good thing to have handy whipping boys* - **.

sonó la flauta por casualidad - *it was a fluke* - ***; *he did it by a fluke* - ***.

siempre hay que dar gracias a Dios (por lo que se tiene, etc.) - *count your blessings* - **.

tacaño - *tight-fisted* - ***; *a skin-flint* - *(sl.)* - **; *tight-assed* - *(tabú)* - *** *(mean)*.

tajado - *sloshed/sozzled/tanked up/plastered/blitzed/zonked- (sl.)* - * (además de los incluidos en el diccionario).

un trepa - *a social climber* - ***.

años de vacas flacas/gordas - *the lean/fat years* - **.

vender por teinta monedas/un puñado de plata/vender la progenitura por un plato de lentejas, etc. - *to sell for thirty pieces/handful of silver* - **; *to sell one's birthright for a mess of pottage* - *.

venir como agua de mayo - *to be as welcome as the flowers in May* - **.

vete a freír monas - *go (and) jump in the lake/river/sea* - ** / * / *.

ÍNDICE DE MODISMOS INGLESES

A

about face - about, 3.
about time - about, 2.
aboveboard - above.
according to Hoyle - Hoyle.
aches and pains, to have - «gotera», 2.
Achilles' heel - spot, 4, sin.
actions speak louder than words - actions.
add fuel to the fire - add, 2.
add insult to injury - add, 1.
add oil to the flames - pour, 1.
affair, an - bit.
afford to - afford.
after death, the doctor - «burro», 3 a).
after meat, mustard - «burro», 3 b).
after one's own heart - heart, 9.
against all odds - «viento», 2, a).
agog - «ascua», 2 a).
alive and kicking - alive.
all agog - «ascua», 2 a).
all alone-all, 6
all and sundry - all, 7.
all but - all, 8.
all cats are (alike) grey in the dark/night - cat, 7.
all dressed up... «compuesta».
all fingers and thumbs, to be - thumb, 4.
all Greek to me - Greek.
all hands to the pump/on deck - «hombro», 2 b).
all his geese are swans - goose, 4.
all in a day's work - work,,2.
all in all - all, 5.
all is fair in love and war - love, 2.
all is fish that comes to his net - grist. (sins.)
all is grist that comes to his mill - grist.

all is well that ends well - «bien».
all my eye - all, 2.
all my eye and Betty Martin - all, 9.
all over the world - all, 4.
all right - right, 2.
all roads lead to Rome - «Roma», 2.
all that glitters is not gold - gold.
all the same - all, 3.
all thumbs - thumb, 4.
all told - all, 11.
all work and no play... - Jack, 4.
and Bob's your uncle - Bob.
answer to prayer(an) - «llovido», d).
ants in one's pants (to have) - pants.
any day - day, 19.
any minute (time) now - any.
any port in a storm - storm.
apple a day... (an) - «manzana», 3.
apple of discord (the) - apple, 2.
apple of one's eye (the) - «ojo», 10.
April fool - April.
armed to the teeth - tooth/teeth - 1.
around the clock - around.
arse/ass kisser/licker (an) - «pelota», 3 c).
as a matter of fact - matter, 1.
as black as coal - as, 1.
as black as ink - as, 1.
as black as pitch - as, 1.
as black as soot - «negro», y as, 1).
as blind as a bat - blind, 1.
as bold as brass - as, 1.
as bold as a lion - «león», 6.
as brave as a lion - «león», 6.
as brave as the next man - as, 5.
as broad as it is long - as; six —sin.
as brown as a berry - «moreno».
as busy as a bee - bee, 3.
as calm as a millpond - as, 1.

as clean as a new pin - clean, 1.
as clean as a whistle - clean, 2.
as close as an oyster - oyster, 1.
as cool as a cucumber - cool.
as cross as two sticks - as, 1.
as cunning as a fox - fox.
as dead as a dodo - «muerto», 3 b).
as dead as a doornail - «muerto», 3 c).
as dead as mutton - «muerto», 3 a).
as deaf as a post - «sordo», 1 a).
as different as chalk and cheese - different.
as different as day and night - as, 1.
as drunk as a newt - as, 1.
as dry as a bone - bone, 6.
as dry as dust - as, 1.
as easy as ABC - easy, 3.
as easy as falling off a log - easy, 3.
as easy as pie - «pan», 3.
as easy as winking - easy, 3.
as fast as a deer - as, 1.
as fast as a hare - as, 1.
as fat as a pig - pig, 6.
as fit as a fiddle - fit, 2.
as flat as a pancake - flat.
as free as a bird/the air - as, 1.
as fresh as a daisy - as, 1.
as good as done - as, 2.
as good as gold - as, 1.
as green as grass - green, 1 (var.).
as happy as a lark - happy, 2.
as hard as nails - nail, 2.
as heavy as lead - as, 1.
as hungry as a hunter - «hambre», 2 b).
as it were - as, 3.
as jolly as a sandboy - happy, 2 (sin.).
as keen as mustard - as, 1.
as large as life - as, 1, y life, 1.
as light as a feather/air - «pluma».
as like as two peas - «gota», 2.
as lucky as they make them - «tener», 4.
as mad as a hatter - mad, 1.
as mad as a March hare - mad, 2.
as mad as a wet hen - hen, 2.
as meek as a lamb - lamb, 1.
as obstinate as a mule - «terco».
as old as Methuselah - old, 1 (sin.).
as old as the hills - old, 1.
as one/a man - «hombre», 6 (sin.).
as patient as Job - «Job», 1.
as plain as a pikestaff - «agua», 3 b).
as plain as the nose on your face - «agua», 3 b).
as pleased as Punch - as, 1.
as poor as a church mouse - «pobre».
as proud as a peacock - peacock.
as quick as lightning - quick, 2.

as quiet as a mouse - mouse, 2.
as red as a beetroot - «colorado», 2.
as rich as Croesus - Croesus.
as right as rain - right, 3.
as safe as houses - as, 1.
as sharp as a needle - as, 1.
as sick as a cat - cat, 24.
as sick as a dog - cat, 24.
as silent as the grave/tomb/dead - as, 1.
as silly as a sheep - sheep, 1.
as slippery as an eel - slippery.
as slow as a tortoise - tortoise.
as snug as a bug in a rug - «guarro».
as sober as a judge - as, 1.
as sound as a bell - sound, 1.
as steady as a rock - as, 1.
as stiff as a poker - stiff, 1.
as strong as a horse/an ox - horse, 5.
as stubborn as a mule - «terco».
as sure as eggs is eggs - egg, 1.
as sure as fate - as, 1.
as sure as hell - hell, 5.
as sweet as honey - as, 1.
as the crow flies - crow.
as thick as thieves - «uña», 1.
as thin as a rake - thin, 1.
as timid as a rabbit - as, 1.
as true as steel - as, 1.
as ugly as sin - «Picio».
as wet as a drownet rat - wet, 1.
as white as a sheet - «blanco», 1.
as wise as an owl - owl, 1.
as you make your bed... - as, 4.
as you sow so shall you reap - sow, 2.
ask for a light (to) - ask, 2.
ask for it (to) - ask, 1.
ask for the moon (to) - «oro», 2.
ass (to be an) - «asno», 1.
ass kisser/licker (an) - «pelota», 3 c).
at a guess - «ojo», 12 a)
at a loose end - end, 2.
at a pinch - at, 8.
at a rough estimate - «ojo», 12 c).
at a snail's pace - snail.
at all costs - «costa», c).
at any cost/price - «costa».
at any rate - at, 1.
at best - at, 2.
at daggers drawn - «matar», 2, a).
at death's door (to be) - «puertas», 1 a).
at each other's throats (to be) - «matar», 2, b).
at hand - hand, 39.
at heart - heart, 14.
at length - at, 3.
at once - once, 6.
at one's wits' end - wits.

at random - random.
at sb.'s beck and call - at, 9.
at sb.'s heels - hard, 2.
at sb.'s/one's feet - feet, 4.
at sea - sea.
at sixes and sevens - «hombro», 3 c).
at stake - stake.
at that - at, 5.
at the back of beyond - «pino», c).
at the drop of a hat - hat, 4.
at the eleventh hour - eleven.
at the end of one's tether - end, 1.
attic (the) - noodle (sin.)
avoid like the plague (to) - avoid.

B

baby (one's) - baby.
backbone (to the) - backbone.
backfire on one (to) - backfire.
back the wrong horse (to) - horse, 19.
back to square one - back, 1.
bad blood - blood, 2.
bad egg (a) - egg, 4.
bad patch - bad, 1.
bad trip (a) - trip.
baddies (the) - baddies.
bag of bones (a) - bone, 7.
bag of nerves (a) - bag, 1.
ball and chain (the) - ball, 3.
ball is in your court (the) - ball, 1.
balls - «leche».
bananas (to be/go) - bananas.
bang one's head against a brick wall (to) - head, 17.
bargain (a) - bargain, 1.
barking dogs seldom bite - dog, 19.
bark up the wrong tree - bark, 2.
barmy - «chiflado».
bastard - «bicho» (rel.).
bats in the belfry - bat, 1.
batty - «chiflado».
be a disappointment (to) - «rana», 2.
be a far cry from (to) - be, 3.
be a bad lot (to) - lot.
be a tough egg (to) - egg, 3.
be about to (to) - about, 1.
be afraid to say «boo» to a goose - afraid.
be ages (to) - ages, 1.
be all ears (to) - «oído», 1.
be all fingers and thumbs - thumb, 4.
be all thumbs (to) - thumb, 4.

be an ass (to) - «asno», 1.
be as good as one's word (to) - good, 1 y word, 7.
be as lucky as they make them - «tener», 4.
be bored to death (to) - «aburrirse».
be born with a silver spoon... - «pie», 6.
be crackers (to) - crackers, 1.
be crazy about (to) - «loco», 3.
be done brown (to) - «queso», d), y brown, 1.
be done for (to) - do, 11, y «arrastre».
be even (to) - even, 1.
be fed up to the back teeth (to) - «coronilla».
be free with one's fists (to) - «mano», 11 b).
be (too) full of oneself (to) - full, 5.
be (still) green (to) - green, 1.
be had (to) - had.
be here to stay (to) - be, 1.
be hopping mad (to) - «chispas».
be in (to) - in, 1.
be in a good/bad temper (to) - temper, 1.
be in a hurry (to) - hurry.
be in a tight corner (to) - corner, 2.
be (like pigs) in clover (to) - clover.
be in for (to) - be, 2.
be in sb.'s blood (to) - blood, 10.
be in sb.'s good/bad/black books - book.
be in the know (to) - «ajo».
be in the mood (to) - mood.
be in the same boat (to) - boat, 2.
be in seventh heaven (to) - heaven, 2.
be in the way (to) - way, 2.
be into (to) - into.
be late (to) - «tarde», 4.
be... left (to) - left.
be left holding the baby (to) - «muerto», 1 b).
be left holding the bag (to) - «muerto», 1 b).
be light-fingered (to) - finger(s), 6.
be like a bear with a sore head (to) - bear.
be like a bull in a china shop (to) - bull, 2.
be long (to) - «tardar», 1.
be longing to (to) - longing.
be mad on (to) «loco», 3, b).
be missing (to) - missing.
be no chicken - chicken, 1.
be on cloud nine (to) - cloud, 2.
be on edge (to) - edge.
be on one's last legs (to) - leg, 3.
be on one's toes (to) - toe, 3.

be on the safe side (to) - «curar»; «seguro», 2.
be out of one's depth (to) - depth.
be out of sorts (to) - «capa».
be past it (to) - past, 2.
be quick-tempered (to) - quick, 3.
be sb.'s blue-eyed boy/girl (to) - «ojo», 10 b).
be taken aback (to) - aback.
be taken for a sucker (to) - sucker.
be taken ill (to) - ill, 2.
be the other of the day (to) - day, 15.
be the rage (to) - rage.
be the apple of one's eye (to) - «ojo», 10, a).
be ticklish (to) «cosquillas», 2.
be tied to one's mother's apron strings (to) - «falda».
be thick-skinned - skin, 2 b).
be unable to make head or tail of (to) - «cabeza», 9.
be up to one's eyes (in work) - eye, 1.
be up to (to) - up to, 2.
be very quick on/in the uptake (to) - quick, 4.
be wet behind the ears (to) - ear, 15.
be with (to) - be, 5.
be wrong (to) - wrong, 4.
be your age - age.
beak (the) - beak.
beans - «pasta».
bear (to be a) - bear, 2.
bear in mind (to) - «cuenta», 6.
bear sb. a grudge (to) - grudge.
bear with a sore head (a) - bear, 1.
beard the lion in his den - lion, 2.
beat about the bush (to) - bush.
beat it - «lárgate», b).
beat the big drum (to) - «bombo», 2.
beat one's brains out (to) - brain, 4.
beat one's head against a brick wall (to) - head, 17.
beat sb.'s brains out (to) - brain, 3.
beaver away (to) - beaver, 1.
bed of roses (a) - bed, 1.
bee in the bonnet (a) - bee, 1.
bee line (a) - bee, 2.
beef about (to) - beef.
beer and skittles (it's not all) - bed, 1 (sin.).
before one can say Jack Robinson - «gallo», 1.
before one's time - time, 4.
before the flood - «año», 1 b).
beg (borrow or steal) - beg, 2.
beg off (to) - beg, 3.
beg the question (to) - beg, 1.

beggars can't be choosers - «hambre», 1 b).
begin from zero (to) - start, 2 (sin.).
behind sb.'s/one's back - back, 3.
belfry (the) - noodle (sins.).
bell the cat (to) - «cascabel».
belt up - «pico».
best idea since sliced bread (the) - best, 1.
best of British luck to (the) - best, 2.
better be the head of a mouse... - «ratón», 2.
better late than never - «tarde», 2.
better the devil you know - «malo».
between dog and wolf - wolf, 6.
between ourselves - between, 2.
between the devil and the deep blue sea - «espada».
between you and me - between, 2.
between you, me and the gatepost/bedpost/lamp-post - between, 3.
beware of still waters - «agua», 8.
beyond a joke - «castaño».
big bad wolf (the) - wolf, 9.
big fish in a little pond (a) - fish, 14.
big fry - small, a) (sins.).
big gun (a) - «pez», 1.
big mouth (a) - mouth, 2.
big shot (a) - «pez», 1.
bind sb. hand and foot (to) - hand, 4.
bird (a) - bird, 16.
bird has flown (the) - bird, 7.
bird in the bush (a) - «pájaro», 2.
bird in the hand (a) - «pájaro», 2.
bird in the hand is worth two in the bush - «pájaro», 2.
bird of ill omen (a) - bird, 8.
bird of passage (a) - bird, 9.
birds and the bees (the) - bird, 6.
birds (the) - bird, 5.
bird's eye view (a) - bird, 17.
birds of a feather - bird, 2.
birds of a feather (flock together) - bird, 1.
bit on the side (a) - bit.
bite (a) - bite, 3.
bite off more than one can chew (to) - bite, 1.
bite one's lip (to) - lip, 2.
bite one's tongue (to) - tongue, 6.
bite sb.'s head off (to) - head, 13.
bite the dust (to) - dust, 2.
bite the hand that feeds one (to) - «cuervos».
biter bit (the) - «lana».
bitten by the bug - bug, 1.
bitter pill (a) - «trago», 1.
black as coal - as, 1.

black as ink - as, 1.
black as pitch - as, 1.
black as soot - as, 1, y «negro», 1.
black sb.'s eye (to) - eye, 5.
black sheep (the) - «oveja», 1.
blackball (to) - blackball.
blackleg (a) - blackleg.
bleed like a stuck pig (to) - like, y pig, 4.
bleed sb. white (to) - bleed.
blimey - blimey.
blind as a bat - blind, 1.
blind - «tajado» f).
blind alley (a) - blind, 2.
blind date (a) - blind, 7.
blockhead - «cabeza», 10.
blood is thicker than water - blood, 1.
blow a fuse (to) - blow, 7.
blow a raspberry at (to) - give, 8.
blow hot and cold (to) - blow, 4.
blow the gaff (to) - blow, 1.
blow one's nose (to) - blow, 2.
blow one's own trumpet (to) - «abuela».
blow one's top (to) - blow, 3.
blow sb.'s/one's brains out (to) - brain, 5.
blow the whistle (on) (to) - blow, 6.
blue blood - blue, 7.
blue-eyed boy (a) - blue, 5.
blue-stocking (a) - blue, 6.
boast of/about (to) - boast.
Bob's your uncle (and) - Bob.
boil with anger (to) - boil, 1.
bold as brass - as, 1.
bold as a lion - «león», 6.
bolt from the blue (a) - bolt.
bone of contention (the) - «manzana», 1.
bone up on (to) - bone, 8.
boot is on the other foot (the) - «tornas».
booze (the) - booze.
bore (a) - «pesado», a).
bore the pants off sb. (to) - «pesado», c).
bored to death/stiff (b) - «aburrirse».
born with a silver spoon in... - «pie», 6.
bother - «lata», 1 b).
bottoms up - bottoms.
boss sb. about (to) - boss.
brace oneself for (to) - brace.
brain(s) (the) - brain, 7.
brainwash (to) - «comer», 2.
brainwave (a) - brain, 8.
brand new - brand.
brave as a lion - «león», 6.
bread and butter - bread, 1.
break down (to) - fall, 4 (sin.).
break even (to) - even, 2.
break sb.'s heart (to) - heart, 3.
break sb.'s/one's back (to) - back, 5.
break the back of (to) - back, 4.

break the ice (to) - «hielo».
break the news gently (to) - break.
breathing space (a) - breathing.
breed like rabbits (to) - rabbit.
brevity is the soul of wit - brevity.
bring home the bacon (to) - «gato», 4.
bring oneself to (to) - bring, 2.
bring sb. to heel (to) - «meter», 2.
bring sth. home to (to) - bring, 1.
bring the house down (to) - bring, 4.
broadly speaking - broadly.
broke - broke.
brown as a berry - «moreno».
browned off - «harto», d.
brush up (to) - brush, 1.
bugger - «marica» (sins.)
build castles in the air (in Spain) (to) -
    castles.
bull in a china shop (a) - bull, 2.
bullshit - bull, 8.
bump sb. off (to) - bump, y «cargarse», c).
burn one's boats (to) - «quemar».
burn one's fingers (to) - «dedos».
burn the candle at both ends (to) -
    burn, 1.
burn the midnight oil (to) - burn, 2.
burnt child dreads the fire (the) - «gato»,
    5 b).
burst into tears (to) - burst.
bury one's head in the sand (to) - «aves-
    truz».
bury the hatchet (to) - bury, 2.
business is business - business, 4.
busman's holiday (a) - busman.
busy bee (a) - bee, 4.
busybody (a) - busybody.
but for - but.
butcher, the baker and the candlestick-
    maker, - butcher.
butter sb.-up (to) - butter, 3.
butter-fingers (to be a) - butter, 4.
butterflies in one's stomach/tummy (to ha-
    ve) - butterfly.
button you lip - «pico», 2 e).
buy cheap, buy dear - «barato».
buy a pig in a poke (to) - «gato», 3.
by a long chalk - by, 9.
by a show of hands (to vote) - hand, 22.
by all means - by, 1.
by and by - by, 10.
by and large - by, 11.
by fair means or foul - by, 2.
by fire and sword - «sangre».
by fits and starts - by, 3.
by heart - heart, 6.
by hook or by crook - by, 4.
by Jove - Jove.

by leaps and bounds - by, 5.
by no means - by, 6.
by oneself - by, 7.
by rule of thumb - «ojo», 12 b).
by shanks's pony/mare - «Fernando», 2.
by the pricking of my thumbs - «nariz», 3 c).
by the skin of one's teeth - «pelo», 1 a).
by the way - «propósito», 1.
by way of - by, 8.
by word of mouth - word, 4.

C

cakes and ale - cake, 3.
calf love - love, 1.
call a spade a spade (to) - «pan», 2.
call it quits (to) - quits.
call sb. names (to) - call, 1.
call sb.'s bluff (to) - call, 7.
call the roll (to) - call, 2.
call the register (to) - call, 2.
call the tune (to) - call, 3.
calm as a millpond - as, 1.
canned - «tajado».
cannon fodder - cannon.
cannot believe one's ears/eyes - ear, 10.
can of worms (a) - worm, 2.
can't stand the sight of blood - «estómago», 2.
can't stand - «tragar».
cap in hand - cap, 3.
cap it all (to) - cap, 2.
carrot and the stick, the carrot.
carry a chip on one's shoulder (to) - chip, 1.
carry coals to Newcastle (to) - carry, 1.
carry on with (to) - carry on.
carry the can (to) - carry, 2.
carry the monkey on one's back (to) - monkey, 5.
cartload of monkeys (a) - monkey, 9.
cash in on (to) - cash, 2.
cash in one's chips (to) - «ir», 3 e).
cash on the nail - cash, 1.
cast sheep's eyes at (to) - eye, 8 (var.).
cast sth. in sb.'s teeth (to) - «echar», 1.
cat in gloves catches no mice - cat, 25 (var.).
cat in hell's chance (not to have a) - cat, 10.
cat may look at a king (a) - cat, 8.
cat's chance in hell (a) - cat, 10 (var.).
cat's paw (the) - cat, 11.
cat's whiskers/pyjamas (the) - cat, 9.

catch (a) - catch, 6.
catch 22 - catch, 7.
catch a tartar (to) - catch, 5.
catch napping (to) - catch, 1.
catch off one's guard (to) - catch, 4.
catch on the wrong foot (to) - foot, 6.
catch on (to) - catch, 3.
catch sb. red-handed (to) - red-handed.
catch sb. with his trousers down (to) - catch, 2.
catch sb.'s eye (to) - eye, 11.
caviar(e) to the general - «bocado».
chance of a lifetime (the) - chance, 1.
change hands (to) - change, 3.
change horses in midstream (to) - horse, 6.
change one's mind (to) - change, 1.
change one's tune (to) - change, 4.
charity begins at home - «caridad».
chat up a girl (to) - «ligar».
chatterbox (to be a) «hablar» 6 a).
cheek (y) - «cara», 1, b).
cheer up (to) - cheer.
cheers - bottoms.
cheesed off - «harto», d).
chew over (to) - chew, 1.
chew the cud (to) - chew, 2.
chew the fat (to) - chew, 3.
chicken (a) - chicken, 4.
chicken feed - chicken, 3.
chicken or the egg (the) - chicken, 5.
child's play - child.
chill one's blood (to) - blood, 3.
chilled to the bone - bone, 10.
chilled to the marrow - bone, 10.
chin-chin - chin-chin.
chip off the old block (a) - «astilla».
chip on one's shoulder (a) - chip, 1.
choosy - «tentón».
chow (the) - chow.
cinch (a) - cinch.
cissy - «marica».
clean as a new pin - clean, 1.
clean as a whistle - clean, 2.
clear as mud - «agua», 3 c).
clear off - «lárgate, a».
cling to sb. like a leech - leech.
clip sb.'s wings (to) - clip.
close as an oyster - oyster, 1.
close at hand - hand, 39.
close shave (a) - close.
close your mouth/trap - «pico», c.
clothes don't make the man - «hábito».
clutch at a straw (to) - «clavo», 1.
coast is clear (the) - coast.
cobbler should stick to his last (the) - «zapatero».

cock a snook at (to) - «burla», 2, *b.*
cock and bull story (a) - cock, 3.
cock-eyed - «tajado».
cock of the walk (the) - «gallito».
cold comfort - cold, 1.
cold enough to freeze... - monkey, 7.
cold fish (a) - fish, 4.
come a cropper (to) - come, 7.
come clean (to) - clean, 4.
come down in buckets (to) - «llover»,
1 *c).*
come down in the world (to) - world, 10.
come down off one's high horse - «burro», 2.
*come down on (like a ton of bricks)
(to)* - come, 8.
come down to earth (to) - come, 5.
come hell or high water - «viento», 2 *b).*
come home to roost (to) - come, 4.
come in handy (to) - handy.
come in useful (to) - useful.
come off it - come, 12.
come off with flying colours (to) -
come, 13.
come through with flying colours (to) -
come, 13.
come to grips with (to) - get to grips.
come to heel (to) - heel, 1.
come to sb.'s ears (to) - ear, 13.
come to terms (with) (to) - come, 6.
come to the point - «grano», 1.
come to think of it - «caer», 1.
come true (to) - come, 2.
come up in the world (to) - world, 10
(cf.).
come what may - come, 3.
comparisons are odious - comparisons.
confirmed bachelor (a) - old, 2 (sin.).
conk (the) - conk.
constant dripping wears away the stone -
«piedra», 2.
cook the books (to) - «cuenta», 9.
cook sb.'s goose (to) - cook, 2.
cool as a cucumber - cool.
cool one's heels (to) - heel, 8.
cope with (to) - cope.
copycat - cat, 12.
cost a packet/the earth (to) - «ojo», 9.
cough up (to) - cough.
count noses (to) - nose, 9.
count sb. in/out (to) - «contar», 1 y 2.
count sheep (to) - sheep, 2.
count the cost (to) - «hombre», *c).*
cow (a) - cow, 3.
crack a joke (to) - crack.
cracked - cracked.
crackers - crackers, 1.

crib (a) - crib.
croak (to) - «pata», 1 *c).*
crocodile (a) - crocodile, 2.
crocodile tears - «cocodrilo».
cross as two sticks - as, 1.
cross one's bridges... (to) - bridge.
cross one's heart and hope... - heart, 18.
crumpet (the) - noodle (sins.).
cry one's eyes/heart out - heart, 10.
cry one's eyes out (to) - «llorar».
cry one's head off (to) - head, 22.
cry out (to) - cry.
cry stinking fish (to) - «piedra», 1 *b).*
cry wolf (to) - wolf, 3.
crying shame (a) - crying.
crystal clear - «agua», 3 *a).*
cuckold, (to) - «cuernos», 1.
cudgel one's brains (to) - rack.
cunning as a fox - fox.
cup of tea - cup.
curdle one's blood (to) - blood, 3.
cure is worse than the disease (the) -
«remedio», 1.
curiosity killed the cat - cat, 13.
curl one's lip (to) - lip, 3.
cushy - cushy.
cut a good/poor figure (to) - cut, 5.
cut a long story short (to) - «cuenta», 3 *c).*
cut no ice (to) - «pintar», *b).*
cut off one's nose to spite one's face -
nose, 2.
cut off without a penny (to) - cut, 7.
cut one's teeth on (to) - tooth/teeth, 2.
cut sb. dead (to) - cut, 6.
cut sb. to the quick (to) - quick, 1.
cut the cackle - «rollo», 2.
cut the crap - cut, 10.
cut the ground from under sb.'s feet (to) -
cut, 2.
cut to the bone (to) - quick, 1.
cut up rough (to) - cut, 3.
cut your coat... - cut, 9.

D

daffy - «chiflado».
daisy - «marica».
damn - damn, 1.
damn it all - damn, 2.
Darby and Joan (a) - Darby.
dark horse (a) - dark.
day in, day out - day, 6.
day off (a) - day, 3.
dead as a dodo - «muerto», 3 *b).*
dead as a doornail - «muerto», 3 *c).*

385

dead as mutton - «muerto», 3 a).
dead dog cannot bite (a) - «perro», 7.
dead duck (a) - duck, 6.
dead to the world - world, 5.
deadlock - blind, 2 (rel.).
devil looks after his own (the) - «bicho», 3.
devil's advocate (the) - devil, 7.
diddle (to) - «clavar», a).
die in harness (to) - «botas», 1.
die is cast (the) - die.
die like a dog (to) - dog, 25.
die with one's boots on (to), «botas», 1.
different as chalk from cheese - different.
different as day and night - as, 1.
different kettle of fish (a) - fish, 6.
dig one's heels in (to) - heel, 6.
dig one's own grave (to) - grave, 2.
dirty old man (a) - «viejo»
dirty pig (a) - pig, 2.
dish (a) - dish - «bandera».
dish (y) - dish.
do (to) - do, 1.
do a bad turn (to) - do, 10.
do a favour (to) - do, 9 (sin.).
do a good turn (to) - do, 9.
do an odd job (to) - «chapuza».
do as you would be done by - do, 6.
do bird (to) - bird, 10.
do it (to) - do, 13.
do one's best (to) - do, 5.
do one's (own) thing (to) - do, 8.
do sb. in (to) - «cargarse», b y do, 2.
do sb. out of (to) - do, 12.
do sth. standing on one's head (to) - head, 18.
do the trick (to) - do, 14.
do time (to) - bird, 10.
do well (to) - do, 7.
do with (to) - do, 3.
do without (to) - do, 4.
do wonders (to) - work, 5.
do's and don'ts' - do, 15.
dodge the issue (to) - «bulto».
dog-eared - dog, 9.
dog eat dog - dog, 22.
dog doesn't eat dog - dog, 23.
dog in the manger (a) - «hortelano».
dogsbody (the) - dog - 30.
dog-tired - tired, 2.
dog's chance in hell (a) - cat, 10 (var.).
done brown (to be) - brown, 1, y «queso», d).
done for (to be) - do, 11.
donkey's years - donkey, 1.
donkey work (the) - donkey, 2.

don't ask any questions... - do, 16.
don't cast a clout before May is out - «mayo».
don't count your chickens before they're hatched - chicken, 2 (rel.).
don't cry before you're hurt - «grano», 2.
don't look a gift horse in the mouth - horse, 1.
don't shout till you're out of the woods - «cantar», 1 a).
don't speak of rope in... - «soga», 2.
dot one's i's - dot, 1.
dot the i's and cross the t's - dot, 1.
dote on (to) - «baba», b).
double Dutch (to talk) - Greek.
double-edged sword (a) - «arma».
doubting Thomas (a) - «santo», 5.
dough (the) - «pasta».
down and out - down, 2.
down-at-heel - heel, 7.
down in the mouth - down, 1.
down on one's luck - down, 3.
draw a blank (to) - draw, 1.
draw a red herring (to) - red-herring.
draw in one's horns (to) - draw, 6.
draw lots (to) - draw, 3.
draw sb. out (to) - draw, 7.
draw the line (to) - draw, 2.
draw to a close (to) - draw, 5.
dressed up to the nines - «punta», 1.
drink like a fish (to) - «borracho» (rel.), y fish, 12.
drive a nail in/into sb.'s coffin (to) - nail, 3.
drive one's pigs to market (to) - pig, 9.
drive sb. bats (to) - bat, 4.
drive sb. mad (to) - drive, 1.
drive sb. round the bend (to) - wall, 1.
drive sb. up the wall (to) - wall, 1.
drivel (to) - «baba», b) (sin.).
drool over (to) - «baba», b) (sin.).
drop a brick (to) - «pata», 2.
drop a line (to) - drop, 2.
drop dead - drop, 4.
drop in the ocean (a) - drop, 1.
drown one's sorrows (to) - drown.
drunk as a lord - «borracho», y «tajado», d).
drunk as a newt - as, 1.
dry as a bone - bone, 6.
dry as dust - as, 1.
duck's egg (a) - goose/geese, 6.
dumb-founded - dumb-founded.
Dutch courage - Dutch, 1.
Dutch treat (a) - Dutch, 4.
Dutch uncle (a) - Dutch, 5.
d'you want jam on it? - «Fernando», 1.

E

eager beaver (an) - beaver, 2.
eagle-eyed - «vista», 2.
early bird (an) - bird, 11.
early bird catches the worm (the) - «madrugar».
early to bed, early to rise... - early.
earn barely enough to keep body and soul together - body.
earn money hand over fist (to) - hand, 18.
earn one's living (to) - bread, 1 (rel.).
easy as ABC - easy, 3.
easy as falling off... - easy, 3.
easy as pie - easy, 3.
easy as winking - easy, 3.
easy come, easy go - easy, 2.
easy does it - easy, 4.
eat crow (to) - eat, 6.
eat out of sb.'s hand (to) - eat, 1.
eat humble pie (to) - eat, 7.
eat like a horse (to) - «comer», 1.
eat like a pig (to) - pig, 5.
eat one's fill (to) - eat, 2.
eat one's head off - head, 22, y «comer», 1.
eat one's heart out (to) - heart, 11.
eat one's words (to) - word, 5.
enough is as good as a feast - «virtud».
enough is enough - «bueno».
enough to make the angels weep - enough, 2.
err is human... (to) - err.
even a worm will turn - worm, 1.
even Homer sometimes nods - «boca», 1.
every cloud has a silver lining - cloud, 1.
every dog has his day - dog, 10.
every inch a... - «cabeza», 6 c).
every nook and cranny - nook.
every now and then - now.
every other second day - day, 5.
every Tom, Dick and Harry - every.
evil eye (to give the) - eye, 13.
exception that proves the rule (the) - «excepción».
excuse my French - French, 1.
eye for an eye (an) - «ojo», 8.
eyes are bigger than... sb.'s - eye, 7.

F

face the music (to) - face, 5.
face to face - face, 8.
faggot - «marica».
fair and square - fair, 1.
fair game - fair, 2.
fair is fair - «Dios», 6 (sin.).

fall back on (to) - fall, 1.
fall flat on one's face (to) - face, 10.
fall for it (to) - fall, 2.
fall for sb. (like a ton of bricks) - fall, 5.
fall off the (water) waggon (to)-waggon, 2.
fall on deaf ears (to) - ear, 11.
fall on one's feet (to) - «caer», 4.
fall short of (to) - fall, 3.
fall to pieces (to) - fall, 4.
familiarity breeds contempt - «asco».
far cry from (to be a) - be, 3.
fast as a deer - as, 1.
fast as a hare - as, 1.
fast asleep - world, 5 a).
fat as a pig - pig, 6.
fat-head - «cabeza», 10.
fat is in the fire (the) - fat.
feather in one's cap (a) - «tanto».
feather one's nest (to) - «botas», 2 b).
fed up (to be) - fed, 3.
fed up to the back teeth - «coronilla», b).
fed up with - «coronilla», a).
feel blue (to) - blue, 2.
feel funny (to) - feel, 4.
feel it in one's bones (to) - bone, 9, y «nariz», 3 d).
feel like (to) - feel, 1.
feel rotten (to) - feel, 5.
feel under the weather (to) - feel, 3.
feet of clay, to have - feet, 3.
few and far between - few.
fiddlesticks - fiddlesticks.
fight hand to hand (to) - hand, 14.
fight like cat and dog (to) - «perro», 2.
fight tooth and nail (to) - «uña», 2.
fill a gap (to) - fill, 1.
fill her up - fill, 2.
find one's tongue (to) - tongue, 7.
finders keepers - finders.
fine feathers make fine birds - bird, 18.
fine kettle of fish (a) - fish, 7.
fine words butter no parsnips - word, 1.
fingers were made before forks - finger, 2.
first and foremost - first, 6.
first come first served - first, 5.
first thing in the morning - first, 4.
first thing one knows - first, 3.
first things first - first, 2.
fish for compliments (to) - fish, 2.
fish in muddy waters (to) - «río», 2.
fish in troubled waters (to) - «río», 2.
fit as a fiddle - fit, 2.
fit like a glove (to) - «anillo», 3.
fit to a T/tee (to) - fit, 3 (var.).
fix up (to) - fix, 2.
flare up (to) - flare.
flash in the pan (a) - flash.

flat as a pancake - *flat.*
flatter (to) - «coba» *c*).
flatterer (a) - «pelota», 3, *b*).
fleece (to) - «clavar», *a*).
flesh and blood (one's own) - *blood,* 5.
flip for it (to) - «cara», 3.
flipped out - *flipped.*
flog a dead horse (to) - *flog.*
fluff and yum yum - «cascarilla».
flunk (to) - *flunk.*
fly in the ointment (a) - «pega».
fly off the handle (to) - *fly,* 1.
fly off at a tangent (to) - «tangente», *a*).
foam at the mouth (to) - *mouth,* 3.
follow like a shadow (to) - *like.*
follow one's nose - *nose,* 8 *b*).
follow suit (to) - *follow.*
follow your nose - *nose,* 8.
fool's errand (a) - *fool,* 1.
fools rush in where angels... - *fool,* 2.
foot the bill (to) - *foot,* 5.
for a change - *change,* 2.
for a song - «perras».
for fun - *kick,* 1 (sin.).
for good - *good,* 2.
for goodness' sake - *goodness,* 2.
for kicks - *kick,* 1.
for the birds - *bird,* 15.
for the record - *record,* 1.
for the time being - *time,* 5.
for the world - *world,* 1.
force down sb.'s throat (to) - *throat,* 1.
forewarned is forearmed - «hombre», 1.
fortune knocks once... - *knock,* 3.
foul one's own nest (to) - «piedra» 1 *a*).
freak out (to) - *freak.*
free as a bird/the air - *as,* 1.
free hand (to get/give) - *hand,* 24.
freeze one's blood (to) - *blood,* 3.
French letter (a) - *French,* 3.
fresh as a daisy - *as,* 1.
Friday 13th - «martes».
fried (to the hat) - «tajado».
friend at court (a) - *friend,* 1.
friend in need... (a) - *friend,* 2.
frightened to death - *scared* - 1 (sin.).
frog in the throat (a) - *frog,* 1.
frogs (the) - *frog,* 2.
from head to foot - «cabeza», 6 *a*).
from scratch - «borrón», *c*), y *start,* 2.
from the bottom of one's heart - *heart,* 15.
from top to toe - *toe,* 2 y «cabeza» 6 *b*).
frozen to the bone/marrow - *bone,* 10.
fuck off - «culo», 1.
fuck you - «culo», 1.
full house (a) - *full,* 2.
full marks - *full,* 3.

full of beans - *full,* 4.
full of oneself [to be (too)] - *full,* 5.
full-time - *full,* 1, y «llenazo».
funny thing (the) - *funny.*

G

game is not worth the candle (the) - «viaje».
gatecrash (to) - «colarse», 2.
gay - «marica».
get a kick out of (to) - *kick,* 2.
get a pat on the back (to) - *back,* 7 (var.).
get a swelled/swollen head (to) - «cabeza», 7 *b*).
get away from it all (to) - *get away,* 2.
get away with (to) - *get away,* 1.
get away with you - *get away,* 3.
get back at (to) - *get even.*
get carried away (to) - «santo», 4 *a*).
get cold feet (to) - *feet,* 2.
get down to brass tacks (to) - *get down.*
get even with (to) - *get even.*
get (a) free hand (to) - *hand,* 24.
get gooseflesh (to) - *glooseflesh,* 1.
get hitched (to) - *hitched.*
get hold of the wrong end of the stick (to) - «rábano», 1.
get horny (to) - *horny.*
get hot under the collar (to) - *hot,* 1.
get in sb.'s hair (to) - *hair,* 3.
get in touch with (to) - *get in touch.*
get in the neck (to) - *stick,* 2 (ejemplo).
get into hot water (to) - *water,* 1.
get into a jam (to) - *jam,* 1.
get into trouble (to) - *get into.*
get it off one's chest (to) - *get it off.*
get it straight - *get it straight.*
get lost - «freír», 1 *a*).
get mixed up (to) - *mixed.*
get off one's monkey (to) - *monkey,* 6.
get off sb.'s/one's back (to) - *back,* 18.
get on like a house on fire (to) - *get on,* 2.
get on one's feet again (to) - «cabeza», 12.
get on one's high horse - «burro», 2.
get on one's nerves - *nerves.*
get on the gravy train (to) - *train.*
get on well (to) - *get on,* 1.
get on with you - *get on,* 3.
get one's goat (to) - *goat.*
get one's own back (to) - *get one's own.*
get out of bed on the wrong side (to) - *get out.*
get out of hand (to) - *hand,* 24.
get over (to) - *get over.*

get *rid of (to)* - get rid.
get *sb. out of a spot (to)* - «apuros», 3.
get *sb.'s/one's monkey up (to)* - monkey, 1.
get *stuffed* - «freír», 1 *a*).
get *the axe (to)* - axe, 2.
get *the bird (to)* - bird, 12.
get *the boot (to)* - boot, 3.
get *the green light (to)* - green, 3.
get *the sack (to)* - sack, 2.
get *the wind up (to)* - get the wind.
get *to grips with (to)* - get to grips.
get *under one's skin (to)* - skin, 1.
get *wind of (to)* - get wind.
get *wrong (to)* - wrong, 3.
ghost *writer (a)* - ghost, 2.
gift *of the gab (the)* - «labia».
gild *the pill (to)* - «píldora».
give *a dog a bad name* - «fama».
give *and take* - «tira».
give *carte blanche (to)* - hand, 24 (sin.).
give *food for thought (to)* - thought, 3.
give *(a) free hand (to)* - hand, 24.
give *gooseflesh (to)* - gooseflesh, 2.
give *him an inch and...* - give, 3.
give *in (to)* - give, 6.
give *notice (to)* - notice.
give *oneself airs (to)* - airs.
give *over* - give, 1.
give *sb. a black eye (to)* - eye, 5.
give *sb. a good dressing down* - «rapapolvos».
give *sb. a goose's/duck's* - egg *(to)* - goose/geese. 6.
give *sb. a hand (to)* - «mano», 3.
give *sb. a lift (to)* - lift.
give *sb. a piece of one's mind (to)* - give, 4.
give *sb. a raspberry (to)* - give, 8.
give *sb. a ring (to)* - «telefonazo», *a*).
give *sb. a start (to)* - «susto», 1.
give *sb. a taste of his own medicine (to)* - «pagar», *b*).
give *sb. a ticket (to)* - ticket, 1.
give *sb. enough rope...* - rope, 3.
give *sb. the benefit of the doubt (to)* - give, 5.
give *sb. the bum's rush (to)* - give, 9.
give *sb. the cold shoulder (to)* - «lado».
give *sb. the creeps (to)* - «pelo», 2.
give *sb. the finger (to)* - finger(s), 8.
give *sb. the gate (to)* - give, 10.
give *sb. the sack (to)* - sack, 1.
give *sb. the slip (to)* - «esquinazo».
give *the axe (to)* - axe, 2.
give *the bird (to)* - bird, 12.
give *the boot (to)* - boot, 3.

give *the evil eye (to)* - eye, 13.
give *the game/show away (to)* - give, 7.
give *the green light (to)* - green, 3.
give *up (to)* - give, 2.
give *up as a bad job (to)* - bad, 3.
give *up the ghost (to)* - «pata», 1.
give *vent to* - vent.
give *way (to)* - way, 7.
glad *to see the back of (to be)* - back, 2.
go *(to)* - go, 7.
go *a long way towards (to)* - go, 2.
go *against the grain (to)* - go, 8.
go *along with you* - go, 9.
go *ape (to)* - go, 10.
go *around (to)* - go, 13.
go *back on one's word (to)* - go, 1.
go *bananas (to)* - bananas.
go *bark up another tree* - bark, 3.
go *Dutch (to)* - Dutch, 2.
go *fifty-fifty (to)* - go, 11.
go *for a spin (to)* - spin.
go *for a walk (to)* - «paseo», 2.
go *fry your face* - «freír», 1 *b*).
go *gaga (to)* - gaga.
go *gooseflesh (to)* - gooseflesh, 1.
go *halves (to)* - «medias», *a*)
go *hand in hand (to)* - hand, 11.
go *in for (to)* - go, 3.
go *into a tantrum (to)* - «perra».
go *like clockwork (to)* - «ruedas».
go *off at a tangent (to)* - «tangente».
go *off (at) the deep end (to)* - go, 17.
go *off one's rocker (to)* - rocker.
go *on (about) (to)* - go, 12.
go *on the (water) waggon (to)* - waggon, 1.
go *on (with you)* - go, 9.
go *out of one's way (to)* - go, 4.
go *out on a spree (to)* - go, 5.
go *over/through with a fine-tooth comb (to)* - comb.
go *overboard (to)* - go, 6.
go *red in the face (to)* - «pavo», 5.
go *(a) round (to)* - go, 13.
go *Scot free (to)* - go, 14.
go *steady (to)* - go, 18.
go *straight (to)* - go, 15.
go *the way of all flesh (to)* - way, 13.
go *the whole hog (to)* - «manta».
go *to any length(s) to (to)* - go, 16.
go *to blazes* - «paseo», 1.
go *to hell* - hell.
go *to one's head (to)* - «cabeza», 7.
go *to the dogs (to)* - dog, 2.
go *to town (to)* - town, 3.
go *up in smoke (to)* - smoke, 2.
go *west (to)* - go, 19.
go *with a bang (to)* - go, 20.

go wrong (to) - wrong, 1.
gobble (up) (to) - «pavo», 4.
God shapes the back for the burden - «Dios», 5.
golden mean (the) - golden.
good-for-nothing (a) - «carabina», 2.
good gracious me - «barbaridad», *b*).
good grief - grief - «barbaridad), *a*).
good heavens - heavens.
good old days (the) - day, 9.
good riddance (to bad rubbish) - «enemigo».
good wine needs no bush - «paño».
goodies (the) - goodies.
goodness - goodness, 1.
gorge oneself (to) - «carrillos».
gosh - gosh.
grasp all lose all - «abarcar».
grass - grass, 2.
grass is greener on the other side... (the) - grass, 3.
grass on (to) - «chivatazo» (rel.).
grass widow (a) - grass, 1.
grasshopper (a) - grasshopper.
grease sb.'s hand (to) - grease.
grease sb.'s palm (to) - grease.
greatest idea since sliced bread (the) - best, 1.
great - ticket, 2 (sins.).
green (to be) - green, 1.
green light (to get/give) - green, 3.
green with envy - green, 2.
greenhorn (a) - greenhorn.
grin and bear it - «tiempo».
grin like a Cheshire cat (to) - cat, 14.
grub - grub.
Grundy (a Mrs.) - Grundy.
grunt like a bear (to) - like.
guinea pig (a) - pig, 10.
gullible - «comulgar».

H

hair of the dog that bit you (a) - dog, 11.
hair's breadth escape (a) - «pelo», 1 *d*).
hale and hearty-hale.
half a loaf is better than no bread - «pan», 1.
half-baked - «chiflado».
half-witted - «chiflado», y «mosquista/o», 2 *c*).
half-witted - hare-brained.
hand and foot (to wait on sb.) - hand, 21.
hand in glove (with) - hand, 17.

hand in hand - hand, 11.
hand in one's chips (to) - «ir», 3 *e*).
hand it to (to) - hand, 19.
hand over fist - hand, 18.
handle with kid gloves (to) - handle.
handsome is as handsome does - handsome.
hands up - hand, 7.
hang it all - hang.
hang on sb.'s lips/words (to) - lip, 4.
hang one's head (to) - head, 24.
hang up one's boots (to) - boot, 6.
hanging by a hair/single thread - «hilo».
happy as a lark - happy, 2.
happy-go-lucky person (a) - «Virgen», 2.
hard and fast - hard, 3.
hard as nails - nail, 2.
hard cash - «dinero», 1.
hard cheese - cheese, 3.
hard nut to crack (a) - «hueso».
hard on sb.'s heels - hard, 2.
hard up - «tieso», *a*).
hardly a soul - «gato», 10.
hare-brained - habre-brained, - «mosquita/o», 2 *a*).
has the cat got your tongue? - cat, 21.
haste makes waste - haste, 2.
hat in hand - cap, 3.
haul sb. over the coals (to) - «rapapolvos».
have a bee in one's bonnet (to) - bee, 1.
have (a bit of a) nerve (to) - «cara», 1 *c*).
have a bone to pick with (to) - «cuenta», 2.
have a button/a few buttons missing (to) - «tornillo», *c*).
have a cheek (to) - «cara», 1 *a*).
have a chip on one's shoulder - chip, 1.
have a crush on sb. (to) - have, 7.
have a drink (to) - «copa», 1.
have a finger in every pie (to) - «plato», 1).
have a go at (to) - have, 8.
have a good head on one's shoulders (to) - «cabeza», 4 *b*).
have a good time (to) - have, 1.
have a green thumb (to) - finger(s), 4.
have a hangover (to) - «tener», 5.
have a heart - heart, 16.
have a heart of gold (to) - heart, 13.
have a hide/skin like a... (to) - rhinoceros.
have a hunch (to) - «nariz», 3.
have a lot/enough on one's plate (to) - have, 11.
have a low boiling point (to) - quick, 3 (sin.).
have a memory like an elephant (to) - elephant, 1.

have a memory like a sieve (to) - memory, 2.
have a nap (to) - «dormir», 3.
have a nose for (to) - nose, 11.
have a score to settle (with) (to) - «cuenta», 10.
have a screw loose (to) - «tornillo».
have a skeleton in the cupboard (to) - skeleton.
have a soft spot for (to) - spot, 3.
have a sweet tooth (to) - have, 10.
have a tin ear (to) - tin.
have a thick/thin skin (to) - skin, 2 y 3.
have a try at (to) - have, 8 (sin.).
have a way with (to) - way, 3.
have a whale of a time (to) - whale, 1.
have an ace up one's sleeve (to) - sleeve, 1 (rel.).
have an affair (to) - carry on, sin.
have an axe to grind (to) - axe, 1.
have an evil/a vicious/poisonous tongue (to) - «lengua», 7.
have an eye for (to) - eye, 3.
have an off day (to) - day, 2.
have ants in one's pants (to) - pants.
have bats in the belfry (to) - bat, 1.
have been around (to) - «cocinero», 1.
have blue blood (to) - blue, 7.
have broad shoulders (to) - «espalda», 1.
have butterflies in one's stomach (to) - butterfly.
have clean hands (to) - hand, 25.
have done (to) - have, 6.
have feet of clay (to) - feet, 3.
have forty winks (to) - forty.
have fun (to) - have, 3.
have got it in one (to) - «tener», 3.
have got the bug (to) - bug, 1 (var.).
have green fingers (to) - finger(s), 4.
have guts (to) - «huevos», 5.
have had enough (to) - «harto», b).
have half/a good mind to (to) - mind, 2.
have it in for (to) - have, 12.
have it out with (to) - have, 4.
have kittens (to) - kittens.
have known/seen better days - day, 10.
have light fingers (to) - finger(s), 6.
have lost one of one's marbles (to) - «tornillo», b).
have lost one's tongue (to) - tongue, 1.
have money to burn (to) - well off (rel.) - «tener», 1.
have nine lives like a cat - cat, 18.
have no chances (to) - chance, 3.
have one foot in the grave (to) - «puertas», 1 b).

have one's back to/against the wall (to) - back, 6.
have one's feet on the ground (to) - feet, 5.
have one's head in the clouds (to) - have, 19.
have one's hands full (to) - hand, 1.
have one's head screwed on the right way (to) - «cabeza», 4.
have one's heart in one's boots - heart, 7.
have one's heart in one's mouth - «alma», 2.
have one's heart in one's mouth - heart, 4.
have one's nerve (to) - «cara», 1 c).
have one's (own) way (to) - «salirse».
have one's say (to) - «echar», 2.
have one's tongue in one's cheek (to) - tongue, 3.
have one too many (to) - «copa», 2.
have other fish to fry (to) - fish, 1.
have sb. crackers (to) - crackers, 2.
have sb. on a string (to) - string.
have sth. at one's fingertips - finger, 3.
have sth. on the tip of one's tongue (to) - tip, 1.
have sth. up one's sleeve (to) - sleeve, 1.
have the best of both worlds (to) - world, 2.
have the... bug (to) - bug, 1 (var.).
have the guts (to) - guts.
have the hang of - knack.
have the heart to (to) - heart, 17.
have the heebie-jeebies (to) - have, 13.
have the jitters/willies (to) - have, 13.
have the knack of (to) - knack.
have the last word (to) - word, 2.
have the monkey on one's back (to) - monkey, 5.
have the nerve to (to) - «cara», 1 c) (rel.).
have the time of one's life (to) - have, 2.
have the upper hand (to) - «sartén».
have to do with (to) - have, 5.
have to hand it to (to) - hand, 19.
have to (go and) see sb. about a horse/dog - horse, 8.
have too many irons in the fire (to) - iron, 2.
haves and the have-nots (the) - have, 14.
he laughs best who laughs last - laugh, 2.
he sure does hate simself - hate.
he who laughs last... - laugh, 2 (var.).
he who pays the piper calls the tune - piper.
he would not hurt a fly - afraid, rel.
head and shoulders above - head, 23.
head over ears - ear, 12.

head over heels in love - head, 2.
heads I win, tails you lose - «cara», 3 (hum.).
heads or tails - «cara», 2.
hear on the grapevine (to) - on, 8.
heaven forbid - heaven, 3.
heaven tempers the wind - «Dios», 3.
heavy as lead - as, 1.
heel of Achilles (the) - spot, 4 (sin.).
help a lame dog over a stile (to) - dog, 1.
help sb. out (to) - help.
hen-party (a) - hen, 1.
hen-pecked - hen-pecked.
here and now - here.
he's not over the hill yet - hill.
high (to be) - high, 1.
high and dry - high, 2.
high and low - high,. 3.
high time - time, 7.
his bark is worse than his bite - bark, 1.
his days are numbered - numbered.
his fingers are all thumbs - thumb, 4.
hit a man when he's down (to) - «árbol», 2.
hit below the belt (to) - «golpe», 1.
hit it off well (to) - hit, 1.
hit the bottle (to) - hit, 2.
hit the bull's eye (to) - «blanco», 2.
hit the jackpot (to) - jackpot.
hit the nail on the head (to) - «clavo», 2.
hit the road (to) - hit, 3.
hit the target (to) - «blanco», 2.
hobby-horse - «caballo», 3.
Hobson's choice - Hobson.
hold a pistol/gun to sb.'s head (to) - head, 20.
hold cheap (to) - hold, 5.
hold good (to) - hold, 3.
hold one's own (to) - hold, 1.
hold one's tongue (to) - tongue, 2, y «lengua», 6.
hold the purse strings (to) - hold, 4.
hold water (to) - hold, 2.
hold your horses - horse, 9.
hold your tongue - «pico», 1 d).
homesick - homesick.
honey is not for the ass's mouth - «asno», 2.
hooked (to be) - hooked.
hooter - conk (sin.).
horse - horse, 10.
horse, a wife and a sword... (a) - horse, 11.
horse of a different/another colour (a) - «harina».
horse sense - horse, 12.
hot potato (a) - hot, 2.

house-warming party (a) - party, 2.
how about - what, 1.
how are you doing? - how.
how come - come, 11.
how goes it - how.
how on earth - earth.
howl like a stuck pig (to) - like, y pig, 4.
hunger is the best sauce - «hambre», 1.
hungry as a hunter - «hambre», 2 b).
hurry up - leg, 4 (sin.).
hush up (to) - «tierra», 1.

I

I can't place - place.
I can't stand him - «tragar», 1.
I can't wait to - wait, 1.
I could kick myself - kick, 7.
I don't give a damn - «pito», c).
I feel it in my bones - «nariz», 3 d).
I haven't seen you for ages - time, 12 (sin.).
I haven't the faintest/foggiest - foggiest.
I've known him since he was so high - «conocer».
I think so - think, 1.
I wasn't born yesterday - born.
I wouldn't put it past him - past, 1.
idea of (the) - idea.
if at first you don't succeed... - try.
if the cap fits, wear it - cap, 1.
if the mountain will not come to Mahomet... - «Mahoma».
if the shoe fits wear it - cap, 1 (var.).
if the worst comes to the worst - worst.
if you can't beat/lick them (join them) - join, 2.
if you think... think again - fresco, 3.
ignorance is bliss - ignorance.
ill at ease - ill, 1.
I'll be hanged if - hanged.
I'll eat my hat - hat, 6.
ill wind that blows no good (it's an) - wind, 4.
I'm a Dutchman - Dutchman.
I'm all right, Jack - Jack, 1.
I'm pleased to meet you - nice, rel.
in (to be) - in, 1.
in a brown study - brown, 2.
in a fix - «apuros», 1, c).
in a jam - «apuros», 1 b).
in a jiffy - «periquete».
in a mess - «hombro», 3 a).
in a row - running - (sin.).
in a spot - «apuros», 1 a).
in a tight corner - corner, 2.

in a trice - «periquete».
in a way - *way,* 4.
in a word - *word,* 3.
in (at) one ear and out (at) the other - «oído», 2.
in black and white - *black,* 1.
in broad daylight - *broad.*
in cold blood - *blood,* 4.
in for a penny, in for a pound - «río», 3 *a).*
in full swing - «apogeo».
in hand - *hand,* 12.
in hot water - *hot,* 3.
in one's birthday suit - *birthday.*
in one's element - *element.*
in one's Sunday best - *Sunday.*
in short - «cuenta», 3 *a).*
in style - «alto», 1.
in the air - *air,* 2.
in the bag - *bag,* 3 y «bote».
in the black - *red,* 6 (cf.).
in the country of the blind the one-eyed man is king - *blind,* 4.
in the family way - *way,* 8.
in the long run - «larga».
in the middle of nowhere - «pino», *b).*
in the nick - *nick,* 1.
in the nick of time - *nick,* 2.
in the open air - *air,* 1.
in the pink - *in,* 2, y *fit,* 2 (sin.).
in the pipeline - *pipeline.*
in the prime of life - «flor».
in the red - *red,* 6.
in the soup - *in,* 3.
in the thick of (things) - *in,* 4.
in the twinkling of an eye - «ojo», 6.
in time - *time,* 1.
in trouble - «apuros», 1, *d).*
in two shakes of a lamb's tail - *lamb,* 3.
in union is strength - «unión», *b).*
ins and outs (the) - *in,* 5.
inside out - *inside.*
into (to be) - *into.*
into the bargain - *bargain,* 2.
it can't be helped - «remedio», 2.
it doesn't make any difference - *difference,* 1.
it goes without saying - «decir», 2.
it isn't my fault - *fault.*
it looks black - *black,* 8.
it looks fishy to me - «gato», *b).*
it makes all the difference - *difference,* 2.
it never rains but it pours - *rain,* 1.
it pays to... «cuenta», 7.
it rings a bell - *ring.*
it sends me - *kick,* 2 (rel.).
it will all be the same in a hundred years - «año», 2.

it won't do - *do,* 1.
it's a deal - *deal.*
it's a long lane... - «mal», 1.
it's a must - *must.*
it's a small world - *world,* 3.
it's a treat - *kick,* 2 (rel.).
it's ages since... - *ages,* 2.
it's an ill wind that blows no good - *wind,* 4.
it's easier said than done - *easy,* 5.
it's good to have company in trouble - «mal», 5.
it's never too late - «tarde», 1.
it's no good - *point,* 4 (sins.).
it's no laughing matther - *laughing.*
it's no use - *point,* 4 (sins.).
it's no use crying over spilt milk «agua», 1.
it's the thought that counts - «detalle».
ivory tower (an) - «torre».

J

Jack of all trades - *Jack,* 2.
jackass (a) - *ass,* 3.
jiffy (a) - *jiffy.*
jinx - «gafe».
Job's comforter (a) - *Job,* 2.
John Bull - *bull,* 5.
John Doe - *John,* 2.
join the great majority (to) - *join,* 1.
joint (a) - *joint.*
jump a red light (to) - «semáforo».
jump down sb.'s throat (to) - *jump,* 1.
jump on the bandwagon (to) - *jump,* 2.
jump the gun (to) - *gun,* 4.
jump the queue (to) - «colarse», 1.
jump to conclusions (to) - *jump,* 3.
just around the corner - *corner,* 1.
just as well (it's) - «menos», 1 *b).*
just in case - «mosca», 2.

K

keen as mustard - *as,* 1.
keep a stiff upper lip (to) - *keep,* 3.
keep a straight face (to) - *face,* 2.
keep an eye on (to) - *keep,* 2.
keep at bay (to) - *keep,* 1.
keep one's chin up (to) - *keep,* 5.
keep one's distance (to) - *keep,* 6.
keep one's feet on the ground (to) - *feet,* 5.
keep one's fingers crossed (to) - *fingers,* 1.

keep one's head (to) - head, 1.
keep one's head above water (to) - head, 21.
keep one's pecker up (to) - keep, 5.
keep oneself to oneself (to) - «pelo», 7 b).
keep sb.'s nose to the grindstone (to) - grindstone.
keep sb. under one's thumb (to) - keep, 4.
keep the ball rolling (to) - ball, 4.
keep the wolf from the door (to) - wolf, 2.
keep under one's hat (to) - hat, 5.
keep up appearances (to) - «apariencias», 1.
keep up with the Joneses (to) - Joneses.
keep your eyes open - «ojo», 1.
keep your eyes peeled - «ojo», 1.
keep your eyes skinned - «ojo», 1.
keep your hair on - hair, 2.
keep your shirt on - hair, 2.
kick up a dust (to) - dust, 1.
kick a man when he's down (to) - «árbol», 2.
kick against the pricks (to) - kick, 5.
kick off (to) - «pata», 1 d).
kick one's heels (to) - heel, 8.
kick over the traces (to) - kick, 6.
kick the bucket (to) - «pata», 1.
kick up a fuss (to) - make, 15.
kick up a row (to) - «marimorena».
kick up one's heels (to) - heel, 9.
kill the fatted calf (to) - kill, 3.
kill the goose that lays... - «gallina», 2.
kill two birds with one stone (to) - «matar», 1.
killjoy (a) - «aguafiestas», c.
knit one's brow (to) - knit.
knock sb. off (to) - «cargarse», a), y knock, 3.
knock off (to) - knock, 2.
knock one's head against a brick wall (to) - head, 17.
knock sb.'s block/head off - knock, 1.
knock sb. off his perch (to) - knock, 4.
knock up (to) - knock, 5.
know a thing or two (to) - «colorado», 1 a).
know all the answers (to) - «colorado», 1 b).
know better than (to) - know, 2.
know by sight (to) - know, 8.
know by the pricking of one's thumbs (to) - «nariz», 3 c).
know like the back of one's hand (to) - «mano», 2.
know one's business (to) - know, 3 (sin.).
know one's onions (to) - know, 7.

know one's way around (to) - way, 9.
know the ropes (to) - know, 3. .
know where the shoe pinches (to) - «zapato».
know which side one's bread is buttered on (to) - «sol», 1.

L

labour of love (a) - love, 6.
lady-killer (a) - wolf, 4 (sin.).
lame duck (a) - duck, 1.
large as life - life, 1.
lark (a) - lark, 1.
Larry (a) - Larry.
last but not least - last, 2.
last but one (the) - last, 1.
last straw (the) - straw, 1.
late in the day - day, 11.
laugh and the world laughs... - laugh, 4.
laugh on the other side of the face (to) - laugh, 3.
laugh one's head off (to) - head, 22.
laugh up one's sleeve (to) - laugh, 1.
lay down the law (to) - law, 1.
lay hands on sb. or sth. (to) - hand, 5.
lay one's cards on the table (to) - «carta», 1.
lazybones - bone, 14.
lead a dog's life (to) - «perro», 6.
lead sb. by the nose (to) - nose, 3.
lead sb. up the garden path (to) - «queso», b).
leaf through (to) - leaf, 2.
leak (a) - «topo», 2 (rel.).
least said the better (the) - «boca», 3.
least said the soonest mended (the) - least.
leave alone (to) - leave, 4.
leave cold (to) - cold, 8.
leave high and dry (to) - high, 2.
leave in the lurch (to) - «estacada».
leave much to be desired (to) - «dejar».
leave no stone unturned (to) - leave, 1.
leave nothing to chance (to) - chance, 2.
leave out in the cold (to) - cold, 9.
leave out on a limb (to) - «gallo», 4.
leave sb. to cool his heels (to) - «plantón», b).
leave word (to) - leave, 5.
leg it (to) - leg, 6.
lend a hand (to) - lend.
leopard can't change its spots (a) - «genio», c).
lesser evil (a) - «mal», 3.

let a person stew in his own juice (to) - stew.
let alone - let, 1.
let bygones be bygones - bygones.
let it drift - «correr», 1.
let off steam (to) - let, 2.
let one's hair down (to) - «pelo», 5.
let's face it - face, 3.
let sb. down (to) - let, 3.
let sleeping dogs lie - «león», 1.
let the cat out of the bag (to) - «lengua», 3.
lick and a promise (a) - lick.
lick one's lips (to) - lip, 5.
lick sb.'s arse/ass (to) - boot, 7 (rel.).
lick sb.'s boots (to) - boot, 7.
lies have short legs - «mentiroso».
lift one's elbow (to) - «codo».
light as a feather/air - «pluma».
like a bear with a sore head (to be) - bear, 1.
like a bull in a china shop - bull, 2.
like a cat on hot bricks - cat, 2.
like a cat on a hot tin roof - cat, 23.
like a dog with two tails - dog, 12.
like a fish out of water - water, 4.
like a lamb to the slaughter - lamb, 2.
like a lost hen - «pulpo», b).
like a red rag to a bull - bull, 9.
like a spare prick at a wedding - «pulpo», a).
like father like son - «astilla», b).
like water off a duck's back - duck, 2.
line one's pockets (to) - «botas», 2 a).
lion's share (the) - lion, 1.
little by little - «poco», 2.
lit (up) - «tajado».
little bird told me (a) - bird, 13.
little while (a) - while, 2.
live and learn - «vivir», 2.
live and let live - live, 3.
live from day to day (to) - day, 22.
live from hand to mouth (to) - «vivir», 1.
live like pigs in clover (to) - clover.
live off the fat of the land - «perro», 3.
live sth. down (to) - live, 1.
live the life of Riley (to) - Riley.
live up to (to) - live, 2.
live wire (a) - live wire.
living image (the) - spitting (sin.).
load of rubbish (a) - load.
loaded - loaded, y «tajado».
lock the stable door after the horse has bolted (to) - lock.
lollipop (the) - «pasta».
lolly (the) - «pasta».
lone wolf (a) - wolf, 5.
long arm of the law (the) - law, 2.

long face(s) - face, 11.
long in the tooth (to be) - tooth/teeth, 4.
long time no see - time, 12.
longing (to be) - longing.
look after number one (to) - number, 2.
look as if butter would not melt... - look.
look before you leap - «hombre», b).
look daggers (to) - daggers, 2.
look down one's nose at (to) - nose, 10.
look down on (to) - «hombro», 1.
look for a needle in a haystack (to) - «aguja».
look for sth. high and low (to) - high, 3.
look forward to (to) - look forward.
look like a lost hen (to) - «pulpo», b).
look out of the corner of one's eye - «rabillo».
look up (to) - turn, 10 (rel.).
look what the cat's brought/dragged in - cat, 15.
looks black (sth.) - black, 8.
loony - «chiflado».
loop the loop (to) - loop.
loosen the tongue (to) - «lengua», 8.
lose count (to) - «cuenta», 5.
lose face (to) - face, 18.
lose heart (to) - heart, 21.
lose one's head (to) - «cabeza», 3.
lose one's temper (to) - temper, 2.
lose one's touch (to) - touch 1.
lose respect for (to) - «barbas», 1.
lose the thread (to) - «perder».
lose weight (to) - weight.
love at first sight - love, 3.
love is blind - blind, 5.
love me, love my dog - love, 5.
lovely weather for ducks - duck, 8.
lucky dog (to be a) - «tener», 4 b).
lump in one's throat (a) - lump.
lynx-eyed - «vista», 2, b).

M

mad as a hatter - mad, 1.
mad as a March hare - mad, 2.
mad as a wet hen - hen, 2.
make a bee line for (to) - bee, 2.
make a bloomer (to) - «pata», 2 f).
make a blunder (to) - «pata», 2.
make a clean breast of it (to) - breast.
make a fool of (to) - «ridículo».
make a fuss (to) - make, 15.
make a howler (to) - «pata», 2 d).
make a living (to) - make, 16.
make a long story short (to) - «cuenta», 3 c).

make a mess of everything (to) - «pie», 9.
make a monkey out of (to) - *monkey*, 2.
make a mountain out of a molehill (to) -
   «montaña».
make a pass at (to) - *pass*, 2.
make a pig of oneself (to) - *pig*, 7.
make a pile (to) - «botas», 2 c).
make a point (to) - *make*, 1.
make a virtue of necessity (to) - *virtue*.
make an ass of oneself (to) - *ass*, 4.
make (both) ends meets (to) - *make*, 2.
make do (to) - «avío».
make eyes at (to) - *eye*, 8.
make faces at (to) - *face*, 1.
make free with (to) - *make*, 17.
make friends with (to) - *make*, 14.
make hay while the sun shines - *iron*, 1.
   (sin.).
make head (to) - *head*, 25.
make it (to) - *make*, 10.
make it big (to) - *make*, 18.
make it snappy - *make*, 4.
make it up (to) - *make*, 5.
make light of (to) - *make*, 19.
make little of (to) - *make*, 19 (rel.).
make mincemeat of (to) - «picadillo».
make money hand over fist (to) - *hand*,
   18.
make much of (to) - *make*, 19 (rel.).
make no bones about (to) - *bone*, 2.
make old bones (to) - *bone*, 3.
make on the swings what you lose on the...
   - *make*, 6.
make one's mouth water (to) - «agua», 2.
make one's point (to) - *point*, 3.
make oneself at home (to) - *make*, 7.
make oneself scarce (to) - «pelo», 7.
make sheep's eyes at (to) - *eye*, 8 (var.).
make sb. sick (to) - *make*, 11.
make sb. pay through the nose (to) - «clavar».
make sb.'s/one's blood boil (to) - *boil*, 2.
make sb.'s/one's day (to) - *day*, 2.
make sb.'s hair stand on end (to) - *hair*, 5.
make short work of (to) - «santo», 6.
make the best of a bad job (to) - *job*, y
   «tiempo», b).
make the most of (to) - *make*, 12.
make up for (to) - *make*, 8.
make up one's mind (to) - *make*, 9.
make water (to) - *water*, 16.
male chauvinist pig (a) - *pig*, 3.
man proposes, God disposes - «hombre», 2.
man in the street (the) - «hombre», 3.
man of his word (a) - «hombre», 5.
man of the world (a) - «hombre», 4.

manage to (to) - *manage*.
many a little make a mickle - «poco», 1.
many hands make light work - «unión»,a).
many happy returns of the day - *happy*, 1.
mare's nest (a) - *mare*.
mark my words - *mark*.
master's eye makes the horse fat -
   «ojo», 11.
mean business (to) - *mean*, 1.
mean well (to) - *mean*, 2.
meek as a lamb - *lamb*, 1.
meet halfway (to) - *meet*.
memory like an elephant (to have a) -
   elephant, 1.
memory like a sieve (a) - *memory*, 2.
might as well be hanged... «río», 3, c).
miles from anywhere - «pino».
mind your own business - *mind*, 1.
miss is as good as a mile (a) - *miss*.
miss the boat - «salto».
miss the bus (to) - «salto».
mole (a) - «topo», 2.
Monday morning feeling the - ***Monday***, 2.
Monday week - ***Monday***, 1.
money doesn't grow on trees - *money*, 1.
money down the drain - «dinero», 3.
money is no object - *money*, 2.
money is the root of all evil - *money*, 3.
monkey about (with) (to) - *monkey*, 3.
monkey business/tricks - *monkey*, 4.
moody - *moody*.
moonlight (to) - *moonlight*.
more haste, less speed - «correr», 2.
more trouble than a cartload of... -
   monkey, 9.
more's the pity - *more*, 2.
mote in thy brother's eye (the) - *pot*, 2.
mount one's high horse (to) - «burro», 2.
move heaven and earth (to) - *earth*, 3.
Mr. Right - *righ.*, 4.
Mr. so-and-so - *so*, 2.
Mrs. Grundy (a) - *Grundy*.
much ado about nothing - «ruido».
much of a muchness - *six*, *(sins.)*.
much water has flowed under the bridge -
   water, 5.
muddle through (to) - *muddle*.
muffled cats catch no mice - *cat*, 25.
mule (a) - *mule*, 1.
mum's the word - *mum*.
mutton dressed as lamb - *mutton*, 2.
my eye - *all*, 2.
my heart bleeds for you - *heart*, 19.
my heart goes out to - *heart*, 20.
my heart sank - «alma», 1.
my lips are sealed - *lip*, 8.
my name's John Blunt - «pan», 2 (sin.).

N

name of the game (the) - name, 1.
nancy boy - «marica».
narrow escape (a) - «pelo», 1 c)
nasty turn (a) - turn, 5.
nasty weather - «perro», 10.
near at hand - hand, 39.
neck and neck - neck, 1.
neck or nothing - neck, 2.
necessity is the mother of invention - «hambre».
needs must when the devil drives - devil, 2.
neither a borrower nor a lender be - «prestar».
neither fish, flesh, fowl... - fish, 8.
neither here nor there - neither.
never put off till tomorrow... - «mañana», 1
never say die - «esperanza», 2 b).
new broom sweeps clean (a) - new, 1.
new lease of life (a) - new, 2.
nice to meet you - nice, rel.
nice to see you - nice.
nigger in the woodpile (the) - nigger, 1.
night owl (a) - owl, 2.
nine days' wonder (a) - day, 13.
nine lives like a cat (to have) - cat, 18.
nip in the bud (to) - nip.
nitwit - hare-brained.
no chicken - chicken, 1.
no chicken feed - chicken, 3.
no hard feelings - hard, 1.
no laughing matter - laughing.
no more than the next man - more, 3.
no names, no pack drill - name, 2.
no news (is) good news - news.
no pains, no gains - pains.
no smoke without fire - «río», 1.
no sooner said... - «hecho», 1.
no way - way, 12.
nobody's fool - «pelo», 9.
nod is as good as a wink (a) - nod.
noddle (the) - noodle.
noodle (the) - noodle.
none so deaf as he who will not hear - «sordo», 2.
none worse shod than... - «herrero».
nosey - nosey.
nosey Parker - nosey.
not a soul - «alma», 3.
not as black as it's painted - black, 8.
not bat an eyelid - bat, 2.
not be able to see beyond... - nose, 12.
not be at odds with - odds, 2.
not be a patch on - patch.

not be fit to hold a candle to - candle, 2.
not be up to - up to, 3.
not care two hoots/a fig - «pito», 1.
not cross one's bridges... - bridge.
not give a monkey's toss... - monkey, 8.
not give a shit/fuck - «pito».
not harm a hair of/on sb.'s head - hair, 4.
not have a cat's/dog's chance in hell - cat, 10 (var.).
not have/stand a cat in hell's chance - cat, 10.
not have a leg to stand on - leg, 2.
not have a snowball's chance in hell - hell, 2.
not have a stitch on - stitch, 2.
not know sb. from Adam - Adam.
not know one's arse from one's elbow - know, 6.
not know the first thing - first, 1.
not let the grass grow... - feet, 6.
not lift a finger - finger(s), 5.
not mince matters - bone, 2 (sin.).
not mince one's words - «chiquitas».
not see sb. for dust (to) - dust, 3.
not see the wood... - wood, 1.
not think much of - think, 5.
not trust an inch - «pelo», 10.
not turn a hair - turn, 4.
nothing succeeds like success - nothing, 2.
nothing doing - nothing, 1.
nothing to make a song and dance about - «jueves».
nothing to write home about - «jueves».
nothing venture, nothing have - «arriesgarse».
now and again - now, 2.
now and then - now, 1.
now or never - now, 4.
null and void - null.
number one - number, 2.
number two - number, 2 b).
nuts - nuts, y «chiflado».
nuts and bolts (the) - nuts, 3.
nutty - «chiflado».

O

object of the exercise (the) - object.
obstinate as a mule - «terco».
odd fish (an) - «bicho», 2.
oddly enough - oddly.
odd man out (the) - odd.
odds and ends - odds, 3.
odds are that (the) - odds, 1.
off-colour - off, 2.

off one's base - *off*, 7.
off one's guard - «guardia», 2.
off one's head - *head*, 10.
off one's nut - *off*, 7.
off one's onion - *off*, 7.
off one's rocker - *rocker*.
off the beaten track - *off*, 3.
off the cuff - *off*, 4.
off the peg - *off*, 8.
off the rails - *mad*, 1.
off the record - *record*, 2.
offhand - *off*, 6.
oh dear - *dear*.
oiled - «tajado».
old as Methuselah - *old*, 1 (sin.).
old as the hills - *old*, 1.
old bachelor - *old*, 2.
old bull (the) - *bull*, 6.
old hand (an) - *hand*, 40.
old maid - *old*, 3.
old trout (an) - *trout*.
old wives' tale - *old*, 4.
on a plate - «bandeja», a).
on a shoestring - *on*, 5.
on a silver platter - «bandeja», b).
on all fours - «gatas».
on and off - *on*, 12.
on cloud nine (to be) - *cloud*, 2.
on duty - «guardia», 1.
on foot - *on*, 1.
on leave - *leave*, 2 a).
on no account - *on*, 2.
on one's guard - «guardia», 2.
on one's last legs - *leg*, 3.
on one's own - *by*, 7 (sin.)
on one's toes - *toe*, 3.
on one's way - *way*, 2.
on pins and needles - *pin*, 2.
on sb.'s heels - *hard*, 2.
on second thoughts - *on*, 4.
on shanks's mare/pony - «Fernando», 2.
on sick leave - *leave*, 2 b).
on tap - *on*, 6.
on tenterhooks - «ascua», 2 b).
on the air - *air*, 3.
on the ball - *ball*, 2.
on the cards - *on*, 7.
on the carpet - *carpet*, 1, y «bronca».
on the dot - *dot*, 2 y *nose*, 13.
on the face of - *face*, 7.
on the grapevine - *on*, 8.
on the house - *on*, 9.
on the make - *make*, 20.
on the nose - *nose*, 13.
on the one hand - *hand*, 2.
on the other hand - *hand*, 2.
on the rack - «ascua», 2 c).

on the rocks - *rock*.
on the shelf - «santo», 1.
on the sick list - *leave*, 2 b).
on the spot - *spot*, 1.
on the spur of the moment - *on*, 10.
on the stroke of - *on*, 11.
on time - *time*, 2.
on top of the world, (to be/feel) - *top*, 2,
   y *fit*, 2.
once a... always a... - *once*, 5.
once and for all - *once*, 4.
once bitten twice shy - «gato», 5.
once in a blue moon - *once*, 2.
once in a while - *while*, 3.
once upon a time - *once*, 3.
one day after the fair - *day*, 14.
one good turn deserves another -
   turn, 1.
one man's meat is another man's poison -
   meat.
one might as well be hanged... - «río»,
   3 c).
one of these days - *day*, 7.
one of these days is none of these days -
   day, 23.
one of those things - *thing*, 1.
one swallow does not make a summer -
   swallow, 3.
one's better half - «parienta».
one's cup of tea - *cup*.
one's walk of life - *walk*.
open sb.'s eyes (to) - *eye*, 12.
open secret (an) - *secret*.
order of the day (the) - *day*, 15.
or else - *or*.
other way round (the) *way*, 6.
out (to be) - *out*, 1.
out-and out - *out*, 2.
out-Herod Herod - «papista».
out like a light - *out*, 3.
out of a clear blue sky - *sky*, 1.
out of breath - «lengua», 4 a).
out of hand - *hand*, 13.
out of sight, out of mind - «ojo», 5 b).
out of the blue - *blue*, 1.
out of the frying pan into the fire - «Málaga».
out of this world - *out*, 5.
out on a limb - «gallo», 4.
over and over again - *over*, 2.
overdo it (to) - «listo», (rel).
over my dead body - «cadáver».
overlook (to) - «alto», 2.
oversleep (to) - «sábanas».
overstep the mark (to) - «listo».
own flesh and blood (one's) - *blood*, 5.

P

packed (it's) - «llenazo», *b*).
pain in the arse/ass (a) - «pesado», *d*).
pain in the neck (a) - «pesado», *b*).
paint the town red (to) - town, 1.
Pale Horse (the) - horse, 23.
pansy - «marica».
panting - «lengua», 4 *b*).
paper tiger (a) - tiger, 1.
pardon my French - French, 1.
parrot fashion - parrot.
part and parcel - part.
part-time - full, 1.
pass an exam (to) - pass, 1.
pass away (to) - «ir», 3 *g*).
pass the buck (to) - «mochuelo».
pass the hat round - hat, 3.
pass water (to) - water, 16.
pat on the back (a) - back, 7 (var.).
pat sb./oneself on the back (to) - back, 7.
patch (not be a) - patch.
patient as Job - Job, 1.
Paul Pry (a) - nosey.
pave the way for (to) - pave.
pay (back) in his own/the same coin (to) - «pagar», *a*).
pay-off (a) - «cuenta», 10 (rel.).
pay lip-service to (to) - lip, 6.
peach (a) - dish(y), sin.
peak of perfection (the) - «dechado».
peeping Tom (a) - peeping.
penniless - broke.
penny for your thoughts (a) - penny, 3.
penny wise and pound foolish - penny, 4.
penny's dropped (the) - penny, 6.
people who live in glasshouses... - glass-houses.
perish the thought - perish.
pick a quarrel (to) - «lengua», 5.
pick (of the bunch) (the) - pick, 4.
pick holes (to) - «pero».
pick one's nose (to) - pick, 2.
pick sb.'s brains (to) - brain, 6.
pick up - «ligar» *b*).
pickled - «tajado».
picture of health (the) - sound, y fit, 2 (sin.).
pie in the sky - sky, 3.
pig (a) - pig, 2.
pig-headed - «cabezota».
pigeon, sb./one's - pigeon, 2.
pigs might fly - pig, 8.
pile on the agony (to) - pile.
pin one's hopes on (to) - pin, 3.
pin sth. on sb. (to) - pin, 1.
pinch and scrape (to) - pinch, 1.

pins and needles - pin, 2.
pipe down - «pico».
piping hot - hot, 4.
piss off - «lárgate», *d*).
pissed - «tajado».
pitch dark - «oscuro».
pitcher goes (once) too often... (the) - pitcher.
place one's head in the lion's mouth (to) - «boca», 5.
plain as a pikestaff - «agua», 3 *b*).
plain as the nose on your face - «agua», 3 *b*).
plain sailing - «coser».
play a trick on (to) - «broma».
play blindman's bluff (to) - «gallina», 6.
play by ear (to) - ear, 9.
play cat and mouse with (to) - cat, 22.
play ducks and drakes with one's money (to) - duck, 3.
play dumb (to) - dumb.
play fast and loose with (to) - play, 3.
play gooseberry (to) - gooseberry.
play havoc (with) (to) - play, 4.
play hooky/hookey (to) - play, 7.
play host (to) - play, 2.
play into sb.'s hands (to) - hand, 20.
play it cool (to) - play, 5.
play it safe (to) - «nadar», y «pie», 8.
play second fiddle (to) - «plato», 5.
play a dirty/nasty trick on (to) - trick, 2.
play sth. down (to) - play, 6.
play the fool (to) - «indio».
play to the gallery (to) - play, 8.
play truant (to) - «rabona».
play with fire (to) - «jugar».
pleased as Punch (as) - as, 1.
pluck a pigeon (to) - pigeon, 3.
pluck up one's courage (to) - «tripas».
pocket one's pride (to) - swallow, 1.
point at issue (the) - «caballo», 3 *a*).
point-blank - point-blank.
poke one's nose into other people's business - nose, 4.
pompous ass (a) - ass, 2.
poor devil - devil, 6.
poor relation (the) - poor.
poor thing - thing, 2.
pop in (to) - pop, 1.
pop off (to) - pop, 2 y «pata», 1 *d*).
pot calling the kettle black (the) - pot, 2.
potty - «chiflado».
pour cold water on (to) - water, 2, y spanner.
pour oil on the flames (to) - pour, 1.

pour oil on (the) troubled waters (to) - pour, 2.
pour with rain (to) - «llover», b).
powers that be (the) - powers.
practice makes perfect - practice.
praise to the skies (to) - sky, 4.
present company excepted - «mejorando».
pretty penny (a) - penny, 2.
prevention is better than cure - prevention.
prick up one's ears (to) - prick.
pride comes before a fall - pride, 2.
pride of place - pride, 1.
Prince Charming - right, 4.
promise is debt - «prometido».
promise the moon (to) - «oro», 3.
proof of the pudding... (the) - proof.
prophet is without honour in... (a) - «profeta».
proud as a peacock - peacock.
pull a boner (to) - «pata», 2 e).
pull a fast one on (to) - «queso», a).
pull a long face (to) - face, 11.
pull one's socks up (to) - pull, 6.
pull oneself together (to) - pull, 1.
pull sb.'s leg (to) - «pelo», 6.
pull strings (to) - pull, 2.
pull the strings (to) - pull, 3.
pull the/sb.'s chestnuts... (to) - pull, 7.
pull the wool over sb.'s eyes (to) - wool.
pull through (to) - pull, 4.
pull to pieces (to) - pull, 5.
push up the daisies (to) - «muerto», 4.
put all one's eggs in one basket (to) - egg, 2.
put aside (to) - save (sins.).
put away (to) - save (sins.).
put by (to) - save (sins).
put down to (to) - put, 1.
put in a good word for (to) - put, 2.
put in (to) the shade (to) - shade, 2.
put it in a nutshell (to) - «cuenta», 3 b).
put it mildly (to) - put, 6.
put it there - put, 5.
put off (to) - put, 3.
put on (to) - put, 11.
put on an act (to) - put, 12.
put on airs (to) - airs.
put on the dog (to) - dog, 29.
put on weight (to) - weight.
put one's best foot forward (to) - foot, 4.
put one's cards on the table (to) - «carta», 1.
put one's finger on the sore spot (to) - «llaga».
put one's foot down (to) - foot, 1.

put one's foot in it (to) - «pata», 2.
put one's head in the lion's den (to) - «boca», 5.
put one's head in the lion's mouth - «boca», 5.
put one's shoulder to the wheel (to) - «hombro», 2.
put oneself out for (to) - put, 4.
put out feelers/a feeler (to) - feeler.
put out of sb.'s/one's head (to) - head, 12.
put sb. in a spot (to) - «apuros», 2.
put sb. in his place (to) - «pie», 2.
put sb. in the picture (to) - picture.
put sb. through the mill (to) - put, 15.
put sb. up (to) - put, 9.
put sb.'s/one's back up (to) - back, 16.
put sth. into a person's head (to) - head, 12.
put a spoke in sb.'s wheels (to) - spoke.
put that in your pipe... (to) - put, 7.
put the bite on sb. (to) - put, 14.
put the cart before the horse (to) - cart.
put the cat among the pigeons (to) - cat, 16.
put the clock back (to) - set, 1.
put the screws/squeeze on (to) - put, 13.
put to the test (to) - put, 8.
put up with (to) - put, 10.
put your trust in God... (to) - «Dios», 1.
pyrrhic victory (a) - pyrrhic.

Q

queer - «marica».
queer fish (a) - «bicho», 2.
queer in the attic - mad, 1.
quick as lightning - quick, 2.
quiet as a mouse - mouse, 2.
quits (to call it) - quits.

R

rack one's brains (to) - rack.
rain cats and dogs (to) - «llover», 1 a).
raise a stink (to) - raise, 1.
raise Cain - raise, 2.
raise hell (to) - «marimorena», b) y raise, 2.
raise one's hand against (to) - hand, 23.
raise one's hat to (to) - hat, 2.
raise the devil - raise, 2.
rake up the past (to) - rake.
ram down sb.'s throat (to) - throat, 1.

randy - horny.
rank and file (the) - rank.
rap sb. on/over the knuckles (to) - rap.
rare bird (a) - bird, 14.
rat race (the) - rat, 2.
raving mad - mad, 3.
reach sb.'s ears (to) - ear, 13.
read between the lines (to) - read.
read like a book (to) - «saco», 2.
real McCoy (the) - McCoy.
red as a beetroot - «colorado», 2.
red herring (a) - red herring.
red-letter day (a) - day, 4.
red tape - red tape.
render unto Caesar what's Caesar's (to) -
  «Dios», 6.
rest on one's laurels (to) - «dormir», 2.
retrace one's steps (to) - retrace.
retreat into one's shell (to) - shell.
return to the fold (to) - return.
rich as Croesus - Croesus.
ride one's high horse (to) - «burro», 2.
ride the tiger (to) - tiger, 2.
Right (Mr.) - right, 4.
right as rain - right, 3.
right away - right, 1.
right under one's nose - «nariz», 2.
ring sb. up (to) - «telefonazo», b).
ripoff (a) - ripoff.
rise from the ashes (to) - rise.
rise with the lark (to» - lark, 3.
road to hell is paved with good intentions
  (the) - hell, 3.
roar like a lion (to) - like.
roast (to) - roast.
rob Peter to pay Paul (to) - «santo», 2.
rolling in money - «dinero», 2.
rolling stone gathers no moss (a) -
  stone, 4.
roll one's eyes (to) - «ojo», 4.
rotter (to be a) - «bicho», 1.
roll out the red carpet (to) - carpet, 2.
Rome was not built in a day - «Zamora».
rough diamond (a) - rough, 2.
round the clock - around.
rub it in (to) - rub, 1.
rub off on (to) - rub, 2.
rub out (to) - «cargarse», d.
rub sb. up the wrong way (to) - rub, 3.
rub shoulders with (to) - shoulder, 4.
rule of thumb (a) - thumb, 7.
rule out (to) - rule out.
run in (to) - run in.
run in sb.'s blood (to) - blood, 10.
run of bad luck (a) - run, 1.
run-of-the-mill - «corriente», 2.

run out of (to) - run out.
run sb. down (to) - run down.
run smoothly (to) - run, 2.
run the gauntlet (to) - run, 4.
run the show (to) - run, 3.
run with the hare and... - hare, 1.
rush hour - rush.

S

sack (to) - sack.
sacred cow (a) - cow, 2.
safe and sound - safe.
safe as houses - as, 1.
sands have run out (the) - sand.
saved by the bell - «campana».
save face (to) - face, 4.
save up for a rainy day (to) - save.
say cheese - cheese, 2.
say sth. between one's teeth (to) -
  tooth/teeth, 5.
say the least (to) - say.
scales have fallen from my eyes (the) -
  «ojo», 3.
scapegoat - «cabeza», 11.
scare the shit out of sb. (to) - scared,
  3 (rel.).
scared out of one's wits - «susto», 2.
scared shitless - scared, 3.
scared stiff - scared, 1 y 2.
scatter-brained - «mosquita/o», 2 b).
scream blue murder (to) - murder.
scream like a stuck pig (to) - like; y
  pig, 4.
sea dog (a) - «lobo», 6.
search me - search.
see eye to eye (with) (to) - eye, 9.
see fit (to) - see, 1.
see how the land lies (to) - «terreno».
see off (to) - see off.
see red (to) - red, 1.
see stars (to) - «estrellas».
see the light (to) - see, 2.
see the red light (to) - red, 2.
see through (to) - see through.
see which way the cat jumps (to) - cat, 4.
see you - see, 3.
sell like hot cakes (to) - «vender».
send sb. packing (to) - «mandar».
send sb. to Coventry (to) - send.
sent off with a flea in one's ear - flea.
separate the sheep from the goats (to) -
  separate, 1.
separate the wheat from the chaff (to) -
  separate, 2.
serves sb. right - serve.
set foot in (to) - set, 3.

set one's hand to the plough /task - set, 4.
set one's heart on (to) - heart, 8.
set one's teeth on edge (to) - set, 2.
set the cat among the pigeons (to) - cat, 16.
set the clock back (to) - set, 1.
set the pace (to) - «pauta».
set the Thames on fire (to) - «golpe», 2.
set tongues wagging (to) - tongue, 8.
shade of meaning (a) - shade, 1.
shake a leg (to) - leg, 4.
shake hands with (to) - hand, 6.
shake like a leaf (to) - «azogado».
shanks's mare/pony - «Fernando», 2.
shark (a) - shark.
sharp - nose, 13.
sharp as a needle - as, 1.
shit - «mierda», 2.
shit for the birds - bird, 15 (rel.).
shoot a line - shoot, 1.
shoot the bull (to) - bull, 7.
shoot up (to) - shoot, 2.
short cut (a) - «atajo».
shot in the dark (a) - shot.
shoulder to cry on (a) - shoulder, 6.
shout one's head off (to) - head, 22.
show a clean pair of heels (to) - heel, 3.
show a white feather (to) - feather, 4.
show one's teeth (to) - «dientes».
show off (to) - show.
shut up - «pico».
shut your mouth/trap - «pico», c).
sick of (to be) - «harto», c).
sick as a cat - cat, 24.
sick as a dog - cat, 24.
sight for sore eyes (a) - eye, 10.
silence gives consent - «callar».
silent as the grave/tomb/dead - as, 1.
silent majority (the) - silent.
silly as a sheep - sheep, 1.
silly ass (a) - ass, 1.
sing like a canary (to) - canary.
sissy - «marica».
sit on the fence (to) - «agua», 7.
sit tight (to) - tight, 2.
sitting duck (a) - duck, 5.
sitting pretty - sit, 1.
six of one and half a dozen of the other - six.
size sb. up (to) - size up.
skate on thin ice (to) - skate.
sky is the limit (the) - sky, 2.
slam the door in sb.'s face (to) - «nariz», 1.
slap in the face (a) - face, 9.
slaver at the mouth (to) - «baba», a).
sleep it off (to) - sleep, 2.

sleep like a log (to) - sleep, 1.
sleep like a top (to) - sleep, 1.
sleep on it (to) - «almohada».
sleep rough (to) - rough, 1.
slink off with one's tail between one's legs (to) - «rabo».
slip me five - put, 5 (sin.).
slip of the thongue (a) - slip, 1.
slip one's mind (to) - slip, 2.
slip through one's fingers (to) - finger(s), 7.
slippery as an eel - slippery.
slow as a tortoise - tortoise.
smack one's lips (to) - lip, 5.
small fry - small.
smash sb.'s face in (to) - «cara», 4.
smashing - smashing.
smashing - ticket, 2 (sin.).
smell a rat (to) - «gato», 1.
smeller - conk, sin.
smoke like a chimney (to) - like.
smoke the peace pipe (to) - smoke, 1.
snake in the grass (a) - snake.
snap sb.'s head off - head, 13.
snug as a bug in a rug - «guarro».
soaked to the skin - soaked.
so-and-so (Mr.) - so, 2.
sober as a judge - as, 1.
soft in the head (to be) - «cabeza», 5 d).
soft-soap (to) - «coba», a).
sooner or later - «tarde», 3.
sopping wet - wet, 2 (sin.).
so-so - so, 1.
sound in wind and limb - sound, 2.
sour grapes - sour.
soused (as a herring) - «tajado».
sow one's wild oats (to) - sow, 1.
spanner in the works (a) - spanner.
spare the rod (and spoil the child) - spare.
speak highly of (to) - speak, 1.
speak one's mind freely (to) - speak, 2.
speech is silver, silence is golden - «boca», 3 (sin.).
spend money like water (to) - «dinero», 4.
spill the beans (to) - spill.
spit it out (to) - spill, sin.
spitting image (the) - spitting.
splash out (to) - «dinero», 4 (sin.).
split hairs (to) - «gato», 2.
split one's sides with laughter (to) - «risa».
split second (a) - jiffy.
split the difference (to) - meet y «diferencia».
spoilsport (a) - «aguafiestas», b).
sponge on (to) - sponge.

sponger (a) - sponger.
spread like wildfire (to) - spread.
square (a) - square, 3.
square peg (a) - square, 1.
square up with (to) - square, 2.
squealer - «chivato», rel., y pigeon, 4 (sin.).
stab in the back (a) - back, 15.
stag-party (a) - stag.
stand at/to attention (to) - stand, 1.
stand no chances (to) - chance, 3.
stand to reason (to) - stand, 4.
stand up (to) - «plantón».
starkers - birthday (sin.).
stark-naked - birthday (sin.).
stare sb. in the face (to) - face, 12.
start from scratch (to) - start, 2, y «borrón», c).
start off on the right/wrong foot (to) - foot, 3.
start the ball rolling (to) - ball, 4.
start with a clean slate - «borrón», b).
starve to death (to) - «hambre», 3.
steady as a rock - as, 1.
steal (a) - steal, 2.
steal a march on (to) - steal, 1.
steal the show (to) - steal, 3.
step on it - step.
step on sb.'s toes/corns (to) - toe, 4.
stewed - «tajado», e).
stick at nothing (to) - stick, 3.
stick in sb.'s throat/gullet (to) - throat, 2.
stick one's neck out (to) - stick, 2.
stick out a mile (to) - stick, 1.
stick them up - hand, 7.
stick to a happy medium (to) - «virtud».
stick to one's guns (to) - gun, 2.
stick to sb. like a leech - leech.
sticks and stones will break my bones - bone, 13.
stiff (the) - stiff, 4.
stiff as a poker - stiff, 1.
stiff neck (a) - stiff, 2.
still waters run deep - water, 6.
stir up a hornet's nest (to) - stir.
stitch in time (a) - stitch, 1.
stolen fruits are sweeter - «manzana», 2.
stone deaf/blind, etc. - stone, 1.
stool pigeon (a) - pigeon, 4.
stop one's ears (to) - ear, 14.
storm in a teacup (a) - «tempestad».
straight from the horse's mouth - horse, 2.
straight from the shoulder - shoulder, 5.
straight on - straight.
streets ahead (of) - streets.
stretch a point (to) - stretch.
stretch one's legs (to) - leg, 5.

strictly for the birds - bird, 15.
strike a discordant note (to) - strike, 3.
strike it rich (to) - strike, 2.
strike oil (to) - strike, 1.
strike while the iron is hot (to) - iron, 1.
strong as a horse/an ox - horse, 5.
stubborn as a mule - «terco».
stuffed shirt (a) - shirt, 1.
stuff oneself (to) - «carrillos».
suck up (to) - «coba», d).
sucker (a) - «lila».
sugar the pill (to) - «píldora».
sure as eggs is eggs - egg, 1.
sure as fate - as, 1.
sure as hell - hell, 5.
swallow doesn't make a summer (one) - swallow, 3.
swallow it, hook, line and sinker (to) - «tragar», 2.
swallow one's pride (to) - swallow, 1.
swallow the bait (to) - swallow, 4.
swan-song (the) - swan, 1.
swear like a trooper (to) - like, y swear, 1.
swear off (to) - swear, 2.
sweat blood (to) - blood, 8.
sweat like a pig (to) - pig, 5.
sweat one's guts out (to) - sweat.
sweet as honey - as, 1.
swept off one's feet - swept.
swim with/against the tide (to) - «bailar».
sword of Damocles (the) - «Damocles».
swot (a) - swot, 1.
swot up (to) - swot, 2.

T

tail wags/wagging the dog (the) - tail, 3.
tailor made - off, 7.
take a chance (to) - chance, 4.
take a dim view (to) - take, 5.
take a fancy to (to) - fancy.
take a hint (to) - take, 6.
take a joke (to) - take, 7.
take a load off one's mind (to) - «peso».
take a month of Sundays (to) - «tardar», 3.
take a turn for the better (to) - turn, 10.
take one's breath away (to) - take, 8.
take by storm (to) - take, 16.
take care of the pence... - penny, 5.
take for a ride (to) - «queso».
take French leave (to) - leave, 3.
take heart (to) - heart, 21.
take into one's head (to) - «cabeza», 1.

take it easy - take, 1.
take it lying down (to) - take, 13.
take it out on sb. (to) - take, 14.
take no chances (to) - chance, 4.
take no risks (to) «pie», 8, d).
take off one's hat to sb. (to) - hat, 2.
take offence (to) - take, 10.
take one's courage in both hands (to) - «tripas», b).
take one's leave (to) - leave, 7.
take one's time (to) - take, 11.
take pot luck (to) - pot, 1.
take sb. down a peg (or two) (to) - peg, 1.
take sb. for a ride (to) - «queso», c).
take sb. in (to) - take in (a).
take sides (to) - take, 12.
take sth. in (to) - take in, b).
take sth. in one's stride (to) - take, 2.
take sth. for granted (to) - take, 3.
take the bull by the horns (to) - bull, 1.
take the cake for (to) - cake, 2.
take the law into one's own hands (to) - hand, 15.
take the lid off (to) - blow, 6.
take the plunge (to) - plunge.
take the rap (to) - carry, 2 (sin.).
take the rough with the smooth (to) - «maduras».
take the wind out of sb.'s sails (to) - wind, 3.
take the words out of one's mouth (to) - word, 6.
take to heart (to) - heart, 12.
take to one's heels (to) - heel, 2.
take to sth. like a duck to water (to) - duck, 4.
take to the heather (to) - take, 15.
take turns (to) - turn, 2.
take with a grain/pinch of salt (to) - take, 4.
talk a person's head off (to) - head, 14.
talk at cross purposes (to) - talk, 1.
talk double Dutch (to) - Greek, rel.
talk nineteen to the dozen (to) - «hablar», 6 b).
talk of the devil - «hablar», 5.
talk of the town (the) - town, 2.
talk one's head off (to) - «hablar», 6 c).
talk shop (to) - talk, 4.
talk through one's hat (to) - talk, 2.
talk turkey (to) - talk, 5.
talker (a) - talker.
tall order (a) - order.
tarred with the same brush - tarred.
tell sb. a few home truths (to) - «cuarenta».

tell sb. where to get off (to) - «pie», 2 b).
tell it to the marines - marines.
tell off (to) - «jabón», 2.
tenderfoot - tenderfoot.
thank goodness - «menos», 1.
thank one's lucky stars (to) - stars, 2.
that's another story - «harina».
that's my own business - business, 1.
that's none of your business - business, 2.
that's the ticket - ticket, 2.
that won't do - do, 1.
that would make him turn in his grave - «cabeza», 8.
the more fool you/him, etc. - more, 1.
the one thing you swear... - «agua», 9.
there but for the grace of God... - «barbas», 2.
there isn't room to swing a cat in - «alfiler».
there will be hell to pay - hell, 4.
there's always room for one more - room.
there's as good fish... - fish, 9.
there's bad blood... - blood, 2.
there's honour among thieves - dog, 23 (sin.).
there's life in the old dog yet - dog, 28.
there's many slip... - «dicho».
there's more than meets the eye - «gato», 1, c).
there's more ways than one... - cat, 17.
there's no accounting for tastes - «gusto».
there's no getting away from it - there.
there's no love lost between them - love, 4.
there's no point in - point, 4.
there's nothing new under the sun - «sol», 2.
there's plenty more fish... - fish, 9.
there's something fishy here - «gato», 1 b).
there's something in the wind - wind, 5.
there's sth. rotten in the state of Denmark - «Dinamarca».
there's the rub - «pega», a) (sin.).
they could have knocked me down... - feather, 1.
thin as a rake - thin, 1.
think a lot of oneself (to) - think, 3.
think better of it (to) - think, 2.
think highly/the world of - think, 4.
think sth. over (to) - think over.
thin on top - thin, 2.
think that one's the cat's whiskers/pyjamas (to) - cat, 9.
third time lucky - third.
this way - way, 5.
thorn in one's side/flesh (a) - thorn.
three sheets to/in the wind - «tajado».

through thick and thin - «viento», 2 *c*).
throw a party (to) - *party*, 1.
throw a spanner in the works (to) - *spanner.*
throw a tantrum (to) - «perra».
throw down the gauntlet (to) - *throw*, 5.
throw in the towel/sponge (to) - *throw*, 6.
throw one's weight around/about (to) - *throw*, 7.
throw out a sprat to catch a whale/mackerel (to) - *sprat.*
throw sb. off the scent (to) - *throw*, 1.
throw sth. in a person's teeth (to) - «echar», 1.
throw to the lions (to) - *lion*, 4.
throw to the wolves (to) - *lion*, 4.
throw up one's hands/arms (to) - «cabeza», 13.
thrust down sb.'s throat (to) - *throat*, 1.
thumb a lift (to) - *thumb*, 3.
thumb one's nose at (to) - «burla», 2 *a*).
thumbs up - *thumb*, 8.
thunderstruck - *thunderstruck.*
tick off on a list (to) - *tick*, 2.
tick sb. off (to) - *tick*, 3.
tick sth. off on one's fingers (to) - *tick*, 1.
tickled pink/to death - *tickled.*
tiddly - «tajado».
tie up the loose ends (to) - «atar».
tie up the loose threads (to) - «atar».
tied to one's mother's apron strings - «falda».
tight - «tajado».
tighten one's belt (to) - «cinturón».
till hell freezes over - «esperar».
till the cows come home - «esperar», *b*).
time and again - *time*, 11.
time and tide wait for no man - *time*, 9.
time hangs heavy... - «mano», 1.
time is a great healer - *time*, 8.
time is money - *time*, 3.
time is up - *time*, 10.
timid as a rabbit - *as*, 1.
tip of the iceberg (the) - *tip*, 2.
tip the scales (to) - *turn*, 6.
tip-off (a) - «chivatazo».
tipsy - «tajado».
tired out - *tired*, 1.
tit for tat - *tit for tat.*
to a hair - *hair*, 6.
to a man - «hombre», 6.
to cut a long story short - «cuenta», 3 *c*).
to one's heart's content - «boca», 2.
to put it in a nutshell - «cuenta», 3 *b*).
to sb.'s face - *face*, 6.
to the backbone - *backbone.*
to the marrow - *blackbone.*

to the letter - «letra».
toady (a) - «pelota», 3 *a*).
toady to (to) - «coba» *b*).
toady (to) - «coba» *b*).
toe the line (to) - *toe*, 1.
toil like a black/nigger - *like.*
too bad - *bad*, 8.
too big for one's boots - *boot*, 1.
too good to be true - *too.*
too many cooks spoil the broth - *cook*, 1.
toot one's own horn (to) - «abuela», *sin.*
tooth and nail (to fight/defend) - «uña», 2.
top of the ladder (the) - *top*, 1.
top of the world - *top*, 2, y *fit*, 2.
top dog (the) - *dog*, 15.
topsy-turvy - «hombro», 3 *b*).
toss for it (to) - «cara», 3.
touch bottom (to) - *touch*, 3.
touch sb. for (to) - *touch*, 2.
touch wood (to) - *wood*, 2.
touchy - *touchy.*
tough egg (a) - *egg*, 3.
traffic jam (a) - *jam*, 2.
tread on air (to) - *air*, 4.
tread on sb.'s toes/corns (to) - *toe*, 4.
treat with kid gloves (to) - *handle.*
trial to (a) - *trial.*
trip (a) - *trip.*
trip up (to) - «zancadilla».
Trojan horse (a) - *horse*, 13.
trouble is (the) - *trouble*, 1.
troubles never come singly - «desgracias», 1.
true as steel - *as*, 1.
try one's hand at (to) - *hand*, 3.
try to save the world (to) - *world*, 4.
turn a blind eye (to) - «vista», 1.
turn a deaf ear (to) - *turn*, 8.
turncoat (a) - «camisa», 1.
turn on one's heels (to) - *heel*, 10.
turn one's back on (to) - *turn*, 9.
turn one's head (to) - «cabeza», 2.
turn one's stomach (to) - «estómago», 1.
turn over a new leaf (to) - «borrón».
turn sb. down (to) - «calabaza».
turn sth. to one's advantage (to) - «agua», 6.
turn tail (to) - *tail*, 1.
turn the scales (to) - *turn*, 6.
turn the other cheek (to) - *cheek*, 3, y *turn*, 11.
turn the tables (on) (to) - *turn*, 12.
turn turtle (to) - *turtle.*
turn up one's nose (to) - *turn*, 7.

turn up one's toes (to) - «pata», e), y toe, 5.
twice as much - twice.
twiddle one's thumbs (to) - thumb, 5.
twist sb. round one's little finger (to) - twist.
two's company, three's a crowd - «dos», 2.
two days running - running.
two heads are better than one - head, 16.
two wrongs don't make a right - wrong, 6.

U

unable to make head or tail of sth. - «cabeza», 9.
Uncle Sam - uncle.
under lock and key - «llave».
under one's nose - «nariz», 2.
under way - way, 11.
underdog (the) - dog, 15.
understand all is to forgive all (to) - understand.
united we stand, divided we fall - «unión», c).
unknown quantity (an) - unknown.
until hell freezes over - «esperar», b).
until the cows come home - «esperar».
up in arms - «trinar».
upper storey (the) - noodle (sins.).
upset the applecart (to) - applecart.
upside down - upside.
up to - up to.
up to one's ears - eye, 1.
up to one's eyes - eye, 1.
up to the neck - «agua», 5.
use your brains - brain, 1.
use your head - brain, 1 (sin.).
use your loaf - brain, 1 (sin.).

V

vanish into thin air (to) - vanish.
variety is the spice of life - variety.
vicious circle (a) - vicious.
visit from the stork (a) - stork.
voice crying in the wilderness (a) - voice.
vote by a show of hands (to) - hand, 22.

W

wait in the wings (to) - wait, 2.
wait on sb. hand and foot (to) - hand, 21.
wait till hell freezes over - «esperar», b).

wait to see which way... - cat, 4.
wait until the cows come home (to) - «esperar».
walk of life (one's) - walk.
walk out on sb. (to) - «plantar».
wallflower (a) - wall, 3.
walk on air (to) - air, 4.
walls have ears - «paredes».
wander from the point (to) - «tangente».
warts and all - «pelo», 8.
wash one's dirty linen in public (to) - wash.
wash one's hands of (to) - hand, 16.
wash up (to) - «plato», 3.
waste not want not - waste.
watched pot never boils (a) - pot, 3.
water off a duck's back - duck, 2.
water under the bridge - water.
way to a man's heart... (the) - heart, 22.
ways and means - way, 18.
we are all in the same boat - boat, 2.
we don't like you, Dr. Fell - Fell.
we had it coming - come, 1.
we never miss the water... - «Santa Bárbara».
weak in the head (to be) - «cabeza», 5 d).
weak spot (a) - spot, 4.
wear and tear (the) - wear, 3.
wear one's heart on one's sleeve (to) - heart, 5.
wear the trousers (to) - «pantalones».
weather permitting - weather.
weather the storm (to) - «capear».
well begun is half done - well.
we'll cross the bridge... - bridge.
well-heeled - loaded, b).
well in hand - hand, 12.
well off - well off.
well-to-do - well-to-do.
well, well! Honey is not for... - «asno», 2.
we're even, Stephen - Stephen.
were your ears burning? - ear, 3.
wet as a drowned rat - wet, 1.
wet behind the ears (to be) - ear, 15.
wet blanket (a) - «aguafiestas».
wet one's whistle (to) - whistle, 4.
wet through - wet, 2.
we've got your number - number, 1.
what about - what, 1.
what a mess - «lío», 1.
what a nuisance - «lata», 1 a).
what a pity - «lástima» a).
what a shame - «lástima» b).
what are you driving at? - drive, 2.
what beats me - beat.
what can I do for you? - what, 3.

what can't be cured must be endured - what, 4.
what on earth - earth, 1.
what the eye doesn't see... - «ojo», 5.
what will Mrs. Grundy say? - Grundy.
what with... and - what, 5.
what with one thing and another - «pito», 2.
what's bred in the bone... - «genio», b).
whats' eating you? - what, 6.
what's sauce for the goose... - «moros».
what's the damage? - what, 7.
what's the matter - matter, 2.
what's the matter with - matter, 3.
what's the point of - point, 4.
what's the use of - point, 4.
what's up - what, 2.
what's wrong with - wrong, 5.
what's yours? - yours, 2.
when in doubt don't - doubt.
when in Rome do as the Romans do - when.
when pigs fly - pig, 8.
when the cat's away the mice will play - cat, 5.
where it's at - where.
where on earth - earth, 1.
where the action is - where.
where there's a will there's a way - «querer».
which came first the chicken or the egg - chicken, 5.
while away the time (to) - while, 1.
while there's life there's hope - «esperanza», 2 a).
while we're about it - «faena», 2.
whistle for (to) - whistle, 1.
white as a sheet - «blanco», 1.
white elephant (a) - elephant, 2.
white lie (a) - white, 2.
who on earth - earth, 1.
why on earth - earth, 1.
wild-goose chase (a) - goose/geese, 5.
willing horse (a) - horse, 22.
win hands down (to) - win, 1.
win the day (to) - win, 2.
wise after the event - wise.
wise as an owl - owl, 1.
witch-hunt - witch.
with flying colours - come, 13.
with it - with, 1.
with one stroke - «plumazo».
with one's tongue hanging out - «lengua», 4 c).
with one's tongue in one's cheek - tongue, 3.

with the best of them - with, 2.
with the naked eye - eye, 30.
within a stone's throw - stone, 2.
without rhyme or reason- rhyme.
wolf (a) - wolf, 4.
wolf in sheep's clothing (a) - wolf, 1.
wolf whistle (a) - wolf, 8.
Wooden Horse of Troy (the) - horse, 13.
wooden spoon (the) - «farolillo rojo».
word is enough to the wise (a) - nod.
work like a beaver (to) - beaver, 3.
work like a horse/slave/nigger, etc... (to) work, 3.
work of a moment (the) - «santo», 6.
work one's fingers to the bone (to) - work, 1.
work wonders (to) - work, 5.
world is sb.'s oyster (the) - oyster, 2.
worth one's weight in gold - worth.
worth one's while - while, 4.

Y

year dot (the) - «año», 1.
you can call it a day - day, 1.
you can see it a mile away/off - you, 2.
you can stuff it up your... - «culo», 2.
you can take a horse to water... - horse, 14.
you can't get blood out of a stone - «pera», 2.
you can't have it both ways - way, 10.
you can't have your cake and eat it - cake, 1.
you can't judge a book by it's cover - you, 3.
you can't make a silk purse... - «mona».
you can't make an omelette without breaking eggs - pains (sin.).
you can't teach an old dog... - dog, 16.
you can't teach your grandmother - egg, 7.
you could have heard a pin drop - «mosca», 7.
you mark my words - mark.
you name it - you, 5.
you never know - you, 6.
you're telling me - «decir», 1.
you've never had it so good - you, 1.
your guess is as good as mine - your.
your slip is showing - «plumero» b).
you scratch my back and... - scratch.
yours truly - yours, 1.

A

a años luz de - *streets*.
a bocajarro - *point-blank*.
a bombo y platillo - «bombo», 2.
a buenas horas (mangas verdes) - «hora» 2.
a buen entendedor... - *nod*.
a buen hambre... - «hambre», 1.
a caballo regalado... - *horse*, 1.
a caso hecho - «propósito», 2.
a diestro y siniestro - «diestro».
a Dios lo que es de Dios - «Dios», 6.
a Dios rogando... - «Dios», 1.
a disposición de - *at*, 9.
a dos velas - *broke*.
a enemigo que huye, puente de plata - *back*, 2, y «enemigo».
a escote - *Dutch*, 4.
a espaldas de - *back*, 3.
a falta de pan... - «pan», 1, y *storm*.
a gatas - «gatas».
a grandes rasgos - *broadly*.
a grandes males, grandes remedios - «males».
a hacer y a no hacer - *do*, 15.
a juzgar por las apariencias - *face*, 7.
a la cuarta pregunta - *broke*.
a la fuerza ahorcan - *devil*, 2.
a la larga - «larga».
a la medida - *off*, 7.
a la moda - *with*, 1.
a la orden del día - *day*, 15.
a la tercera va la vencida - *third*.
a la última - *with*, 1.
a la vuelta de la esquina - *corner*, 1.
a las órdenes de - *at*, 9.
a las puertas de la muerte - «puertas», 1.
a lo hecho, pecho - *what*, 4, y «agua», 1.

a los pies de - *feet*, 4.
a mano - *hand*, 39, y *on*, 6.
a medias - *Dutch*, 4, y *go*, 11.
¡a mí me lo vas a decir! - «decir», 1.
a mí, plin - *Jack*, 1.
a mí, ¿qué me cuentas? - *Jack*, 1.
a mí que me registren - *search*.
a modo de - *by*, 8.
a no ser por - *but*.
a ojo de buen cubero - «ojo», 12.
a otro perro con ese hueso - *marines*.
a partir de cero - «borrón».
a partir un piñón - «uña», 1.
a paso de tortuga - *snail*.
a pasos agigantados - *by*, 5.
a patitas - *leg*, 6.
a pedir de boca - «boca», 2.
a pie - «pie», 4, y *leg*, 6.
a plena luz del día - *broad*.
a primera hora - *first*, 4.
a propósito - «propósito».
a punto de - *about*, 1.
a quemarropa - *point-blank*.
a quien madruga... - «madrugar».
a quién se le ocurre - *idea*.
a río revuelto - «río», 2.
a salvo - *as*, 1 *(as safe...)*.
a sangre fría - *blood*, 4.
a sangre y fuego - «sangre».
a simple vista (sin ayuda de ningún instrumento) - *eye*, 30.
a sus pies - *feet*, 4.
a tiro de piedra - *stone*, 2.
a tocateja - *cash*, 1.
a toda costa - «costa».
a tontas y a locas - *by*, 3.
a tenor de las circunstancias - *on*, 10.
a trompicones - *by*, 3.
a un paso - *stone*, 2.

abejas y las flores (las) - *bird*, 6.
abogado del diablo (el) - *devil*, 7.
abordar al león en su madriguera - *lion*, 2.
abrir bien los ojos - «ojo», 1.
abrir los ojos a - *eye*, 12.
abrirse los ojos - «ojo», 3.
abuchear - *bird*, 12.
aburrimiento (un) - «rollo», 1.
aburrirse como una ostra - «aburrirse».
aburrirse soberanamente - «aburrirse».
acelera - *step*, y *leg*, 4.
aceptar lo inevitable - *come*, 6 *b*).
acojonar - *scared*, 3 (rel.).
acostarse temprano y levantarse... - *early*.
actividad placentera - *cake*, 3.
actuar para la galería - *play*, 8.
acudir inmediatamente - *hat*, 4.
adaptarse con facilidad - *duck*, 4.
adicto a la droga - *have*, 10 *b*), y *hooked*.
admitir la derrota - *throw*, 6.
adular rastreramente - *boot*, 7.
aflojar la mosca - *cough*.
agachar la cabeza - *head*, 24.
agarrarse a un clavo ardiendo - «clavo», 1, y *storm*.
aguantar carretas y carretones - *take*, 13.
aguantar el chaparrón - *take*, 13.
aguantar el tipo - *keep*, 5.
agua pasada no mueve molino - «agua», 1.
aguar la fiesta - *applecart*.
agudo (muy) - *as*, 1 *(as sharp...)*.
aguafiestas - «aguafiestas».
aguzar el oído - *prick*.
ahogar las penas en vino - *drown*.
ahogarse en un vaso de agua - «montaña».
ahora estamos en paz/empatados - *Stephen*.
ahora o nunca - *now*, 4.
ahora que caigo - «caer», 1.
ahora te toca a ti - *ball*, 1.
ajustar cuentas - «cuentas», 2.
ajuste de cuentas - «cuentas», 10 (rel.).
al aire libre - *air*, 1.
al atardecer - *wolf*, 6.
al azar - *random*.
al borde de la separación - *rock*, *b*).
al caer el día/la tarde - *wolf*, 6.
al contado - *cash*.
al contado rabioso - *cash*.
al dar las - *on*, 11.
al dedillo - *finger*, 3.
al día - *with*, 1.
al diablo con todo - *damn*, 2, y *hang*.
al freír será el reír - *laugh*, 3.

al loro (estar) - *ball*, 2.
al mal tiempo, buena cara - «tiempo» y *job*.
al pan, pan, y al vino, vino - «pan», 2.
al perro flaco todo se le vuelven pulgas - *rain*, 1.
al pie de la letra - «letra».
al pie del cañón - *where*.
al pum, pum - *cash*, 1.
al revés - *inside* y *way*, 6.
alardear - *shoot*, 1.
alcohol (el) - *booze*.
alegre/bebidillo - «tajado», *f*).
alegre como unas castañuelas/pascuas - *happy*, 2.
alerta (estar) - *ball*, 2.
algo completamente diferente - *fish*, 6.
algo de comer - *bite*, 3.
algo huele a podrido en Dinamarca - «Dinamarca».
algo se está cociendo - *wind*, 5.
algo se está tramando - *wind*, 5.
algo tarde - *day*, 11.
allanar el camino - *pave*.
amante de la soledad - *wolf*, 5.
amarillo de envidia - *green*, 2.
ambiente cargado - «cargado».
amóldate a lo que tienes - *cut*, 9.
amor a primera vista - *love*, 3.
amor de un hombre pasa por... (el) - *heart*, 22.
amor es ciego (el) - *blind*, 5.
¡anda ya! - *go*, 9, *get away*, 3 y *get on*, 3.
andar de capa caída - «capa».
andar en misa y repicando (en la procesión) - *hare*.
andar pisando huevos - «huevo», 4.
andarse con cumplidos - «cumplidos».
andarse con chiquitas - «chiquitas».
andarse con pies de plomo - «pie», 8, y *skate*.
andarse con rodeos - *bush*.
andarse por las ramas - *bush*.
ande yo caliente... - *do*, 8.
animarse - *heart*, 21 (cf.).
ante todo - *first*, 6.
antes que nada - *first*, 6.
antes se coge a un mentiroso - «mentiroso».
anticuado - *out*, 1, y *square*, 3.
añadir leña al fuego - *pour*, 1.
año catapum - «año», 1.
año de la pera (el) - «año», 1.
año de maricastaña (el) - «año», 1.
aparecérsele a uno la Virgen - «Virgen», 1.
apariencias engañan (las) - *you*, 3.

apearse del burro - «burro», 2.
apetecer - *feel*, 1.
aplacar los ánimos - *pour*, 2.
apostar al perdedor - *horse*, 19.
apretar los tornillos - *put*, 13.
apretarse el cinturón - «cinturón», y
   pinch, 1.
aprovecharse de - *cash*, 2.
aprovecharse de los conocimientos de
   otro - *brain*, 6.
apuntarse un tanto - «tanto».
aquí hay gato encerrado - «gato», 1.
arar en la mar - *flog*.
arder en deseos de - *wait*.
arma de dos filos (un) - «arma».
armado hasta los dientes - *tooth/teeth*, 1.
armar bronca - *raise*, 2.
armar la marimorena - «marimorena».
armar un escándalo - *raise*, 1.
armar un gran revuelo - *cat*, 16 y *dust*, 1.
armarse de paciencia - *take*, 1.
armarse de valor - «tripas».
arreglárselas - *muddle*.
arreglárselas para - *manage*.
arrieritos somos y... - *dog*, 10.
arriesgarlo todo - *neck*, 2.
arriesgarse - *chance*, 4, y *run*, 4.
arrimar el ascua a su sardina - «agua», 6.
arrimar el hombro - «hombro», 2.
arrimarse al sol que más calienta -
   «sol», 1.
arruinado - *down*, 2.
arrojar el guante - *throw*, 5.
asno (ser un) - «asno», 1.
así como así - *off*, 5 *a*).
así se las ponían a Fernando VII -
   «Fernando», 1.
astuto como un zorro - *fox*.
asunto (un) - *bit*.
atacar los nervios - *back*, 16, y *hair*, 3.
atacar severamente - *come*, 8.
atacar un problema - *get to grips*.
atajo (un) - «atajo».
atar de pies y manos - *hand*, 4.
atar los cabos sueltos - «atar».
atar los perros con longaniza - «perro», 3.
atraer la atención de - *eye*, 11, y *steal*, 3.
atragantarse - *throat*, 2.
aunque la mona se vista de seda... -
   «mona», y *bird*, 18.
avaricia rompe el saco (la) - «abarcar».
ave de paso - *bird*, 9.
avanzar - *head*, 25.
ave nocturna - *owl*, 2.
aventajar en mucho a - *head*, 23.
azotea (la) - *noodle*.

B

bailar al son que le tocan a uno -
   «bailar».
bajar de las nubes - *come*, 5.
bajar la cabeza - *head*, 24.
bajar los humos - *peg*, 1, *knock*, 4, *wind*,
   3 y «burro», 2.
bajo control - *hand*, 12.
bajo llave - «llave».
bajo ningún concepto - *on*, 2.
barrer para adentro - *number*, 2. (ejemplo).
base (la) - *rank*.
beber como una cuba - *fish*, 12.
beber como una esponja - *fish*, 12, y
   «borracho».
beber como un cosaco - *fish*, 12.
beber los vientos por - «viento», 1.
bebida (la) - *booze*.
bebidillo - «tajado».
bebido - «tajado»; *loaded*, y *out*, 3 *b*).
belicoso (ser muy) - *chip*, 1.
bicho malo (un) - «bicho», 1.
bicho malo nunca muere - «bicho», 3.
bicho raro (un) - «bicho», 2.
bien de salud - *hare; in*, 2, y *right*, 3.
bien está lo que bien acaba - «bien».
bien por - *thumb*, 8.
birlarle a uno algo - *do*, 12.
blanco como la pared/cera - «blanco», 1.
blanco fácil (un) - *duck*, 5.
blasfemar como un cochero - *swear*, 1.
bocado (un) - *bite*, 3.
bocado exquisito (un) - «bocado».
boccato di cardinale - «bocado».
bocazas (un) - *mouth*, 2.
bola y la cadena (la) - *ball*, 3.
bofetón en la cara (un) - *face*, 9.
bombón (un) - *dish* (y).
bonita suma (una) - *pretty*, 2.
bonito lío - *fish*, 7.
borracho - «borracho»; «tajado», y
   world, 5 *b*).
borracho como una cuba - «borracho».
borrón y cuenta nueva - «borrón».
broma (una) - *lark*, 1.
bruscamente - *off*, 5 *b*).
buen paño en el arca se vende (el) -
   «paño».
buena nota - *full*, 3.
buena presa - *fair*, 2.
buenos (los) - *goodies*.
buenos viejos tiempos (los) - *day*, 9.
bueno está lo bueno - «bueno».
burro de carga - *dog*, 30.

buscar la lengua - «lengua», 5.
buscar las cosquillas - «cosquillas», 3.
buscar pelea - «lengua», 5.
buscar por todas partes - *high*, 3.
buscar una aguja en un pajar - «aguja».
buscarle tres pies al gato - «gato», 2.
buscársela - *ask*, 1.
búsqueda inútil (una) - *goose/geese*, 5.

C

caballo - *horse*, 10.
caballo de batalla (el) - «caballo», 3.
caballo de carga (un) - *horse*, 22.
caballo de Troya (el) - *horse*, 13.
caballo, la esposa y la espada... (el) - *horse*, 11.
cabeza de chorlito - «cabeza», 10.
cabeza de turco - «cabeza», 11.
cabezota - «cabezota».
cabrear - *goat*.
caca - *number*, 2 *b*).
cada maestrillo tiene su librillo - *cat*, 17.
caer chuzos de punta - «llover».
caer de pie - «caer», 4.
caer en la trampa - *fall*, 2.
caer en saco roto - *ear*, 11.
caer gordo - «tragar» y *rub*.
caerse con todo el equipo - *cook*, 2.
caerse cuan largo se es - *face*, 10 *a*).
caerse de bruces - *face*, 10 *a*).
caerse el pelo - «pelo», 4.
caerse la baba - «baba».
café, café para todos - «moros».
cagado de miedo - *scared*, 3.
calado hasta los huesos - *soaked; wet*.
calar - *number; see through*.
calderilla - *chicken*, 3.
calumnia que algo queda - «fama».
calzonazos - *hen-pecked*.
callado como una tumba/un muerto - *as*, 1 *(as silent...)*.
callarse la boca - *tongue*, 2.
callejón sin salida (un) - *blind*, 2.
camarón que se duerme... - «dormir», 2 (ejemplo).
cambiar de mano - *change*, 3.
cambiar de opinión - *change*, 1.
cambiar de opinión en mitad de camino - *horse*, 6.
cambiarse de camisa - «camisa», 1.
cambiarse las tornas - *turn*, 12.
camello (un) - *mule*, 1.
cancelar - *axe*, 2 *b*).
cantar de plano - *blow*, 1, y «gallina», 4.
cantar la gallina - «gallina», 4, *blow*, 1.

cantar las cuarenta - «cuarenta».
canto del cisne - *swan*, 1.
capear el temporal - «capear».
cara a cara - *face*, 8.
cara o cruz - «cara», 2.
cara, yo gano; cruz, tú pierdes - «cara», 3 (hum.).
carabina de Ambrosio (la) - «carabina», 2.
caradura - «cara», y *as*, 1 *(as bold...)*.
carca - *square*, 3.
carente de interés (algo) - *duck*, 6, y *flat*.
cargar con la culpa - *foot*, 5.
cargar el muerto - «muerto», 1; *pin*, 1.
cargarse a alguien - «cargarse».
cargársela - «pelo», 4.
caridad bien entendida empieza por uno mismo (la) - «caridad».
carne de cañón - *cannon*.
carrera de ratas - *rat*, 2.
carroza (un) - *square*, 3.
carta blanca (dar/recibir) - *hand*, 24.
casarse - *hitched*.
cascarilla (en un juego) - «cascarilla».
casi calvo - *thin*, 2.
casi regalado - «perras».
catear - *flunk*.
causar buena/mala impresión - *cut*, 5, *b*).
causar estragos - *play*, 4.
cavarse su propia tumba - *grave*, 2.
caza de brujas - *witch*.
cazarlas (cogerlas) al vuelo - *quick*, 4.
ceder - *give*, 6, y *way*, 7.
cerdo (asqueroso) (un) - *pig*, 2.
cerdo machista (un) - *pig*, 3.
cerebro (el) - *brain*, 7.
cero a la izquierda (un) - «pintar».
cerrar el pico - «pico».
cerrar los ojos a la realidad - «avestruz».
ciego - «tajado».
cielos - «Dios, 4 *c*) y *heaven*, 1.
cierto (muy) - *as*, 1 *(as sure...)*, y *hell*, 5.
cita a ciegas (una) - *blind*, 7.
clavar - «clavar».
cobardica (ser un) - *chicken*, 4.
coche, la esposa y la pluma... (el) - *horse*, 11.
coche de San Fernando... (en el) - «Fernando», 2.
coger a contrapié - *foot*, 6.
coger al toro por los cuernos - *bull*, 1.
coger con las manos en la masa - *red-handed*.
coger desprevenido - *catch*, 2 y 4.
coger el tranquillo - *knack*.
coger el truco - *knack*.

coger en caliente - *iron*, 1.
coger en un mal momento - *foot*, 6.
coger «in fraganti» - *red-handed*.
coger gusto - *bug*, 1.
coger onda - *get wind*.
coger una «pea» - «tajado».
coger una perra/rabieta - «perra».
cogerse los dedos - «dedos».
cogidos de la mano - *hand*, 11.
cogorza (pillar una) - «tajado».
colarse - «colarse».
«colgao» - *hooked*, y *monkey*, 5.
colgar las botas - *boot*, 6.
«colocao» - *high*, 1, y «tajado».
colorado como un tomate - *colorado*, 2.
comer a dos carrillos - «carrillos».
comer como los pavos - «pavo», 4.
comer como una lima - «comer», 1.
comer como un cerdo - *pig*, 5.
comer de lo que haya - *pot*, 1.
comer el coco - «comer», 2.
comer pavo - *wall*, 2.
comer por los ojos - *eye*, 7.
comida - *grub*, y *chow*.
comidilla general - *town*, 2.
como anillo al dedo - «anillo».
como cualquier hijo de vecino - *more*, 3.
como el gallo de Morón... - «gallo», 4.
como el primero - *with*, 2.
como el que más - *with*, 2.
cómo es que (¿cómo es eso?) - *come*, 11.
como gallina en corral ajeno - *water*, 4,
   y «gallina», 5.
como dos gotas de agua - «gota», 2.
como gallo en corral ajeno - «pez», 4.
como las propias rosas - *fit*, 2, y *as*, 1
   (as fresh...).
como mandan los cánones - *Hoyle*.
como moscas - «moscas», 3.
como para echarse a llorar - *enough*, 2.
como pez en el agua - *element*.
como pez fuera del agua - *water*, 4.
como por ensalmo - *blue*, 1.
como puede verse - *face*, 7.
como un cencerro - *mad*.
como un cerdo degollado - *pig*, 4.
como un corderito - *lamb*, 1-2.
como un cordero al matadero - *lamb*, 2.
como un gato sobre un tejado de cinc -
   cat, 23.
como un loro - *parrot*.
como un reloj - «ruedas».
como un solo hombre - «hombre», 6.
como un trapo rojo a un toro - *bull*, 9.
como una balsa - *as*, 1 *(as calm...)*.
como una cuba - «tajado».
como una «regadera» - *mad*.

como una chiva - *mad*.
¿cómo va eso? - *how*.
como vino al mundo - *birthday*.
comparaciones son odiosas (las) - *comparisons*.
competencia feroz/despiadada - *rat*, 2,
   y *dog*, 22.
completamente muerto - «muerto», 3.
completo/total - *out*, 2.
comportarse como un cerdo - *pig*, 7.
comprar a ciegas - «gato», 3.
comprender es perdonar - *understand*.
comprender una indirecta - *take*, 6.
compuesta y sin novio - «compuesta».
comulgar con ruedas de molino - «comulgar».
con cuatro perras - *on*, 5.
con el ánimo por los suelos - *heart*, 7.
con hielo - *rock*, *c*).
con la boca pequeña - *tongue*, 3.
con la lengua fuera - «lengua», 4.
con las orejas gachas - *flea*.
con las puntas de las hojas dobladas -
   dog, 9.
con los nervios de punta - *edge*.
con los ojos cerrados - *day*, 19.
con los pies colgando - «gallo», 4.
con mucha diferencia - *by*, 9.
con mucho - *by*, 9.
con pelos y señales - «pelo», 8, y *hair*, 6.
con poco pelo - *thin*, 2.
con toda claridad - *fair*, 1 *b*).
con toda franqueza (de una crítica) -
   shoulder, 5.
con toda honradez - *fair*, 1 *a*).
con todo a su favor - *sit*, 1.
con todo lujo de detalles - *hair*, 6.
con un pie en la tumba - «puertas», 1.
con una mano detrás y otra delante -
   «mano», 8.
conceder un margen de confianza -
   give, 5.
conejillo de indias (un) - *pig*, 10.
confesar - «gallina», 4, y *clean*, 4.
conocer como la palma de la mano -
   «mano», 2.
conocer de toda la vida - «conocer».
conocer de vista - *know*, 8.
conocer el oficio - *know*, 3, y 7.
conocer el percal - *know*, 3.
conocer metido en un saco - «saco», 2.
conquistar - *take*, 16 *b*).
conquistador - *wolf*, 4.
conservar la sangre fría - *play*, 5.
conservar los pies en el suelo - *feet*, 5.
consíguelo a cualquier precio/como sea -
   beg, 2.

consumirse de pena - *heart*, 11.
consultar con la almohada - «almohada».
contados (escasos/muy pocos) - *few*.
contar con - «contar», 1.
contar con los dedos - *tick*, 1.
contar ovejas - *sheep*, 2.
contar un chiste - *crack*
contener la risa - *face*, 2.
contestar mal - *head*, 13.
continuar siendo válido/cierto - *hold*, 3.
contra viento y marea - «viento», 2 *b*).
contribuir a la desgracia/destrucción de - *nail*, 3.
controlado - *hand*, 12.
controlar los cordones de la bolsa - *hold*, 4.
coñazo (un) - «pesado», *d*).
copión - *cat*, 12.
corre de mi cuenta - «cuenta», 4.
correr con los gastos - *foot*, 5.
correr un riesgo - *run*, 4.
correrla - *town*, 1.
correrse como la pólvora - *spread*.
corriente y moliente - «corriente», 2.
cortados por el mismo patrón - *tarred*.
cortar - *axe*, 2 *b*).
cortar de raíz - *nip*.
cortar el rollo - «rollo», 2; *come*, 12, y *cut*, 10.
cortar las alas - *clip*.
cortar por lo sano - *foot*, 1.
cosa está negra (la) - *black*, 8.
cosa no está tan negra como dicen (la) - *black*, 8.
cosa rara - *oddly*.
cosas claras y el chocolate espeso (las) - «pan», 2.
cosas que pasan - *thing*.
cosas sueltas - *odds*, 3.
coser y cantar - «coser»; *easy*, 3, y *cinch*.
costar trabajo - *go*, 8.
costar un huevo - «huevo», 1.
costar un ojo de la cara - «ojo», 9.
costar un riñón - «ojo», 9.
costilla (la) - «parienta».
creer con reservas - *take*, 4.
creerse el ombligo del mundo - *cat*, 9.
creérselo - «cabeza», 7.
creído - *shirt*, 1 y *boot*, 1.
crema (la) - *pick*, 4.
cresta de la ola (la) - *top*, 1.
cría mala fama... - «fama».
cría cuervos... - «cuervos».
criar malvas - «muerto», 4.
criatura - *thing*, 2.

crisma (la) - *noodle*.
crispar los nervios - *wall*, 1; *nerves; back*, 16, y *hair*, 3.
criticar severamente - *come*, 8, y *roast*.
crucificar - *roast*.
cruzársele a uno los cables - *blow*, 7.
cuajar - *catch*, 3.
cualquier tiempo pasado fue mejor - *grass*, 3.
cualquier puerto es bueno... - *storm*.
cuando el gato no está... - *cat*, 5.
cuando el río suena... - «río», 1.
cuando las barbas de tu vecino... - «barbas», 2.
cuando las ranas críen pelo - «esperar», *a*).
cuando los cerdos vuelen - *pig*, 8.
cuando se quiere acordar - *first*, 3.
¡cuándo te has visto en otra! - *you*.
cuatro gatos - «gato», 10.
cuatro ojos ven más que dos - «ojo», 2.
cubrir gastos - *even*, 2.
cubrir las apariencias - «apariencias».
cuenta (la) - *what*, 7.
cuentas de la lechera (las) - *chicken*, 2.
cuento chino (un) - *cock*, 3.
cuento de viejas - *old*, 4.
cuesta mucho trabajo ganar el dinero - *money*, 1.
culillo de mal asiento - *stone*, 4.
cumplir condena - *bird*, 10.
cumplir la palabra dada - *good*, 1.
curarse en salud - «curar».
curiosidad mata al hombre (la) - *cat*, 13.

CH

chapuza (una) - «chapuza».
charlatán - *talker*.
chiflado - «chiflado».
chiflado por - *into* y *have*, 7.
chirimoya (la) - *noodle*.
chivatazo - «chivatazo».
chivato- «chivato».
chivo expiatorio - «cabeza», 11.
chócala - *put*, 5.
chochear - *gaga*.
chorla (la) - *noodle*.
chuleta - *crib*.
chupado - *easy*, 3, y *cinch*.
chupar del bote - *train*.
chutarse - *shoot*, 2.

D

da lo mismo - *six;* y *as,* 1 *(as broad...).*
dalo por hecho - *as,* 2.
dar calabazas - «calabazas».
dar carnada - *sprat.*
dar carta blanca - *hand,* 24.
dar casi un ataque - *kittens.*
dar cien patadas - «tragar»; *rub,* 3, y *skin,* 1.
dar coces contra el aguijón - *kick,* 5.
dar con la puerta en las narices - «nariz», 1.
dar con queso - «queso».
dar de lado - «lado».
dar de mano - *knock,* 2.
dar dentera - *set,* 2.
dar el brazo a torcer - *hold.*
dar el coñazo - «pesado», *c).*
dar el corte - *axe,* 2.
dar el golpe - «golpe», 2, y *go,* 20.
dar el tostón - «pesado», *c).*
dar en bandeja - «bandeja».
dar en el blanco - «blanco», 2.
dar en el clavo - «clavo», 2.
dar en la nariz - «nariz», 3.
dar esquinazo - «esquinazo».
dar gato por liebre - «gato», 3.
dar horror - «susto», 2.
dar jabón - «coba»; «jabón», 1, y «pelota», 2.
dar la cara - *face,* 3.
dar la coba - «coba».
dar la espalda - *turn,* 9.
dar la lata - «lata», 2.
dar la mano y tomarse el brazo - *give,* 3.
dar la nota discordante - *strike,* 3.
dar la patada - *boot,* 3.
dar la vuelta a la tortilla - *turn,* 12.
dar lo mismo - *as,* 1, y *six.*
dar lugar - «pie».
dar mano libre - *hand,* 24.
dar marcha atrás - *feet,* 2.
dar media vuelta e irse - *heel,* 10.
dar mucha guerra - *monkey,* 9.
dar mucha lata - *monkey,* 9.
dar mucho susto - «susto», 2.
dar para el pelo - *knock,* 1, «jabón», 2.
dar paso a - *way,* 7 *b).*
dar pie - «pie», 10.
dar plantón - «plantón».
dar poca importancia - *make,* 19.
dar por sentado - *take,* 3.
dar por supuesto - *take,* 3.
dar puerta - *give,* 10.
dar que hablar - *tongue,* 8.
dar que hacer - *trial.*

dar que pensar - *thought,* 3.
dar rienda suelta a - *vent.*
dar sopas con onda - «queso».
dar suficiente cuerda - *rope,* 3.
dar una cabezadita - *forty.*
dar una de cal y otra de arena - *blow,* 4.
dar una vuelta - *spin.*
dar un gallo para recibir un caballo - *sprat.*
dar un jabón - «jabón», 2.
dar un paseo - «paseo», 2.
dar un sablazo - *put,* 14, y *touch,* 2.
dar un susto - «susto», 1.
dar un telefonazo - «telefonazo».
darse aires - *airs,* y *dog,* 29.
darse aires de importancia - «burro», 2.
darse con la cabeza contra la pared/un muro - *head,* 17.
darse el bote - *heel,* 2.
darse importancia - *throw,* 7.
darse la gran vida - *Riley.*
darse la mano - *hand,* 6.
darse mucho bombo - «abuela».
darse por vencido - «vencido».
darse prisa - *leg,* 4.
darse un batacazo - *come,* 7.
dársele a uno bien algo - *way,* 3.
dársele a uno bien la jardinería - *finger(s),* 4.
date prisa - *step,* y *leg,* 4.
de acuerdo con las reglas/normas - *Hoyle.*
de a pie (los) - *rank.*
de aúpa - «órdago».
de baja - *leave,* 2 *b).*
de bandera - *dish (y).*
de boquilla - *lip,* 6.
de bote en bote - *full,* 2.
de buen grado - *hat,* 4.
de buenas a primeras - *first,* 3.
de buenas intenciones está empedrado... - *hell,* 3.
de capa caída - «capa».
de casta le viene al galgo - «astilla».
de cero - *start,* 2.
de cotilleo (estar) - *chew,* 3.
de higos a brevas - *once,* 2.
de la noche a la mañana - «noche».
de labios para afuera - *tongue,* 3 y *lip,* 6.
de las aguas mansas me libre Dios - «agua», 8.
de memoria - *heart,* 6.
de menos seso que un mosquito - «mosquita/o», 2.
de mil amores - *hat,* 4.
de ningún modo - *by,* 6.

de ninguna manera - *way*, 12.
de noche todos los gatos son pardos - *cat*, 7.
de no ser por - *but*.
de palabra - *word*, 4.
de palique (estar) - *chew*, 3.
de perdido, al río - «río», 3.
de perlas - *fit*, 3.
de permiso - *leave*, 2 *a*).
de perros - «perro», 10.
de pies a cabeza - «cabeza», 6.
de primera - *fit*, 2.
de punta a cabo - *toe*, 2.
de punta en blanco - «punta».
¿de qué sirve...? - *point*, 4.
de sopetón - *point-blank*.
de tal palo, tal astilla - «astilla».
de tamaño natural - *life*, 1.
de todo corazón - *heart*, 15.
de un humor de perros - *bear*, 2, y *as*, 1 *(as cross...)*.
de un plumazo - «plumazo».
de una vez por todas - *once*, 4.
de verano en verano - *once*, 2.
de vez en cuando - *now*, 2.
débiles (los) - *dog*, 15.
decidirse - *make*, 9.
decir con la boca pequeña - *tongue*, 3.
decir cuatro cosas - «cuarenta».
decir de labios para afuera - *tongue*, 3.
decir entre dientes - *tooth/teeth*, 5.
decir la última palabra - *word*, 2.
decir las verdades del barquero - «cuarenta».
dechado de perfecciones (un) - «dechado».
defender con uñas y dientes - «uña», 2.
defenderse como gato panza arriba - «uña», 2.
dejar a uno el muerto - «muerto», 1.
dejar abandonado - *high*, 2.
dejar boquiabierto - *take*, 8.
dejar colgado - «gallo», 4.
dejar con los pies colgando - «gallo», 4.
dejar correr - «correr», 1.
dejar de molestar - *back*, 18 *b*).
dejar embarazada - *knock*, 5.
dejar en la estacada - «estacada» y *let*, 3.
dejar en paz - *leave*, 4, y *back*, 18 *b*).
dejar en ridículo - *monkey*, 2.
dejar frío - *cold*, 8.
dejar fuera - *cold*, 9.
dejar indiferente - *cold*, 8.
dejar la bebida - *swear*, 2, y *waggon*, 1.
dejar las cosas en claro - *get it straight*.
dejar mucho que desear - «dejar».

dejar para el arrastre - *cook*, 2.
dejar pasar demasiado tiempo (no) - *feet*, 6.
dejar plantado - «plantar».
dejar por imposible - *bad*, 3.
dejar que algo se escape de entre las manos - *finger*, 7.
dejar recado - *leave*, 5.
dejar tieso - *bleed*.
dejar tirado - *high*, 2.
dejar tranquilo - *back*, 18 *b*).
dejarse caer - *drop*, 3.
dejarse dominar por - *way*, 7 *a*).
dejarse llevar por el instinto - *nose*, 8 *b*).
déjate de tonterías - *come*, 12.
delante de las narices - *nariz*, 2.
delator - *pigeon*, 4.
del árbol caído todos hacen leña - «árbol», 2.
del dicho al hecho... - «dicho».
del mal, el menos - *job*.
demasiado bueno para ser verdad - *too*.
demasiados cocineros... - *cook*, 1.
demasiado tarde - *day*, 14.
dentro de cien años todos calvos - «año», 2.
dentro de lo posible - *on*, 7.
deprimido - *feel*, 2 y 3.
derrochar - «dinero», 4, y *duck*, 3.
derrumbarse - *fall*, 4.
desahogarse - *get it off* y *let*, 2.
desanimarse - *heart*, 21.
desatar la lengua - *draw*, 7.
descabellado (algo) - *fool*, 1.
descargar la conciencia - *breast*.
descolgarse - *monkey*, 6.
descubrir el juego a - *call*, 7.
descubrir las cartas - *give*, 7.
descubrirse ante - *hat*, 2.
desear la mejor de las suertes - *best*, 2.
desembuchar - *spill*.
desengancharse - *monkey*, 6.
desgaste/deterioro por el uso - *wear*, 3.
desgracias nunca vienen solas (las) - «desgracias».
desharrapado - *heel*, 7.
desheredados (los) - *dog*, 15.
desheredar - *cut*, 7.
deslomarse - *back*, 5.
desmandarse - *hand*, 13.
desmayado - *out*, 3 *a*).
desnudar un santo para vestir a otro - «santo», 2.
desocupado - *end*, 2.
despacharse a gusto - *make*, 17.
despedida de soltero - *stag*.

despedir del trabajo - *axe*, 2 *a*); *give*, 9; *sack*, 2, y *boot*, 3 *b*).
despedir(se) - «despedirse» y *leave*, 7.
despedirse a la francesa - *leave*, 3.
despellejar - *roast*.
desplumar a un lila - *pigeon*, 3.
desvivirse por - *put*, 4; *go*, 4, y *hand*, 21.
devanarse los sesos - *brain*, 4.
día libre (un) - *day*, 3.
día señalado (un) - *day*, 4.
día sí y otro no (un) - *day*, 5.
día tras día - *day*, 6.
día y noche - *around*.
días de vino y rosas - *bed*, 1 (sin.).
diabluras - *monkey*, 4.
diamante en bruto (un) - *rough*, 2.
dicho y hecho - «hecho», 1.
diferente como de la noche al día - *different*.
diluviar - «llover».
dime con quién andas... - *bird*, 1.
dinero contante y sonante - «dinero», 1.
dinero es la raíz de todos los males (el) - *money*, 3.
dinero es lo de menos (el) - *money*, 2.
dinero no crece en los árboles (el) - *money*, 1.
dinero no es problema (el) - *money*, 2.
dinero no lo regalan (el) - *money*, 1.
dinero tirado a la calle - «dinero», 3.
dineros del sacristán... *easy*, 2. (rel.).
diñarla - «pata», 1.
Dios aprieta, pero no ahoga - «Dios», 5.
Dios los cría... - *bird*, 1.
Dios me/nos libre de - *perish*, y *heaven*, 3.
Díos mío - «Dios», 4.
Dios no lo quiera - *heaven*, 3.
Dios protege la inocencia - «Dios», 3.
dirigir el cotarro - *pull*, 3.
disculpe mi francés - *French*, 1.
distar mucho de - *be*, 3.
divertirse de lo lindo - *have*, 2.
dolorosa (la) - *what*, 7.
donde Cristo perdió la gorra - «pino».
donde Cristo dio la tres voces - «pino».
donde hay confianza da asco - «asco».
donde las dan las toman - *tit for tat*.
donde quiera que fueres, haz lo que vieres - *when*.
don nadie (un) - *devil*, 6.
dorar la píldora - «píldora».
dormido - *out*, 3 *c*).
dormir como un lirón - *sleep*, 1.
dormir como un tronco - *sleep*, 1.
dormir la mona - *sleep*, 2.
dormir la siesta - «dormir», 3.

dormirse en los laureles - «dormir», 2.
dos es compañía, tres es multitud - «dos», 2.
dos no se pelean si uno no quiere - «pelearse».
dos sinvergüenzas se temen - *dog*, 23.
drogado - *flipped* y *high*, 1.
drogarse - *freak*.
dulce como la miel - *as*, 1 *(as sweet...)*.
duro como una piedra - *nail*, 2 *a*).

E

echar a cara o cruz - «cara», 3.
echar a los leones/a las fieras - *lion*, 4.
echar a patadas - *boot*, 3.
echar a rodar - *applecart*.
echar a suerte - *draw*, 3.
echar chispas - «chispas».
echar del trabajo - *sack*.
echar el guante - *hand*, 5.
echar el mal de ojo - *eye*, 13.
echar el resto - *sweat*.
echar en cara - *rub* y «echar», 1.
echar espuma por la boca - *mouth*, 3.
echar humo (los aplausos) - *bring*, 4.
echar la casa por la ventana - *town*, 3.
echar las piernas por alto - *heel*, 9.
echar leches - *mouth*, 3.
echar leña al fuego - *pour*, 1, y *add*, 2.
echar los dientes en - *tooth/teeth*, 2.
echar marcha atrás, - *draw*, 6.
echar miraditas - *eye*, 8.
echar por tierra - *applecart*.
echar sal en la mollera - *rub*, 3.
echar su cuarto a espadas - «echar», 2.
echar tierra a un asunto - «tierra».
echar una bronca - «bronca», y *come*, 8.
echar un jarro de agua fría - *spanner*, y *water*, 2.
echar un cable - *dog*, 1.
echar un capote - «capote», *a*), y «mano», 3.
echar un ojo - *keep*, 2.
echar un rapapolvos - «rapapolvos» y *carpet*, 1.
echar un sueñecito - *forty*.
echar una cana al aire - *town*, 1.
echar una mano - «mano», 3, y «capote», *b*).
echarle valor al asunto - *lion*, 4.
echarse encima de - *come*, 8.
echarse tierra encima - «piedra», 1.
eclipsar - *shade*, 2.
el que a buen árbol se arrima... - «sol», 1.

el que al cielo escupe... - «piedra», 1 *b*) (rel.).
el que la sigue la consigue/mata - *try*.
el que parte y reparte... - *lion*, 1.
el que tiene boca se equivoca - «boca», 1.
embarazada - *way*, 8.
embarcarse en una aventura peligrosa - *tiger*, 2.
embotellamiento (un) - *jam*, 2.
empeorar las cosas - *add*, 1.
empezar con buen pie - *foot*, 3.
empezar con mal pie - *foot*, 3.
empezar de cero - «borrón», y *start*, 2.
empezar la casa por el tejado - *cart*.
empezar una actividad/conversación, etcétera. - *ball*, 4.
empinar el codo - «codo» y *hit*, 2.
empollarse - *bone*, 8.
empollón - *swot*, y *shark*, *b*).
empresa descabellada (una) - *goose/geese*, 5, y *fool*, 1.
en antena - *air*, 3.
en apuros - *hot*, 3; *in*, 3; «apuros», 1, y *corner*, 2.
en ascuas - «ascua», 2, y *edge*.
en bandeja - «bandeja».
en boca cerrada no entran moscas - «boca», 3.
en carne y hueso - *life*, 1.
en caso de apuro - *at*, 8.
en casa del herrero, cuchillo de palo - «herrero».
en cierto modo - *way*, 4.
en conjunto - *all*, 11.
en cualquier caso - *at*, 1.
en cualquier momento - *day*, 19.
en cueros - *stitch*, 2; «pelota», y *birthday*.
en curso - *way*, 11.
en dificultades - *hot*, 3; *in*, 3, y «apuros», 1.
en el aire - *air*, 2.
en el bote - *bag*, 3, y «bote».
en el coche de San Fernando - «Fernando», 2.
en el mejor de los casos - *at*, 2.
en el peor de los casos - *worst*.
en el fondo - *heart*, 14.
en el fragor del combate - *in*, 4.
en el país de los ciegos... - *blind*, 4.
en el quinto pino - «pino».
en el séptimo cielo - *cloud*, 2, y *heaven*, 2.
en el último minuto - «campana» y *eleven*.
en estrecha colaboración - *hand*, 17.
en general - *by*, 11.
en la flor de la vida - «flor».

en la necesidad es cuando se ven... - *friend*.
en la variedad radica el gusto - *variety*.
en línea recta - *crow*.
en los huesos - *bone*, 7.
en medio del fregado - *in*, 4.
en menos que canta un gallo - «gallo», 1, y «periquete».
en paz - *even*.
en pelota - «pelota», 1, y *birthday*.
en persona - *life*, 1.
en plena acción - *in*, 4.
en pleno apogeo - «apogeo».
en punto - *nose*, 13 y *dot*, 2.
en racha de mala suerte - *down*, 3.
en resumidas cuentas - «cuenta», 3 y *all*, 5.
en rojo - *red*, 6.
en serie - *off*, 7.
en su cara - *face*, 6.
en su elemento - *element*.
en total - *all*, 11.
en un abrir y cerrar de ojos - «ojo», 6.
en un dos por tres - «ojo», 6; «periquete», y *lamb*, 3.
en un periquete - «periquete», y *lamb*, 3.
en un santiamén - «periquete», y *lamb*, 3.
en una palabra - *word*, 3.
enamorarse - *fall*, 5.
encantado - *tickled*.
encantado de conocerte - *nice*, rel.
encapricharse con - *fancy*.
encargo tonto - *fool*, 1.
enchufado - *blue*, 5.
encerrarse en una torre de marfil - «torre».
estar en el plato y en la tajada - «plato», 1.
engañar como a un chino - «queso».
«enganchao» - *hooked* y *monkey*, 5.
engaño (un) - *ripoff*.
engreído - *shirt*, 1.
enmendarse - *go*, 15.
enrollarse - *bull*, 7, y *go*, 12.
enseñar los dientes - «dientes».
ensimismado - *brown*, 2.
entender mal - *get wrong*.
entendérselas con - *carry on*.
enterrar el hacha de guerra - *bury*, 2.
entrar ganas de - *mind*, 2.
entrar por el aro - *heel*, 1.
entrar por un oído y... - *oído*, 2.
entre dos luces - *wolf*, 6.
entre la espada y la pared - «espada», y *back*, 6.
entre nosotros - *between* - 2.
entre pitos y flautas - «pito», 2.

entre tú y yo - *between*, 2-3.
entregar el alma a Dios - «pata», 1 *b*).
entrometido - «metomentodo».
equivocarse es humano - *err*.
éramos pocos y... - *rain*, 1.
érase una vez - *once*, 3.
escapar sin castigo - *go*, 14 *a*).
escaparse de entre las manos - *finger*, 7.
esconder la cabeza bajo el ala... - «avestruz».
escribir cuatro letras - *drop*, 2.
escrito (estar) - *on*, 7.
escurridizo como una anguila - *slippery*.
escurrir el bulto - «bulto».
esforzarse más - *pull*, 6.
esfumarse - *smoke*, 2.
esmerarse al máximo - *foot*, 4.
eso es asunto mío - *business* - 1.
eso es otro cantar - «harina».
eso no es asunto tuyo - *business*, 2.
eso no es responsabilidad... - *baby*, y *pigeon*.
espada de Damocles (la) - «Damocles».
esperanza es lo último que se pierde (la) - «esperanza», 1 y *cloud*, 1.
esperar hasta que las ranas críen pelo - «esperar».
esperar sentado - *whistle*.
es peor el remedio que la enfermedad - «remedio», 1.
espicharla - *pata*, 1, *a)*.
espina clavada (una) - *thorn*.
esquelético - *bone*, 7.
esquirol - *blackleg*.
estafador/sinvergüenza - *shark*, *a*).
estar a la expectativa - *wait*, 2.
estar a la orden del día - *day*, 15.
estar a las duras y a las maduras - «maduras».
estar acabado - *do*, 11.
estar agotado/rendido - *do*, 11.
estar al sol que más calienta - «sol», 1.
estar con el agua al cuello - «agua», 5.
estar con el mono - *monkey*, 5.
estar con la escopeta cargada - «escopeta».
estar con la mosca detrás de la oreja - *chip*, 1, y *hot*.
estar chiflado - *bat*, 1.
estar chocheando - *gaga*.
estar dando las boqueadas - *leg*, 3.
estar de acuerdo - *eye*, 9.
estar de moda - *in*, 1 *b*).
estar de morros - *moody*.
estar de plantón - *heel*, 8.
estar de un humor de perros - *bear*, 1.
estar en apuros - apuros, 1, *corner*, 2.

estar en ascuas - *edge*, y «ascua», 2.
estar en casa - *in*, 1 *a*).
estar en condiciones de - *up to*, 3.
estar en el ajo - «ajo»
estar en el plato y en la tajada - «plato», 4.
estar en la flor de la vida - «flor».
estar en las últimas - *leg*, 3.
estar en los huesos - *thin*.
estar en misa y repicando - «hare».
estar en un error - *wrong*, 4.
estar fresco - fresco, 3.
estar furioso - *mouth*, 3, y *boil*.
estar hecho de rabos de lagartija - *pants*.
estar mosca - *chip*, 1.
estar muy nervioso - *have*, 13.
estar muy por encima de - *head*, 23.
estar pachucho - *feel*, 3.
estar para el arraste - «arrastre».
estar pensando en otra cosa - *head*, 19.
estar podrido de dinero - «dinero», 2.
estar que se echa chispas - «chispas», «trinar» y *boil*, 1.
estar que se muerde - «chispas».
estar que se sube uno por las paredes - «chispas».
estar (todavía) verde - *ear*, 15, y *green*, 1.
estar/sentirse muy bien - *top*, 2.
estar tramando algo - *sleeve*, 1, y *up to*, 2.
estirado - *stiff*, 1.
estirar la pata - «pata», 1.
estirar las piernas - *leg*, 5.
estupendo - *ticket*, 2.
evitar como la peste - *avoid*.
exactamente - *nose*, 13.
exagerar - *shoot*, 1.
excepción (la) - *odd*.
excepción confirma la regla (la) - «excepción».
excitado (estar muy) - *pin*, 2.
excusarse de hacer algo - *beg*, 3.
exento (de impuestos) - *go*, 14 *c*).
exhalar el último suspiro - «pata», 1 *b*).
éxito efímero - *day*, 13, y *flash*.
explicarse - *point*, 3.
exponerse a - *run*, 4.

F

faena (hacer una) - *do*, 10.
faena de aliño (una) - *lick*.
falsa alarma - *wolf*, 3.
falso amigo - *snake*.
faltar el canto de un duro - *close*.
faltar un tornillo - «tornillo».
fantástico - *out*, 5.

farolillo rojo (el) - «farolillo».
favor con favor se paga - *turn*, 1.
felicitar(se) - *back*, 7.
fenomenal - *ticket*, 2.
feo con ganas - «Picio».
fiambre (el) - *stiff*, 4.
fiel hasta la muerte - *as*, 1 *(as true...)*.
filtración (una) - «topo», 2 (rel.).
fiesta para hombres solos - *stag*.
fingir - *put*, 11.
firme como una roca - *as*, 1 *(as steady...)*.
flechazo (un) - *love*, 3.
«flipao» - *flipped*.
flor es un diamante (una) - «detalle».
formalizar las relaciones - *go*, 18.
forrarse - «botas», 2.
fortuna llama a la puerta (la) - *knock*, 3.
«franchutes» (los) - *frog*, 2.
freír a críticas - *roast*.
frente a frente - *face*, 8.
fresco como una lechuga - *cool*.
fresco como una rosa - *as*, 1 *(as fresh...)*.
fresco (estar) - fresco, 3.
fresco (ser un) - cara - 1.
frío de órdago (un) - *monkey*, 7.
fruncir el entrecejo - *knit*.
fruslerías - *odd*, 3.
fuera de toda sospecha - *above*, a).
fuerte como un roble/toro - *horse*, 5.
fulano (un) - *John*, 2.
fulano de tal - *so*, 2.
fumar como una chimenea - *like*.
fumar la pipa de la paz - *smoke*, 1.

G

gafe - «gafe».
gajes del oficio - *work*, 2.
gallina (ser un) - *chicken*, 4.
gallito del grupo (el) - «gallito».
gallo (un) - «gallo», 3.
ganar de corrido - *win*.
ganar dinero a espuertas - *hand*, 18.
ganar dinero rápida y fácilmente - *hand*, 18.
ganar por la mano - *steal*, 1.
ganarse la vida - *make*, 16.
ganga - *bargain*, y *steal*, 2.
gastar el dinero a manos llenas - «dinero», 4.
gastar una broma - «broma».
gato con guantes no caza ratones - *cat*, 25.
gato escaldado del agua fría huye (el) - «gato», 5.

genio y figura hasta la sepultura - «genio».
gente menuda - *small*, b).
gilipuertas - *ass*, 3.
giro de 90 grados (un) - *about*, 3.
golondrina no hace verano (una) - *swallow*, 3.
golpe bajo (un) - «golpe», 1.
gordo como un cerdo - *pig*, 6.
gorrón (un) - *sponger*.
gotera cava la piedra (la) - «piedra», 2.
goteras (tener) - «gotera», 2.
gozar del favor de - *book*.
gracias a Dios - «menos».
granito de arena - «granito».
grano de anís - *chicken*, 3.
gritar que viene el lobo - *wolf*, 3.
gruñir como un oso - *like*.
guardia (de) - «guardia», 1.
guardia (en) - «guardia», 2.

H

ha llovido mucho desde entonces - *water*, 5.
haber conocido mejores tiempos - *day*, 10.
haber para rato - *be*, 1.
haber para todos - *go*, 13.
haber perdido la lengua - *tongue*, 1.
haber sido cocinero antes que fraile - «cocinero».
habichuelas (las) - *bread*, 1.
hábito no hace al monje (el) - «hábito», y *bird*, 18.
hablando del rey de Roma... - «hablar», 5.
hablar claro - *bone*, 2.
hablar como una cotorra - «hablar», 6.
hablar con entera libertad - *speak*, 2.
hablar con la pared - *flog*.
hablar con toda franqueza - *talk*, 5.
hablar (en) chino - *Greek* (rel.).
hablar mal de alguien - *run down*.
hablar por los codos - «hablar», 6.
hablar sin parar - *go*, 12.
hablar sin rodeos - *talk*, 5.
hace siglos que no te veo - *ages*, y *time*, 12.
hace un verano - «verano», 3.
hacer agua por todas partes - *leg*, 2.
hacer algo en su momento oportuno - *bridge*.
hacer ascos - *turn*, 7.
hacer aspavientos - *make*, 15.
hacer buenas migas - *get on*.

hacer buen/mal papel - *cut*, 5 *b*).
hacer burla - «burla».
hacer caso omiso - *ear*, 11.
hacer castillos en el aire - *castles*.
hacer con suma facilidad - *head*, 18.
hacer cosquillas - «cosquillas», 1.
hacer de carabina - *gooseberry*.
hacer de menos - *hold*, 5, y *make*, 19.
hacer de tripas corazón - «tripas».
hacer economías - *pinch*, 1.
hacer el avío - «avío».
hacer el caldo gordo - *hand*, 20.
hacer el ganso - «indio».
hacer el indio - «indio».
hacer el juego - *hand*, 20.
hacer el payaso - «indio».
hacer el ridículo - «ridículo», 1.
hacer el rodaje - *run in*.
hacer el tonto - «indio».
hacer el último viaje - «ir», 3.
hacer el vacío - «lado».
hacer el viaje - *freak*.
hacer frente a- *cope*.
hacer frente a las cosas como vienen -
   ear, 9 *b*).
hacer fresco - «fresco», 1.
hacer furor - *rage*.
hacer hablar - *draw*, 7.
hacer honor a su palabra - *word*, 7.
hacer la parte más difícil - *back*, 4.
hacer la pascua - *cook*, 2.
hacer la pelota - «pelota», 2, y *butter*, 3.
hacer la pelotilla - *butter*, 3.
hacer la peseta - *finger*, 8.
hacer la puñeta - *cook*, 2.
hacer la rabona - «rabona», y *play*, 7.
hacer la rosca - «pelota», 2, y *butter*, 3.
hacer la vista gorda - «vista», 1.
hacer las paces - *make*, 5, y *quits*.
hacer lo más gordo - *back*, 4.
hacer lo que está en las manos de uno -
   do, 5.
hacer milagros - *work*, 5.
hacer muecas - *face*, 1.
hacer poco caso - *make*, 19.
hacer perder la timidez - *draw*, 7.
hacer picadillo - «picadillo».
hacer polvo - *cook*, 2.
hacer progresos - *head*, 25.
hacer que el teatro se venga abajo -
   bring, 4.
hacer rabiar - «rabiar».
hacer su agosto - «botas», 2.
hacer sudar tinta - *put*, 15, y *grindstone*.
hacer tragar por narices - *throat*, 1.
hacer trizas - *pull*, 5.
hacer un favor - *do*, 9.

hacer un frío que pela - «frío».
hacer un pie agua - *cook*, 2.
hacer un verano que no se ve a alguien -
   «verano», 3.
hacer una comedia - *put*, 12.
hacer una cuchufleta - *give*, 8.
hacer una faena - *do*, 10.
hacer una mala jugada - *do*, 10.
hacer una montaña de un granito de
   arena - «montaña».
hacer una mueca de desprecio - *lip*, 3.
hacerse cuesta arriba - *go*, 8.
hacerse el sordo - *turn*, 8.
hacerse el sueco - *dumb*.
hacerse el tonto - *dumb*.
hacerse la boca agua - «agua», 2.
hacerse realidad - *come*, 2.
harina de otro costal - «harina».
harto - «harto».
hasta aquí de trabajo - *eye*, 1.
hasta aquí podíamos llegar - *foot*, 1.
hasta el cuarenta de mayo no te quites
   el sayo - «mayo».
hasta el gorro - «coronilla».
hasta la coronilla - «coronilla».
hasta la médula - *backbone*.
hasta las narices - «coronilla».
hasta luego - *see*, 3.
hasta un gusano se rebela - *worm*.
hay más mujeres/hombres en el mundo -
   fish, 9.
hay más peces en el mar - *fish*, 9.
hay moros en la costa - *coast*.
hay ropa tendida - *coast*.
hambre aguza el ingenio (el) - «hambre».
hartarse de comer/reír/llorar, etc. -
   head, 22.
hecho una furia - *hen*, 2; *boil*, y «chispas».
hecho una sopa - *wet*, 1.
hechos son amores - «hecho», 2.
helado hasta los huesos/la médula -
   bone, 10.
helar la sangre - *blood*, 3 y «susto», 2.
herir en lo más vivo - *quick*, 1.
hermético - *oyster*, 1.
hervir la sangre (hacer) - *boil*, 2.
hilar fino - «gato», 2.
hinchársele a uno las narices - *blow*, 3.
hirviendo - *hot*, 4.
historia increíble (una) - *cock*, 3.
hojear - *leaf*, 2.
hombre de la calle (el) - «hombre», 3.
hombre de mundo (un) - «hombre», 4.
hombre de palabra (un) - «hombre», 5.
hombre ideal (el) - *right*, 4.

hombre prevenido vale por dos - «hombre», 1.
hombre propone y Dios dispone (el) - «hombre», 2.
horma de su zapato (la) - «horma».
huelga decir - «decir», 2.
hueso duro de roer (un) - «hueso», y egg, 3.
huir cobardemente - feather, 4.
huir como de la peste - avoid.
humo de pajas - flash.
humor de los lunes por la mañana - Monday, 2.
hundirse - way, 7 c).

I

idea brillante (una) - brain, 8.
igualados (en una carrera) - neck, 1.
importar tres pitos - monkey, 8, y «pito».
importar un bledo - monkey, 8, y «pito».
importar un comino - «pito».
imposible - pig, 8.
improvisado - off, 5 a).
improvisar - ear, 9 b).
incapaz de matar una mosca - afraid.
inclinar la balanza - turn, 6.
incógnita (una) - unknown.
inconsciente - out, 3 a).
incontrolado/incontrolable - hand, 13.
inconveniente (un) - catch, 6, y «pega».
incordio (un) - «pesado».
incrédulo como Santo Tomás - «santo», 5.
increíble - out, 5.
inesperadamente - sky, 1.
in fraganti - red-handed.
infeliz harto de sopa (un) - «lila».
Inglaterra - bull, 5.
inquieto/impaciente - pants, y pin, 2.
inspiración (una) - brain, 8.
inteligencia natural - horse, 12.
interioridades (las) - in, 5.
intermitentemente - on, 12.
interpretar mal - get wrong.
ir a escote - Dutch, 2.
ir a la clandestinidad - take, 15.
ir a medias - «medias», y go, 11.
ir a por atún y a ver al duque - «ir», 1.
ir a vendimiar y... - carry, 1.
ir al avío - do, 8.
ir al grano - «grano», 1.
ir sobre seguro - «seguro», 2.
ir como la seda - «ruedas».
ir con/contra la corriente - «bailar».

ir demasiado lejos - «raya», 1.
ir mejor/mejorando - do, 7 b).
ir para atrás - set, 1.
ir por lana... - «lana».
ir que ni pintado - «anillo», y fit, 3.
ir tirando - muddle.
irle a uno bien - do, 7 a).
irregularmente - on, 12.
irritar(se) - monkey, 1.
irse - go, 7 b).
irse al otro barrio - «ir», 3 y «pata», 1.
irse a pique - dog, 2.
irse con el rabo entre las piernas - «rabo».
irse corriendo - leg, 6 b).
irse de juerga; de jarana - town, 1, y go, 5.
irse de la lengua - «lengua», 3.
irse de ligero - jump, 4.
irse el santo al cielo - «santo», 4.
írsele la mano - «mano», 11 b).

J

jarabe de pico - «labia».
jardín de rosas (un) - bed, 1.
jornada completa - full, 1.
juego de niños - child.
juego sucio - monkey, 4 b).
jugar a la gallina ciega - «gallina», 6.
jugar a los despropósitos - talk, 1.
jugar al ratón y al gato - cat, 22.
jugar con dos barajas - hare.
jugar con fuego - «jugar».
jugar con los sentimientos de - play, 3.
jugar una mala pasada - trick.
jugarreta (hacer una) - do, 10.
jugarse el tipo - stick, 2, y run, 4.
jugarse el todo por el todo - neck, 2.
jugárselo todo a una carta - egg, 2.

L

lágrimas de cocodrilo - «cocodrilo».
lameculos (ser un) - «pelota», 3 c).
lamer el culo - boot, 7 (rel.).
lamer las botas - boot, 7.
lanzarse al ruedo - plunge.
largar a alguien - give, 10.
largar el mochuelo - «mochuelo».
largarse - leg, 6 b).
lárgate - «lárgate».
lástima (una) - bad, 8, y more, 2.
lata (una) - «pesado».
lavado de cara (un) - lick.

lavar el cerebro - «comer», 2.
lavar los platos - «plato», 3.
lavar los trapos sucios... - *wash*.
lavarse las manos - *hand*, 16.
leche - «leche».
leche y habas - *bird*, 15 (rel.).
le das la mano y se toma el brazo - *give*, 3.
leer entre líneas - *read*.
leer la cartilla - «bronca» y *carpet*, 1.
lento como una tortuga - *tortoise*.
letra con sangre entra (la) - *spare*.
levantar cabeza - «cabeza», 12.
levantar el ánimo - *cheer*.
levantar la mano contra - *hand*, 23.
levantarse al ser de día - *lark*, 3.
levantarse cuando canta el gallo - *lark*, 3.
levantarse la tapa de los sesos - *brain*, 5.
levantarse por los pies de la cama - «levantarse».
ley del embudo (la) - «embudo».
liar el taco - «marimorena».
liarse - *mixed*.
liarse la manta a la cabeza - «manta».
librarse de - *get rid*.
libre como un pájaro/como el aire - *as*, 1 *(as free...)*.
ligar a una chica - «ligar».
lila (un) - «lila».
ligero como una pluma/el aire - «pluma».
limpio (inocente) - *clean*, 2.
limpio como los chorros de oro - *clean*, 1.
lío (un) - «lío» y *bit*.
liquidar - «cargarse», y *knock*, 2 b).
liso como una tabla - *flat*.
lo barato es caro - «barato».
lo bueno, si breve, dos veces bueno - *brevity*.
lo curioso del caso - *funny*.
lo fundamental/esencial/básico - *nuts*, 3.
lo importante/lo que se impone - *name*, 1.
lo mejor de lo mejor - *pick*, 4.
lo mejor que se ha inventado - *best*, 1.
lo primero es lo primero - *first*, 2.
lo prometido es deuda - «prometido».
lo que importa es el detalle - «detalle».
lo que no va en lágrimas... - *make*, 6.
lobo a otro no se muerden (un) - *dog*, 23.
lobo de mar (un) «lobo», 6.
lobo disfrazado de cordero (un) - *wolf*, 1.
lobo feroz (el) - *wolf*, 9.
loco - *off*, 6; *mad*, y *head*, 10.

loco como una cabra - *mad*.
loco como una chiva - *mad*.
loco de atar - *mad*, 3.
loco por - «loco», 3.
lograr algo - *do*, 13.
los que mandan - *powers*.
lucha por la supervivencia (la) - *rat*, 2, y *dog*, 22.
lucha por la vida (la) - *dog*, 22, y *rat*, 2.
luchar cuerpo a cuerpo - *hand*, 14.
luego - *by*, 10.
lugar destacado - *pride*, 1.
luz verde (dar/obtener) - *green*, 3.

LL

llamar a capítulo - *carpet*, 1.
llamar a las cosas por su nombre - «pan», 2.
llamar al orden - *rap*.
llamar la atención de - *eye*, 11.
llega un momento en que se es demasiado viejo... - *dog*, 16.
llegar a los oídos de - *ear*, 13.
llegar a un acuerdo - *come*, 6.
llegar a viejo - *bone*, 3.
llegar tarde - «tarde», 4.
llegar y besar el santo - «santo», 6.
llenar un hueco - *fill*, 1.
llenazo (un) - «llenazo», y *full*, 2.
lleno (un) - *full*, 2, y «llenazo».
lleno de ideas - *live wire*.
lleno de vigor/de salud - *full*, 4.
llevar adelante - *cope*.
llevar al huerto - «queso».
llevar el agua a su molino - «agua», 6.
llevar el gato al agua - «gato», 4, y *win*, 2.
llevar la cesta - *gooseberry*.
llevar la corriente - «corriente», 1.
llevar la contraria - «contraria».
llevar la voz cantante - *call*, 3.
llevar leña al monte - *carry*, 1.
llevar los pantalones - «pantalones».
llevar un asunto - *pigeon*, 2.
llevar una vida de perro - «perro», 6.
llevar(lo) en la sangre - *blood*, 10.
llevarse a las mil maravillas - *get on*, 2.
llevarse como el perro y el gato - «perro», 2.
llevarse la palma - *steal*, 3 y *cake*, 2.
llevarse las manos a la cabeza - «cabeza», 13.
llorar a lágrima viva - «llorar».
llover a cántaros - «llover», 1.

llovido del cielo - «llovido».
llueva o truene - «viento», 2 b).

M

machacar los sesos a - brain, 3.
madrugador - bird, 11.
majareta - «chiflado».
majareta (estar/volverse) - bananas.
mal de muchos... - «mal», 5.
mal de ojo - eye, 13.
mal menor (un) - «mal», 3.
mal trago (un) - «trago», 1.
mal viaje (un) - trip.
mala jugada (una) - do, 10.
mala pasada (una) - turn, 5.
mala racha (una) - bad, 1, y run, 1.
mala suerte - «suerte», 2, y cheese, 3.
maldita sea - damn, 1.
malos (los) - baddies.
«mamao» - «tajado».
mandar a la porra (a paseo) - «mandar».
mandar al otro barrio - «cargarse».
mandonear - boss.
manejar al antojo de - twist.
manejar los hilos - pull, 3.
mangas por hombro - «hombro», 3.
mano libre (dar/recibir) - hand, 24.
mano sobre mano - «mano», 1.
manojo de nervios (un) - bag, 1.
manos arriba - hand, 7.
mantener a raya - keep, 1.
mantener en secreto - hat, 5.
mantener las distancias - keep, 6.
mantenerse a flote - head, 21.
mantenerse en sus trece - hold, heel, 6 y gun, 2.
    y gun, 2.
mantenerse firme - heel, 6.
manzana de la discordia (la) - «manzana», y apple, 2.
manzana diaria... (una) - «manzana», 3.
manzana robada sabe mejor (la) - «manzana», 2.
mañana será otro día - day, 1.
marcar la pauta - «pauta».
marchar sobre ruedas - «ruedas».
marica - «marica».
marijuana - grass, 2.
marisabidilla - blue, 6.
martes y trece - «martes».
más a gusto que un guarro en una charca - «guarro».
más blanco que la cera - «blanco».
más blanco que la pared - «blanco».
más bueno que el pan - as, 1 (as good...).

más callado que en misa - mouse, 2.
más claro que el agua - «agua», 3.
más contento que unas pascuas - happy, 2.
más despistado que un pulpo en un garaje - «pulpo».
más dura será la caída - pride, 2.
más feo que Picio - «Picio».
más flaco que un palo - thin.
más hambre que el perro de un ciego - «hambre», 2.
más limpio que una patena - clean, 1.
más nervioso que el jopo de una chiva - cat, 2.
más orgulloso/satisfecho que un pavo real - dog, 12 y peacock.
más papista que el papa - «papista».
más pesado que el arroz con leche - «pesado».ᴶ
más pesado que una vaca en brazos - «pesado».
más pobre que una rata - «pobre».
más pronto se coge a un mentiroso... - «mentiroso».
más sabe el diablo... - egg, 7.
más sano que una pera - sound.
más solo que la una - all, 6.
más suave que un guante - cap, 3.
más tarde - by, 10.
más tarde o más temprano - sooner.
más vale malo conocido... - «malo».
más vale pájaro en mano... - «pájaro», 2.
más vale prevenir que curar - prevention.
más vale ser cabeza de ratón... - «ratón, 2.
más vale tarde que nunca - «tarde», 2.
más vale un toma que dos te daré - «pájaro», 2.
más vale una vez colorado... - stitch.
más viejo que andar para adelante - old, 1.
más viejo que Matusalén - old, 1 (sin.).
matar - knock, 2 b).
matar a disgustos - heart, 3.
matar dos pájaros de un tiro - «matar», 1.
matar la gallina de los huevos de oro - «gallina», 2.
matarse a trabajar - back, 5 y work, 1.
mayoría silenciosa (la) - silent.
me da en la nariz - «nariz», 3.
me daría de bofetadas - kick, 7.
me importa tres pitos - «pito».
me importa un bledo - «pito».
me importa un comino - «pito».
me importa un rábano - «pito».

me tiene sin cuidado - «pito».
me lo dijo un pajarito - *bird*, 13.
me tiraría de los pelos - *kick*, 7.
media jornada - *full*, 1.
media naranja (la) - «parienta».
medio tajado - *oiled*.
mejorando la presente - «mejorando».
mejor reirá quien ría el último - *laugh*, 2.
memoria de elefante (una) - *elephant*, 1.
menos da una piedra - «menos», 2.
menos mal que - «menos», 1.
menos seso que un mosquito - «mosquita/o».
mentira inocente - *white*, 2.
mentirijilla - *white*, 2.
meollo (el) - *noodle*.
merluza (pillar una) - «tajado».
metepata - «aguafiestas».
meter al lobo en el redil - *cat*, 16.
meter en cintura - «meter», 2.
meter en vereda - «meter», 2.
meter cizaña - *pour*, 1.
meter la nariz - *nose*, 4.
meter la pata - «pata», 2.
meter las cabras en el corral - *get the wind*.
meter por narices - *throat*, 1.
meterse a la gente en el bolsillo - *way*, 3.
meterse a redentor - *world*, 4.
meterse en camisa de once varas - *bite*, 1.
meterse en la boca del lobo - «boca», 5.
meterse en líos - *trouble*.
meterse en un buen lío - *water*, 1.
meterse los dedos en la nariz - *pick*, 2
metérsele a uno en la cabeza - «cabeza», 1.
metido en el ajo - *in*, 4.
metomentodo - «metomentodo».
mi menda - *yours*.
mientras hay vida, hay esperanza - «esperanza», 2.
¡mierda! - «mierda», 2.
¡mira quién va a hablar! - *pot*, 2.
¡mira quién viene aquí! - *cat*, 15.
mirar como un cordero degollado - *eye*, 8 (var.).
mirar por el rabillo del ojo - «rabillo».
mirar por encima del hombro - «hombro», 1, y *nose*, 10.
mirar por una peseta - *penny*, 5.
mirla (la) - *noodle*.
mirlo blanco (un) - «dechado».
mirón (un) - *peeping*.
mis labios están sellados - *lip*, 8.
moco de pavo - *chicken*, 3.
mono (tener el) - *monkey*, 5.

mono de imitación - *cat*, 12.
montarse en el burro - «burro», 2.
montón de basura (un) - *load*.
montón de huesos (un) - *bone*, 7.
morder el anzuelo - *swallow*, 4.
morder el polvo - *dust*, 2.
morderse la lengua - «lengua», 6; *lip*, 2, y *tongue*, 6.
moreno del sol - «moreno».
morir - *go*, 7 b) y 19; *join*, 1; *way*, 13, y *toe*, 5.
morir como un perro - *dog*, 25.
morir con las botas puestas - «botas», 1.
morir de hambre - «hambre», 3.
mosca (la) - «pasta».
mosquearse - *hot*, 1.
mosquita muerta (un) - *look*.
movimiento se demuestra andando (el) - *proof*.
mover entre bastidores - *pull*, 3.
mover influencias - *pull*, 2.
mover los hilos - *pull*, 3.
moverse más que un saco de ratones - *pants*.
mucho ruido y pocas nueces - «ruido», 1.
muchos años - *donkey*, 1.
muchos cocineros estropean el caldo - *cook*, 1.
muérete - *drop*, 4.
muerte (la) - *horse*, 23.
muerto - «muerto», 3.
muerto de miedo - *scared*.
muerto el burro, cebada al rabo - «burro», 3.
muerto el perro se acabó la rabia - «perro», 7.
muerto y enterrado - «muerto», 4.
mujer de bandera (una) - «bandera».
mujeriego - *wolf*, 4.
mundo al revés (el) - *tail*, 3.
mundo es suyo (el) - *oyster*, 2.
muy conocido en su casa - «conocido».
muy por delante de - *streets*.
muy superior a - *streets*.

N

nacer de pie - «pie», 6.
nada ayuda tanto al éxito - *nothing*, 2.
nada del otro jueves - «jueves».
nada del otro mundo - «jueves».
nadar entre dos aguas - *hare* y «agua», 7.
nadar en dinero - «dinero», 2.
nadie es profeta en su tierra - «profeta».
nadie puede decir de este agua... - «agua», 9.

nariz (la) - *beak*, y *conk*.
negar el saludo - *cut*, 6.
negocios son los negocios (los) - *business*, 4.
negro como el carbón - «negro», y *as*, 1 *(as black...)*.
negro del sol - «moreno».
«negro) (un) (escritor) - *ghost*, 2.
nervioso (estar) - *pin*, 2; *butterfly; have*, 13.
ni con mucho - *by*, 9.
ni chicha ni «limoná» - *fish*, 8.
ni fu ni fa - *fish*, 8.
ni hablar - *way*, 12.
ni la mitad de bueno que - *patch*.
ni mucho menos - *by*, 9.
ni pensarlo - *perish*.
ni pies ni cabeza - «cabeza», 9.
ni pincha ni corta - «pintar».
ni por asomo - *perish*.
ni que decir tiene - «decir», 2.
ni un alma - «alma», 3.
niño mimado (un) - *blue*, 5.
no andarse con chiquitas - «chiquitas».
no andarse por las ramas - *bush*, y *bull*.
no arriesgarse/no correr riesgos - *chance*, 4.
no caber en sí de alegría - *air*, 4.
no caber ni un alfiler - «alfiler».
no caer bien - «caer», 2, y «tragar», 1.
no caerá esa breva - *too*.
no cantes victoria todavía - «cantar», 1.
no caigo - *place*.
no contar con - «contar», 2.
no chuparse el dedo - *born*.
no dar crédito a los ojos/oídos - *ear*, 10.
no dar el brazo a torcer - *gun*, 2, y *hold*.
no dar golpe - *thumb*, 5.
no dar ni golpe - *Riley*.
no dar pie con bola - «pie», 9.
no dejar ni a sol ni a sombra - «sol», 3.
no dejar ni respirar - *grindstone*.
no dejar ningún cabo suelto - *chance*, 2.
no dejarse ver el pelo - «pelo», 7.
no dejarse ver mucho - «pelo», 7.
no dejes para mañana lo que... - «mañana».
no desanimarse - *heart*, 21 (cf.).
no despiertes al león dormido - «león», 1.
no detenerse ante nada - *go*, 16.
no echar en saco roto - «saco», 1.
no entender ni jota - *Greek*.
no es culpa mía - *fault*.
no es grano de anís - *chicken*, 3.
no es moco de pavo - *chicken*, 3.
no es oro todo lo que reluce - *gold*.

no es tan fiero el león - *bark*, 1.
no es tan malo como lo pintan - *black*, 8.
no es un huevo que se echa a freír - «huevo», 6.
no está el horno para bollos - «horno».
no estar bien de la cabeza - «cabeza», 5.
no estar de acuerdo - *eye*, 9.
no estar en condiciones - *up to*, 3.
no estar para esos trotes - *past*, 2.
no estar reñido con - *odds*, 2.
no fiarse ni un pelo - «pelo», 10.
no faltaba más - *by*, 1.
no gastes más de lo que puedes - *cut*, 9.
no guardar rencor - *hard*, 1.
no haber inventado la pólvora-«golpe», 2.
no haber más remedio - «remedio», 2.
no hablarse - «hablar», 4.
no hay humo sin fuego - «río», 1.
no hay mal que cien años dure - «mal», 1.
no hay mal que por bien no venga - *cloud*.
no hay mayor atrevimiento que el del necio - *fool*, 2.
no hay moros en la costa - *coast*.
no hay nada nuevo bajo el sol - «sol», 2.
no hay peor sordo... - «sordo», 2.
no hay vuelta de hoja - *there*.
no hacer pie - *depth*.
no llegar a la altura del zapato - *candle*, 2.
no llegar la camisa al cuerpo - *scared*, 1.
no llegar la sangre al río - «tempestad».
no me gusta ni un pelo - *Fell*.
no mientes la soga en casa del ahorcado - «soga», 2.
no morderse la lengua - «chiquitas», «lengua», 2.
no mover un dedo - *finger*, 5.
no nos acordamos de Santa Bárbara... - «Santa Bárbara».
no pararse en barras - *go*, 16.
no pasar por - *draw*, 2.
no pegar ojo - «ojo», 7.
no pensar más que en uno mismo - *full*, 5.
no perder la serenidad - *play*, 5 y *head*, 1.
no pestañear - *bat*, 2.
no pintar nada - «pintar».
no poder tragar - «tragar», 1.
no por mucho madrugar... - *haste*, 2.
no puedo hablar - *lip*, 8.
no querer saber nada de - *ear*, 14.
no querer ser menos - *Joneses*.
no quieres caldo, tres tazas - *rain*.
no saber a qué carta quedarse - «agua», 7.

no saber de la misa la media - *first*, 1.
no saber dónde se tiene la mano derecha - *first*, 1.
no saber hacer la «o» con un canuto - *know*, 6.
no saber ni palabra - *first*, 1.
no sacar nada en limpio - *draw*, 1.
no se ganó Zamora en una hora - «Zamora».
no se ha hecho la miel... - «asno», 2.
no se habla de otra cosa - *town*, 2.
no se oía ni una mosca - «mosca», 7.
no se pierde gran cosa - «enemigo».
no se puede estar en misa y repicando - *way*, 10.
no se pueden pedir peras al olmo - «pera», 2.
no ser capaz de - *up to*, 3.
no ser de la misma opinión - *eye*, 9.
no ser grano de anís - *chicken*, 3.
no ser moco de pavo - *chicken*, 3.
no ser santo de la devoción - *cup*.
no sirve de nada... - *point*, 4.
no tan aprisa - *horse*, 9.
no te creo - *go*, 9.
no te pongas el parche antes de que...- «grano», 2.
no te sulfures - *hair*, 2.
no tener abuela - «abuela» y *hate*.
no tener donde caerse muerto - «muerto», 2.
no tener el menor éxito - *face*, 10 b).
no tener estómago - «estómago», 2.
no tener ni idea - *foggiest*.
no tener ni la más remota posibilidad - *cat*, 10, y *hell*, 2.
no tener opción - *Hobson*.
no tener pelos en la lengua - *bone*, 2.
no tener una gorda (un real) - «gorda».
no tener un pelo de tonto - «pelo», 9.
no tener vela en un entierro - «vela», 2.
no tenerse en pie - *leg*, 2.
no tocar ni un pelo de la ropa/cabeza - *hair*, 4.
no tomar en serio - *make*, 19.
no vendas la piel del oso... - *chicken*, 2.
no venir a cuento - *neither*.
no ver la punta - «punta».
no ver las cosas de la misma manera - *eye*, 9.
no ver más allá de las narices - *nose*, 12.
no ver más que por los ojos de - *eat*, 1.
no ver ni tres en un burro - *blind*.
nudo en la garganta (un) - *lump*.
nueva ilusión/nuevo interés en la vida - *new*, 2.
nuevo en un cargo, - *new*, 1.

nulo a todos los efectos - *null*.
nulo y sin valor - *null*.
nunca - *pig*, 8.
nunca es tarde si la dicha es buena - «tarde», 1.
nunca se sabe - *you*, 6.
nunca te des por vencido - «esperanza», 2.

O

o jugamos todos, o rompemos la baraja - «moros».
o todos moros, o todos cristianos - «moros».
o una cosa u otra - *way*, 10 y *cake*, 1.
objetivo número uno/principal - *object*.
obligar a hacer por la fuerza - *put*, 13.
obligar a poner las cartas bocarriba - *call*, 7.
obra bien empezada... - *well*.
obras son amores y no buenas razones - *actions*, y *word*, 1.
oír como quien oye llover - *duck*, 2.
oír rumores/cotilleos - *on*, 8.
ojeada rápida - *bird*, 17.
ojito derecho (el) - «ojo», 10.
ojo avizor - *toe*, 3, y *ball*, 2.
ojo del amo engorda al caballo (el) - «ojo», 11.
ojo por ojo - «ojo», 8.
ojos que no ven... - «ojo», 5.
oler a cuerno quemado - «gato», 1 b).
oler mal - «gato», 1 b).
ombligo del mundo (el) - *cat*, 9.
oportunidad de su vida (la) - *chance*, 1.
órdago (de) - «ordago».
orgulloso como un pavo real - *peacock*.
orinar - *water*, 16.
oro y el moro (el) - «oro».
oscuro como boca de lobo - «oscuro», y *as*, 1 *(as black...)*.
otro gallo me cantara - «gallo», 2.
oveja negra (la) - «oveja».

P

paciencia tiene un límite (la) - *worm*, 1.
pactar con - *come*, 6.
padre y muy señor mío (de) - «órdago».
pagado de sí mismo - *boot*, 1, y *think*, 3.
pagar con/en la misma moneda - «pagar».
pagar el pato - *carry*, 2.
pagar la cuenta - *foot*, 5.
pagar los vidrios rotos - *foot*, 5.

pájaro de cuenta - *egg*, 4.
pájaro de mal agüero (un) - *bird*, 8.
pájaro en mano - «pájaro», 2.
pájaro ha volado (el) - *bird*, 7.
pájaros y las abejas (los) - *bird*, 6.
palabrita del niño Jesús - *heart*, 18.
pálido de envidia - *green*, 2.
palmarla - «pata», 1.
palo de ciego (un) - *shot*.
palos y piedras... - *bone*, 13.
pan comido - «coser», y *easy*, 3.
paño de lágrimas (un) - *shoulder*, 6.
papeleo - *red tape*.
para colmo de desgracias - «desgra-,
cias», 2.
para colmo de males - *cap*, 2.
para echarse a llorar - *enough*, 2.
¡para el carro! - *horse*, 9.
para el caso es lo mismo - *six*, y *as*, 1
(as broad...).
para ese viaje no necesitábamos alforjas - «viaje».
para lo que guste mandar - *at*, 9.
para siempre - *good*, 2.
para variar - *change*, 2.
parar los pies - *pie*, 2.
parecer que no se ha roto un plato -
look.
parecerse como un huevo a otro huevo -
huevo, 2.
paredes oyen (las) - «paredes».
parejos (en una carrera) - *neck*, 1.
parienta (la) - «parienta».
pariente pobre (el) - *poor*.
parte del león (la) - *lion*, 1.
parte integrante de - *part*.
parte más dura/pesada de un trabajo
(la) - *donkey*, 2.
partir el bacalao - *dog*, 15.
partir el corazón - *heart*, 3.
partir la cara - «cara», 4.
partir la diferencia - «diferencia».
partirse de risa - «risa».
partirse la cara trabajando - *back*, 5.
pasado de moda - *out*, 1, y «muerto».
pasar a mejor vida - «ir», 3 y «pata», 1.
pasar de castaño oscuro - «castaño».
pasar el platillo - *hat*, 3.
pasar el rato - *while*, 1.
pasar el sombrero - *hat*, 3.
pasar factura - *come*, 4.
pasar lista - *call*, 1.
pasar por alto - «alto», 2.
pasarlas canutas - «pasar», 2.
pasarlas moradas - «pasar», 2.
pasarlo bien - «pasar», 1.
pasarlo bomba - *kick*, 2, y *whale*, 1.

pasarlo en grande - *kick*, 2; *town*, 3:
whale, 1; *heel*, 9 y *have*, 2.
pasarlo mal - «pasar», 2.
pasarlo por todo lo alto - *heel*, 9.
pasarse - «listo», rel.
pasarse de la raya - «listo» y «rosca».
pasarse de listo - «listo».
pasarse de rosca - «listo» y «rosca».
pasarse sin - *do*, 4.
pase lo que pase - *come*, 3.
paseo militar (un) - «coser», y *easy*, 3.
pasta (la) - «pasta».
patata caliente (una) - *hot*, 2.
patrañas - *old*, 4.
pea (pillar una) - «tajado».
pedir a gritos - *cry*.
pedir fuego/lumbre - *ask*, 2.
pega (una) - «pega», y *catch*, 6.
pega imprevista (una) - *nigger*, 1.
pegado - «pez», 2.
pegado a las faldas de la madre - «falda».
pegar el corte - *axe*, 2.
pegarse como una lapa - *leech*.
pegarse las sábanas - «sábanas».
pegarse un atracón - «carrillos».
pegarse un batacazo - *come*, 7.
pegarse un «chute» - *shoot*, 2.
peinar - *comb*.
pelillos a la mar - *bygones*.
pelota (la) - *noodle*.
pelota está en el tejado (la) - *air*, 2 a).
pelota (un) - «pelota», 3.
pena (una) - *bad*, 8.
pendenciero (ser muy) - *chip*, 1.
pendiente de los labios de - *lip*, 4.
penúltimo (el) - *last*, 1.
pensándolo bien - *on*, 4.
pendiente de un hilo - «hilo».
peor para ti/él - *more*, 1.
perdedores (los) - *dog*, 15.
perder el hilo - «perder».
perder el salto - «salto».
perder el tiempo con - *monkey*, 3.
perder el valor - *heart*, 21.
perder facultades - *touch*.
perder la ocasión - «salto».
perder la cabeza - «cabeza», 3.
perder la cuenta - «cuenta», 5.
perder los estribos - *fly; temper*, y *go*, 17.
perder prestigio - *face*, 8.
perdidamente enamorado de - *head*, 2.
perfectamente bien - *right*, 3.
permitirse el lujo de - *afford*.
perro del hortelano (el) - «hortelano».
perro que ladra no muerde - *bark*, 1,
dog, 19.

perro viejo - *hand*, 40.
persona usada para sacar las castañas... - *cat*, 11.
pesado (un) - «pesado».
pesado como el plomo - *as*, 1 *(as heavy...)*.
pescadilla que se muerde la cola (la) - *vicious*.
peso de la ley (ley) - *law*, 2
pez - «pez», 2.
pez gordo (un) - «pez», 1.
picar - *fall*, 2.
picar el gusanillo - *bug*, 1.
picajoso - *touchy*.
picón - *touchy*.
piedra movediza no cría moho - *stone*, 4.
pies de barro - *feet*, 3.
pieza esencial de - *part*.
pillar con los pantalones bajados - *catch*, 2.
pillar en bragas - *catch*, 2.
pillar una mona - «tajado».
pillarle a uno el toro - «dedos».
pincharse - *shoot*, 2.
pipí - *number*, 2 *b*).
pirárselas - «pirárselas» y *heel*, 2.
pisando los talones - *hard*, 2.
pisar huevos - «pisar».
pisar un callo - *toe*, 4.
piso de arriba (el) - *noodle*, sins.
pitarle a uno los oídos - *ear*, 3.
plagio (un) - *ripoff*.
plato de segunda mesa - «plato», 5.
pluriempleo (tener) - *moonlight*.
pobrecito/a - *thing*, 2.
poble diablo (un) - *devil*, 6.
pobre porfiado saca tajada - *try*.
poco a poco - «poco», 2.
poco a poco hila la vieja el copo - «poco», 1.
poco comunicativo - *oyster*, 1.
poco de diversión (un) - *lark*, 1.
poco fuerte (un) - «fuerte».
podrido de dinero - «dinero», 2.
poner a huevo - «huevo», 3.
poner al día - *brush*, 1.
poner cara de perro - *daggers*, 2.
poner cara larga - *face*, 11.
poner carne de gallina - *gooseflesh*.
poner como un trapo - *run down*.
poner de patitas en la calle - *give*, 9; *sack*, 1, y *boot*, 3 *b*).
poner el dedo en la llaga - «llaga».
poner el grito en el cielo - «trinar»; *cut*, 3, y *blow*, 3.
poner en antecedentes - *picture*.
poner en bandeja - «bandeja».

poner en ridículo - «ridículo», y *monkey*, 2.
poner en un aprieto - «apuros», 2.
poner enfermo - *make*, 11.
poner la cabeza como un bombo - *head*, 14.
poner la otra mejilla - *cheek*, 3.
poner la zancadilla - «zancadilla».
poner las cartas boca arriba - «carta», 1.
poner las esperanzas en - *pin*, 3.
poner los cuernos - «cuernos», 1.
poner los huevos de corbata - *scared*, 3 (rel.).
poner los nervios de punta - «nervios», 2.
poner los ojos en blanco - «ojo», 4.
poner los pelos/vellos de punta - «pelo», 2, y *hair*, 5.
poner los pies en - *set*, 3.
poner los puntos sobre las íes - *dot*, 1.
poner manos a la obra - *set*, 4, y *get down*.
poner más empeño - *pull*, 6.
poner negro - *boil*, 2 y «nervios» 2.
poner(se) nervioso - *back*, 16, y *hair*, 3.
poner peros - «pero».
poner pies en polvorosa - *feather*, 4, y *heel*, 2.
poner por las nubes - *speak*, 1, y *sky*, 4.
poner un ojo morado - *eye*, 5.
poner un par de banderillas - «introducción», 5 (nota).
poner una multa - *ticket*, 2.
poner una pica en Flandes - «tanto».
poner una pistola en el pecho - *head*, 20.
poner una trampa - «zancadilla».
poner una vela a Dios y otra al diablo - *hare*.
poner una venda en los ojos - *wool*.
poner verde - «verde», 4; *run down; call*, 1, y *roast*.
ponerle un ojo a la funerala - *eye*, 5.
ponerlo peor que estaba - *add*, 1.
ponerse a trabajar - *get to grips*.
ponerse así de gordo - «cabeza», 7.
ponerse colorado - «pavo», 5.
ponerse cómodo - *make*, 7.
ponerse en camino - *hit*, 3.
ponerse en contacto con - *get in touch*.
ponerse en ridículo - *ass*, 4.
ponerse furioso - *go*, 17; *kittens; monkey*, 1.
ponerse hecho una fiera - *fly; red*, 1; *flare; blow*, 3; *cut*, 3, y *kittens*.
ponerse histérico - *kittens*.
ponerse las botas - «botas», 2.
ponerse «morao» - «carrillos».
ponerse mosca - *hot*, y *chip*, 1.

por amor al arte - *love*, 6.
por cuatro perras - «perras».
por cuenta de la casa - *on*, 9.
por decirlo así - *as*, 3.
por encima de mi cadáver - «cadáver».
por escrito - *black*, 1.
por gusto - *kick*, 1.
por los pelos - «pelo», 1.
por la boca muere el pez - «boca», 3.
por la cuenta que le trae - «cuenta», 1.
por las buenas o por las malas - *by*, 2.
por los cuatro costados - *backbone*.
por los pelos - «pelo», 1.
por poco - *all*, 8.
por si las moscas - «mosca», 2.
por supuesto - *by*, 1.
por todo lo alto - «alto», 1.
por todos los rincones - *nook*.
porro (un) - *joint*.
portarse de forma irracional - *go*, 11.
potroso - «tener», 4 *b*).
práctica lo es todo (la) - *practice*.
presa fácil - *fair*, 2.
preservativo (un) - *French*, 3.
prêt-à-porter - *off*, 7.
primero y principal - *first*, 6.
príncipe azul (el) - *right*, 4.
probar fortuna - *pot*, 1.
probar la verdad de - *point*, 3.
proclamar a los cuatro vientos - «proclamar».
producto auténtico/verdadero (el) - *McCoy*.
profundamente dormido - *world*, 5 *a*).
propasarse - «pie», 3 *b*).
propia sangre (los de su) - *blood*, 5.
prorrumpir en llanto - *burst*.
puedes metértelo en el... - «culo», 2.
punta del iceberg (la) - *tip*, 2.
punto en boca - *mum*.
punto flaco - *spot*, 4.
punto muerto - *blind*, 2 (rel.).
puñalada por la espalda (una) - *back*, 15.
puro hueso - *bone*, 7.

Q

¡qué barbaridad! - «barbaridad».
¡qué diablos! - *earth*, 1.
que Dios te coja confesado - *best*, 2.
¿qué es primero, la gallina o el huevo? - *chicken*, 5.
que fuma marihuana - *grasshopper*.
¡qué lástima! - «lástima», y *bad*, 8.
¡qué lata! - «lata».
¡qué le vamos a hacer! - *bad*, 8.

¡qué lío! - «lío».
¡que lo parta un rayo! - «rayo».
que me ahorquen si... - *hat*, 6, y *hanged*.
¿qué mosca te ha picado? - *what*, 6.
que nadie diga zape... - «cantar», 1.
que no decaiga - *ball*, 4.
¿qué pasa? - *matter*, 2.
¿qué se debe? - *what*, 7.
¿qué se ha roto aquí? - *what*, 7.
¿qué tal? - *how*.
¿qué tomas/bebes? - *yours*, 2.
que va a salir un pajarito - *cheese*, 2.
que vale su peso en oro - *worth*.
quebrarse la cabeza - *rack*.
quedar - *go*, 7 *a*) y *left*.
quedar en agua de borrajas - *smoke*, 2.
quedar en mal lugar - *face*, 18.
quedar en nada - *smoke*, 2.
quedar mal - *face*, 18.
quedar muy bien - *fit*, 3.
quedarse con - «queso».
quedarse de una pieza - *dumb-founded; feather*, 1, y *thunderstruck*.
quedarse para vestir santos - «santo», 1.
quejarse - *beef*.
quemar la sangre - *boil*, 2.
quemar las naves - «quemar».
quemarse - *burn*, 1.
querer comerse a - *jump*, 1.
querer es poder - «querer».
quien a buen árbol se arrima... - «sol».
quien algo quiere... - *pains*.
quien calla, otorga - «callar».
quien hace la ley, hace la trampa - «ley».
quién le pone el cascabel al gato - «cascabel».
quien mucho abarca... - «abarcar».
quien mucho corre... - «correr», 2.
quien mucho habla... - «boca», 3.
quien no arregla la gotera... - *stitch*.
quien no se arriesga... - «arriesgarse».
quien presta a un amigo... - «prestar».
quien quiere a Beltrán... - *love*, 5.
¿quién te dio vela en este entierro? - «vela», 2.
quinto jinete del Apocalipsis (el) - *horse*, 23.
quinto pino (el) - «pino».
quitar de enmedio - «cargarse», y *knock*, 2 *b*).
quitar de la cabeza - *head*, 12 (cf.).
quitar importancia a - *play*, 6.
quitarse de encima - *back*, 18 *a*).
quitarse de la bebida - *swear*, 2, y *wagon*, 1.
quitarse de enmedio - *get away*, 2.
quitarse el mono - *monkey*, 6.

quitarse el hambre a puñetazos - «hambre», 3.
quitarse el sombrero - *hat*, 2.
quitarse un peso de encima - «peso».

R

racha de suerte (una) - *run*, 1.
rancho (el) - *chow*.
rápido como las balas - *quick*, 2.
rápido como una centella - *quick*, 2.
rara avis - *bird*, 14.
raya en el agua (una) - *drop*, 1.
recibir carta blanca - *hand*, 24.
recibir con todos los honores - *carpet*, 2.
recibir mano libre - *hand*, 24.
recobrar el habla - *tongue*, 7.
recoger velas - *draw*, 6.
reconocer humildemente su error - *eat*, 7.
recuperarse - *get over*.
recurrir a - *fall*, 1.
refrescar - *brush*, 1.
refrescar el gaznate - *whistle*, 4.
regalo para la vista (un) - *eye*, 10.
registrar minuciosamente - *comb*.
regla inflexible - *hard*.
reglilla práctica (una) - *thumb*, 7.
regular - *so*, 1.
reírse para sus adentros - *laugh*, 1.
relamerse de gusto - *lip*, 5.
remover cielos y tierra - *leave*, 1, y *earth*, 3.
remover un avispero - *stir*.
repasar - *bone*, 8, y *brush*, 1.
repetir como un loro - *parrot*.
repercutir en uno mismo - *backfire*.
reproducirse como conejos - *rabbit*.
resbalar algo - *skin*, 2 a); *duck*, 2, y *rhinoceros*.
reseco - *bone*, 6.
resolver el problema - *do*, 14.
respiro (un) - *breathing*.
responsabilidad de (ser) - *pigeon*, 2, y *baby*.
respuesta a mis oraciones (una) - «llovido», d).
resultar - *do*, 14.
resurgir de las cenizas - *rise*.
«retablo» - *square*, 3.
retirar lo dicho - *eat*, 6.
retrasar el reloj - *set*, 1.
reunión de mujeres solas - *hen*, 1.
revelar un secreto - *give*, 7.
reventar - *back*, 16.

revolcarse de risa - «risa».
revolver el estómago - «estómago», 1.
rico - *Croesus*, y loaded, b).
ricos y los pobres (los) - *have*, 14.
ríe y todos reirán contigo... - *laugh*, 4.
rizar el rizo - *loop*.
robo (un) - *ripoff*.
rollo - *bull*, 8.
rollo (un) - «pesado».
rollo de siempre (el) - *bull*, 6.
romper el hielo - «hielo».
roncar fuertemente - *pig*, 9.
rugir como un león - *like*.
rumiar algo - *chew*, 2.

S

sabemos de qué pie cojeas - *number*, 1.
saber al dedillo - *finger(s)*, 3.
saber de buena tinta - *horse*, 2.
saber dónde aprieta el zapato - «zapato».
saber latín - «colorado», 1.
saber lo que se hace - *know*, 3 y 7, y *way*, 9.
saber lo que se tiene entre manos - *way*, 9.
saber más que Lepe - «colorado», 1.
saber más que los ratones colorados - «colorado», 1.
saber nadar y guardar la ropa - «nadar», 1.
sabio - *owl*, 1.
sablazo (un) - *sponge*.
sacar a relucir los trapos sucios - *blow*, 6, y *wash*.
sacar bien los cuartos - *bleed*.
sacar de apuros - «apuros», 3, y *see through*, b).
sacar de quicio - *nerves* y *goat*.
sacar la piel a tiras - *roast*.
sacar las castañas del fuego - *pull*, 7.
sacar las cosas de quicio - *make*, 15.
sacar los pies del tiesto/plato - «pelo», 5, y *kick*, 6.
sacarle partido a - *make*, 12.
sacarle a uno bien los cuartos - *bleed*.
saco de huesos (un) - *bone*, 7.
salir a flote - *pull*, 4.
salir airoso/con toda brillantez de una prueba - *come*, 13.
salir de Guatemala para entrar en «guatepeor» - «Málaga».
salir de Málaga y entrar en Malagón - «Málaga».
salir de Poncio y meterse en Pilatos - «Málaga».

salir el tiro por la culata - «lana» y *backfire*.
salir la criada respondona - *catch*, 5.
salir mal - *wrong*.
salir poco - «pelo», 7.
salir por los cerros de Ubeda - *beg*, 1.
salir por peteneras - *beg*, 1.
salir por un pico - «ojo», 9.
salir rana - «rana», 2.
salir regularmente - *go*, 18.
salirse con la suya - «salirse» y *get away*, 1.
salirse de madre - *hand*, 13.
salirse por la tangente - «tangente», y *beg*, 1.
saltar a la vista - *jace*, 12.
saltarse a la torera - «introducción», 6, nota 1.
saltarse la tapa de los sesos - *brain*, 5.
salud (brindis) - *bottoms*.
saltarse un semáforo - «semaforo».
salvado por la campana - «campana».
salvar el día - *day*, 12.
salvar el tipo - *face*, 4.
¡sálvese quien pueda! - «sálvese».
sangrar a alguien - *bleed*.
sangrar como un cerdo - *pig*, 4.
sangre azul (tener) - *blue*, 7.
sangre de horchata (que tiene) - *fish*, 4.
sano, fuerte - *nail*, 2 b); *sound*, 2 y *hale*.
sano y salvo - *safe*.
santo cielo - *heaven*, 1.
se dice el milagro, pero no el santo - *name*, 2.
se han cambiado las tornas - «tornas».
se me parte el corazón - *heart*, 19.
se va a armar la de Dios es Cristo - *hell*, 4.
se va a armar un buen cirio - *hell*, 4.
se va a armar una buena - *hell*, 4.
se ve a la legua - *you*, 2.
se veía venir - *come*, 1.
secreto a voces (un) - *secret*.
seguir como una sombra - *like*.
según parece - *face*, 7.
seguro - *as*, 1 *(as sure...)*, *(as safe...)*, y *hell*, 5.
sentar de maravilla/de perlas - *fit*, 3.
sentar muy bien - *fit*, 3.
sentido común - *horse*, 12.
sentirse mal/fatal - *feel*, 5.
sentirse/estar muy bien - *top*, 2.
sentirse raro/indispuesto - *feel*, 4.
señora puritana - *Grundy*.

ser abucheado - *bird*, 12.
ser cancelado - *axe*, 2 a).
ser capaz de - *up to*, 3.
ser capaz de todo - *go*, 16.
ser de la misma opinión - *eye*, 9.
ser despedido - *axe*, 2 a), y *sack*, 2.
ser el centro de todas las miradas - *steal*, 3.
ser el esclavo de - *hand*, 21.
ser la orden del día - *day*, 15.
ser muy superior a - *head*, 23.
ser poco sociable - «pelo», 7.
ser timado - *brown*, 1.
ser todo oídos - «oídos», 1.
ser tomado por lila - *sucker*.
ser un buen jardinero - *finger(s)*, 4.
ser un fresco - «cara», 1.
ser un gran éxito - *go*, 20.
ser un martirio - *trial*.
ser un veleta - *blow*, 4.
ser único para - *cake*, 2.
serio, solemne - *as*, 1 *(as sober...)*.
servir para el caso - *do*, 14.
serpiente - *snake*.
sesos de mosquito - *hare-brained*.
si la montaña no viene a Mahoma... - «Mahoma».
¡si levantara la cabeza! - «cabeza», 8.
si no es por - *but*.
si no hay otro remedio - *at*, 8.
si no puede ser por las buenas... - *carrots*.
si no puedes vencerlos, únete a ellos - *join*, 2.
si te pica... - *cap*, 1.
sin blanca - *broke*.
sin comerlo ni beberlo - *first*, 3.
sin control - *hand*, 23.
sin hacerse rogar - *hat*, 4.
sin la menor duda - *hell*, 5, y *as*, 1 *(as sure...)*.
sin límite - *sky*, 2.
sin nada que hacer - *end*, 2.
sin noticias, buenas noticias - *news*.
sin pensarlo/sin preparación - *off*, 5 a), y *on*, 10.
sin previo aviso - *sky*, 1.
sin sentido - *fool*, 1.
sin tapujos - *above*, b).
sin ton ni son - *rhyme*.
sin trampa ni cartón - *above*, b).
sin un céntimo/sin hogar/trabajo, etc. - *down*, 2.
siglos - *donkey*, 1.
siempre se parte la soga... - «soga», 1.
silbido de admiración a una chica - *wolf*, 8.

silencioso como una tumba/los muertos - *as*, 1 *(as silent...)*.
sinvergüenza/estafador - *shark*, *a*).
sobado (de un libro) - *dog*, 9.
sobre gustos no hay nada escrito - «gustos», y *meat*.
sobresaliente - *full*, 3.
sobrio, sereno - *as*, 1 *(as sober...)*.
soldados rasos (los) - *rank*.
solitario - *wolf*, 5.
solo - *by*, 7.
solo ante el peligro (dejar) - «gallo», 4.
soltar la lengua - «lengua», 8.
soltar la pasta - *cough*.
soltar una fresca - *head*, 13.
soltarle a uno cuatro frescas - *give*, 4.
soltarse el pelo - «pelo», 5, y *kick*, 6.
solterón - *old*, 2.
solterona - *old*, 3.
sonar algo (me suena) - *ring*.
sonarse la nariz - *blow*, 2.
sonreír de forma forzada - *cat*, 14.
sonreír sin venir a cuento - *cat*, 14.
sonreír tontamente - *cat*, 14.
sonsacar - *draw*, 7.
soplón - «chivato», rel., y *pigeon*, 4.
sordo como una tapia - «sordo», 1.
subir de categoría - *world*, 10.
subirse a la cabeza - «cabeza», 7.
subirse a las barbas - «barbas», 1.
subírsele el pavo - «pavo», 5.
sudar como un cerdo - *pig*, 5.
sudar sangre - *blood*, 8.
sudar tinta - «sudar».
suerte está echada (la) - *die*.
sufrir un revés - *come*, 7.
superar una crisis, etc. - *see through*, *b*).
sus días están contados - «contados».
suspender - *flunk*.
suyo seguro servidor - *yours*.

T

tablón (pillar un) - «tajado».
tajada (pillar una) - «tajado».
tajado - «tajado».
talón de Aquiles (el) - *spot*, 4.
talludo - *tooth/teeth*, 4.
tan campante - *cool*.
tan rico como Creso - *Croesus*.
tan seguro como dos y dos son cuatro - «seguro», 1.
tan valiente como el primero - *as*, 5.
tantear el terreno - «terreno» y *feeler*.
tanto va el cántaro a la fuente - *pitcher*.

taparse los oídos - *ear*, 14.
tardar mucho - «tardar», 1.
tardar siglos - «tardar», 2.
tardar un verano - «tardar», 3.
tardar una eternidad - «tardar», 3.
tarde o temprano - «tarde», 3.
¿te ha comido la lengua el gato? - *cat*, 21.
te la van a dar en todo lo alto - *stick*, 2, ejemplo.
temblar como un azogado/flan - «azogado».
temer como una vara verde - *scared*.
tempestad en un vaso de agua (una) - «tempestad».
ten compasión - *heart*, 16.
tener agallas - *guts*.
tener algo - *way*, 3.
tener ángel - *way*, 3.
tener ante los ojos - *face*, 12.
tener atravesado - *rub*, 3.
tener buen ojo para - *eye*, 3.
tener buena facha - *cut*, 5 *a*).
tener correa - *take*, 7.
tener cosquillas - «cosquillas», 2.
tener cosquilleo en el estómago - *butterfly*.
tener cuerda para rato - *dog*, 28.
tener demasiados asuntos entre manos - *iron*, 2.
tener dinero para dar y vender - *well off*.
tener dinero para regalar - «tener», 1.
tener el alma en vilo - «alma», 2.
tener el cenizo - «suerte», 4.
tener el presentimiento - *bone*, 9, y «nariz», 3.
tener en cuenta - «cuenta», 6.
tener en la punta de la lengua - «lengua», 1.
tener en poco - *hold*, 5.
tener estómago/valor para - *heart*, 17.
tener éxito - *do*, 7 *a*); *make*, 18, y *take*, 16 *b*).
tener huevos - «huevo», 5.
tener la cabeza a pájaros - *bat*, 1.
tener la cabeza en las nubes - *have*, 19.
tener la cabeza sobre los hombros - «cabeza», 4.
tener la cara dura de - «cara», 1 *c*) (rel.).
tener la corazonada - «nariz», 3.
tener la llave de la caja - *hold*, 4.
tener la piel dura - *rhinoceros*, y *skin*, 2 *a*).
tener la sartén por el mango - «sartén».
tener la última palabra - «palabra».
tener las espaldas anchas - «espalda», 1.

tener las espaldas guardadas - «espalda», 2.
tener las manos de trapo - *butter*, 4.
tener las manos largas - *finger*, 6, y «mano», 11.
tener las manos limpias - *hand*, 25.
tener los nervios de punta - *edge*.
tener los pies de barro - *feet*, 3.
tener los pies en el suelo - *feet*, 5.
tener madera - «tener», 3.
tener mal genio - *quick*, 3.
tener mal oído - *tin*.
tener mala facha - *cut*, 5 *a*).
tener mala lengua/una lengua de víbora - «lengua», 7.
tener mala memoria - «memoria», 2.
tener malas pulgas - *quick*, 3.
tener manía a - *have*, 12.
tener mano de santo - «mano», 9, y *work*, 5.
tener más paciencia que un santo/Job - «Job», 1.
tener más suerte que un «quebrao» - «tener», 4.
tener metido en un puño - *keep*, 4, y *string* y *nose*, 3.
tener morriña - *homesick*.
tener mucha cara - «cara», 1.
tener mucha labia - «labia».
tener olfato para - *nose*, 11.
tener para rato - *be*, 1.
tener por norma - *make*, 1.
tener puestas las ilusiones en - «ilusiones».
tener que ajustar cuentas - «cuenta», 2.
tener que ir a dar un recado - *horse*, 8.
tener que ir a un asunto - *horse*, 8.
tener que reconocer un mérito - *hand*, 19.
tener que ver con - *have*, 5.
tener resaca - «tener», 5.
tener saldo a favor - *red*, 6 (cf.).
tener sangre azul - *blue*, 7.
tener sentado en la boca del estómago - «tragar», 1.
tener siete vidas como un gato - *cat*, 18.
tener tirria - *grudge*.
tener un as en la manga - *sleeve*, 1 (sin.).
tener un corazón de oro - *have*, 13.
tener un cosquilleo en el estómago - *butterfly*.
tener un lío con - *carry on*.
tener un mal día - *day*, 2.
tener un nudo en la garganta - *lump*.
tener un pellizco cogido - *heart*, 4.

tener una cuenta que saldar - «cuenta», 10.
tener una gran opinión de - *think*, 4.
tener una memoria de elefante - *elephant*, 1.
tener una suerte perra - «suerte», 4.
tener vista de lince - «vista», 2.
tener ya bastantes preocupaciones - *have*, 11.
tenerle ganas a - *have*, 12.
tenerlos de corbata/aquí - *scared*, 3.
tenérsela jurada a - *have*, 12 y *grudge*.
tenérselo creído - *full*, 5.
teniendo lugar - *way*, 11.
tentón - «tentón».
terco como una mula - «terco».
terminar lo más gordo - *back*, 4.
término medio (el) - *golden*.
testarudo - «cabezota».
tiempo es oro (el) - *time*, 3.
tiempo lo cura todo (el) - *live*, 1, y *time*, 8.
tiempo no perdona (el) - *time*, 9.
tiene cuerda para rato - *dog*, 28.
tiene toda mi simpatía - *heart*, 20.
tieso - «tieso» y *broke*.
tigre de papel (un) - *tiger*, 1.
timo (un) - *ripoff*.
tío Sam (el) - *uncle*.
típico inglés - *bull*, 5 *b*).
tipo (un) - *bird*, 16.
tira y afloja - «tira».
tirado - *easy*, 3.
tirar de la manta - *blow*, 6.
tirar el dinero - *duck*, 3, y «dinero», 4.
tirar la esponja - *throw*, 6.
tirar la toalla - *throw*, 6.
tirar piedras a su propio tejado - «piedra», y *nose*, 2.
tirar por tierra - *applecart*.
tirarse a la sierra - *take*, 15.
tirarse a matar - «matar», 2.
tirarse al monte - *take*, 15.
tirarse un farol - «tirarse».
tires por donde tires - *catch*, 7.
tocar a su fin - *draw*, 5.
tiro a ciegas (un) - *shot*.
tocar de oído - *ear*, 9 *a*).
tocar el premio gordo - *jackpot*.
tocar fondo - *touch*, 3.
tocar la lotería - *jackpot*.
tocar madera - *wood* y *fingers*, 1.
tocar resortes - *pull*, 2.
todavía tiene que dar mucha guerra - *dog*, 28.
todo el mundo - *all*, 7, y *butcher*.

todo el mundo tiene su día grande - *dog*, 10.

todo está permitido en la guerra... - *love*, 2.

todo hijo de vecino - *every*.

todo lo contrario - *way*, 6.

todo quisque - *every*, y *all*, 7.

todo seguido - *straight*, y *nose*, 8.

todos estamos hechos de lo mismo - *cat*, 8.

todos los caminos conducen a Roma - «Roma», 2.

todos sin excepción - *all*, 7.

todos y cada uno - *all*, 7.

tomar buena nota - *make*, 1.

tomar cariño - *fancy*.

tomar el pelo - «pelo», 6.

tomar el rábano por las hojas - «rábano», 1.

tomar las de Villadiego - *heel*, 2, y *feather*, 4.

tomar partido - *take*, 12.

tomar por asalto - *take*, 16.

tomar por el pito del sereno - *sucker*, y «dientes», ejemplo.

tomar por lila - «lila».

tomar un giro favorable - *turn*, 10.

tomar un trago - «copa», 1; «trago», 2, y *whistle*, 4.

tomar una copa - «copa», 1.

tomar una copa de más - «copa», 2.

tomarla con alguien - *take*, 14.

tomarse a pecho - *heart*, 12.

tomarse la justicia por su mano - *hand*, 15.

tomárselo con calma - *play*, 5.

tonterías - *all*, 9, y *bull*, 8.

tonto de capirote - «tonto», 4, y *sheep*, 1.

tonto de la haba - *sheep*, 1.

tonto de los huevos - *sheep*, 1 (rel.).

tonto de remate - «tonto», 4.

tonto del culo - *know*, 6, y «tonto», 4.

topo (un) - «topo», 2.

toquetear - *monkey*, 3.

torre de marfil - «torre».

trabajar a destajo - *beaver*, 1, 2 y 3.

trabajar como un enano/negro/una mula, etc. - *work*, 3; *back*, 5, y *beaver*, 3.

trabajar con afán - *beaver*, 1.

trabajo sin cobrar/por amor al arte - *love*, 6.

trabar amistad - *make*, 14.

traer cuenta - «cuenta», 7.

traer frito - «harto».

traer sin cuidado - «pito», 1.

tragar como los pavos - «pavo», 4.

tragarse algo - «tragar», 2.

tragarse el anzuelo - *swallow*, 4.

tragarse lo dicho - *eat*, 6.

tragárselas dobladas - *take*, 13.

tragárselo a uno la tierra - *vanish*.

trampas/trucos - *monkey*, 4.

trastear - *monkey*, 3.

trasnochador - *owl*, 2.

trasto inútil (un) - *elephant*, 2.

trastornar la cabeza - «cabeza», 2.

tratar con guantes de seda - *handle*.

trato hecho - *deal*.

travesuras - *monkey*, 4.

trazar la línea - *draw*, 2.

triunfar - *do*, 7 a); *do*, 13; *make*, 10 a); *make*, 18, y *world*, 10 (cf.).

trompa (pillar una) - «tajado».

tú te lo has buscado... - *as*, 4.

tú tienes la palabra - *ball*, 1.

U

última gota (la) - *straw*, 1.

último grito (el) - *rage*.

un día de estos - *day*, 7.

una y otra vez - *time*, 11.

una de cal y otra de arena - *blow*, 4.

una y otra vez - *over*, 2.

unión hace la fuerza (la) - «unión».

uno de estos días es nunca - *day*, 23.

untar pasta - *grease*.

uña y carne - «uña», 1.

usa la cabeza/el cerebro - *brain*, 1.

V

vaca (una) - *cow*, 3.

vaca sagrada (una) - *cow*, 2.

vago de siete suelas (ser un) - *bone*, 14.

valer la pena - *while*, 4.

valiente como el primero/el que más - *as*, 5.

valiente como un león - «león», 6.

vaya, lo siento - *more*, 2.

vaya un consuelo - *cold*, 1.

veinticuatro horas del día (las) - *around*.

venderse como rosquillas - «vender».

vengarse de - *get even*.

venir bien - *handy*, *useful* y *do*, 3.

venir a menos - *world*, 10.

venir al pelo - «pelo», 12.

venir de perillas - *handy*.

venir de perlas - *handy*.

venir pequeño - *fish*, 14.

venirse abajo - *fall*, 4, y *way*, 7 c).
venirse el alma a los pies - «alma», 1.
venirse encima algo - *be*, 2.
venga esos cinco - *put*, 5.
venga ya - *come*, 12.
ver la luz - *see*, 2.
ver la paja en el ojo ajeno - *pot*, 2.
ver las cosas de la misma manera - *eye*, 9.
ver las estrellas - «estrellas».
ver las orejas al lobo - *red*, 2.
ver los toros desde la barrera - «agua», 7.
ver menos que Pepe Leche - *blind*, 1.
ver menos que un topo - *blind*, 1.
ver por dónde vienen los tiros - *cat*, 4.
verdades del barquero (las) - «cuarenta».
verde (estar) - *ear*, 15, y *green*, 1.
verde (libro, película, etc.) - «verde», 3.
vergüenza (una) - *crying*.
verse a la legua - *stick*, 1.
vérsele a uno el plumero - «plumero» y *axe*, 1.
vetar - *blackball*.
¡vete a freír espárragos! - «freír», 1.
¡vete a freír monas! - «freír», 1.
¡vete a la mierda! - «mierda».
¡vete a la porra! - «porra».
¡vete a paseo! - «paseo», 1.
¡vete a tomar por...! - «culo», 1.
¡vete al cuerno! - «cuerno», 2.
vete con la música a otra parte - *bark*, 3.
veterano - *hand*, 40.
«viaje» (un) - *trip*.
victoria - *thumbs*, 8.
victoria pírrica - *Pyrrhic*.
viejo verde (un) - «viejo».
virtud está en el término medio (la) - «virtud».
vista de lince - «vista», 2.
vista panorámica - *bird*, 17.
vísteme despacio, que llevo prisa - «correr», 2.
viva la Virgen (un) - «Virgen», 2.
vivir a cuerpo de rey - *Riley* y *clover*.

vivir al día - «vivir», 1, y *day*, 22.
vivir para ver - «vivir», 2.
vivir peligrosamente - *tiger*, 2.
vivir y dejar vivir - *live*, 3.
vivito y coleando - *alive*.
vivo retrato (el) - *spitting*.
volarse la tapa de los sesos - *brain*, 5.
volcarse - *turtle*.
volver a la bebida - *waggon*, 2.
volver al buen camino - *go*, 15.
volver al redil - *return*.
volver la espalda - *turn*, 9.
volver loco - «loco», 2.
volver majareta - *bat*, 4 y *crackers*, 2.
volverse atrás- *go*, 1.
volverse contra uno mismo - *come*, 4, y *backfire*.
volverse majareta - *bananas*, y *go*, 10.
vómitos violentos (tener) - *cat*, 24.
votar a mano alzada - *hand*, 22.
voz de la sangre (la) - *blood*, 1.
voz que predica/clama en el desierto (una) - *voice*.
vuelta a empezar - *back*, 1.

Y

y me quedo corto - *put*, 6, y *say*.
y no digamos nada de - *let*, 1.
y todos contentos - *Bob*.
¡ya era hora! - *about*, 2.
ya que estamos metidos en faena - «faena», 2.
yerba - *grass*, 2.

Z

zanahoria (la) o el palo - *carrot*.
zancadillas (las) - *rat*, 2.
¡zapatero, a tus zapatos! - «zapatero».

BIBLIOGRAFÍA

The Oxford Dictionary of English Proverbs. Oxford.
The Advanced Learner's Dictionary of Current English, HORNBY. Oxford.
Oxford Dictionary of Current Idiomatic English, vols. I y II. A. P. COWIE y R. MACKIN. Oxford.
Modern English Idioms. LINTON STONE. Evans.
Current English Idioms. LINTON STONE. Evans.
A Concise Dictionary of English Idioms. W. FREEMAN. The English Universities Press.
A Concise Dictionary of English Slang. W. FREEMAN. The English Universities Press.
English Idioms and How to Use them. W. McMORDIE. Oxford.
English Idioms for Foreign Students. A. J. WORRALL. Longman.
More English Idioms for Foreign Students. A. J. WORRALL. Longman.
English Prepositional Idioms. WOOD. McMillan.
English Verbal Idioms. WOOD. McMillan.
Proverbs. YERZY GLUSKI. Elsevier.
Essential Idioms in English. ROBERT J. DIXOM. Regents.
A Handy Book of Commonly Used American Idioms. S. WIENER. Regents.
A Book of English Idioms. V. H. COLLINS. Longman.
A Second Book of English Idioms. V. H. COLLINS. Longman.
A Third Book of English Idioms. V. H. COLLINS. Longman.
A Book of English Proverbs. V. H. COLLINS. Longman.
Diccionario de modismos ingleses y norteamericanos. TORRENTS DEL PRATS. Juventud.
English Proverbs Explained. RONALD RIDOUT y CLIFFORD WITTING. Pan Books.
Gimmick del inglés coloquial. ADRIENNE. Labor.
A Dictionary of Slang. ERIC PARTRIDGE. Routledge & Kegan.
A Dictionary of Phrase and Fable. E. C. BREWER. Cassell.
The Panton Book of Idioms for Polyglots. Panton Education. Milán.
Los apuntes secretos de Sir Francis, Diccionario de términos tabúes inglés-español. Omnivox, 1985.
Diccionario de verbos con partícula. E. LAVÍN y F. S. BENEDITO. Omnivox, 1984.
Longman Dictionary of English Idioms.
Dictionary of Idioms. W. S. FOWLER. Nelson.
A Concise Dictionary of English Slang. B. PHYTHIAN. Hodder and Stoughton.
Dictionary of American Slang. WENTWORTH y FLEXNER. Thomas & Crowell.
The Dictionary of Contemporary Slang. J. GREEN. Pan.
A Dictionary of Contemporary Idioms. M. H. MANSER. Pan.